Kohlhammer

Herbert Lindner
Roland Herpich

Kirche am Ort und in der Region

Grundlagen, Instrumente und Beispiele einer Kirchenkreisentwicklung

Verlag W. Kohlhammer

Gesamtherstellung:
W. Kohlhammer Druckerei GmbH + Co. KG, Stuttgart
Printed in Germany

ISBN 978-3-17-021507-8

Inhaltsverzeichnis

Vorwort

Hat die Kirche eine Zukunft? Wenn ja, welche? Und wer ist dafür verantwortlich? Diese Fragen bewegen Theologen und Soziologen, aber auch viele Gemeindeglieder.

Wir, die Verfasser dieses Buches, glauben an eine Zukunft der Kirche. Wir suchen nach ihrer angemessenen Gestalt. Und wir stellen uns der Verantwortung für ihre Entwicklung.

Konzeptionen und Perspektiven gibt es viele, ohne dass sich ein Konsens abzeichnete. Die Diskussion um die kirchengemäßen Wege ist eher heftiger geworden. Eine Schlüsselrolle auf dem Weg in die Zukunft der evangelischen Landeskirchen in Deutschland wird der Region zugeschrieben. In einer produktiven Spannung zwischen Theorie und Praxis wird hier das Ergebnis des fünfjährigen Entwicklungsprozesses für eine solche Region im großstädtischen Kontext in Berlin Wilmersdorf vorgelegt.

Wir halten unseren Ansatz für tragfähig, möglicherweise sogar für zwingend. Seine Umsetzung ist schwierig – wir zeigen diese Schwierigkeiten. So können andere Regionen diese Erfahrungen in die anstehenden Entscheidungen einbeziehen.

Dies ist auch ein Beitrag zu den Reformprozessen in der EKD und in der evangelischen Kirche von Berlin-Brandenburg-schlesische Oberlausitz. Der Prozess in Wilmersdorf begann früher und kann deshalb als Beispiel für eine schon weiter fortgeschrittene Entwicklung verstanden werden.

Grundlagen, Instrumente und Beispiele einer Kirchenkreisentwicklung werden gezeigt. Je nach Interesse können andere Abschnitte zum Einstieg in das Buch einladen.

Alle wichtigen Schritte des Prozesses sind im Laufe der Entwicklung mit den Verantwortlichen des Kirchenkreises diskutiert und mit ihnen abgestimmt worden. Viele der verstreuten Papiere und gestreckten Prozesse liegen nun in einer einheitlichen Form vor.

Dieses Buch kann aber auch im Zusammenhang mit den bisherigen Arbeiten des externen Beraters gelesen werden. Von den theoretischen Grundlagen in der „Kirche am Ort“ 1994 über das Entwicklungsprogramm 2000 bis hin zu diesem Praxisbeispiel spannt sich der Bogen über nun sechzehn Jahre. Durchgehalten hat sich die Überzeugung, dass starke Ortsgemeinden für die evangelische Kirche unverzichtbar sind. Aber auf Dauer wird es starke Gemeinden nur in starken Regionen geben.

Der Superintendent des Kirchenkreises beschreibt mit diesem Buch den zweiten Abschnitt seiner Amtszeit. Waren die ersten Jahre von den Herausforderungen der besonderen Krise der Berlin-Brandenburgischen Kirche geprägt, so schildert er hier die zweite Hälfte seiner Amtszeit als einen geplanten und begleiteten Entwicklungsprozess unter dem Motto: „Freiheit durch Zusammenarbeit“. Dieser hat durch seine Berufung in das Amt des Direktors des Berliner Missionswerks den Charakter eines Abschlussberichtes angenommen.

Zu danken haben wir vielen Mitarbeitenden aus dem Kirchenkreis und darüber hinaus, die aus ihrer Praxis berichtet haben. Ihre Namen sind im Anhang aufgeführt. Sie waren bereit, das Projekt zu unterstützen, sich der Logik eines Buches zu unterwerfen und damit eine Redaktion ihrer Beiträge zu akzeptieren. Wo immer möglich, haben wir uns vergewissert, ob wir sachgemäß entschieden haben. Dennoch tragen wir die Verantwortung für die Endgestalt.

Auch wenn die Weggemeinschaft des Superintendenten, des Beraters und des Kirchenkreises nun zu Ende gegangen ist, das große Ziel eines getrosten und gesegneten Pilgerweges des Lebens für alle Menschen verbindet sie weiterhin.

Berlin / Feucht, Pfingsten 2010

Roland Herpich / Herbert Lindner

I. Die Grundlagen

A. Die theologische Ortsbestimmung

Kirche hat eine Zukunft. Diese Überzeugung bildet den Grund für die Reformbemühungen, die in diesem Buch dokumentiert werden. Diese Zukunft muss gestaltet werden. Zunächst werden die Möglichkeiten menschlichen Handelns im Zusammenspiel mit Gottes Wirken untersucht. Dann folgt ein strategisches Konzept und schließlich werden die Zwischenergebnisse einer planmäßigen Entwicklung vorgestellt.

Gott wirkt in der Kirche, die seiner Offenbarung in Jesus Christus entspringt. Gott wirkt in der Kirche auch durch die Glaubenden, die durch die ihnen zugesprochene Rechtfertigung und dem in der Taufe verliehenen Heiligen Geist ein Teil seines Heilshandelns geworden sind.

Dieses gemeinsame Wirken Gottes und der Glaubenden mit Gottes Hilfe ist für die Kirche insgesamt zu denken. Es gibt keinen abtrennbaren Bereich, in dem diese Gemeinsamkeit nicht gelten würde. Es kann auch keine Einzelfälle mit einer wie immer gearteten Eigengesetzlichkeit geben. Selbst ein nur vorübergehendes pragmatisches Absehen von Gottes Wirken ist hier auszuschließen, weil es in der Konsequenz zu einer Reduktion der gesamten Kirche auf eine menschliche Gemeinschaftsform führte.

Das komplexe Miteinander von Gottes Handeln und menschlicher Mitwirkung in allen Bereichen der Kirche muss für eine strategische Entwicklung geklärt werden. Damit soll bei den anstehenden Entscheidungen zur ständigen Reformation der Kirche jegliche Gottesvergessenheit ausgeschlossen werden. Sonst verlöre die Kirche ihr Wesen. Doch auch den willkürlichen Vorbehalt eines behaupteten, aber nicht überprüfbaren göttlichen Willens gilt es zu verhindern.

Deshalb wird zunächst die Ausgangshypothese an der Heiligen Schrift und den Bekenntnissen der Kirche geprüft, um die Möglichkeiten und Grenzen für ein Mitwirken der Glaubenden an der Gestaltung von Kirche ebenso zu beschreiben wie die Möglichkeiten und Grenzen der Erkenntnis von Gottes Wirkung dabei. Eine völlige systematische Durchdringung und Beschreibung ist für die strategisch planmäßige Entwicklung eines Kirchenkreises nicht erforderlich. Vier wichtige Themenfelder sollen anhand der Aussagen von Schrift und Bekenntnis diskutiert werden, um daraus konkrete Folgerungen für die Kirchenkreisentwicklung zu ziehen.

1. Gott sorgt für seine Welt

Das universale Wirken Gottes ist in vielen Aussagen der Heiligen Schrift und der reformatorischen Bekenntnisse bezeugt. Es wird beschrieben als ein Wirken, das sich zwar immer wieder erfahren und bekennen, mit unserem menschlichen Verstand nicht aber vollständig fassen lässt (Jes 55,8; Ps 139,6; Jes 40,28).

Gott ist der Schöpfer der Welt (1.Mose 1f; Ps 104; Hiob 38f; Mk 13,19; Apg 4,23; Röm 1,20). Er erhält sie trotz ihrer Abkehr von ihm (1.Mose 9,1–17, Jer 31). Abrahams Berufung geschah zum Segen für alle Völker. Er hat sich Israel zum Volk erwählt (1.Mose 12,1–3). Aber auch andere Völker hat er gesegnet und ihnen Verheißungen geschenkt (1.Mose 21,18). Der Knecht Gottes wird nicht nur die Zerstreuten Israels zurecht bringen; er ist gemacht „zum Licht der Heiden", um das Heil „bis an die Enden der Erde" zu bringen (Jes 49,6; vgl. Joel 3,1f). Gott ist der Lenker der Geschichte (Mk 13,31f). In Christus versöhnte Gott die Welt mit sich selber (2.Kor 5,19; Kol 1,15–20).

Paulus bezeugt eindrücklich den universalen Heilsplan Gottes für die ganze Schöpfung (1.Kor 15,20–28). Er bedenkt auch das Schicksal Israels und der Völker (Röm 9–11), bezieht die ganze Kreatur ein, der die Freiheit von der Vergänglichkeit verheißen ist (Röm 8,18–24) und weiß von der Erkenntnis der ewigen Kraft und Gottheit Gottes aus seinen Werken (Röm 2,2–16). Der Epheserbrief unterstreicht die kosmologische Weite von Gottes Heilsplan (Eph 1,3.9.10). Auch und gerade die verfolgte Kirche preist die Allmacht Gottes in ihrer durch Hilflosigkeit und Leid charakterisierten Situation (Offb 1,8; 4,8; 19,6.15 u.ö.).

Die Reformatoren wissen von der Sorge Gottes für seine ganze Welt, die in verschiedener Form und in verschiedenen Stufen erkannt werden kann, sich aber letztlich nur den Glaubenden erschließt (WA 18).

Für die strategisch planmäßige Entwicklung eines Kirchenkreises ergeben sich folgende *Erkenntnisse und Konsequenzen*:

a) Gott wirkt in der Welt sein Heil. Er kann überraschend anders handeln, als Menschen es erwarten. Daraus folgen die Demut und die Zuversicht in aller Mitwirkung. Das Heil der Welt ist nicht vom Gelingen menschlicher Pläne abhängig. Das entlastet, macht Mut und entspricht der gelebten Rechtfertigung.

b) Gott wirkt auch außerhalb seiner Kirche. Daraus folgt die Notwendigkeit des Respekts für alle Geschöpfe Gottes, auch für die nicht in der Kirche Glaubenden, insbesondere aber für die Nachkommen Abrahams, und der Nachkommen von Isaak und Ismael und darüber hinaus zu allen Menschen und aller Kreatur, die durch ihren Lobgesang und ihr Rufen auf ihren Schöpfer verweist.

c) Gott nutzt viele Werkzeuge in der Heilsgeschichte mit seiner Schöpfung. Also müssen sie überall, besonders im interreligiösen Dialog, gesucht und geprüft werden.

2. Gott gründet seine Kirche in Jesus Christus

Gott erwählte sich zur Verwirklichung seines Versöhnungswerkes Israel und sandte zur vollständigen Offenbarung seiner Liebe Jesus Christus (Joh 3,16). Auf ihn gründet Gott seine Kirche (Mt 21,42). Sie ist Geschöpf des Wortes Gottes und kann nicht aus eigener Initiative von Menschen gebildet werden. Sie ereignet sich, wenn durch Wort und Sakrament Gott seinen Geschöpfen die befreiende Rechtfertigung allein aus Gnaden zuspricht. Sie ist aber auch ein Ort oder Bereich, in dem Jesus Christus seine Gegenwart (Mt 18,19f), das Heil (Apg 2) und die Wahrheit (Joh 4,23; 16,13) den Glaubenden gewährt, die er aus allen Völkern beruft. Die Erwählung Israels ist damit nicht widerrufen (Röm 8,33; 11,1f; Kol 13,12; 2.Tim 2,10; 1.Petr 1,1; 2.Joh 1,1; vgl. Meißen 2).

Kirche ist Werkzeug zur Erfüllung des Heilswillens Gottes. Darum ist die Kirche in die Welt als ein Zeichen und Vorgeschmack der Herrschaft Gottes gesandt (2.Kor 5,17; 1.Kor 12,27; Kol 3,4). Die Kirche ist heilig und sie reicht über die gegenwärtige endliche Wirklichkeit hinaus. Gleichzeitig hat sie als eine menschliche Institution Anteil an der ganzen Zweideutigkeit und Schwachheit menschlichen Wesens (2.Kor 4,7) und bedarf stets der Buße, der Reform und der Erneuerung. Wie sich die beiden Aspekte zueinander verhalten, ist eine Frage, die die Kirche schon immer begleitet (Mt 13,24–30).

Wo das Wort Gottes verkündigt wird, da ist Kirche sichtbar (CA 5 u. 7). Das Verkündigungsgeschehen ist so umfassend, dass es sich nicht auf eine einzige empirische Form von Kirche begrenzen lässt. Nicht vollständig erkennbar ist, wo, wann und in wem Gottes Geist den Glauben wirkt. Deshalb ist keine Form von sichtbarer Kirche vollständig identisch mit der geglaubten und bekannten Kirche. Auch ist es nicht möglich, eine statische Grenzziehung vorzunehmen.

Bekannt und geglaubt wird die heilige, von Gott gestiftete, allgemeine, weltumspannende, die Partikularkirchen übergreifende, apostolische, in der Tradition der Sendung der Apostel stehende Kirche. Für jede konkrete Kirche ist dieses Bekenntnis Grund und Maßstab ihres Handelns. Die Apostolizität scheint besonders wichtig, da sie das Wesen der Kirche als Werkzeug Gottes zur Erfüllung seines Heilsplanes beschreibt. Sie bringt das Gesandt-Sein, den missionarischen Aspekt von Kirche, besonders deutlich zum Ausdruck.

Kirche kann ohne die missionarische Dimension grundsätzlich nicht Kirche sein. Ihr missionarisches Wesen ist Teilhabe an der missio dei, in der sich der Heilswille Gottes für die ganze Welt verwirklicht. Auch wenn die Kirche in ihrer Schwäche immer wieder hinter ihrer Bestimmung zurückbleibt, ist sie doch unverzichtbar, weil und insofern in ihr Gottes Liebe dauerhaft bezeugt und verkündet wird.

Für die strategisch planmäßige Entwicklung eines Kirchenkreises ergeben sich folgende *Erkenntnisse und Konsequenzen*:

a) Der Zuspruch der Liebe Gottes in der Rechtfertigung durch Wort und Sakrament kennzeichnet die Kirche als Ereignis, Ort, Zeit und Bereich, in dem Heil und Wahrheit erfahren wird. Deshalb gilt diesem Geschehen die zentrale Aufmerksamkeit einer strategischen Entwicklung.
b) Zur Kirche gehören einerseits Anbetung und Lobpreis, Dankbarkeit und Freude der sich der Rechtfertigung Gottes Anvertrauenden und andererseits die Sendung mit der Aufgabe der Verkündigung von der Liebe Gottes als Dienst und Zeugnis.
c) Kirche lebt in vielerlei Gestalt und verschiedenen Dimensionen und immer ökumenisch um ihrer Einheit willen. Der interkonfessionelle Dialog ist eine wesentliche Notwendigkeit.
d) Kirche ist immer missionarische Kirche, indem sie Menschen gewinnt, am Heil für die Welt, an einem nachhaltigen und gerechten Frieden mitzuwirken.
e) Kirche hält ihre Uneindeutigkeit aus, ja sie widersteht der Versuchung nach völliger menschlicher Eindeutigkeit, aber sie strebt in der Suche nach der Wahrheit Gottes stets nach ihrer Verbesserung.

3. Gott gibt seiner Kirche einen Auftrag

Der Auftrag der Kirche ist es, allen Menschen das Evangelium in Wort und Tat zu bezeugen.[1] Lokale Gliederungen der Kirche nehmen diesen Auftrag dadurch wahr, dass sie sich allen Menschen zuwenden, die in ihrem Bereich leben.[2] So entspricht Kirche ihrer Apostolizität. Sie ist notwendigerweise missionarisch.

Ihr Handeln ist begrenzt durch die Souveränität Gottes. Der Auftrag lässt sich in den Dimensionen von Leiturgia, Martyria, Diakonia und Koinonia erfüllen.[3] Sie sind je eigenständig, durchdringen und ergänzen sich jedoch gegenseitig. Es liegt in der Verantwortung der Kirche in ihren unterschiedlichen Gliederungen, für diesen Auftrag die der jeweiligen Situation angemessene Gestalt zu finden.

---

1 Art. 8 und 39 GO der EKBO; CA 5 und 7.

2 Barmen 6.

3 Die Kirche ist zur Ehre Gottes da und um im Gehorsam gegenüber der Sendung Christi der Versöhnung der Menschheit und der ganzen Schöpfung zu dienen. Das gemeinsame Lob Gottes gehört ebenso dazu wie die Sendung zum Dienst an der Welt (Meißen 4).

Der Rückzug auf das Gemeindeleben selbst, sei es als kirchliches Vereinsleben, sei es als spirituelles, gemeinsames oder individuelles Erlebnis der Gottesgemeinsaft reicht als einzige Lebensäußerung der Kirche nicht aus. Vielmehr gehört die grundsätzliche Verantwortung für alle zum Profil der Kirche protestantischer Prägung in Deutschland. Auch die Weltchristenheit erwartet diesen besonderen Beitrag, der aus volkskirchlichen Wurzeln gewachsen ist.
Die Evangelische Kirche in Wilmersdorf muss ihre aus der Geschichte erwachsene geistliche Verantwortung für die Bevölkerung, die nicht in anderen Konfessionen oder Religionen gebunden ist, wahrnehmen. Zudem ist sie die größte christliche Kirche am Ort, die das Evangelium so verkünden kann, dass es noch der nächsten Generation Freude an einem verantwortlichen Leben und Trost und Hoffnung im Sterben vermittelt.

Für die Entwicklung eines Kirchenkreises ergeben sich folgende *Erkenntnisse und Konsequenzen*:

a) Das Evangelium muss als Angebot grundsätzlich „allem Volk“ in Wilmersdorf ausgerichtet werden.
b) Die Verpflichtung gegenüber dem Auftrag führt zu einer einladenden, gastfreundlichen, liebevollen Kirche.
c) Kirchenkreisentwicklung muss am großen Ziel der Auftragserfüllung ausgerichtet sein.

4. Gott beruft Menschen zur Mitarbeit

In besonderer Weise regiert der dreieinige Gott seine Kirche im Heiligen Geist[4] und bezieht die Glaubenden dabei ein.[5]
Die Mitwirkung[6] an Gottes Werk entspringt der neuen Freiheit der Gerechtfertigten (1.Kor 12,13). Die Taufe (Röm 6,4) ist das Zeichen für den Empfang des Heiligen Geistes und die Eingliederung in den Leib Christi (1.Kor 12,13; Apg 19,1ff).

Durch den Heiligen Geist berufene Menschen wirken mit ihren Gaben und Begabungen auf allen Ebenen des Lebens – persönlich, beruflich, gemeindlich, kirchlich – an Gottes Werk mit.
Sicherlich braucht es auch Menschen und Gruppen, die eine Bindung an Jesus Christus und seine Jüngerschaft im engeren Sinne anstreben. Kommunitäten, ja, selbst monastische Lebensformen, wenn sie auf Zeit gewählt werden, können als wichtige Elemente der Kirche Sinn machen.

Der protestantische Weg aber ist es, Menschen in ihrer Zerrissenheit ernst zu nehmen. Sie stehen in der Welt und sind dennoch Gott verpflichtet und über-

---

4 1.Kor 6,11; „Sive intra regnum suum singulari virtute Spiritus sui“, Luther, WA 18, 754, „Leitung der Kirche erfolgt allein und ausschließlich durch den Heiligen Geist. Menschen können bei dieser Aufgabe lediglich Helfer des Geistes sein“ Roloff (1995) 138.

5 Apg 15,22–29; 20,28; Röm 8,14–17; 1.Kor 3,9; 1.Kor 16,16, vgl. Barmen 3.

6 Cooperatio dei: WA 18, 754.

> nehmen Verantwortung für sein Reich. Das Leben der Glaubenden darf nicht total vergemeindlicht werden, sonst wird der „Gottesdienst im Alltag der Welt“ gefährdet. Wenn ihnen angemessene Möglichkeiten der Beteiligung am kirchlichen Leben eröffnet werden, die ihren Lebensumständen entsprechen, dann erfahren sie dort Stärkung und Wegweisung für ihre Lebensgestaltung.

Die Verkündigung sammelt Menschen und durch die Organisation von Menschen wird Verkündigung wahr. In beiden Vorgängen ist göttliches und menschliches Wirken vorhanden. Es ist die Aufgabe der Glaubenden, Gottes Wirken „nicht als unnütze Knechte entgegenzuwirken“[7] und darüber hinaus in einer besonderen Verantwortung die menschliche Mitwirkung an dem Bau von Kirche[8] wahrzunehmen.

Entscheidend dabei ist für Einzelne und die Gemeinschaft als Ganzes, den Weg Gottes im Heiligen Geist mit seiner Kirche zu erkennen und ihm zu folgen. Dies kann nur auf der Grundlage der Auslegung der Heiligen Schrift im Heiligen Geist[9] erfolgen.[10] In Form und Inhalt müssen kirchliche Entscheidungsprozesse dem entsprechen.[11] Das Schriftprinzip legitimiert die Entscheidungen der evangelischen Kirche.

Es gilt also, einen Prozess zu finden und immer wieder neu zu initiieren, um den Willen Gottes hier und jetzt zu erkennen und anzuwenden. Das gelingt unter Einbeziehung von Luthers Entwurf der Auslegung in der Annahme einer doppelten Klarheit der Heiligen Schrift.[12] Kirche wird zum Raum der Wahrheit, indem sie an der Klarheit der Schrift teilhat.

Eine strategische Entwicklung von Kirche als Mitwirkung am Werk des Heiligen Geistes braucht den Diskurs, der von der Erkenntnis ausgeht, die aus der gemeinsamen Schriftauslegung erwächst.[13]

Dieser Diskurs beachtet die bisherigen Erfolge und Fehlschläge, Kirche zu bauen und bezieht Erfahrungen aus anderen Lebensbezügen mit ein. Daraus entsteht Wahrheit über den rechten Weg der Kirche und führt zu gemeinsamen Vereinbarungen. Diese Vereinbarungen müssen immer wieder überprüft und am Ziel des Reiches Gottes ausgerichtet werden.

---

7 Huber im Vorwort zu Bittner (2003) 7.

8 Der Anteil des Heiligen Geistes beschränkt sich nicht auf die Verkündigung, sondern bezieht sich ebenso auf die Kirchenleitung. Beides bildet gemeinsam ein aufeinander bezogenes komplexes Geschehen.

9 „Deshalb kommt es im Blick auf die Selbstorganisation der Kirche entscheidend darauf an, dass die Kommunikation der Glaubenden über das Zeugnis der Heiligen Schrift gefördert wird.“ Großhans (2003), vgl. seine Korrespondenztheorie S. 292.

10 Vgl. Mildenberger (1980) 90: „Die Schrift ist Bezeugung Jesu Christi bzw. des Evangeliums und von hier aus zu verstehen.“

11 Siehe die Diskussion um die „geistliche Gemeindeleitung“ S. 24 ff.

12 „Duplex est claritas scripturae … una externa in verbi ministerio posita, altera in cordis cognitione sita.“ WA 18, 609.

13 Das geschieht in einem geordneten Verfahren. Seine Grundlage ist die äußere Klarheit der Schrift: die Liebe Gottes in Jesus Christus, von der aus sich alle anderen Stellen begreifen lassen. Die innere Klarheit kommt im gemeinsamen Auslegen als Herzenserkenntnis durch den Heiligen Geist hinzu, WA 18, 609.

Dies ist ein Kommunikationsprozess, in den alle Getauften einzubeziehen sind. Die große Zahl der Christinnen und Christen, die in Distanz zur „Gemeindekirche" leben, muss dabei im Blick bleiben. Sie unterstützen die Kirche durch ihre Kirchensteuer. Sie geben ihr einen Vertrauensvorschuss, indem sie um Begleitung in biographischen Höhen und Tiefen bitten und ihr Kinder, Jugendliche und die alten Eltern anvertrauen. Dies verdient Wertschätzung. Wenn dies nicht geschieht, wird die Schere zwischen ihrer Unterstützungsbereitschaft und dem Erscheinungsbild von Kirche zu groß.[14] Sie sind jedoch mehr als Geldquellen und vertrauensvolle Nutzer von Amtshandlungen. Sie haben ihre eigene Glaubensgeschichte und auch ein eigenes Glaubensleben, so sehr sich diese von gemeindekirchlichen Biographien unterscheiden mögen. Sie sind einzubeziehen in die ekklesiologische Zukunftsdiskussion für Wilmersdorf – um der Wahrheit willen.

In der Konzeption der „Konziliarität"[15] liegt ein Versuch vor, einen Kommunikationsprozess zur Grundlage der Kirchenentwicklung zu machen.

> Der Kommunikationsprozess der gemeinsamen Schriftauslegung verläuft nicht ohne Spannungen. Wenn er die Wirkungen des Geistes in verschiedenen Situationen und bei unterschiedlichen Menschen ernst nimmt, muss er die Unterschiede wahrnehmen und zu verstehen versuchen. Aber er kann dabei nicht stehen bleiben. Die Suche nach der Wahrheit ist ein Weg. Wenn die respektvolle Anerkennung der Spuren Gottes im Leben der anderen in kommunikative Strukturen eingebracht wird und wenn die Bitte um den Heiligen Geist diese Suche begleitet, ergibt sich eine Dynamik, die Einzelne und die Kirche als Ganze für den großen Horizont des Reiches Gottes öffnet.

Das Gelingen dieses Kommunikationsprozesses ist auf Öffentlichkeit angewiesen. Die Suche nach dem rechten Weg der Kirche darf sich nicht auf den inneren Kreis von engagierten Mitarbeitenden beschränken, sondern muss die Gestalt einer „öffentlichen Theologie" annehmen. Die Information als Teil der Bildung spielt eine wichtige Rolle bei der Herstellung dieser Öffentlichkeit,[16] die sich als kirchliche Kommunikationsgemeinschaft definieren lässt.

Dem Staat kommt dabei eine eigene Rolle zu. In der Barmer Theologischen Erklärung ist von der Wohltat Gottes die Rede, dem Staat die Aufgabe übertragen zu haben, für Recht und Frieden zu sorgen. Eine Unterscheidung der Aufgaben von Staat und Kirche ist nötig. Aber trotzdem kann der moderne Staat als Ergebnis eines gesellschaftlichen Diskurses unter Mitwirkung

---

[14] Die „fremde Heimat" Kirche wird dann zur Fremde. Vgl. Kroeger (1997) 236: „... denn in der Kirche sollte es mehr als das momentane Bewußtsein ihrer Mitglieder geben. Das religiöse Bewusstsein kann, ja muß lernen, daß es selber nur Organ für eine Wahrheit ist, die größer ist als unser kleines Herz."

[15] Vor allem Lindner (1994) 84ff.

[16] Vgl. Haigis (2008) 389ff: „Explikationsfähigkeit" als ein Kriterium einer pluralismusfähigen Ekklesiologie.

der Kirche auch zur Unterstützung des kirchlichen Zeugnisses und Dienstes genutzt werden.

Für die Entwicklung eines Kirchenkreises ergeben sich folgende *Erkenntnisse und Konsequenzen*:

a) Strategische Entwicklung muss als Kommunikationsprozess organisiert werden, der eine möglichst breite Beteiligung sucht.
b) Die Auslegung der Heiligen Schrift ist die Mitte des Diskurses um wahres Handeln bei der Gestaltung von Kirche.
c) Kirche bezieht in den Diskurs um die Wahrheit auch die Glaubenserlebnisse und Lebenserfahrungen der Menschen ein.
d) Dieser Prozess muss durch ausreichende Information, Lehre und Bildung die für eine Beteiligung nötigen Fertigkeiten vermitteln.
e) Die so gefundene Wahrheit muss sich im Diskurs mit anderen Kirchen ebenso bewähren wie im Diskurs mit den Bündnispartnern außerhalb der Kirchen.
f) Aus der im Diskurs gefundenen Wahrheit über den Weg der Kirche erwachsen Ziele.
g) Die im Diskurs gewonnene Wahrheit stellt sich der kritischen Überprüfung.

B. Der Theoriehintergrund

1. Kirche ist eine spirituelle Organisation

In einer ekklesiologischen Grundentscheidung wird für die Kirchenkreisplanung die evangelische Kirche als „spirituelle Organisation" verstanden, die theologiegesteuert und umweltsensibel ihre Entwicklung verantwortet.[17]

a) Die historische Ausgangslage

Kirche ist Geschöpf des Wortes und Frucht des Wirkens des Heiligen Geistes, der weht, wo und wann er will. Sie ist deshalb größer und weiter als die sichtbaren Kirchengestalten. Ihre empirische Wirklichkeit, die sichtbare Kirche, darf sich nicht absolut setzen und muss ihre Gestaltung in Gehorsam gegenüber dem Auftrag und offen für das Wirken des Geistes verantworten.

---

17 Diese Entscheidung ist ausführlich begründet bei Lindner, grundlegend (1994) 37–48 und zusammengefasst (2000) 21–33. Die Grundlinie der spezifischen Nutzung des Organisationsbegriffs wird vor allem in Lindner (2000) bis hin zu einem konkreten Programm ausgezogen. Diese Entscheidung ist auch angesichts der aktuellen Diskussion tragfähig. Dies zeigt die Argumentation im Folgenden.

Der Protestantismus hat es nicht leicht, ein positives Verhältnis zu seiner Verfasstheit zu finden. Während die Gestalt der römisch-katholischen Kirche sakramental-hierarchisch verankert ist, baut der Protestantismus auf die Verkündigung. Es genügen wenige Kennzeichen. Allerdings hinterlassen sie eine Lücke in Bezug auf die Gestalt der Kirche. Die Leerstelle wurde historisch durch das landesherrliche Kirchenregiment[18] und seine Modifikationen gefüllt. Erst das Barmer Bekenntnis beginnt, diese Lücke auch theologisch zu schließen.

In einem langen geschichtlichen Prozess haben die großen christlichen Kirchen in Mitteleuropa die Gestalt von Institutionen angenommen. Allerdings haben sie schon immer Züge aufgewiesen, die sich aus heutiger Perspektive als organisationsförmig deuten lassen.[19] Die Bindungskraft von Institutionen auf Grund fragloser Zugehörigkeit lässt jedoch unter den Modernisierungsschüben der Neuzeit und der von diesen ausgehenden Freisetzung der Individuen nach.

Die neuzeitliche Organisation entsteht. Organisationen erweisen sich vor allem im wirtschaftlichen Bereich als leistungsfähig. So gewinnt der Typ Organisation Einfluss auf die Kirchengestalt. Dieser Prozess wird zunächst *von außen* an die Kirchen herangetragen.[20] Wenn in der Gesellschaft Organisationen zunehmend Verbreitung finden, erwarten diese als Gegenüber ebenfalls Organisationen. Mit ihnen können sie kommunizieren. Dort finden sie Ansprechpartner, die ihnen gültige Entscheidungen mitteilen können.

> Ein gutes Beispiel für diese von außen herangetragenen Erwartungen zur Organisationsförmigkeit ist das Drängen staatlicher Stellen, der Islam in Deutschland möge sich erkennbarer als Organisation entwickeln, damit z.B. Fragen des Religionsunterrichts geklärt werden können.

Auch eine Reihe von *Mitgliedern* erwarten von der Kirche organisationsförmige Reaktionen. Sie fragen, was „die Kirche" zu drängenden Problemen zu sagen hat, sie bemängeln, dass „die Kirche" hier zu wenig oder dort zu viel tut und sie erwarten für ihre Anliegen klare Ansprechpunkte mit geregeltem Zugang. Manche treten aus, weil ein Repräsentant öffentlich eine Meinung äußert, die sie missbilligen.

Aber es gibt auch noch andere Erwartungen, oft in der gleichen Person. So wenn jemand die vermuteten oder wirklichen Erwartungen an ein Kir-

---

18 Tyrell (2008) 184 im Anschluss an den Reformationshistoriker Jakob Burckhardt.

19 Lindner (1994) 39f besonders für die Anfänge des Christentums in der antiken Gesellschaft.

20 Der Einfluss von Sozialgestalten aus der Umwelt auf die Kirchengestalt ist im Verlauf der Kirchengeschichte immer wieder zu erkennen. Die frühchristlichen Gemeinden sind vom Vereinsgedanken beeinflusst (vgl. dazu Ebel, Eva: Mit vereinten Kräften Profil gewinnen. Antike Vereine und frühe christliche Gemeinden – ein lohnender Vergleich. In: Verkündigung und Forschung 1-2010, 71–79). Das Kaisertum führt zur Ausprägung hierarchischer Züge, die neuzeitliche Demokratie hat wiederum Rückwirkungen auf die Kirche. Linear verlaufen diese Prozesse von Übernahme und Ablehnung nicht, aber ihr Einfluss ist unverkennbar. Zudem gibt es Wirkungen auch in umgekehrter Richtung.

chenmitglied nicht erfüllt und sich eine verstehende, „menschliche" Reaktion wünscht, oftmals indem er auf den nicht organisierbaren Teil der Religion rekurriert (z.B. im oft zu hörenden Satz: „In die Kirche gehe ich zwar nicht jeden Sonntag, aber meinen Glauben habe ich schon, deshalb …").

Typische Methoden aus den „Profit-Organisationen" Wirtschaftsunternehmen sind in den letzten Jahren in die Kirchen eingewandert und stehen – zwar nicht ohne Widerstand,[21] aber doch zunehmend bejaht – in Geltung.[22] Zu nennen sind regelmäßige Mitarbeitenden-Gespräche, Leitbildprozesse, Zielvereinbarungen, Gebäudemanagement und die Nutzung von externer oder kircheninterner Beratung. Sie befinden sich in einem mehr oder minder weit gediehenen Adaptionsprozess.

Es wird deshalb zu klären sein, ob dies grundsätzlich zu Recht geschehen ist, ob die spezifischen Anpassungen ausreichen, die richtigen Bereiche gewählt wurden und ob dieser Prozess der Organisationswerdung aktiv vorangetrieben werden soll. Dies erfordert grundsätzliche Klärungen, die noch einmal an der aktuellen Diskussion zu überprüfen sind.[23]

b) Die Kennzeichen einer Organisation

Dem Organisationsbegriff liegt ein Gesellschaftsbild zu Grunde, das vor allem durch die Arbeiten von Niklas Luhmann[24] geprägt wurde. Demnach entwickelt die moderne Gesellschaft Funktionsbereiche, in denen zentrale Aufgaben spezifisch bearbeitet werden. So bearbeitet das Wirtschaftssystem die Frage nach der Knappheit mit dem Leitmedium Geld, das Rechtssystem die Frage nach den Regeln des Zusammenlebens mit der Leitunterscheidung erlaubt/verboten, das politische System die Frage nach der Macht und das Religionssystem die Frage nach der Kontingenz mit der Leitunterscheidung immanent/transzendent.[25]

---

21 Eine umfassende Analyse des Widerstands findet sich bei Beckmann (2007) 289ff.

22 Siehe das Themenheft „Management als kirchliche Praxis? Zur Zukunft unternehmerischen Denkens in der Kirche" 4-2002, herausgegeben von Jan Hermelink und Herbert Lindner.

23 Eine breite Auseinandersetzung wurde durch das Evangelische München-Programm ausgelöst, das in Zusammenarbeit mit der Unternehmensberatung McKinsey & Co. erstellt wurde (vgl. dazu Lindner [2000] 21 und Lindner [1997]). Neuerdings hat sie durch das Impulspapier der EKD wieder an Lebhaftigkeit gewonnen. Einen zusammenfassenden Überblick bietet Beckmann (2007).

24 Es ist vielfach beschrieben, zuletzt in verschiedenen Facetten in den Beiträgen bei Hermelink/ Wegner (2008), die einen Einblick in die aktuelle Diskussion geben.

25 So kann man gegen Luhmanns frühe Definition, religiöse Organisationen operierten nach dem Dual rechtgläubig-hairetisch, einwenden, diese stärke Organisationen wie die Inquisition der katholischen Kirche. Mit der Neudefinition des religiösen Codes durch die Unterscheidung Immanenz/Transzendenz sicherte sich Luhmanns Systemtheorie ihre Anschlussfähigkeit an den Protestantismus und dessen theologische Diskurse (so Dietrich Benner in einem internen Diskussionsbeitrag).

In diesen Funktionsbereichen lassen sich drei Ebenen unterscheiden: die Ebene der einfachen Systeme, die auf personaler Interaktion zwischen Anwesenden beruhen, die der formalisierten Organisationen und die der Gesellschaft.

Dominiert werden die Funktionsbereiche von Organisationen. Sie gehen aber darin nicht auf. So ist z.B. der „Markt" im Wirtschaftssystem nicht Teil einer Organisation und dennoch ein wesentliches Element des Systems. Auch Religion ist nicht vollständig organisierbar. Es gibt die Christenheit auch als einfaches Sozialsystem etwa in der inner-familiären Frömmigkeit oder im Umkreis von faszinierenden Persönlichkeiten. Es gibt sie auch als Volksfrömmigkeit oder als Gesellschaftsreligion (civil religion). Bewegungen[26] wie die Friedens- oder Ökologiebewegung lassen sich dazwischen ansiedeln.

Das Christentum ist das „Ensemble verschiedenster Sozialformen. Es umfasst einzelne Glaubende, lockere Bewegungen, Gruppen, Gemeinden und Kirchen"[27]. Dafür scheint der Begriff des Netzwerks am zutreffendesten zu sein.[28] Die Lebendigkeit des Gesamten hängt davon ab, dass zwischen diesen Teilen ein Austausch geschieht, der die Stärken des jeweiligen Bereichs nutzt und seine Schwächen ausgleicht.

Organisationen sind durch spezifizierte Ziele und formalisierte Abläufe[29] gekennzeichnet. Formalisierungen stellen die Abläufe auf Dauer, verknüpfen sie nach sinnvollen Regeln und erlauben es, gesteigertes Fachwissen anzuwenden. Sie sind in der Lage, Entscheidungen in festgelegten Regelungen zu treffen.[30] Sie weisen eine „doppelte Kontingenz" auf. Sie können ihre Mitgliedschaftsregeln frei bestimmen und stellen Menschen frei, sich ihnen anzuschließen oder nicht. Organisationen erbringen schließlich Leistungen für andere Funktionsbereiche.

---

26 In einer zeitlichen Perspektive lassen sich Bewegungen allerdings auch als Innovationen verstehen, die beim „langen Marsch" durch die Institutionen feste Gestalt gewinnen und diese nachhaltig verändern.

27 Diese Ebenendifferenzierung lässt sich historisch weit zurückverfolgen. Vgl. nur Albertz (1992), der die Familienreligion der Kultzentralisation gegenüberstellt und Roosen (1997) 37ff, der die Unterscheidung von religion-as-prescribed und religion-as-practiced aufnimmt.

28 Die Kirche kann deshalb als Knoten im Netzwerk des Christentums verstanden werden, als nährende und haltgebende Umwelt für die anderen Formen des Christseins: Lindner (1994) 43.

29 Vgl. Lindner (1994) 38.

30 Tyrell (2008) 183.

c) Kirche als spirituelle Organisation

Der allgemeine Organisationsbegriff kann – wenn überhaupt – nicht ohne Modifikationen auf die Kirche angewandt werden.[31]

Das Organisationsziel steht nicht in der Hand der Kirche und kann deshalb nicht beliebig verändert werden. Der Glaube kann sich nicht mit einem Teilanspruch zufrieden geben, sondern will Menschen ganz erreichen. Kirche kann sich aus theologischen Gründen nicht auf den Sektor „Religion" beschränken, sondern hat einen umfassenden Auftrag als Werkzeug Gottes in dieser Welt.

Ihre Mitglieder können sich zwar ihr gegenüber wie zu einer Organisation verhalten, indem sie aus- oder wieder eintreten. Aber diese Wahlfreiheit kommt für einen Teil ihrer Mitglieder persönlich nicht infrage. Kirchenmitglieder sind „Kirche", aber sie verhalten sich weithin auch, als stünden sie dieser Kirche gegenüber.[32] Zudem ist nach christlichem Verständnis die Taufe ein einmaliger Akt, der eben nicht beliebig wiederholt werden kann.

Kirche hat das Ergebnis ihres Wirkens nicht in ihrer Hand. Sie kann sich jedoch um die Voraussetzungen bemühen, damit Menschen die gute Botschaft von der Liebe Gottes verstehen können. Sie muss sich um Prozessqualität bemühen und hat die Ergebnisqualität nicht in ihrer Hand.

Alle diese Einschränkungen fordern eine spezifische Anpassung des Organisationsbegriffs. Dazu gibt es vergleichbare Entwicklungen. Viele Organisationen sind nicht wie die wirtschaftlichen Organisationen „formalzielorientiert" mit dem Hauptzweck, eine angemessene Rendite auf das eingesetzte Kapital zu erwirtschaften. Sie benötigen vielmehr die erwirtschafteten Mittel ausschließlich dazu, einen nicht monetären Zweck zu erfüllen. Diese „Non-Profit-Organisationen" (abgekürzt NPOs) bedienen sich der Erkenntnisse und Methoden der Organisationen, die Gewinn erzielen müssen, und hoffen dabei, dass sie mit deren Hilfe die knappen Mittel für Erreichung ihrer spezifischen Zwecke besser einsetzen können.

Für die Kirche bedeutet dies, dass die Auftragsbindung die Entscheidungen vorgibt. Leistungen für andere Systeme in Funktionsbereichen wie Erziehung, Gesundheit, Justiz und Militär kann sie nur erbringen, wenn dies im Einklang mit ihrem Auftrag möglich ist. Was diesem nicht entspricht, kann nicht realisiert werden, so kostengünstig, ertragreich oder so erwünscht von anderen Organisationen her es sein mag. Umgekehrt muss die Realisierung

---

31 Es mag dahingestellt bleiben, ob die beobachteten Paradoxien (vgl. Hermelink/Wegner (2008) grundsätzlicher Natur sind oder auf eine unzureichende Anpassung des Organisationsbegriffs an die spezifischen Bedingungen der Kirche zurückzuführen sind.

32 Dies lässt sich in der Alltagskommunikation mit Kirchenmitgliedern beobachten, in der Identifikation („wir") und Distanz („die") zur „Kirche" nahezu gleichzeitig auftreten können.

des Auftrags mit den bestehenden oder noch zu erschließenden Ressourcen bestmöglich sichergestellt werden. Spannungsfrei geht das nicht ab.

> Am Fremdbeispiel des Theaters lässt sich dies verdeutlichen. Während in Zeiten reichlich fließender Mittel der künstlerische Ausdruck das (nahezu) alleinige Kriterium für das Programm darstellte – koste es, was es wolle – und über die Mittelverwendung im Einzelnen keinerlei Klarheit bestand, versucht ein Kulturmanagement zunächst einmal eine Übersicht über die Kostenstruktur zu erhalten. Während manche Künstler dies bereits als einen Angriff auf ihre Freiheit empfinden, betrachten dies andere als einen notwendigen Schritt der gesellschaftlichen Realitätsprüfung. Erst angesichts der tatsächlichen Kosten lassen sich Entscheidungen begründet treffen. Natürlich besteht die Gefahr, dass eine genaue Kostenrechnung ihre dienende Funktion vergisst und dazu beiträgt, das Programm nach seinem Ertrag auszurichten und nur noch die im Augenblick erfolgreichsten Stücke zu spielen. Kluge und weitschauende Kulturmanager werden immer versuchen, für ein künstlerisch profiliertes Programm eine ausreichende Finanzbasis zu schaffen, es so kostengünstig wie möglich zu realisieren und alles zu tun, damit es bekannt wird und Besucher findet.

Die Sachzielorientierung der NPOs hat aber noch eine weitere Konsequenz. Es reicht für sie nicht, sich im allgemeinen Rahmen der Gesetze zu halten und nur nichts Verbotenes zu tun. Ihre angewandten Methoden, ja ihre ganze Kultur müssen im Einklang mit ihren inhaltlichen Zielen stehen. Wenn das nicht gelingt, entsteht ein erhebliches Glaubwürdigkeitsproblem. Nun ist die ethische Dimension kein Privileg der NPOs, aber sie stellt diese vor besondere inhaltliche Herausforderungen.

Zur Klärung dieser Dimensionen reicht die enge betriebswirtschaftliche Sicht nicht aus. Das gilt auch für Wirtschaftsunternehmen. So hat sich in der Organisationslehre der St. Gallener Schule die Ausweitung des Managements über die strategische Perspektive auf den normativen Bereich durchgesetzt.[33] In der Konzeption der leitbildorientierten Konzeptentwicklung[34] liegt ein kirchenspezifisches Korrelat unter Erschließung genuin theologischer Kategorien vor.[35]

Im Rahmen der Diskussion um die NPOs ist auch ein Problem bearbeitet, das im Rahmen der klassischen Organisationslehre erhebliche Schwierigkeiten[36] bereitet. Während dort die Mitgliedschaft strikt formalisiert ist und klare Grenzen zwischen Zugehörigkeit und Nicht-Zugehörigkeit bestehen, befinden sich in NPOs die Mitglieder in einem Zwischenzustand zwischen

---

33 Vgl. nur die ausführliche und aktuell auf die Kirchen angewandte Diskussion bei Beckmann (2007) 199ff.

34 Grundlegend Lindner (2000) 35ff.

35 Vgl. auch die Versuche eines spirituellen Gemeindemanagements bei Abromeit (2001) oder der theologischen Sinnachse bei Jäger (1993).

36 Die Luhmann'sche Lösung der Binnendifferenzierung der Mitglieder in rechnerische und engagierte wird bei Hermelink (2008) 16 dargestellt.

drinnen – was sie auf dem Papier sind – und draußen, wenn sie sich ihrer Organisation gegenüber wie Kunden eines Unternehmens verhalten.

> Als Fremdbeispiel mag der ADAC dienen. Er ist als Verein organisiert. Man muss Mitglied werden, um seine Angebote in vollem Umfang nutzen zu können. Aber die Mitglieder kommen nicht auf die Idee, sich ehrenamtlich zu engagieren oder gar in Mitgliederversammlungen ihre Mitwirkungsrechte zu nutzen. Oft treten sie erst im Bedarf, etwa bei Hilfe bei Defekten, ein.

Eine weitere Frage ist zu klären. Die Sozialgestalt der Kirche hat Einfluss auf ihre Auftragserfüllung. Organisationsförmigkeit fördert eher die Dimensionen der Lehre und der Diakonie.[37] Die oftmals vertretene These von der vollständigen Inkompatibilität von Religion und Organisation kann in dieser Absolutheit aber nicht aufrecht erhalten werden.

> Es gibt in Geschichte und Gegenwart religiöse Organisationen. So haben Mönchsorden Züge einer perfekten Organisation. Zahlenmäßig erfolgreiche us-amerikanische Freiwilligkeitskirchen (sog. Megachurches) sind religiöse Organisationen mit der Leitfigur von religiösen Entrepreneurs an der Spitze,[38] bei denen sich fast lehrbuchhaft alle Merkmale eines erfolgreichen Unternehmens bis hin zu einer globalen Strategie wiederfinden. In beiden Fällen sind die Wechselwirkungen zwischen Sozialgestalt und Theologie deutlich sichtbar. Nicht umsonst hat Martin Luther das Mönchtum aus theologischen Gründen scharf angegriffen. Megachurches fußen zumeist auf einer dichotomischen Theologie von drinnen / draußen oder Rettung und Verdammung.

Es ist festzuhalten, dass Kirche den Typ Organisation geistlich prägen kann, auch wenn dies immer wieder auf Spannungen stößt. Geistliche Gemeindeleitung[39] ist auch in einer Kirche möglich, die den Weg der „Organisationswerdung“ bewusst geht.

> Dies trifft auf Skepsis. Zum einen wird die Distanz als schwer überbrückbare Spannung notiert, zum anderen werden Versuche spezifischer Prägung als Vermischung kritisiert. Wenn Kirche z.B. ihre synodalen Entscheidungen über Stellenkürzungen als geistliche Prozesse bezeichnet, dann wird behauptet, sie würde unzulässigerweise versuchen, Sachentscheidungen „unmittelbar ins Spirituelle umzudeklarieren“[40]. Ähnlich skeptisch ist der Satz Luhmanns, dass ein Informationssuchender „hocherstaunt [wäre], beim Eintritt in das Kirchenamt den zuständigen Beamten ins Gebet versunken vorzufinden“[41]. Es kann aber prinzipiell nicht verwunderlich sein, wenn auch in Kirchenbüros

---

37 Auf die Wechselbeziehungen zwischen Kirchenstruktur und Auftragserfüllung weist Franz Xaver Kaufmann immer wieder hin. Zum Thema Bürokratie vgl. Lindner (1994) 44.

38 Als Beispiel kann wegen ihres weltweiten Einflusses die Willow Creek Community Church gelten.

39 Vgl. Abromeit (2001). Schon Jäger (1993) hat der Theologie im Leitungsprozess eine zentrale Rolle zugeschrieben. Vgl. auch die Rolle von Theologie und Spiritualität im Leitbildprozess bei Lindner (2000).

40 Tyrell (2008) 201.

41 Zit. nach Tyrell (2008) 202.

> Kreuz und Losungsheft anzutreffen sind und die Glocke zum Mittagsgebet in der Kapelle ruft. Sinnenfällig wird es, wenn die Kirchenleitung wie z.B. in Magdeburg über einen Kreuzgang mit dem Dom verbunden ist und die Andachten dort stattfinden. Umgekehrt ist es natürlich eine unzulässige Vermischung, wenn ein Pfarrer bei einer Entscheidung im Gemeindekirchenrat eine Mehrheitsmeinung in Personalangelegenheiten ignoriert, weil er über der Angelegenheit gebetet habe und zu einer anderen Meinung gekommen sei.

Mit den notwendigen Anpassungen kann also nach einer sorgfältigen Prüfung der Organisationsbegriff für die Kirchenentwicklung genutzt werden.

d) Die aktuelle Diskussion

Betriebswirtschaftliche Funktionalisierung des Auftrags?

Diese Entscheidung muss sich noch in der aktuellen Diskussion bewähren. Sie hat an Intensität und Schärfe durch die Studie der EKD „Kirche der Freiheit" gewonnen. Mit ihr stellt sich die Ebene der EKD den anstehenden Reformnotwendigkeiten.[42]

Sie versucht die Verantwortung der Kirchenleitungen wahrzunehmen, in dem sie sich Sorgen um die wirtschaftliche Handlungsfähigkeit macht. Denn diese Probleme sind für Kirchenleitungen drängend. Dort müssten Einstellungen gestoppt, Gehälter gekürzt und Pensionszahlungen verringert werden. Durch die dominierende Perspektive der zukünftigen Handlungsfähigkeit und die verwendete betriebswirtschaftliche Sprache erweckt sie jedoch den Eindruck, sie sei nicht spezifisch genug auf die Eigenlage der Kirche eingegangen.[43]

Dennoch liegt das Problem nicht in dem Ansatz des Impulspapiers, sondern in seiner Ausgestaltung. Am Beispiel der Übertragung betriebswirtschaftlicher Methoden auf die Kirchenentwicklung lässt sich das zeigen. Verantwortliche Zielorientierung ist eine Form der Haushalterschaft, die versucht, die bestmögliche Voraussetzungen für die Kommunikation des Evangeliums zu schaffen. Die Ressourcen an Zeit und Geld, die trotz gegenteiliger Behauptungen tatsächlich nicht wirklich der Breite der Mitglieder zu Gute kommen, schwächen in Zeiten der Mittelknappheit die Erfüllung des Auftrags.

Diese – notwendige – Zielorientierung im Detail wird im Impulspapier nicht ausreichend sorgfältig begründet bzw. ausgeführt.

---

42 Sie vollzieht damit auf ihrer Ebene nach, was in den Landeskirchen seit nunmehr fast zwanzig Jahren versucht wird. Diese lang laufenden Reformprozesse sind bei Beckmann (2007) sorgfältig dokumentiert und analysiert.

43 Tyrell (2008) 186 Anm. 23 mit der Kritik einer unzureichenden „Systemreferenz".

Es werden Ziele, z.B. für den Gottesdienstbesuch, formuliert. Aber durch das Fehlen exakter Bezugspunkte sind sie weder spezifisch noch messbar. So finden sich keine exakten, betriebswirtschaftlich fundierten Analysen und Perspektiven, sondern in Zahlen verpackte Appelle, die „Zahlenfeinde" bestätigen und Befürworter messbarer Ziele enttäuschen.

Auch bei einem der Hauptkritikpunkte lässt sich das zeigen. Die Mittel für die Ortsgemeinden sollen von 75 auf 50% zugunsten von Netzwerk- und Profilgemeinden zurück gefahren werden. Nun ist bereits die Festlegung auf Prozentwerte angesichts der unklaren Haushaltsgestaltung der EKD-Kirchen ein kühnes Unterfangen. Aber auch wenn die Zahlen stimmen würden, ist das Zurücknehmen der Ortsgemeinden gerade in betriebswirtschaftlichem Denken eine höchst problematische Entscheidung.[44] Das große Potential in der Reichweite der Ortsgemeinden – wenn denn ihre Ausstrahlung im Fest-, Kultur- und Kasualbereich mit bedacht wird – lässt sich nur durch überproportionale Investitionen im Netzwerk und Profilbereich – und auch dann nur annähernd – erreichen. Darin liegt das Problem, nicht in dem notwendigen Versuch, die Organisationsgestalten der Kirche auf ihre Brauchbarkeit hin zu überprüfen und diese Überprüfung in Zahlen zu bringen.

So wird das Impulspapier als Beleg für die reale Gefahr gesehen, dass solche Instrumente eine „überschießende Dynamik" entwickeln und das gesamte Handeln der Kirche als Mittel zum Zweck der Handlungsfähigkeit der großkirchlichen Organisation sehen,[45] das in letzter Konsequenz zu einer unkritischen Dienstleistungskirche führen könnte.

Ob die Gefahr wirklich real ist, mag dahingestellt bleiben. Dazu muss bemerkt werden, dass alle angesprochenen „Dienstleistungen" innerkirchlichen Ordnungen unterliegen, die auf der Ebene der Agenden und Gemeindeordnungen gewährleisten, dass sie mit Wortverkündigung, Gebet und Segen vollzogen werden und dass Gottesdienste einer Grundordnung folgen, die eben dies sicher stellt. Ob dies zunächst von Seiten derer, die diese Amtshandlungen wünschen, als ich-ferne Dienstleistung gesehen wird, auf die sie mit Zahlung ihrer Kirchensteuer Anspruch haben, mag offen bleiben. Eine Kasual- und Gottesdienstpraxis, die nicht nach einer möglicherweise zweifelhaften Ausgangsmotivation fragt, sondern der Kraft des Evangeliums traut, eine solche Ausgangsfragestellung zu verändern, darf nicht als „bloße" Bedürfnisbefriedigung angesehen werden. Was die Menschen erleben, wenn sie zur Kirche kommen, ist eben nicht „unterschiedslos" zu anderen Dienstleistungen. Wenn allerdings erwartet wird, die Pfarrerin möge eine schöne Feier gestalten, aber dabei doch bitte nicht so viel von Gott reden, ist die Grenze erreicht.

---

44 Völlig gegensätzlich Lindner (2000) 162: „Die evangelischen Kirchen Deutschlands sollten deshalb eine mutige Entscheidung treffen und sich zu Ortsgemeinden als ihrer Basisstruktur bekennen. Allerdings sind diese Ortsgemeinden nicht identisch mit den jetzigen Gemeinden."

45 Hermelink/Wegner (2008) 11.

> Aber dies sind pastorale Sondersituationen und nicht Strategie der Kirche, mag es hie und da in der werblichen Kommunikation auch falsche Zungenschläge geben. Außerdem sollte in einer Kirche, in der der Dienst einen so hohen Stellenwert hat („Ich aber bin unter euch wie ein Diener" Lk 22,27), der Begriff Dienstleistung nicht ohne weitere Differenzierung pauschal negativ verwendet werden.

Funktionale und rationale Methoden müssen bei aller Nützlichkeit sorgfältig reflektiert werden. Die Sorge, das Gesamte der Kommunikation würde der Funktionalität und Rationalität unterworfen, ohne Gottes zu bedürfen, muss deshalb ernst genommen werden.

Nun ist diese Gefahr nicht auf die Anwendung der Organisationslogik und darin implizierter betriebswirtschaftlicher Methoden beschränkt. Jede Methode kann falsch gebraucht werden, die glänzende Rhetorik des Predigenden, die ausgefeilte Dramaturgie der Gottesdienstgestaltung, die religiöse Kraft eines Führers ins Heilige und natürlich auch die eines cleveren Marketing.

Es gibt historische Beispiele für die Schwierigkeiten und die Chancen einer Adaption humanwissenschaftlicher Methoden in die praktische Theologie. Erinnert sei an die Aufnahme psychologischer Methoden in die Seelsorge oder pädagogischer in den Unterricht. Aber deshalb muss der Versuch dennoch gewagt werden, für die Kybernetik einen ähnlichen Prozess der sachgerechten Nutzung organisationstheoretischer und betriebswirtschaftlicher Erkenntnisse zu versuchen.

Einengung der Freiheit des Evangeliums?

Der Widerstand hat auch eine personale Komponente. Zunächst ist er allgemeiner Natur und in der Grundtönung der Persönlichkeit angelegt. Jede Veränderung in einem stabilen Gefüge löst bei konservativ strukturierten Persönlichkeiten Widerstand aus, die aus der Veränderung Nachteile für sich oder das Ganze befürchten.

Im evangelischen Raum gibt es zusätzlich spezifische Gründe: Organisationen haben Ziele und erwarten von ihren Mitgliedern, sich diese Ziele für ihr alltägliches Handeln zu eigen zu machen. Die historische Logik des Pfarrberufs scheint dem zu widersprechen: nach einer wissenschaftlichen Ausbildung mit der Fähigkeit zur eigenen Urteilsbildung ausgestattet und durch Sendung und Segen auf die Urkunde des Glaubens und die rahmensetzenden Bekenntnisse verpflichtet, legen die Inhaberinnen und Inhaber des Amtes in eigener unabhängiger Freiheit das Wort der Bibel aus. Die Kirche wacht über die Grenzen ihrer Lehre und ihrer Lebensführung, ist aber nicht befugt, materielle Festlegungen ihrer Verkündigung zu verlangen. Die evangelische Freiheit setzt sich in der Eigenständigkeit der Ortsgemeinde[46] fort und prägt auch das Grundverständnis freiwillig Mitarbeitender.[47]

Pfarrerinnen und Pfarrer teilen mit anderen helfenden Berufen die aktuell-personbezogene Orientierung. Dadurch fällt es schwer, von einem ich-fernen Gesamten her zu denken und sich in ein überindividuelles Gesamtes einzufügen. Für die evangelische Kirche resultiert dies in einer anti-institutionellen Ausrichtung[48] und in einer Schwäche der gesamtkirchlichen Dimension, die sich besonders artikuliert, wenn diese Dimension durch organisatorisch-zielorientiertes Handeln betont werden soll.

Sicher lassen sich auch Inkonsequenzen aufweisen. Mitarbeitende erwarten von der Organisation eine gesicherte und gerechte Alimentation, die diese nur durch überindividuelle Regelungen sicher stellen kann. Die fehlende Zeit für Theologie, Spiritualität und Seelsorge wird beklagt, helfenden Regelungen aber gleichzeitig mit Misstrauen begegnet. Die Beziehungs-Überlastungen durch die Familienlogik sind spürbar, gleichzeitig wird die Wärme und Bestätigung durch wenige Vertraute idealisiert, von der Paradoxie abgesehen, dass dies nur möglich ist, wenn die finanzielle Unterstützung der Vielen aufrechterhalten wird.[49]

Der Widerstand erinnert daran, dass Zielfindung in der evangelischen Kirche als die gemeinsame Suche nach der Wahrheit[50] organisiert werden muss. Allerdings kann die gefundene Erkenntnis Verbindlichkeit beanspruchen und ist nicht mehr der Beliebigkeit der Einzelnen unterworfen.

Geringschätzung der Ortsgemeinde?

Das spannungsvolle Verhältnis von Organisation und personaler Interaktion wird von einigen Stimmen in der Diskussion auf das Verhältnis Ortsgemeinde – zentrale Dienste – Kirche übertragen. Damit wird eine permanente Diskussion um Ortsgemeinde und nicht-parochiale Dienste neu belebt.[51] Die Argumentation lautet, die lokale Gemeinde sei mit personaler Interaktion und die zentralen Dienste seien mit „Organisation" gleich zu setzen. Auf diesem Hintergrund wird eine Priorisierung der lokalen Gemeinde gefordert und ein antagonistischer Gegensatz zwischen Organisation (= Kirche und übergemeindliche Dienste) und personaler Interaktion oder Gemeinschaft postuliert.

---

46 Das Recht zur Beurteilung der Predigt ist ein Ausdruck dieser Eigenständigkeit der Ortsgemeinde.

47 Es entbehrt nicht einer gewissen Paradoxie, dass die „Kirche der Freiheit" den Anschein erweckt, diese Freiheit nach innen zu gefährden. Hauschildt (2007) versucht dies zu korrigieren.

48 Mit dem Leitmotiv: „Hier stehe ich, ich kann nicht anders!"

49 Das gilt auch für das unten als Ideal von Anna Stöber angeführte Beispiel einer Berliner Gemeinde, wenn 3.600 Gemeindeglieder mit ihren Steuern es ermöglichen, dass 2,3 Stellen 400 Leute mit dem Leitmotiv Spaß um sich versammeln.

50 Siehe zur theologischen Diskussion S. 17 ff.

51 Die Diskussion zusammenfassend und in einem konflikttheoretischen Rahmen interpretierend: Pohl-Patalong (2003).

Die Konsequenzen lauten dann, in Zeiten der Ressourcenknappheit auf einen weiteren Ausbau dieser Dienste zu verzichten und alle Mittel auf die Ortsgemeinde zu konzentrieren.

Damit wird eine radikale Gegenposition gegen die Strategie der „Leuchtfeuer“ und der verstärkten Netzwerk- und Profilgemeinden auch systemtheoretisch begründet.[52]

Als Beleg wird die Arbeit von Anna Stöber[53] herangezogen, die aus einer betriebswirtschaftlichen Analyse einer Berliner Gemeinde in systemtheoretischer Perspektive fordert, keine kirchliche Dienstleistung ohne den Weg über die Gemeinde (74) anzubieten.

Die Funktion der Kirchengemeinde gegenüber ihren Mitgliedern wird als „zweites Zuhause“, als „Familie“ bestimmt und als Vermittlung von Geborgenheit, Anerkennung und Verantwortung beschrieben (44f).
Das zugrunde liegende Theoriemodell ist das einer Stabilität durch Synergie dreier Bereiche: „Aus der Stabilität von Religion, formaler Organisation und Gemeinschaft sowie deren Zusammenwirken lässt sich auf die Stabilität des sozialen Systems Kirchengemeinde schließen“ (52).
Die christliche „Religion“ erfüllt die Funktion, die Kirchengemeinde zu stabilisieren, weil sie einen Reflexionshintergrund für persönliche Erlebnisse biete und gemeinschaftsstiftend – durch gemeinsame Sprache – wirke (52f). Sie kann zwar auch ohne Kirche gelebt werden, aber als „Adresse“ in den Wechselfällen des Lebens profitiert das System Gemeinde von den religiösen Bedürfnissen der Menschen und wird durch sie stabilisiert (55). Der Stabilisierungsfaktor Religion wird als gesamtgesellschaftlich stabil eingeordnet, wenn auch seine Koppelung mit den christlichen Kirchen zunehmend lockerer wird (59).

Enttäuschend bleibt die Anwendung dieser funktionalistisch-systemtheoretischen Perspektive auf die Berliner Adventgemeinde. Ihr kann Stabilität konstatiert werden (66). Ein Freundschaftsnetz von etwa 400 Gemeindegliedern hat „Spaß“ als Motivationsgrundlage. Es gibt 2,3 Pfarrstellen für 3600 Gemeindeglieder, die für ein „lebendiges“ Vereinsleben mit einer großen Bandbreite sorgen. Die Aussichten dieses mit reichlich hauptberuflichen Mitarbeitenden ausgestatteten Vereinswesens bei zurückgehenden Stellen sind unklar und bleiben vage.
Wie sich eine Synergie ergeben soll, wenn nebeneinander „Bibelarbeiten“ und „Präsenz bei allem, was irgendwie diejenigen betrifft, die auf dem Gemeindegebiet leben“, angestrebt werden, bleibt das Geheimnis der Autorin und ihrer Anhänger (72f). Und der Ratschlag möglichst viel, wie Kranken- und Altenpflege, Erziehung und Ähnliches weiter selbst anzubieten, kann doch nur als Anleitung zur Überforderung gelesen werden.
Weil die enge persönliche Gemeinschaft die eine Säule ist, auf die die Kirchengemeinde gebaut wird, muss diese Basis um jeden Preis vergrößert wer-

---

52 Dass sie auch innerhalb ihres Ansatzes durchaus problematisch gesehen werden muss, ist oben dargestellt.

53 Stöber – jetzt Henkel – (2005). Die folgenden Seitennachweise stehen in Klammern.

den. Dies wird durch einen „drastischen Abbau derjenigen Dienstleistungen möglich, die von der formalen Organisation Kirche ohne den Weg über die Gemeinde angeboten werden“ (74).
„Dem Stabilisierungsmechanismus der Gemeinschaft hingegen läuft die betriebswirtschaftliche Sichtweise zutiefst zuwider: Da sich Gemeinschaft durch Vertrauen, Wertschätzung um individueller Eigenschaften willen, persönlicher Beziehungen etc. stabilisiert, laufen Vorschläge wie Trennung von Aufgabenbereichen, Ausweitung von zentralen Stabsstellen, Standardisierung von Verfahren zur Angebotserstellung etc. auf die Auflösung der Grundlagen dieses Stabilisierungsmechanismus hinaus.“ (76).

Dies wird zwar behauptet, aber nicht weiter belegt. Es erscheint unwahrscheinlich, denn ob ein Angebot standardisiert erstellt wird, hat keinerlei Einfluss auf die Gemeinschaftsbildung bei seiner Durchführung. Zentrale Dienste als Unterstützung für Ortsgemeinden soll es zwar geben, Ressourcen dürfen aber dazu nicht aus der Gemeinde abgezogen werden.
Der angewandte systemtheoretische Ansatz führt auf wenig praktikable und theologisch nicht überzeugende Vorschläge. Umso erstaunlicher ist die zustimmende Rezeption etwa bei Isolde Karle.[54]

Diese Gleichsetzung erscheint als eine vereinfachende Interpretation der Luhmann'schen Gedanken. Jede personale Interaktion, wenn sie denn wie z.B. eine Bibelstunde wiederholbar sein soll, ist auf Leistungen der Organisation im Hintergrund angewiesen, die Regelungen oder Räumlichkeiten zur Verfügung stellt. Das Spannungsverhältnis darf nicht in eine Trennung oder gar einen Antagonismus umgedeutet werden. Zudem verkennt die Gleichsetzung den hochgradigen Organisationscharakter des komplexen Systems Ortsgemeinde, der nicht nur durch das von der Kirche angestellte Personal bestimmt ist, sondern in seinem Mix von Sozialformen eben auch organisationsförmige Züge aufweist.

Deshalb ist Kirche jedenfalls nicht gut beraten, wenn sie den vereinfachenden Alternativen auf der Basis dieser einseitigen Interpretation Luhmanns folgt. Diese Positionen sind weder theoretisch haltbar, noch führen sie in der Praxis weiter. Als Gegenposition gegen eine Geringschätzung der Ortsgemeinde mögen sie verständlich sein, als Fundament, darauf Kirche der Zukunft zu bauen, taugen sie nicht.

Eine sorgfältige Abwägung der Stellung der lokalen Gemeinde unter Einbezug theologischer Kategorien ist nötig. Zunächst muss die Rolle der Gemeinschaft geklärt werden.

Glaube bleibt ohne die Dimensionen der *Gemeinschaft* einseitig. Glaube entsteht in personaler Interaktion mit „signifikant Anderen“[55].

Diese Gemeinschaft ist zunächst theologisch qualifiziert. Koinonia ist die

---

54 Vgl. Karle (2008).
55 Lindner (1994) 341.

Beziehung bleibend Verschiedener, die durch die Christusbeziehung gestiftet wird. Sympathie, Vertrautheit und umfassende Bekanntheit können sich glücklicherweise ereignen, sind aber nicht der Grund, auf dem die theologisch reflektierte Koinonia gründet. Sie bedarf der personalen Interaktion, nicht aber der gruppenförmigen Vergesellschaftung nach dem Vereinsmuster. Die Milieutheorie hat aufgezeigt, dass die letztere Form[56] spezifisch für ein bestimmtes Milieu ist. Sie zu „kanonisieren" führt zu einer Milieuverengung und ist theologisch nicht geboten, so wichtig sie für Teile der Gemeinde ist.

Personale Interaktion geschieht auch phasenweise intensiv z.B. auf Wochenendtagungen, Freizeiten oder auch Reisen. Sie kann auch thematisch durch gemeinsame Betroffenheiten nach dem Muster der Selbsthilfegruppe konstituiert werden, die sich wieder auflöst, wenn der Anlass nicht mehr gegeben ist. Um die Amtshandlungen herum lassen sich die Phasen intensiver Interaktion durch eine entsprechende Kommunikation entwickeln. Sie weisen durch Wortverkündigung, Feier der Sakramente und Interaktion alle notwendigen Kennzeichen der Gemeinde auf. Hier dreht sich die Perspektive. Nicht mehr von der „Gemeindekirche" aus wird auf die kasuell sich Versammelnden geblickt, sondern in der Anwendung der theologischen Kriterien wird die ekklesiologische Qualität solcher Vergemeinschaftungen entdeckt.

Personale Interaktion lässt sich auch netzwerkartig gestalten. Mediale Kommunikation kann über längere Zeiträume und räumliche Distanzen hinweg die personale Interaktion stützen. Umgekehrt kann richtig eingesetzte mediale Kommunikation zu personaler Kommunikation führen. Überlegt konzipierte „Internetgemeinden" berücksichtigen dies.[57]

Gemeinschaft lebt gerade in der modernen Gesellschaft in vielen Formen! Aber um sie gelingen zu lassen, ist die flexible Form der Organisation ein sehr geeignetes Mittel.

Das führt auf den *Gemeindebegriff*. Die lokale Gemeinde ist der zentrale Baustein der Kirche. Sie hat elementare Kennzeichen.[58] Zum Christsein gehört deshalb unverzichtbar der Kontakt zu diesem Baustein.

Die vorfindliche Ortsgemeinde ist das Ergebnis eines historischen Prozesses, der sie in der Bundesrepublik vor allem in der Zeit zwischen 1950 und 1980 mit einer so vorher nie dagewesenen Funktionsvielfalt ausgestattet hat.[59]

---

56 Die „frohe Runde" der Milieudiskussion.
57 Lindner (2000) 140.
58 Lindner (1994) 177ff.
59 Lindner (2000) 85ff.

> Die sehr großen Gemeinden in Berlin (bis zu 140 000 Gemeindeglieder) wurden zerteilt und zusätzlich neue hinzugefügt. Die ekklesiologische Dignität wanderte in die kleinen Einheiten. Die ursprüngliche Einheit, der jetzige Kirchenkreis, aber verlor angeblich jegliche Legitimation.

Diese Funktionsvielfalt ist durch die zurückgehenden Mittel bedroht. Die negativen Folgen dieser Vielfalt sind bekannt und vielfach beschrieben. Vor allem Pfarrerinnen und Pfarrer tragen diese Überlast der Funktionen und Erwartungen – mit den bekannten Folgen von Verzettelung, Überlastung und Verlust an Arbeitsfreude und Qualität. All dies steigert sich durch die zurückgehenden Mittel.

Dazu kommt die Auswanderung vieler Lebensbezüge aus dem Umkreis der Ortsgemeinde – allerdings die Fortdauer existentieller Bezüge von Aufwachsen und Abschied-nehmen in diesem Umkreis und die Chance einer einfachen Zugänglichkeit durch die Präsenz in der Fläche.[60]

Wenn denn Gemeinde an einem konkreten Ort in einer bestimmten gesellschaftlichen Situation zu qualifizieren ist,[61] dann kann sie nicht gesellschaftliche Differenzierungen ignorieren und krampfhaft an einer Vollständigkeit von Lebensbezügen festhalten wollen, die nun bei aller Wertschätzung des lokalen Lebensraums in ihren Grenzen nicht mehr gegeben ist. Mehr Mittel für sie zu fordern, um die Funktionsvielfalt aufrechtzuerhalten, ist gerade die verkehrte Strategie. Sie muss Funktionen abgeben, um das gut tun zu können, was sie am besten kann.

> Eine der Paradoxien der gegenwärtigen Diskussion um die Rolle der Ortsgemeinde besteht darin, dass die Befürworter einer absoluten Priorisierung der Ortsgemeinde unter Beibehaltung des gewachsenen Funktionsumfangs diese Gemeinden entweder zu immer größeren Einheiten zwingt (was nur durch Fusionen geschehen könnte) oder weiteres Voranschreiten auf dem Weg der persönlichen Überlastung, geistlichen Entleerung oder der mangelnden Sorgfalt zur Folge haben wird. Diese Entwicklungspfade schmeicheln zwar den Verantwortlichen vor Ort, sie und die Synoden sind aber mittelfristig schlecht beraten, diesen Ratschlägen zu folgen.

Kirche ist reicher und umfangreicher als die lokale Gemeinde. Kirche lebt als Gemeinde und als Gesamt-Kirche. Eine Engführung des Christseins auf den Gemeindebezug schneidet wesentliche Bereiche ab.

Diese Gesamt-Kirche ist heute zu Recht vielgestaltig und differenziert. Zur Legitimation der verschiedenen kirchlichen Orte und Kontaktpunkte ist es nicht nötig, sie zu Gemeinden aufzuwerten.[62] Es reicht, wenn sie sich als Teil

---

60 Hier spielen kurze Wege durchaus eine Rolle, die allerdings bei Karle (2008) 248 deutlich überschätzt werden. Auf der Suche nach einer qualifizierten personalen Interaktion werden nicht nur im städtischen Raum auch weitere Wege zurückgelegt!

61 Lindner (2000) 155.

62 Anders als es Pohl-Patalong (2003) entwirft.

der Kirche verstehen und verhalten, aufeinander verweisen und Kontakte weitergeben, um Menschen in der Ausbildung, Bewährung und Reifung ihres Glaubens zu unterstützen. Dazu ist es nicht erforderlich, alle Glaubensbezüge oder die Kirchenbindung auf die lokale Gemeinde engzuführen oder dort zu zentralisieren. Es gilt vielmehr, den Gemeindegliedern bei der Ausgestaltung ihrer durch sie selbst zu konstituierenden und zu verantwortenden „Kirchenumwelt" kundig beizustehen.

Romantisierende Vorstellungen von Gemeinde als Gemeinschaft[63] im Gewand systemtheoretischer Überlegungen helfen nicht weiter. Die Fülle der lokalen Gemeinde bezieht sie nicht aus der Prolongierung ihrer historischen Komplexität,[64] sondern aus der Fülle und dem Reichtum der Gottesbeziehung, die sie ansagt, feiert und erneuert.

Die Mittelverteilung der EKBO[65] erscheint in diesem Licht als eine sachgerechte Rahmenentscheidung. Sie erlaubt eine Grundausstattung. Sie ist offen für Aktivitäten am Ort. Und sie zeigt die Grenzen auf, jenseits derer bei mangelnder Aktivitäten vor Ort die bestehenden Gemeinden nicht mehr lebensfähig sind. Es wird kein Zwang angewandt, außer dem nicht zu vermeidenden Zwang zurückgehender Mittel. Gemeinden erhalten genug Basisausstattung, um durch eigene Aktivitäten ihre Fortexistenz zu sichern, allerdings keine anstrengungslose Bestandsgarantie auf Kosten anderer mehr. Sie gibt der Ebene des Kirchenkreises auch finanzielle Mittel in die Hand, eigene Aufgaben wahrzunehmen, die nur auf dieser Ebene möglich sind, Gemeinden zu ergänzen und gezielt zu unterstützen.

So lässt sich die Konzeptentscheidung der Integrierten Kirchenkreisplanung für Wilmersdorf als eine Stärkung der Ortgemeinde durch Konzentration ihrer Aufgaben, arbeitsteilige Kooperation und zentrale Unterstützung verstehen. Sie ist theologisch fundiert und hat auch organisationstheoretisch Bestand.

e) Folgerungen und Zusammenfassung

Die Organisationswerdung der evangelischen Kirche trägt ihrer historischen Situation Rechnung, zumal dieser Prozess ihr auch „von außen", d.h. von anderen gesellschaftlichen Systemen und von Teilen oder Teilreaktionen ihrer Mitglieder angetragen wird. Das erhöht im Augenblick die Komplexität ihrer Verfasstheit weiter, da ihre institutionellen Züge durch Tradition und die Rechtssetzung der Bundesrepublik nach wie vor fortbestehen.

---

63 Dieser Vorwurf kann Karle (2008) 246 nicht erspart werden.

64 Es sollte nicht übersehen werden, dass die Aufgabenfülle, die sich gegenwärtig in den Ortsgemeinden angesiedelt hat, ein historisches Produkt ist.

65 Siehe die Details S. 68.

Die Kybernetik steht vor der Frage, wie weit sie diesen Prozess der Organisationswerdung aktiv fördern soll. Bei einer Entscheidung sind folgende Gesichtspunkte wichtig:

- Glaube ist nicht vollständig organisierbar.
- Organisation und personale Interaktion stehen in Spannung. Organisationen sind per se nicht religiös. Typische Sprachmuster des Organisationshandelns signalisieren zumal in der gesellschaftlichen Situation der Gegenwart einen Referenzrahmen, dem Glaube fremd ist, weil er nach einer anderen Logik gestaltet ist.
- Die Anwendung des Organisationsbegriffs auf die evangelische Kirche muss in zweifacher Weise präzisiert werden: Kirche gehört wegen ihrer „Sachzielorientierung" zu den Non-Profit-Organisationen. Zudem steht ihr „Sachziel" nicht in ihrem Belieben, weil sie einem Auftrag folgt und Gott durch sie wirken will.
- Der Organisationsgedanke fordert ein Gleichgewicht zwischen der Leitidee,[66] dem Personal und der Organisation im engeren Sinn.

Als Fazit ist zu ziehen:

- Der Organisationsbegriff taugt nicht zur Wesensbeschreibung der evangelischen Kirche, kann aber in einer spezifischen Ausprägung zur Bewältigung der gegenwärtigen Probleme genutzt werden.
- Evangelische Kirche darf sich nicht einer einzigen Gestaltungslogik verschreiben. Sie bleibt in einer gemischten Verfassung. Ihre Vielgestaltigkeit ist strapaziös. Aber ihre familiären Inseln und die überkommene institutionelle Festigkeit sind wesentliche Elemente ihrer Stabilität.[67] Evangelische Kirche muss das Erbe dieser Verschiedenheit weiter pflegen, auch wenn sie bewusst von sich aus die Anteile der Organisationsförmigkeit in einer ihr gemäßen Ausprägung verstärkt. „Durchorganisieren" ist jedoch kein erfolgversprechender Weg.
  Diese Entscheidung auch für eine sensible Verstärkung der Organisationsförmigkeit ist nicht ungefährlich. So groß der innerkirchliche Gewinn für die Erfüllung des Auftrags werden kann, so problematisch kann die unbedachte Betonung des Organisationscharakters auf die Mitglieder wirken. Organisationen verlässt man viel leichter als Institutionen!
- Entscheidend ist die Formulierung theologisch verantworteter Ziele, die die Anwendung des Organisationsbegriffs auch im Detail bestimmen.
- Der Organisationsbegriff erschließt Methoden und Verfahrensweisen, die nach einer theologischen Reflexion auf ihre impliziten Voraussetzungen und Wirkungen hin und nach einem kirchlichen Anpassungspro-

---

[66] Der Luhmann'schen Programmierung, bei der er allerdings nur an „Dogmatik" denkt.

[67] Die „besondere Konstellation institutionalisierter und nicht-institutionalisierter Sozialformen" ist ein „spezifischer Ausdruck der christlichen Tradition und ihres Modernisierungs- und Emanzipationspotentials", K. Gabriel zit. nach Lindner (1994) 41.

zess für die Erfüllung des Auftrags angewandt werden können. Sie verweisen auf das Potential kircheneigener Wege und erlauben deren Profilierung (z.B. Visitation).

- Auch wenn diese Adaption geschieht, bleibt ein erheblicher Bedarf an Mentalitäts- und Kulturwandel in der evangelischen Kirche. Widerstände werden nicht ausbleiben.
- „Organisiertheit" ist kein Selbstzweck, aber nötig, den Primärprozess der Kommunikation des Evangeliums in personalen Interaktion zu fördern. Sie ermöglicht ihn, aber sie „produziert" ihn nicht. Sie gehört deshalb in den Hintergrund.[68]
- Sie muss so gestaltet sein, dass sie authentische Kommunikation und personale Interaktion nicht als störend oder fremd ausblendet, sondern wo immer ermöglicht.
- So entsteht die Hoffnung, nicht entfremdet zu werden, sondern eine evangelisch geprägte Organisation der Freiheit[69] zu entwickeln.

Auf die Stellung der lokalen Gemeinde angewandt bedeutet dies:
Da die lokale Gemeinde aus guten theologischen, raumplanerischen und betriebswirtschaftlichen Gründen gestärkt werden muss, muss sie durch Konzentration und arbeitsteilige Kooperation lebensfähig erhalten werden. Sie muss das tun können, was sie in der Tat am besten kann: personale Interaktion und stützende Gemeinschaft in unschwieriger Zugänglichkeit an entscheidenden Punkten des Lebenslaufs anzubieten.

2. Der Kirchenkreis ist eine Handlungsebene

In einer weiteren ekklesiologischen Grundentscheidung wird der Kirchenkreis[70] als eine lokale Gestalt der (Gesamt-)Kirche verstanden.[71]

Der Kirchenkreis Wilmersdorf versteht sich als ein Ensemble von Gemeinden, Arbeitsstellen und rechtlich eigenständiger Einrichtungen und damit als eine erste umfassende Gestalt von Kirche. Er übernimmt damit die Gesamt-Verantwortung, dass die Verkündigung des Evangeliums in seinem Gebiet auftrags- und menschengerecht erfolgt.

Nun besteht wohl grundsätzliche Übereinkunft darüber, dass „Kirche" sich in der Spannung zwischen der „Gemeinde" und der „Gesamtkirche"

---

68 Tyrell (2008) 193. Die Notwendigkeit organisatorischen Handelns zur Sicherung und Ermöglichung personaler Interaktion ist unbestrittener Konsens auch aller Kritik.

69 Hauschildt (2007).

70 Im Folgenden wird die Bezeichnung der EKBO für die mittlere Ebene verwendet. Der Begriff der Region ist deshalb weniger gut geeignet, weil er die Rechtspersönlichkeit der mittleren Ebene nicht klar zum Ausdruck bringt.

71 In ihm – als Zwischenebene – sind die organisatorischen Elemente besonders deutlich ausgeprägt.

realisiert. Während es jedoch relativ einfach ist, „Gemeinde“ sowohl theologisch als auch organisatorisch zu bestimmen, ist das für „Kirche“ im evangelischen Verständnis problematischer. Die römisch-katholische Kirche kann hier auf die Weltkirche verweisen, die im Bischofsamt teilkirchlich repräsentiert wird. Bei aller Schwierigkeit der Definitionen wird man aber festhalten können, dass die Gemeinschaft von Gemeinden, die in den Landeskirchen der EKD in Kirchenkreisen bzw. Dekanaten zusammen gefasst ist, den Pol der Gesamtkirche[72] vor Ort repräsentiert. Dass Kirchenkreise eine eigene Rechtsqualität haben, zeigt deren Bedeutung. Sie haben neben der Scharnierfunktion einer „Mittleren Ebene“ einer Organisation auch ekklesiologische Qualität als Repräsentanz von Kirche. Nicht zuletzt können sie dazu beitragen, dass Menschen, die in unterschiedlichen Raumbezügen leben, kirchliche Ansprechpartner dort vorfinden, wo sie sich verorten.

So kann der Konsens der Reformbemühungen in der EKD, der Kirchenkreise / Dekanate als zentrale Handlungsebenen betrachtet, nur bestätigt werden. Organisatorisch sind sie groß genug, um Potentiale zu bündeln, aber auch klein genug, um differenzierte Entwicklungen raumgerecht vollziehen zu können.

Der notwendige Mentalitätswandel in der evangelischen Kirche sollte jedoch nicht unterschätzt werden: Während früher weithin Kirchenkreise allenfalls als nützliche Trutzbündnisse zur Vertretung kleinteiliger Interessen gegenüber den Kirchenleitungen angesehen wurden, sollen sie jetzt als handlungsfähige Subjekte akzeptiert werden, die auch als Anwalt des Ganzen Ansprüche formulieren und bilanzieren.

Erkennbarkeit, Erreichbarkeit und Strahlkraft der Gemeinden eines Raums hängen nicht nur von ihrer je einzelnen Position ab, sondern zunehmend auch davon, wie gut die Gemeinschaft des Kirchenkreises zusammenwirkt. Entscheidend ist jedoch die Perspektive des augenblicklichen oder künftigen Gemeindeglieds: das Ensemble eines Kirchenkreises muss so zusammengestellt und erschlossen werden, dass die passenden Angebote aller Ebenen „nutzerzentriert“ auffindbar werden. Deren Suche und vor allem deren Zusammenspiel darf nicht allein dem Gemeindeglied überlassen werden. Kirche hat hier eine Bringschuld.

Der Kirchenkreis wird seiner Verantwortung durch ein Zusammenspiel vielgestaltiger Interventionsweisen gerecht.

- Er stößt den Prozess einer Rahmenplanung für einen mittleren Zeithorizont an.

---

[72] Der Kirchenkreis Wilmersdorf ist sich bewusst, Teil der weltweiten Christenheit zu sein. Er pflegt vielfältige ökumenische Beziehungen; vgl. unten S. 261.

- Er entwickelt die Regeln des Zusammenspiels der Kräfte im Kirchenkreis, damit sich diese produktiv entfalten können.
- Er moderiert das Zusammenwirken, bündelt die Kräfte, erschließt die gemeinsamen Ressourcen und koordiniert die einzelnen Aktivitäten.
- Er visitiert das kirchliche Leben in seinem Bereich.
- Er unterstützt die Ausgestaltung durch Beratung, Bildung, personelle und finanzielle Mittel.
- Er ist selbst Träger von Angeboten, die auf der Kirchenkreisebene ihren angemessenen Platz haben.
- Er initiiert aus seiner Sicht notwendige ergänzende Projekte.
- Als Mittelinstanz bildet er ein „Scharnier" zwischen der Landeskirche und den örtlichen Gemeinden.

Kirchliche Arbeit in der Stadt muss in drei Ebenen präsent sein und zusammenstimmend entwickelt werden:

- die ortsgemeindliche Ebene der gruppen-gemeinschaftlichen und lebensstufen-orientierten Vollzüge im Nahbereich.
- Die regionale (Kirchenkreis-) Ebene der Mikro-Lebensräume (Kiez).
- Die Stadt-Ebene der zentralen Einrichtungen und des urbanen Lebens.

3. Der systemische Ansatz integriert multiple Faktoren

Der Kirchenkreis wird als ein System[73] verstanden. Systeme sind dann funktionstüchtig, wenn sie zu ihrer Umwelt in lebendigen Beziehungen stehen und die internen Systemkomponenten je einzeln gut ausgebildet sind und stimmig zusammenwirken. Dieser Ansatz erlaubt es, den gegenwärtigen Zustand auch eines Kirchenkreises zu verstehen und ihn gezielt weiter zu entwickeln.

Die Wahrnehmung der Umwelt und die Standortbestimmung des Kirchenkreises in ihr ist deshalb ein notwendiger Schritt. Er wird durch die Klärung der Situation[74] vorgenommen.

Zusammengehalten wird ein System durch seine Sinnmitte. Sie verleiht ihm seine Identität, macht es anziehend – oder abstoßend[75] – und grundiert alle seine Handlungen. Auch wenn sie gedanklich vor allen anderen Systemkomponenten steht, ist sie jedoch kein ein für alle Mal feststehender Bereich. Durch Veränderungen in der Umwelt oder durch Veränderungen in wichti-

---

73 Zum systemischen Ansatz vgl. Lindner (2000) 25ff.

74 Siehe zur Lage in Wilmersdorf S. 44.

75 Leider übersieht die eingängige Rede von der nötigen „Profilierung" der evangelischen Kirche zu oft diese abgrenzenden Wirkungen. Wie schwierig dieses Unterfangen angesichts der vielfältigen und z.T. konträren Erwartungen an die evangelische Kirche ist, hat Pollack (2008) 141 überzeugend gezeigt: „Profilierung ist ebenso vonnöten wie Entspezifizierung, Außenöffnung nicht minder als Außenabschließung."

gen Systemkomponenten, wie z.B. den Personen, kann die Sinnmitte ihre Überzeugungskraft oder ihre Deutungsfähigkeit verlieren oder darin geschwächt werden. Es gehört zu den vornehmsten Aufgaben der Leitung,[76] diesen Bereich zu pflegen und zu entwickeln. Deshalb wird die „Orientierung an einem großen Ziel“[77] ausführlich dargestellt und mit den theologischen Grundlagen verknüpft.

So wichtig die Sinnmitte ist, sie kann alleine noch nicht die Auftragserfüllung gewährleisten. Ob Kirche ihrem großen Ziel näher kommt, entscheidet sich auch im Detail. Die „Systemkomponenten“ müssen je einzeln ihren spezifischen Beitrag leisten und miteinander stimmig zusammenwirken. Das wird durch die Auswahl von sieben wichtigen Faktoren einer Kirchenkreisentwicklung[78] und ihrer wechselseitigen Abstimmung bearbeitbar.

Dieses Vorgehen soll durch das „integriert“ in der Bezeichnung unseres Vorgehens als „Integrierte Kirchenkreisplanung“ zum Ausdruck gebracht werden.

Diese Forderung nach Integration der verschiedenen Aspekte ist ebenso plausibel, wie schwer umzusetzen. Dennoch schwächt ihre Missachtung bereits auf der Ebene des Konzepts dessen Wirkkraft entscheidend. Hier dürfte das Problem vieler neuerer Reformpapiere liegen, die diese Weite nicht in den Blick nehmen. Verständlich ist der Versuch der Konzentration auf wenige, relativ rasch zu realisierende Vorschläge allemal. Aber die damit angestrebten und in der Beratungsphilosophie so hoch geschätzten „early wins“ können wohl kaum den Verlust an Nachhaltigkeit ausgleichen.

Für den Planungsprozess in Wilmersdorf sind Querverbindungen zwischen den Bereichen immer mit bedacht und in Teilbereichen auch operationalisiert und umgesetzt worden.

So wird die Gebäudekonzeption[79] nicht alleine von wirtschaftlichen Gesichtspunkten gesteuert, sondern muss sich an der mittelfristigen Gemeindekonzeption ausrichten und hat dafür ein finanzierbares und gleichwohl angemessenes Raumangebot im Rahmen nachbarschaftlicher Abstimmung bereit zu stellen. Umgekehrt zeigen die Gebäudeparameter recht genau den Finanzierungsbedarf des konzeptgeleiteten Raumprogramms an. So wird das Gesamte „in der Balance“[80] gehalten. Damit können Fehlentwicklungen vermieden werden, die nicht selten bei vorschnellen Umsetzungen von Gebäudedaten auftreten: Aufgeschreckt und herausgefordert durch die zuweilen katastrophalen Werte für ein Gemeindehaus kann eine Gemeinde all ihre Energie für mehrere Jahre darauf verwenden, dieses perfekt zu sanieren. Das kann auch gelingen. Aber die aufgewandte Energie fehlt der Sorge um die Gemeinde-

76 Vgl. das „Normative Management“ St. Gallener Schule.

77 Vgl. unten S. 55.

78 Vgl. unten ab S. 65.

79 Siehe im Detail S. 72 ff.

80 Dies versuchen die Übertragungen der „Balanced Score Card“ auf kirchliche Verhältnisse wie z.B. der Kirchenkompass der Badischen Kirche (Hinrichs [2007]), die „Balanced Church Card“ bei Halfar (2007) 99ff oder die Versuche des Verfassers mit einer „Gemeindekarte“.

glieder und letztlich ist nicht klar, ob das Gebäude in diesem Zustand unterhalten werden kann oder so auch gebraucht, d.h. ausreichend genutzt wird. Andererseits können wirtschaftlich verlockende Lösungen dazu führen, dass nach einiger Zeit für die Gemeindearbeit nicht die geeigneten Räume zur Verfügung stehen. Pauschale qm-Vorgaben pro Gemeindeglied sind auch nur zweitbeste Lösungen.

Ein weiteres Beispiel sind die Dienstvereinbarungen. Bei ihrer Erstellung wird darauf geachtet, dass für die übernommenen Aufgaben der Gemeinde auch genügend Ressourcen zur Verfügung stehen – und gleichzeitig bedacht, dass die Arbeitskraft von Mitarbeitenden konzentriert eingesetzt, aber langfristig nicht verschlissen wird.

Ein Bild kann die Aufgabe deutlich machen: wenn die Musikerinnen und Musiker eines Orchesters nicht gut ausgebildet und gut vorbereitet sind, wird der Gesamtklang leiden. Aber dies reicht nicht aus. Aus einer Ansammlung von Stars wird noch kein gutes Orchester. Sie müssen die Fähigkeit haben, sich einem Gesamtkonzept einzufügen und beim Spielen aufeinander zu hören. Auch wird aus einer Ansammlung von höchstbezahlten Stars noch keine erstklassige Fußballmannschaft.

Es ist deshalb nötig, das große Ganze im Blick zu behalten und die Entwicklung der einzelnen Felder auf dieses Ganze hin zu orientieren. Das Zusammenspiel des Einzelfeldes und der Gesamtsicht ist ein dynamischer, sich gegenseitig beeinflussender Prozess. Der Ansatz ist „systemisch“, d.h. die Felder werden als Einheit gesehen, die insgesamt mehr ist, als die Summe ihrer Teile.

Schwierig wird es, wenn die Wechselwirkungen mit erfasst werden sollen. Nachdem für Kirchensysteme kaum theoretisch gesicherte Ergebnisse im Bereich der Wechselwirkungen vorliegen, ist die aufmerksame Beobachtung der kirchlichen Wirklichkeit notwendig. Denn Systeme lassen sich zwar beschreiben und durch gezielte Interventionen auch beeinflussen, aber ihre Reaktion ist nicht mechanisch. Sie sind für Überraschungen gut. Der Umgang mit Systemen erfordert klare Perspektiven, aber auch die Geistesgegenwart, nicht vorhersehbaren Entwicklungen zu begegnen. Das macht bescheiden, darf aber nicht zur Resignation führen.

Von großer Bedeutung ist der Gesamtzustand des Systems. Bei hoher Stabilität verarbeitet es relativ viele Störungen ohne grundlegende Veränderungen. Bei nachlassender Stabilität genügen geringere Impulse, um weit reichende Veränderungen auszulösen. Bei labilen Systemzuständen genügt der berühmte „Flügelschlag eines Schmetterlings“ – oder ein Versprecher in einer Pressekonferenz am 9. November 1989 – um das System völlig umzustürzen.

Zunächst müssen die entscheidenden Felder definiert werden, die die Strahlkraft und Funktionstüchtigkeit einer kirchlichen Organisation ausmachen und die zusammenhängend (integriert) zu bearbeiten sind, wenn sich ein Kirchenkreis erfolgreich entwickeln will. In einem relativ pragmatischen Vorgehen[81] werden für diese Kirchenkreisentwicklung sieben Faktoren vorgeschlagen:

1. Ziele,
2. Struktur,
3. Ressourcen,
4. Mitarbeitende,
5. Kultur des Miteinander,
6. Prozesse / Handwerkszeug und
7. Angebote.

Jede Planung im Raum der evangelischen Kirche muss deren spezifische Bedingungen beachten.

- Die Gemeinden sind rechtlich eigenständige Einheiten, die im Zusammenwirken zwischen dem geistlichen Amt und dem Gemeindekirchenrat geleitet werden.
- Neben der rechtlichen Eigenständigkeit sind auch noch die historisch geprägten „Gemeindepersönlichkeiten" zu berücksichtigen, die sich auch in einem überschaubaren Raum wie Wilmersdorf charakteristisch voneinander unterscheiden.
- Alle Beteiligten haben einen hohen Individualitätsanspruch, der zusammenstimmendes Handeln erschwert.
- Die Grundstimmung ist demnach tendenziell autoritätskritisch.

Solche Systeme sind kleinräumig flexibel und leistungsfähig, können aber generellen Trends, die die eigene Einflusssphäre übersteigen, schwer begegnen. Um die Lebendigkeit und Eigenverantwortung der vielen eigenständigen Akteure im Feld Kirchenkreis zu würdigen, zu unterstützen und konstruktiv einzubeziehen und dennoch die Voraussetzungen für zusammenstimmendes Handeln angesichts gemeinsamer Herausforderungen zu ermöglichen, hat die Integrierte Kirchenkreisplanung für Wilmersdorf die Gestalt *einer Rahmenplanung.* Sie erlaubt allen Beteiligten, ihr eigenes Entwicklungstempo zu bestimmen. Sie verzichtet auf zu weit gehende inhaltliche Vorgaben. Sie ist offen für die Kreativität und spontane Entdeckungen. Allerdings hat sie den Anspruch, dass das Bestehende und das Neue sich mit dem gemeinsam erarbeiteten Rahmen und dem darin enthaltenen Ziel vermitteln und daraus Entscheidungskriterien ableiten. Ein wichtiges Mittel

---

[81] Innerhalb dieser Faktoren wäre auch noch eine Untergliederung etwa nach Komponenten und Prozessen denkbar (vgl. Lindner (2000) 37. Dieser Ansatz soll hier aus pragmatischen Gründen nicht weiter verfolgt werden.

dazu sind Standards oder Spielregeln, unter deren Beachtung die Einzelnen „ihr“ Spiel spielen können.

Die Integrierte Kirchenkreisplanung als Rahmenplanung will eine begleitete Selbstorganisation anregen. Es geht darum, neue Haltungen einzuüben. Gemeinden und Einrichtungen müssen sich durch den Bezug auf ein Ganzes in ihren Kreisen „stören“ lassen. Sie dürfen auch nicht Verantwortung „nach oben“ abgeben – um sich damit mental zu entlasten. Das ist Teil des Dienstes (Barmen 6). Die Kunst ist die Vermittlung von Selbstregulierung und Solidarität.[82]

4. Leitung wird durch Beratung unterstützt

Auf die Kirchen in der modernen Gesellschaft kann der Organisationsbegriff angewendet werden, zumal in seiner „modernen“ systemischen Ausprägung, die weniger die rational technischen Aspekte als vielmehr die prozessualen Gleichgewichts- und Austauschprozesse im Blick hat.

Der Entwicklungsaspekt ist ein wesentliches Element der Leitung in solchen Organisationen. Dem entsprechend brauchen Führungskräfte und Leitungsgremien Eigenschaften, wie sie üblicherweise von Beratern erwartet werden. Im Alltagsgeschäft von Leitung steht allerdings immer zu wenig Zeit und zu wenig Distanz zur Verfügung, auch wenn die nötigen Kenntnisse in unterschiedlicher Ausprägung im Gesamten der Organisation vorhanden sind. Externe Beratung kann deshalb als Teil eines „kybernetischen Kontinuums“ zwischen interner Funktion und externer Dienstleistung gesehen werden. Die Bejahung dieses Kontinuums hat für den Prozess in Willmersdorf dazu geführt, die Entwicklungsarbeit durch die vorhandenen Leitungsgremien zu begleiten und keine neue Leitungsstruktur des Planungsprozesses zu installieren.[83]

Die externe Beratung stellt ihr Fach- und Methodenwissen zur Steuerung des Kirchenkreises zur Verfügung. So werden die Fähigkeiten zur Problemlösung aktiviert, die bei den Mitarbeitenden im System vorhanden, aber noch nicht erschlossen sind.

Natürlich ist es nicht unproblematisch, wenn ein externer Berater mit einer pointierten und veröffentlichten Position tätig wird. Nun ist der Erstkontakt zum Kirchenkreis gerade deswegen zustande gekommen, weil im praktisch-theologischen Ansatz des Beraters Lösungsimpulse für die Fragestellung des Kirchenkreises vermutet wurden.

Zwei Kennzeichen des vorliegenden Beratungsprozesses versuchen, der Problematik zu begegnen. Zum einen ist das Konzept als ein Rahmenkonzept

[82] Beese (2009) 276.

[83] Zum Detail der Leitungsstruktur siehe S. 91 ff.

angelegt, in das sich die einzelnen Akteure mit eigenen Farben und eigenem Tempo einzeichnen können. Zum anderen sind die inhaltlichen Erkenntnisse des Beraters als Ausgangspositionen eingebracht worden, die im Prozess nicht unerheblich verändert wurden.

C. Die Situation in Wilmersdorf

1. Die Lage im Stadtteil zeigt große Potentiale und geringe Belastungen

a) Die Bevölkerung

Geringe Belastungen, hoher Status und gute Einkommen
Wilmersdorf gehört zu den Stadtteilen Berlins mit einem günstigen „Sozialindex", d.h. mit relativ geringen sozialen Belastungen.[84] Gleichzeitig liegt der „Statusindex" der die schulische Qualifikation angibt, etwas über dem Berliner Durchschnitt.[85]

Zur jeweiligen Spitzengruppe in Berlin gehört Wilmersdorf in den Bereichen Lebenserwartung, hohe formale Bildung, pro-Kopf-Einkommen und der Zahl von Selbstständigen. Dementsprechend gehört Wilmersdorf zur Gruppe der Bezirke mit den geringsten Werten in den Bereichen Sozialhilfeempfänger, Geringverdiener, Arbeiter.

Charakterisiert ist Wilmersdorf durch einen mittleren Ausländeranteil, eine hohe Zahl von Alleinerziehenden mit Kindern unter 18, eine hohe Zahl von 1-Personen-Haushalten im Alter von unter 65 Jahren, hohe Anteile von 35–65-Jährigen und den zweithöchsten Anteil über 65-Jähriger. Sehr gering sind die Altersgruppen bis 35 vertreten.

Die Binnengliederung zeigt deutliche Abstufungen
Die Wahlergebnisse zu politischen Wahlen werden von den statistischen Behörden in Städten und Bundesländern bis auf die Ebene der Wahlbezirke veröffentlicht, z.T. sogar in grafischer Darstellung. Wenn berücksichtigt wird, dass jede Wahl ihr eigenes Profil hat – so werden Europawahlen anders eingeschätzt als Kommunalwahlen – ergibt sich damit eine leicht zugängliche Aussage über Mentalitäten und Bewusstseinsprägungen der Bevölkerung in kleinräumiger Gliederung, die z.T. sogar differenzierte Aussagen über Gemeindeteile erlaubt. Mit großer Vorsicht aber dennoch mit nicht geringer Plausibilität lässt sich für die von einer Richtungsentscheidung geprägte Bundestagswahl 2005 eine enge Korrelation des Wahlergebnisses der CDU

---

84 Sozialstrukturatlas 2004, 27.
85 Sozialstrukturatlas 2004, 29ff; Details 44–48, zur Lebenserwartung 130.

(und der FDP) mit hoher Kirchlichkeit aufweisen.[86] Deshalb gibt die im Wahlatlas von Berlin veröffentlichte Karte Hinweise auf die Abstufungen der Kirchlichkeit von Ost nach West und von Nord nach Süd.

Abb. 1: Wahlergebnisse der CDU in der Bundestagswahl 2005 in Wilmersdorf nach Wahlbezirken mit nachträglich eingezeichneten Grenzen der Kirchengemeinden.

b) Die Gemeindeglieder

Innerhalb des Wilmersdorfer Umfelds bildet die evangelische Bevölkerung einen Ausschnitt mit einigen Besonderheiten. Um für die Zukunft planen zu können, ist eine Vorausschau der Rahmenbedingungen nötig. Auf Kirchenkreisebene sind Bevölkerungsprognosen mit Unsicherheiten behaftet, die nur mit einem sehr großen Aufwand abgemildert werden könnten. Es kann sich hier also nur um grobe Schätzungen handeln. Trotz aller wissenschaftlichen Vorbehalte sind sie nicht unwahrscheinlich. Wilmersdorf wird gut daran tun, sich auf diese Lage vorzubereiten. Nötig sind allerdings eine laufende Beobachtung und die Anpassung der Werte.

86 Siehe die Details Anmerkung 179 S. 161.

Anzahl der Gemeindeglieder

Drei Faktoren bestimmen die Anzahl der Gemeindeglieder:

- Die „natürliche“ Gemeindeglieder-Entwicklung (der Saldo Taufen zu Sterbefällen)
- Die Mobilität (der Saldo zwischen Zu- und Wegzügen)
- Die Austritte (der Saldo von Ein- zu Austritten)

Das Ergebnis für die letzten Jahre kann nur als dramatisch bezeichnet werden. Von 1989 bis 2006 ist die Zahl der Evangelischen von 66 357 auf 39 704 gesunken, das entspricht einem Rückgang um 40%.

Die genauere Bestimmung ist angesichts einer unsicheren Datenlage[87] schwierig. Mit einiger Wahrscheinlichkeit zu vermuten ist allerdings, dass etwa die Hälfte des Rückgangs auf Austritte zurückzuführen ist, ein Viertel auf die größere Zahl der Sterbefälle gegenüber den Taufen und ein weiteres Viertel auf einen negativen Wanderungssaldo.[88]

Auf diese Faktoren kann ein Kirchenkreis nur sehr begrenzt einwirken. Die Werbung für die Taufe (auch in den KiTas, spätestens im Konfirmandenalter) kann die Zahl der „Taufunterlassungen“ vermindern. Ausgetretene können zurückgewonnen werden. Die Austritte folgen jedoch gesamtgesellschaftlichen Trends. Sterbefälle und Mobilität sind nicht beeinflussbar. Realistischerweise kann also der Rückgang um höchstens 10 bis 20% vermindert werden, was die sinkende Kurve etwas abflachen, aber in ihrer Tendenz nicht verändert würde. Das kann nicht zur Konsequenz haben, dies nicht zu versuchen. Es geht um jeden Einzelnen. Aber es kann vor überfordernden Zielvorstellungen bewahren. Der Kirchenkreis muss seine Bedeutung jenseits seiner numerischen Größe suchen.

Die Auswirkungen des *Rückgangs der Gemeindegliederzahlen* müssen differenziert betrachtet werden. Es gibt Arbeitsbereiche wie die Amtshandlungen und z.T. auch die Seelsorge, deren Umfang sich mit der zurück gehenden Gemeindegliederzahl verringert. Hier besteht der einschränkende Faktor in der sinkenden Pro-Kopf-Zuweisung an Kirchensteuermitteln.

Es gibt aber Bereiche, in denen sich die zurückgehende Gemeindegliederzahl bei gleicher Anziehungskraft des Angebotes in einer geringeren Besucherzahl niederschlägt. Das beste Beispiel dafür sind die Sonntagsgottesdienste. Wenn der Prozentsatz der Besuchenden über die Jahre gleich bleibt, dann sinken die absoluten Zahlen, weil sich die Zahl der Gemeindeglieder verringert hat. Wirtschaftlich gesehen wird dadurch der Personaleinsatz weniger effizient.

---

87 So liegen die Austrittsziffern nur sehr lückenhaft vor.

88 Diese Zahl ist bei einer relativ stabilen Gesamtbevölkerung mit einer Abwanderung deutscher Evangelischer bzw. eine Zuwanderung ausgetretener Deutscher zu erklären.

Altersaufbau

Der Altersaufbau ist durch einen überdurchschnittlich großen Anteil von Gemeindegliedern ab 60 Jahren bestimmt. Im Bezirk Charlottenburg-Wilmersdorf waren zum 31.12.2005 19,1% über 65, im Kirchenkreis Wilmersdorf dagegen 33,5%! Die Gruppe der 66–76-Jährigen ist mit 6595 Personen und 20% aller Gemeindeglieder die absolut stärkste 10-Jahresgruppe. Der größte Jahrgang ist der der jetzt[89] 69-Jährigen mit 735 Personen! Über 65 Jahre sind 34,9% der Gemeindeglieder mit steigender Tendenz.

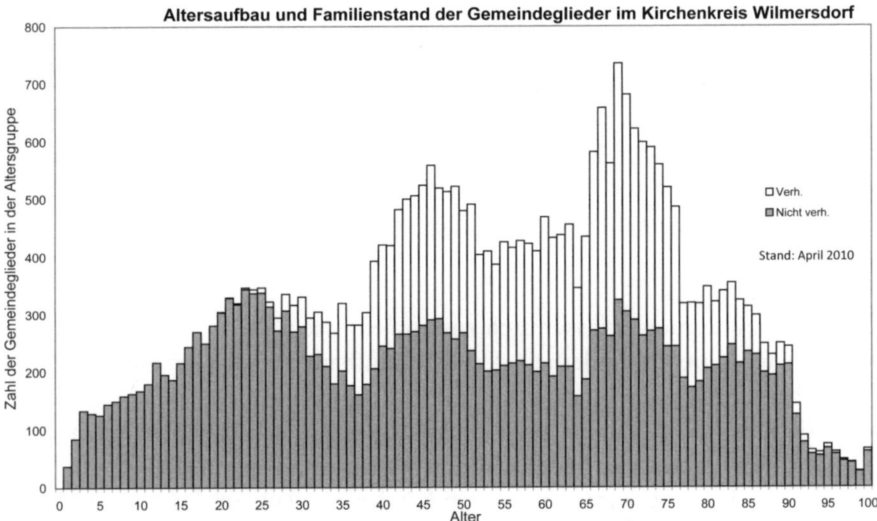

Abb. 2: Altersaufbau und Familienstand

Dieser Altersaufbau hat Folgen. Sie sind in zwei Abschnitte zu unterteilen. In den nächsten 10 Jahren wird sich der Altersaufbau charakteristisch *verschieben*. Die größte Gruppe der 66 bis 76-Jährigen wandert im Altersbaum nach rechts. Angesichts der hohen Lebenserwartung wird sich dies jedoch noch nicht in einer außergewöhnlichen Verminderung der Gemeindegliederzahlen niederschlagen. In der nächsten Dekade von 2020 bis 2030 wird sich die Lage ändern. Hier wird der demografische Faktor eine zusätzliche, sehr hohe *Abnahme* der Gemeindegliederzahlen bewirken. Dies wird auch noch die dann folgende Dekade bestimmen.

Mittelfristig wird sich das Erscheinungsbild grundlegend ändern. Eine ganze Generation, die bisher das kirchliche Leben in Wilmersdorf personell und finanziell getragen hat, wird sich verabschieden. Sie wird auch neue Bedürfnisse nach Begleitung und Unterstützung haben. Ebenso wie in der Phase der Jungen Erwachsenen sagt das numerische Alter an sich wenig über die

89 Stand April 2010.

innere Lage aus. Sicher ist nur, dass in dieser Altersgruppe eine große Veränderungsdynamik herrscht. Geistige und körperliche Frische bis ins hohe Alter steht neben bedrückenden Bildern von Altersdemenz und Pflegebedürftigkeit. Auch gibt es alte Menschen, deren finanzielle Leistungskraft nicht mehr ausreicht, die große Wohnung und die Pflege aus eigenen Mitteln zu bestreiten und die deshalb auf Sozialhilfe angewiesen sind. Schon immer Alleinlebende und „Wilmersdorfer Witwen" unterscheiden sich. Pauschal jedenfalls ist auch diese Generation nicht zu erreichen. Sie ist aber so groß, dass sich differenzierte Konzepte tragen können.

Bemerkenswert für Wilmersdorf ist auch noch der hohe Prozentsatz der Nicht-Verheirateten. Unter Dreißig lebt fast niemand in einer Ehe. Erst in den Altersgruppen ab 40 sind etwa die Hälfte der Gemeindeglieder verheiratet.

Die Gemeinden des Kirchenkreises unterscheiden sich in ihrer Alterszusammensetzung wenig. Die deutlichsten Abweichungen zeigt die Vater-Unser-Gemeinde. Sie ist die „jüngste" aller Wilmersdorfer Gemeinden.

Herausforderungen

Die Herausforderungen lassen sich zusammenfassen:

- Wie wird die Besonderheit des Altersaufbaus in der Gemeinde berücksichtigt?
- Wie kann die Abnahme der Gemeindeglieder verlangsamt werden? Wie wird mit der nicht zu vermeidenden Abnahme umgegangen?
- Welche Stellung wird der Bereich Kinder[90] in Zukunft haben? Eine zyklische Strategie würde die Kräfte proportional zum Altersbaum verteilen. Eine antizyklische Strategie wird in diesem Bereich die Aktivitäten eher verstärken und trotz geringer Kinderzahlen ein familien- und kinderfreundlicher Kirchenkreis bleiben. Dann besteht die Chance, dass in die in den nächsten Jahren frei werdenden Wohnungen nicht nur gut verdienende Singles sondern auch Familien einziehen. So kann sogar ein Kirchenkreis aktive Strukturpolitik auf seiner Ebene betreiben.
- Wie reagiert der Kirchenkreis auf die hohen Bildungsabschlüsse der Gemeindeglieder? Hier sind Potentiale für freiwillige und ehrenamtliche Mitarbeit zu heben, wobei die ganze Ambivalenz zwischen Begabung und mangelnder Zeit auszuhalten ist. Mit anspruchsvollen Reaktionen auf die Angebote der Kirche ist zu rechnen. Kulturelle Angebote werden eine Rolle spielen. Ausgeglichen wird die Herausforderung durch die relative Homogenität der Gemeindeglieder.

Diese Herausforderungen werden nicht an einer Stelle des Konzepts beantwortet. Sie durchziehen es in seiner Gesamtheit. So steht zu hoffen, dass eine umfassende Antwort auf diese spezifische Lage erfolgen kann.

---

[90] Vgl. die Entscheidungen im Bereich der Struktur S. 98 ff. und der Arbeitsformen S. 238 ff.

2. Der Kirchenkreis bietet gute Voraussetzungen

a) Tradierte Kirchlichkeit bei zurückgehenden Mitgliederzahlen

Die Zahlen der Gemeindeglieder gehen stetig zurück. Um so überraschender sind die Gottesdienstziffern. Die absoluten Zahlen der Besucher der Gottesdienste „unterm Jahr" sind gleich hoch geblieben, der Besuch des Weihnachtsgottesdienstes ist deutlich gestiegen.[91]

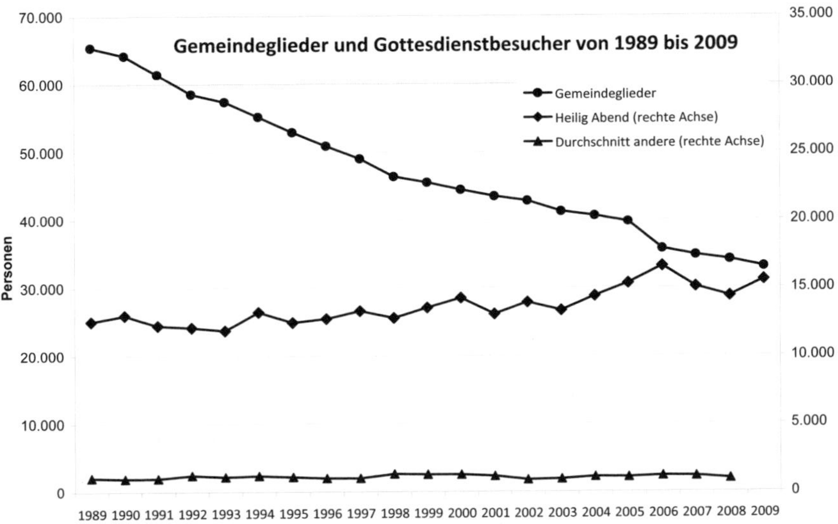

Abb. 3: Gemeindeglieder und Gottesdienstbesucher

Diese Entwicklung ist nicht auf Wilmersdorf beschränkt, sondern im gesamten Sprengel Berlin festzustellen.[92]

Noch augenfälliger werden die Zusammenhänge, wenn die Prozentzahlen betrachtet werden. Der Besuch der Weihnachtsgottesdienste hat sich prozentual seit 1989 mehr als verdoppelt, der der anderen Gottesdienste „unterm Jahr" ist leicht gestiegen. Dabei ist durch die Konzeption der Statistik die Ausweitung des Gottesdienstangebots durch besondere Gottesdienste noch gar nicht gezählt. Damit muss für Berlin die so gerne verwendete Formel von den Kirchen, die immer leerer würden, als ein durch nichts zu belegender Mythos bezeichnet werden.

---

[91] Siehe Abb. 3. Hier ist zu beachten, dass die Zahlen der „anderen Gottesdienste" einen Durchschnittswert aus den Zählsonntagen Invokavit, Karfreitag, Erntedank und erster Advent bilden und um der besseren Lesbarkeit willen auf die rechte Achse der Grafik bezogen und damit deutlich vergrößert sind.

[92] Quelle: Fortschreibung Kirchenkreise Sprengel Berlin, Statistische Abteilung des Konsistoriums. Dies kann als ein weiterer Beleg für den großen Einfluss der „exogenen" Faktoren gesehen werden, die es so schwer machen, Entwicklungen individuellen Entscheidungen zuzurechnen.

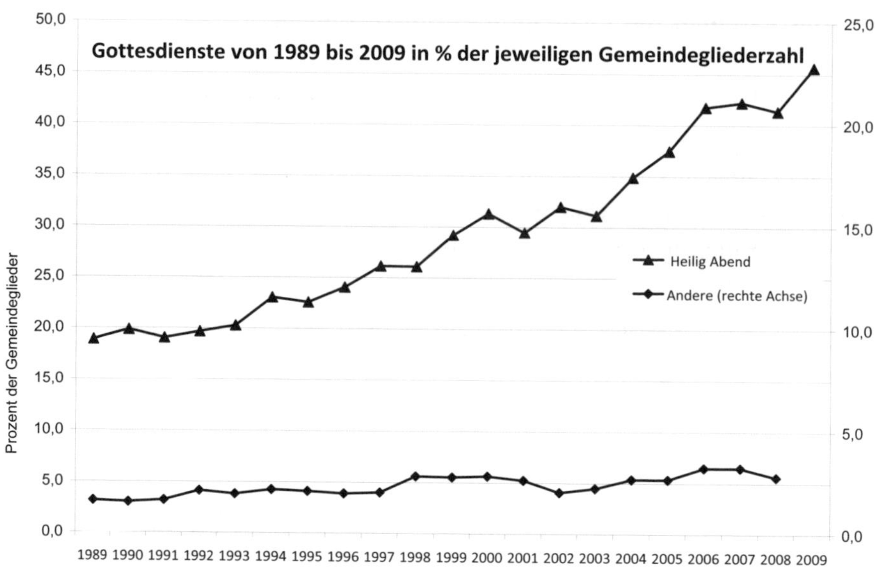

Abb. 4: Gottesdienste von 1989 bis 2009 in Prozent der Gemeindeglieder

Eine weitere Beobachtung zeigt die vielen Kontaktflächen, die die Kirche in Wilmersdorf über die verschiedenen Gottesdienstformen unter Einschluss der Amtshandlungen hat.

„Netto" in der Abb. 5 bedeutet: Bei Amtshandlungen sind Weihnachtsgottesdienstbesucher, bei diesen die regelmäßigen Besucher des sonntäglichen Gottesdienstes abgezogen. Bei Amtshandlungen nehmen auch Besuchende mit anderen Wohnorten und anderer Konfessionszugehörigkeit teil. Bei der 3-Jahres Abschätzung ist angenommen, dass bei „Gottesdienst" und „Weihnachten" in drei Jahren 10% neue Besucher dazukommen. Bei den Kasualien wird vorausgesetzt, dass ein Drittel noch eine zweite Kasualie besucht hat. Die Zahlen wurden entsprechend vermindert. Damit ist das Ergebnis von vielen Annahmen bestimmt, die nur auf einer gewissen Plausibilität, nicht jedoch auf exakt überprüfbaren Werten beruhen. Die Größenordnungen dürften stimmen.

Die rein numerische Betrachtung zeigt, dass die Zahl der bei Amtshandlungen erreichten Gemeindeglieder schon in einem Jahr die bei weitem größte Personengruppe darstellt. Erst recht dominiert diese Gruppe in einer Drei-Jahres-Betrachtung. Hier wird eine Zahl von Menschen erreicht, die der Gesamtzahl der Gemeindeglieder des Kirchenkreises entspricht. Unter ihnen befinden sich die unmittelbar Betroffenen, die anlässlich der Amtshandlung in intensiven, persönlichen Kontakten mit Pfarrerinnen und Pfarrern stehen. Pro Jahr dürften dies etwa 2.500 Personen sein, die für zwei Stunden ihre Lebenssituation und die gottesdienstliche Gestaltung des Anlasses besprechen und in der anschließende Feier erleben.

Damit werden mindestens drei, sehr verschiedene Kommunikationsräume sichtbar. Der Raum des sonntäglichen Gottesdienstes, der von kleinen Zahlen mittlerer Intensität und mittlerer Frequenz – allerdings über lange Zeiträume – gekennzeichnet ist. Daneben bilden die Besuchenden von Weihnachts- und Kasualgottesdiensten eine große Zahl mittlerer bis geringerer Intensität und sehr geringer Frequenz. Der dritte Raum wird von Menschen gebildet, die von Amtshandlungen unmittelbar betroffen sind. Es sind wieder wenige mit hoher bis sehr hoher Intensität und geringer Frequenz.[93]

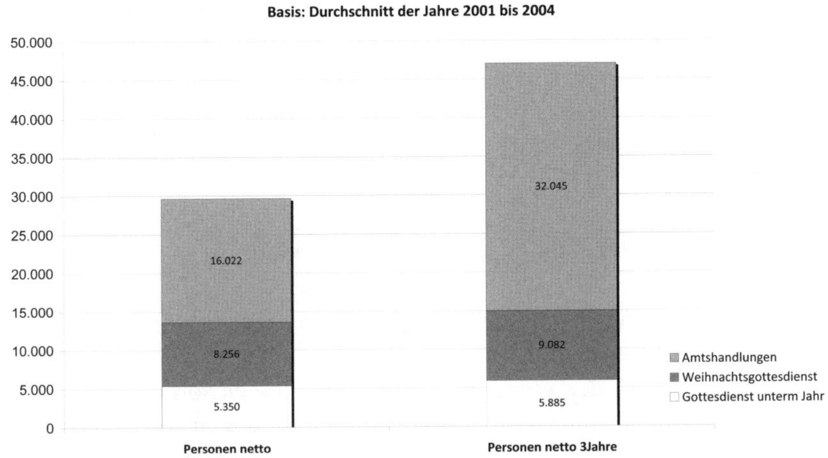

Abb. 5: Reichweite verschiedener Gottesdienstformen

b) Gemeinden suchen nach Orientierung

Zu Beginn des Beratungsprozesses wurden die Gemeinden und Einrichtungen mit Hilfe einer Umfrage um eine Standortbestimmung aus ihrer Sicht gebeten. Es ergab sich ein buntes Bild mit einer großen Bandbreite in vielen wichtigen Feldern. Die Belastung ist dementsprechend hoch. Viele „Glanzstücke" in den Gemeinden werden mit einem hohen Aufwand erkauft. Entlastung durch Zusammenarbeit wird grundsätzlich gesucht. Die darin enthaltenen Chancen werden noch nicht systematisch genutzt. Vieles endet an der Gemeindegrenze.

Im Bereich der Arbeitsstellen ist die „Professionalität" der Arbeit zum Teil deutlich weiter fortgeschritten als im Bereich der Gemeinden. Die Rolle der Ehrenamtlichen ist manchmal weniger entwickelt. Es gibt Unterschiede im Grad der Nutzung von neueren Leitungstechniken. Wo Marktsituationen

93 Trägt man diese Werte auf drei Achsen auf, ergeben sich Quader vergleichbaren Volumens, aber höchst unterschiedlicher Gestalt.

und deren Konkurrenzdruck vorherrschen, ist die Wichtigkeit von Zielbildungen und Personalkonzepten erkannt. Die Verbindung zu Gemeinden und deren Wertschätzung wird durchweg gewünscht. Zum Teil wird die Resonanz bei Gemeinden auf die eigene Arbeit allerdings schmerzlich vermisst. Es gibt eine Reihe von gemeinsamen Projekten, vielfach jedoch „nur“ als Informationsangebote.

Im Bereich der Strukturen ergab sich ein uneinheitliches Bild. Der weitest gehende Vorschlag zielt mittelfristig auf die Bildung einer „Gesamtgemeinde Wilmersdorf“. Es gab Vorschläge für Gemeindefusionen. Auch wurde die Bildung von Regionen ins Spiel gebracht. Andere Vorschläge zielen auf „Netzwerke“ verbindlicher Kooperationen, die auch mit unterschiedlichen Partnern geknüpft werden können. Davon zu unterscheiden ist der Bereich Technik / Verwaltung, der in einem höheren Maße zusammengefasst und dann qualifiziert besetzt werden könnte.

c) Nach der Krise beginnt eine gezielte Entwicklung

Für die Entwicklung des Kirchenkreises gibt es ein wichtiges Datum. Die EKBO hat 1992 ein neues Finanzsystem eingeführt, das den dramatischen Veränderungen nach der Vereinigung Rechnung tragen sollte. Die drastische Kürzung der zur Verfügung stehenden Mittel ging einher mit einer völligen Umstellung des Zuteilungswesens an die Kirchenkreise. Sie erhielten einen Anteil am Kirchensteueraufkommen, den sie nach einem prozentualen Schlüssel intern weiter verteilen. Im Gegenzug sind die Mittelempfänger vollständig frei, diese Gelder in eigener Verantwortung zu verwenden.[94]

Der Dienstantritt des Superintendenten fiel in die Zeit, als diese einschneidenden Veränderungen umgesetzt werden mussten. Unter großem Energieaufwand gelang es, die neuen Spielräume zu nutzen und die notwendigen Einsparungen zu erreichen. Nach dieser Konsolidierung durch die Krisenbewältigung fiel der Entschluss, die künftige Entwicklung strategisch mit Hilfe eines externen Beraters anzugehen. Daraus entstand das Projekt der „Integrierten Kirchenkreisplanung Wilmersdorf“. Auf dem Hintergrund der theoretischen Vorarbeiten des Beraters wurde in den Vorgesprächen der Ansatz dazu entworfen. Er nahm die Impulse der verschiedenen „Baustellen“ im Kirchenkreis auf und gab ihnen einen Bezugsrahmen.

Das Konzept wurde durch die Frühjahressynode 2005 gebilligt und enthielt bereits zu Beginn die Eckpunkte: den Grundgedanken eines zielgeleiteten Zusammenspiels von sieben Systembausteinen und einer Rahmenplanung, in der sich die eigenständigen Akteure des Kirchenkreises mit je eigenen Ge-

---

[94] Details siehe S. 68ff.

schwindigkeiten einbringen konnten und die dennoch zusammenstimmendes Handeln im Kirchenkreis auf mittlere Sicht ermöglicht. Grundüberzeugung war es, dass sich Kirche in den Umbrüchen der Zeit als Kirche für alle Menschen in Wilmersdorf bewähren sollte.

Zur Organisation des Prozesses wurde entschieden, keine neue Instanz zu schaffen, sondern ihn in den bestehenden Gremien zu verankern. Dies geschah im Folgenden durch ständige Informationen, Beschlüsse wichtiger Schritte, Zwischenberichte und Arbeitspapiere. Durch intensive Gespräche zwischen Superintendent und Berater sollte der Prozess reflektiert und vorangebracht werden.

Informationen zur Lage wurden erhoben. Der Prozess wurde in die Breite getragen. Eine Umfrage erhob die Veränderungsbereitschaft der Gemeinden. Sie erhielten Anstöße und Material zu ihrer eigenen Konzeptentwicklung im gemeinsamen Rahmen. Teilweise wurden ihre Planungsklausuren begleitet. Nach dem Vorbild der Diakonie wurde mit den Vorarbeiten begonnen, die Kindertagesstätten in einem Verbund zusammen zu schließen. Die Pfarrerschaft setzte sich auf einer Rüste intensiv mit dem Konzept auseinander. Die Kinder- und Jugend-MAK (Mitarbeitenden-Kreis aller Hauptberuflichen) übertrug die Idee auf ihren Bereich.

Im Jahr 2006 wurden diese Impulse weiter geführt. Es begann die Arbeit am Gebäudekonzept im Dialog mit den Gemeindekonzepten. Dem Pfarrkonvent und der Synode wurde laufend berichtet. Um die Stellung des Kirchenkreises im Sprengel Berlin in dessen Strukturdiskussion zu klären, wurde der interne Ansatz auf das Zusammenspiel von Kirchenkreisen übertragen und in den Ephorenkonvent eingebracht.

Der Herbstsynode 2006 wurde eine Zwischenbilanz vorgelegt und durch sie gebilligt. Im Dezember begann die Diskussion um die Evangelische Schule, die durch den Bezug auf die bis dahin erstellte Konzeption entscheidend bestimmt wurde.

Im Jahr 2007 wurde als nächster Schritt zur Klärung der Arbeit in den Gemeinden die Gliederung in Grund- und Schwerpunktaufgaben vorgeschlagen und in den Gemeindekirchenräten festgestellt. Die Einrichtungen beteiligten sich intensiv an diesem Prozess, in dem sie wichtige Bausteine („Organisationskerne") darstellen. Begleitet wurden die Schritte wieder durch Berichte und Diskussionen auf der Frühjahressynode, der Rüste des Pfarrkonvents in Meißen, der auch eine Zwischenbilanz des Prozesses zog und Konsequenzen zur Verbesserung der Kommunikation vorschlug. Im August wurde die gemeinnützige GmbH der Kindertagesstätten (Lemiki) gegründet.

2008 war das Jahr der Detaillierungen im Gebäudebereich, der Ausgestaltung von Lemiki und in der ständigen Standortsuche für die evangelische Grundschule. Die Zusammenarbeit der Schwerpunkte wurde weiter geklärt. Das gemeinsame Angebot zur Trauung erhielt seine endgültige Gestalt. Die Kirchenmusik wurde in den Prozess mit einbezogen.

2009 wurde das Verfahren zur Erstellung der Dienstvereinbarungen als Teil des Konzepts entworfen und mit den Erstgesprächen dazu begonnen. Die Verhandlungen zum Bau der Schule wurden weiter geführt. Die Ergebnisse der Gebäudeerhebung wurden zur Beseitigung der Mängel der höchsten Priorität genutzt. Eine Querschnittsvisitation zum Abschluss des langlaufenden Prozesses der Gebäudeausstattung wurde detailliert und beschlossen.

Ende 2009 wurde der Superintendent auf die Stelle des Direktors des Missionswerks Berlin berufen. Die ersten Monate des Jahres 2010 dienten der Sicherung der bisherigen Ergebnisse im Sinne einer Zwischenbilanz und als Basis für weitere Entscheidungen im Kirchenkreis. Die Frühjahressynode hat diese Zwischenbilanz zustimmend aufgenommen.

II. Die Orientierung an einem großen Ziel

Eine weit reichende, klare und durchgängige Zielorientierung ist eine der Vorbedingungen für eine kräftige Organisation. Das gilt für alle Arten von Organisationen. Auch das Management von Wirtschaftsbetrieben muss sich dieser langfristigen Dimension jenseits des Tagesgeschäfts zuwenden.[95] Für die Kirche ist es die Aufgabe der systematischen Theologie bzw. der Ekklesiologie diese Zielbestimmung anhand des Zeugnisses der Heiligen Schrift und im Gespräch mit den Bekenntnisschriften grundlegend zu formulieren. In der theologischen Grundlegung der Integrierten Kirchenkreisplanung wurde der Anschluss an diese Diskussion hergestellt.

Um diese Einsichten auf der Ebene eines Kirchenkreises handlungsleitend zu machen, ist ein Übersetzungsprozess nötig. Er muss spezifizieren (was heißt das für uns?) und das Ergebnis kommunizieren (wie können alle Beteiligten das Ergebnis rasch aufnehmen?).

Die Zielorientierung hat verschiedene Zeitebenen, die sich als ein Zielsystem verstehen lassen. Ziele müssen weit ausgreifen, um die Richtung unabhängig von aktuellen Einflüssen einhalten zu können. Dennoch muss es Antworten darauf geben, was morgen zu tun sei. Es empfiehlt sich deshalb, Ziele auf drei Zeitebenen von kurz-, mittel- und langfristig zu formulieren. Diese Ebenen sind nicht streng hierarchisch zu verstehen, als ob in einer Kaskade der Deduktion das langfristige Ziel auf das Tagesgeschäft heruntergebrochen werden könnte. Sie stehen in wechselseitiger Beeinflussung. So können z.B. die Erfahrungen mit der Umsetzung der kurzfristigen Ziele das langfristige Ziel stützen oder herausfordern.

Diese Zeitebenen werden in der aktuellen Diskussion innerhalb und außerhalb der Kirche unterschiedlich[96] benannt. Für die Integrierte Kirchenkreisplanung werden drei Ebenen angenommen, die der Vision, der Mission und des Leitbilds.

A. Die Vision des Pilgerwegs

Der Glaube an den dreieinigen Gott setzt weit reichende Hoffnungen frei. Das Alte und das Neue Testament enthalten eine Fülle von großen Hoffnungsbildern, die das Volk Gottes auf seinem Weg durch die Zeit begleiten, trösten und inspirieren. Sie wecken Hoffnungen für Einzelne, haben aber

95 Das hat die St. Gallener Schule auf den Begriff des „Normativen Managements“ gebracht. Zu der Wirkung dieses Ansatzes im Raum der evangelischen Kybernetik vgl. Beckmann (2007) 200ff.

96 Vgl. die Diskussion bei Lindner (2000) 52. Zusätzlich wird der Begriff der „Mission“ eingeführt. Er könnte auch in den Leitbildbegriff integriert werden.

auch eine überindividuelle Dimension. So ist das Hoffnungsbild des „Neuen Jerusalems“ aus Offb21 das Bild einer neuen Stadt. Für diese weit greifende Hoffnung soll die Bezeichnung „Vision“ genutzt werden.

Die Vision[97] ist das Bild einer künftigen Wirklichkeit. Sie wird erhofft. Sie ist eine Verheißung Gottes. Umfassend wird sie auf dieser Erde nicht erreicht werden. Das wird erst eintreten, wenn Gott alles in allem sein wird (1.Kor 15,28). Aber dennoch wird sie, wenn auch gebrochen, erlebbare und sichtbare Wirklichkeit werden. Gott will Menschen zur Mitwirkung an diesem seinem Werk berufen.

Für den Kirchenkreis wurde ein spezifischer Ausdruck der christlichen Hoffnung gesucht. Dies ist ein kreativer Prozess. An ihm waren die Verantwortlichen in Wilmersdorf beteiligt, die unter Reflexion der Situation der Menschen und im Hören auf die biblische Tradition nach einem tragenden Bild für diese Vision suchten. Dieser Prozess hat auf das zentrale Bild des „Pilgerwegs“ geführt. So wird die Vision für alle Menschen im Wirkungsbereich des Kirchenkreises formuliert:

Menschen gehen den Pilgerweg ihres Lebens getrost und zuversichtlich. Ihre Berufung erfüllt sich in einem gelingenden Leben, das an den Grenzen des irdischen Lebens nicht endet. Sie gehen ihren Weg behutsam und verantwortlich für ihre Mitmenschen und die Schöpfung. Gefährdungen und Krisen können sie bestehen. Die Botschaft Jesu und sein Weg, der im Jahreskreis der Kirche gefeiert wird, gibt ihnen Orientierung und Kraft.

B. Die Mission einer evangelischen Kirche der Freiheit und der Verantwortung

Die „Mission“, verstanden als die Sendung[98] konkretisiert den Beitrag der jeweiligen Organisation auf dem Weg zu der Wirklichkeit, die die Vision aufzeigt. Sie hat höhere Handlungsanteile als die Vision. Bei ihrer Formulierung kommt der Kirchenkreis wieder deutlich ins Spiel. Welchen Beitrag kann der Kirchenkreis leisten, damit die Vision schrittweise Wirklichkeit werden kann?
Auch die Formulierung der Mission (englisch das „mission statement“) kann und muss sich an den Grundbestimmungen der evangelischen Kirche ausrichten. Sie hat als reformatorische Kirche eine „Sendung“ im Kontext der Konfessionen und Religionen. Sie erreicht damit Einzelne und leistet einen Beitrag zum Wohl des Gemeinwesens.

---

97 Vgl. Lindner (2000) 52, Beckmann (2007) 203 Visionen enthalten „relativ geringe Handlungsanteile“.

98 Vgl. Beckmann (2007) 203.

Die evangelische Kirche in Wilmersdorf begleitet den Pilgerweg der Menschen in ihrem Gebiet durch die Bezeugung des Evangeliums von der rechtfertigenden Gnade Gottes „allem Volk" in Feier, Wort und Tat. Das Evangelium will zur Freiheit berufen. Menschen werden diese Freiheit als Verpflichtung verstehen.

Die Sendung der evangelischen Kirche ist es, die wechselseitige Bezogenheit von Freiheit und Verantwortung ins Spiel zu bringen. Evangelische Freiheit ist eine rückgebundene Freiheit, die in sozialen Bezügen gelebt wird. Dazu besitzt sie einen reichen Schatz von kritischer Reflexion und positiver Gestaltung.

Im Gespräch der Konfessionen, Religionen und Weltanschauungen ist sie ein Anwalt eines lebensdienlichen und persönlich verantworteten Glaubens.

C. Das Leitbild einer missionarischen Kirche in der Stadt

Im Leitbild verdichtet sich die Grundorientierung. Wie versteht sich der Kirchenkreis? Und wie formuliert er seine Ziele als Teil der EKBO und als großstädtischer Kirchenkreis?

1. Sie ist die greifbare Gestalt der evangelischen Christenheit

Die evangelische Christenheit ist größer als ihr organisierter Teil „Kirche". Aus dieser grundlegenden religionssoziologischen Tatsache[99] gilt es, für Wilmersdorf Konsequenzen zu ziehen.

Der Kirchenkreis ist die institutionelle Gestalt der evangelischen Christenheit in Wilmersdorf und damit ein *Teilsystem*, nicht das Ganze. Das Ganze wird aus den Subsystemen der privaten, der organisierten und der gesellschaftlichen Religion gebildet.

Der Glaube lebt in einer jeweils spezifischen Gestalt auf diesen drei Ebenen:

- als persönlicher, individueller Glaube,
- als gemeinschaftlich gestalteter Glaube mit einer hohen Binnendifferenzierung[100] im Raum der Kirche,
- als „öffentliche Religion" („civil religion") in Kultur, Brauchtum und Tradition.

---

99 Siehe oben S. 20 ff.

100 Z.B. Gemeindereligion, kasuell Verbundene, Anlassorientierte, Engagierte; Lindner (1994) 317ff; (2000) 127ff.

Damit ist klar: Glaube geht nicht in der Kirche auf. Dennoch hat der Kirchenkreis eine wesentliche *Bedeutung* für die Glaubensgestaltung auch auf den beiden anderen Ebenen. Er gewinnt sie nach evangelischem Verständnis durch seine dienende, nicht durch eine herrschende Funktion.

Seine *Verantwortung* nimmt er wahr, indem er in allen seinen Lebensäußerungen das Evangelium von der freien Gnade Gottes allem Volk durch Wort, Tat und durch seine Gestalt selbstlos als „Kirche für andere" bezeugt.

Er besitzt nicht den Glauben, sondern verhilft zum je eigenen Glauben. Die Verantwortlichen des Kirchenkreises übernehmen Verantwortung für die „öffentliche Religion". Sie stützen die Glaubensentwicklung der Einzelnen und geben ihnen einen förderlichen und kritischen Rückbezug zur Gemeinschaft der Glaubenden in der Geschichte und in der Gegenwart. Einzelnen wird dadurch Orientierung vermittelt, gemeinschaftliche Netze stützen die Individuen, die Mitwirkung am gesellschaftlichen Prozess verbessert Strukturen.

Auch wenn sich der Kirchenkreis als Teil der Christenheit versteht, kann er seine Verantwortung nur wahrnehmen, wenn er eine *erkennbare Gestalt* besitzt und wenn seine Teile im Blick auf diese Aufgabe zusammenwirken. Selbstlosigkeit heißt nicht Gestaltlosigkeit. Bescheidenheit ist nicht mit Bedeutungslosigkeit gleich zu setzen.

Diese dienende Grundhaltung führt in der Rückbindung an die Urkunde des Glaubens auch zu einer *selbstkritischen Einstellung* der eigenen Gestalt gegenüber. Ist die Kirche in Wilmersdorf ein taugliches Instrument zur Kommunikation des Evangeliums? Sie sucht eine Antwort auf diese Frage, indem sie die Suche nach der Wahrheit und Klarheit verbindet mit der Frage nach der angemessenen Form für die Menschen in ihrem Bereich. Die Arbeit am Kirchenkreiskonzept ist ein Ausdruck dieser Suche.

In der Dynamik des Wandels der modernen Gesellschaften ist die protestantische Selbstreflexion oder das Verständnis von Kirche als „*semper reformanda*" von großer Bedeutung. Was zuweilen als institutionelle Schwäche der evangelischen Kirche erscheint, kann einer in Interessengegensätzen verhakten Gesellschaft weiterhelfen. Besinnung, Buße und Umkehr führen auch im öffentlichen Leben nicht zurück, sondern durch ihr Potential der Erneuerung in eine neue Zukunft.

Die evangelische Kirche und damit auch der Kirchenkreis versteht sich als eine einladende und vielgestaltige *Mitgliederkirche*. Konkret wird das in der synodalen Leitung und der Suche nach einer breiten Basis der Partizipation.

Der Kirchenkreis versteht sich als Teil der weltweiten Christenheit und als Region in der evangelischen Kirche von Berlin-Brandenburg-Schlesische Oberlausitz.

2. Sie will missionarisch-diakonische Kirche für die Stadt sein

Als Teil der EKBO ist die Kirche in Wilmersdorf deren Ausrichtung verpflichtet. Sie übernimmt die Grundbestimmung, wie sie in den „Leitlinien missionarischen Handelns“ in der EKBO 2001 ausgedrückt ist. Sie bezieht die Erkenntnisse und Anregungen der Denkschrift der EKD „Gott in der Stadt. Perspektiven evangelischer Kirche in der Stadt“ mit ein.

„Der kirchliche Aufbruch in die Stadt vollzieht sich in geistlicher Haltung, missionarischer Öffnung, gesellschaftlicher Verantwortung. So schafft die Kirche Räume der Begegnung mit Gott und ist sozial aktiv.“[101] Dabei handelt es sich nicht um abgrenzbare Einzelfelder. Nur im Zusammenwirken dieser drei Ziele entfaltet sich die spezifische Sendung der Kirche. Sie legen sich gegenseitig aus und geben der Einzelmaßnahme ihre charakteristische Färbung. Umgekehrt: kein Bereich darf ausfallen, will Kirche ihrem Auftrag in der Stadt gerecht werden.

Die geistliche Haltung der Ehrfurcht vor der je eigenen Gottesbeziehung des Menschen (Röm 14,4ff) bewahrt die missionarische Öffnung vor Selbstgerechtigkeit. Die missionarische Öffnung bewahrt das geistliche Leben vor Selbstgenügsamkeit und gibt der gesellschaftlichen Aktivität ein Ziel. Die soziale Verantwortung „erdet“ die geistliche Haltung und trägt zur Glaubwürdigkeit der missionarischen Verkündigung bei.

Bei aller Problematik ist die Kirchengestalt, die mit dem Begriff der *Volkskirche*[102] intendiert ist, unter den gegebenen Umständen in Wilmersdorf die bestmögliche Form, das Evangelium zu kommunizieren.

Eine so verstandene Kirche begreift ihr Erbe als Verpflichtung und nimmt die Chancen zur Kommunikation des Evangeliums wahr. Die immer noch breite Verankerung im kulturellen Gedächtnis, in individuellen Biographien, in Bildung und Hilfe ist in Wilmersdorf in dem Zeitraum, für den heute mit einiger Sicherheit zu planen ist, ein tragfähiger Ansatzpunkt zu einer aktiven Weiterentwicklung des Überkommenen.

---

[101] So fasst Beese (2009) 29 die Zielrichtung der EKD-Denkschrift zusammen.

[102] Die breite Verankerung bietet vielfältige Wirkungsmöglichkeiten, erschwert aber eine Profilbildung. Kompromisse und Vermittlungen sind nötig. Versuche, eine „Diaspora-Kirche“ zu werden, die sich aus der „Breite“ und der „Versorgung“ löst und profiliert auf Engagement und Beteiligung setzt, sind deshalb verständlich, haben aber wenig Realitätsbezug zur gegenwärtigen Situation in Deutschland.

Mit größter Wahrscheinlichkeit wird die Kirche in Wilmersdorf auch mit dem besten Konzept und den engagiertesten Bemühungen als Ganzes zahlenmäßig nicht wachsen.[103] Ihre *Bedeutung* für die Menschen und das Gemeinwesen wird sie *jenseits ihrer Größe* suchen. Die kleinen und sich wahrscheinlich weiter verkleinernden Zahlen werden nicht dazu führen, die Minderheitenposition zu internalisieren und sich aus der Verantwortung drängen zu lassen. Die evangelische Kirche in Wilmersdorf wird auf den Feldern ihres Auftrags (Spiritualität, rituelle Lebensbegleitung, Bildung und Orientierung, Hilfe, Vernetzung, …) unabhängig von ihrer Mitgliederzahl eine prägende Kraft in der Region bleiben. Die Orientierung auf das Ganze der Lebensvollzüge und die Vielfalt der Lebens- und Glaubensentwürfe ist eine bleibende Verpflichtung. Sie wird möglich durch die Gewissheit, dass dabei das Profil einer evangelischen Kirche erkennbar bleibt. Die Übernahme von Trägerschaften im Rahmen des Sozialstaats in seiner Berliner Ausprägung ist ein Ausdruck dieses Willens.

Diese Option wird nicht erst durch die Kirchenkreisplanung an die Arbeit in Wilmersdorf herangetragen. Sie nimmt vielmehr die implizite ekklesiologische Entscheidung aller Verantwortlichen in der Vergangenheit auf, macht sie bewusst und klärt sie. So wird aus einem „leitenden Bild“[104] ein Leitbild.

Zu diesen Klärungen gehört auch die Haltung, in der dieses Leitbild gelebt wird. Die ehemals hoheitliche Komponente im Begriff der Volkskirche darf keine Rolle mehr spielen. Eine „Kirche für das Volk“ orientiert sich am Gegenüber, weiß, dass sie sich nicht auf der Vergangenheit ausruhen darf, sondern in eigener Verantwortung ihren Teil zur künftigen Gestaltung beitragen wird.

Dieses Leitbild hat für die Kirche in Wilmersdorf Konsequenzen. Sie bietet wertschätzende Begleitung unterschiedlicher Frömmigkeitsformen und Teilnahmemuster. Sie versteht sich als eine konstruktiv auf ihr Umfeld bezogene Kirche („Kirche für das Volk“), d.h. sie ist auch Kirche für die Katholiken, für die Konfessionslosen, für die Mitglieder anderer Religionen und die Menschen ohne Konfession in ihrem Gebiet. Freilich wird sich das „für“ jeweils adressatenspezifisch konkretisieren.

---

103 Gegen die Appelle, „gegen den Trend“ zu wachsen. Scharf kommentiert Pollack (2009) diese Strategie als „groteske Selbstüberforderung der Kirche“, die nur zu großer Resignation führen kann.

104 Lindner (2000) 51f.

D. Das Konzept der Anknüpfung

Eine Kirche, die sich als sich als eine konstruktiv auf ihr Umfeld bezogene Kirche („Kirche für das Volk") versteht, wird in ihrem Konzept die christliche Tradition und die gesellschaftlichen Realitäten nutzen. Sie kann konstruktiv und kritisch an ihr reiches Erbe anknüpfen.

1. Chancen und Freiräume werden genutzt

Die Menschen in Wilmersdorf zeigen vor allem im Bereich der Erziehung und Bildung ein großes Interesse an den Angeboten der evangelischen Kirche. Auch die Pflege des kulturellen Erbes ist ihnen wichtig, Diese Kontaktflächen werden im Konzept der Integrierten Kirchenkreisplanung systematisch genutzt. Sie werden als Chancen begriffen, das Evangelium in die Prozesse des Lebenslaufs einzuzeichnen.

Die Rechtsordnung der Bundesrepublik im Sozial- und im Bildungsbereich bietet in ihrer Berliner Ausprägung verschiedenen freien Trägern die Möglichkeit, ihr Profil im Rahmen der allgemeinen Ordnungen zur Geltung zu bringen. Zum Teil sind auch privatwirtschaftlich organisierte Anbieter zu finden, die auf diesen Feldern Gewinne erzielen wollen. Der Kirchenkreis hat den Mut, als „christliches Unternehmen" auch in marktförmigen Feldern zu bestehen.

2. Gestufte Ziele für Zielgruppen werden entwickelt

Wer in Achtung vor der Prägung des Gegenübers Verantwortung für das „Heil und Wohl" der Menschen im Raum Wilmersdorf auf deren Pilgerweg übernehmen will, muss dies in den einzelnen Zielgruppen mit gestuften Zielen tun. Dies gilt auch für die unterschiedlichen Organisationsformen. So werden für einen Gottesdienst die Ziele anders formuliert werden als für die pädagogische Arbeit in den Kindertagesstätten.

Gemeinsam ist das Eintreten für eine Gesellschaft in Frieden und Gerechtigkeit. Die Pflege der Gedenkkultur ist dabei ein wichtiger Baustein des Kirchenkreises. Nur wenn das Gedächtnis an vergangenes Unrecht wachgehalten wird, werden die Wurzeln neuen Unrechts rechtzeitig erkannt und bekämpft werden können.

Allen gilt die sachgerechte Information über die Inhalte des christlichen Glaubens. Allen ist es die Kirche in Wilmersdorf auch schuldig, Zeugnis abzulegen über die Hoffnung, die in uns ist und ihnen helfend beizustehen, wenn sie in körperliche oder seelische Not geraten sind. Damit wird auch ein Prozess der Selbstreflexion des Gegenübers über dessen Gottesbezug in

Gang kommen, ohne dass er sich in einer größeren Nähe zur evangelischen Kirche niederschlagen muss. Weil es Gottes Wille ist, dass allen Menschen geholfen werde und sie zur Erkenntnis der Wahrheit kommen (1.Tim 2,4), ist Weckung des Glaubens an den dreieinigen Gott der biblischen Überlieferung ein Ziel. Diese missionarische Verpflichtung im engeren Sinn wird nur in einem achtungsvollen Dialog gelebt werden, darf aber dennoch nicht aus dem Horizont einer evangelischen Volkskirche verschwinden. Die Einladung zur Teilnahme an den Angeboten und das Werben um eine neue oder erneuerte Mitgliedschaft sind Teil dieser aktiven Kommunikation des Evangeliums.

Für die *Einrichtungen*, die als Träger betrieben werden, gilt generell, dass sie die fachlichen Anforderungen des jeweiligen Feldes in der bestmöglichen Qualität auch dort erfüllen, wo dies nicht kontrolliert oder überprüft wird. In der Ausprägung der spezifischen Fachlichkeit wird auch das christliche Menschenbild einfließen, so z.B. in der pädagogischen oder pflegerischen Konzeption.[105] Ihr evangelisches Profil gewinnen sie durch die Einbettung in den sozialen Kontext „Kirche in Wilmersdorf" mit seinem freiwilligen Engagement und seinem geistlichen Angebot.[106]

Im Bereich der Kultur wird es darum gehen, die Ursprungsintention, z.B. des musikalischen Werkes oder der künstlerischen Gestalt, wieder zur Geltung zu verhelfen und nicht bei der ästhetischen Rezeption stehen zu bleiben.

Für die Realisierung dieses Konzepts ist die Unterscheidung zwischen *Breite und Intensität* wichtig. Der Bereich der *Gemeindekirche* kann nach allen Untersuchungen zwar noch leicht wachsen, die Strategie wird aber hier sein, persönliche Vertiefung und eigenverantwortliche Aktivität bis hin zur freiwilligen Mitarbeit zu erreichen.

Der Bereich der *anlassorientierten Gemeindeglieder* kann sicher noch in größerer Zahl ausgeschöpft werden, wobei in Wilmersdorf zu beachten ist, dass dieses Angebot bereits sehr differenziert ausgebaut ist und eine weitere Steigerung einen hohen Aufwand bedeutet. Hier ist die Strategie einer besseren Erschließung angebracht. Die Intensität ist nur dann zu steigern, wenn die Logik des Anlasses aufrecht erhalten wird (als Beispiel: im Bereich der Kirchenmusik können Erschließungen der Werke in Zusammenarbeit von Theologie und Musik diese Intensität steigern, vielleicht auch zu einem Teilengagement in einem Förderverein oder in einer Mitmach-Kantate führen).

Im Bereich der Bindung über die *Lebensstufen* („Familienreligion") ist eine Stabilisierung angesichts der Umbrüche in den Lebensformen nötig. Im

---

[105] Weil die Grundwerte dieser Bereiche aus der abendländisch-christlichen Kultur stammen, muss auch nicht der Versuch gemacht werden, um jeden Preis im fachlichen Bereich eine Differenz zu anderen Trägern herauszustellen.

[106] Vgl. die Konkretionen in der Diakonie S. 94 ff, bei den Kindertagesstätten S. 98 ff.

Bereich der „kleinen Kasualien“ ist ein Wachstum denkbar. In allen Formen ist die Verstärkung der „Intensität auf Zeit“ möglich und nötig.

Es gibt *Sympathisanten* der evangelischen Kirche, die sie für gut halten, aber eigenständig an keinem ihrer Angebote teilnehmen. Diese Gruppe gilt es vor allem durch mediale Kommunikation zu stabilisieren und die Ansatzpunkte einer Intensivierung ihrer Kontakte zu nutzen. Dies ist gleichzeitig ein Beitrag zur Austrittsprophylaxe.

Es gibt den *Rand* der Volkskirche. Es sind Menschen die eigentlich schon entschlossen sind, die Mitgliedschaft aufzukündigen, dies aber, aus welchen Gründen auch immer, noch nicht vollzogen haben. Hier genügen kleinste, letztlich nicht zu verhindernde Anlässe, diesen Entschluss in die Tat umzusetzen. Andererseits verhindern plausible Begegnungen mit einer hilfreich, begleitenden Kirche bei Trauerfeiern oder beeindruckende und sinnstiftende Feiern wie Trauungen oder Konfirmationen oder anderen Festen die völlige Trennung. Weil diese Menschen zumeist nicht bekannt sind, muss auch eine mediale Kommunikationsstrategie ein Gegengewicht gegen die Wirkung von trennenden Anlässen bieten. Hier ist eine Aufgabe der lokalen Öffentlichkeitsarbeit zu sehen, im kirchenkreis-eigenen „Kleinverteiler“ bei generellen Trends Argumentationshilfen und persönliche Kontaktangebote zu machen.

Schließlich bleibt die Verantwortung des Kirchenkreises für die *getauften Nicht-Mitglieder* in seinem Bezirk. Jenseits einer Rückgewinnungs-strategie gilt es, die geistliche Verantwortung für diese Getauften weiterhin wahrzunehmen.

Als *Fazit*: Der Kirchenkreis wird zahlenmäßig kleiner werden, aber seine Ausstrahlung für Einzelne und seine Bedeutung für den Lebensraum wird steigen. Die wirtschaftliche Eigenständigkeit in zunehmender Unabhängigkeit von den Kirchensteuern ist dafür eine Vorbedingung.

III. Die sieben Faktoren einer gelingenden Arbeit

Der systemische Ansatz hat Konsequenzen. Verantwortliche Planung führt auf eine zusammenstimmende und alle wichtigen Bereiche[107] umfassende Entwicklung. Leitend ist dabei die Orientierung an dem großen Ziel, der Sinnmitte.[108] Daraus ergeben sich für die Faktoren Entwicklungsziele.[109]

A. Die Arbeit mit überprüfbaren Zielen

Menschen sind begabt und berufen, an der Kommunikation des Evangeliums mitzuwirken. Diese Mitwirkung hat eine spontane, dem Augenblick geschuldete Seite. Herausforderungen und Chancen fordern eine Reaktion. Der barmherzige Samariter wurde dem Niedergeschlagenen in dem Augenblick zum Nächsten, als er von seinem Reittier stieg und sich dem Verwundeten zuwandte. Dazu ist es kein Gegensatz, wenn sich Menschen für ihr selbstbestimmtes Handeln Ziele setzen. Zielgerichtetes, verantwortetes Handeln ist das Gegenteil übergriffiger und eigenmächtiger Verplanung der Welt. Es ist Ausdruck der Demut und der Bescheidenheit, die sich angesichts begrenzter Zeit und begrenzter Möglichkeiten der Verantwortung stellt. Wer sich in der Nachfolge Ziele setzt, wird sich immer des Stückwerkcharakters, der Vorläufigkeit und der Korrekturbedürftigkeit eigenen Handelns bewusst sein.
Es ist Zeichen der Ernsthaftigkeit der getroffenen Konzeptentscheidung, sie in Zielen konkret werden zu lassen.[110]

Es gibt allgemein anerkannte Regeln, nach welchen Kriterien Ziele zu formulieren sind. Ziele müssen „smart“ formuliert sein, so die bekannteste Merkformel nach den Anfangsbuchstaben der Kriterien.

> Ziele müssen *spezifisch* sein. Das entscheidet sich daran, ob ihre Erreichbarkeit im Horizont der Person oder Organisation liegt, für die sie formuliert werden. So kann ich zwar wünschen, dass morgen das Wetter gut sein möge, ein Ziel kann dies für mich nicht sein, eher schon, dass ich bei jedem Wetter Sport treiben will.
> Ziele müssen *messbar* sein. Messbar wäre im obigen Beispiel, bei jedem Wetter eine Stunde zu joggen. Im Raum der Kirchen wird sehr oft aus der Nicht-Messbarkeit der Wirkungen des Heiligen Geistes auf die Unmöglichkeit geschlossen, überhaupt messbare und damit überprüfbare Ziele zu for-

---

107 Siehe die Bestimmung dieser Felder oben S. 39.

108 Siehe oben S. 55 ff.

109 Sie finden sich in den jeweiligen Einleitungstexten in kursivem Druck hervorgehoben.

110 Dies ist auch eine Folge aus der Bestimmung der Kirche als Organisation. Zur Diskussion und Begründung dieser Entscheidung vgl. S. 24.

mulieren. Damit wird das weite Feld der messbaren Bereiche[111] übersehen, letztlich die Verantwortung für das eigene Tun nicht übernommen.
Ziele müssen *anziehend* sein. Sie werden aus dem Bereich der Hoffnungen und Wünsche genommen und bleiben dennoch konkret. Es gehört zur Kunst der Zielformulierung, Ziele so zu bestimmen, dass ihre Formulierung Energien freisetzt.
Ziele müssen *realistisch* sein. Der Aspekt des Wünschenswerten kann so stark sein, dass die Zielsetzung sich weit von dem auch im besten Fall erwartbaren Ergebnis entfernt. Überforderung ist zumeist der erste Schritt einer folgenden Resignation und Tatenlosigkeit.
Schließlich müssen Ziele *terminiert* sein. Entwicklungen in so komplexen Systemen vieler Akteure, wie es die Kirchenkreise darstellen, brauchen Zeit. Zumeist werden deshalb die nötigen Zeiträume unterschätzt. Der Weg von der Einsicht in die Verwirklichung ist weit, noch dazu wenn systemisches Denken den Blick auf eine Vielzahl von zu beachtenden Faktoren lenkt. Aber nur wenn der Versuch einer Terminierung gemacht wird, kann die notwendige Einsicht über eine angemessene Dauer reifen.

Der kritische Blick mit diesen Kriterien auf den Verlauf der Integrierten Kirchenkreisplanung lässt Schwächen im Bereich der Terminierung und auch der Messbarkeit erkennen. Sie wurden zum Teil durch die interne Prozesssteuerung kompensiert, waren allerdings nicht Teil des allgemein anerkannten und bekannten Verfahrens.

Die Zielorientierung hat zwei Dimensionen: der Entwicklungsprozess der Kirchenkreisplanung hat inhaltliche Ziele und er hat das aus seiner Sicht formale Ziel, dass innerhalb des Kirchenkreises alle Akteure mit Jahreszielen arbeiten.

Das Gesamtziel ist bei allen Verantwortlichen bekannt und akzeptiert und leitet ihre Entscheidungen im Einzelnen. Alle Bereiche (Einrichtungen und Gemeinden) arbeiten mit Jahreszielen, die in einem erkennbaren Zusammenhang mit der Gesamtkonzeption stehen. Sie werden regelmäßig überprüft. Aus dem Ergebnis dieser Prüfung werden Konsequenzen gezogen.

Die Zielbildung im Rahmen einer „Integrierten Kirchenkreisplanung“ weist Besonderheiten auf. Sie sind durch den Theoriehintergrund dieser Planung bestimmt. Zielbildung ist die letzte Stufe eines Prozesses der fortschreitenden Konkretion von der Vision hin zu den gestuften Zielen in den verschiedenen Zielgruppen. Sie wird aber auf Grund des systemischen Ansatzes nur dann auf Dauer erfolgreich sein können, wenn sie die anderen Faktoren mit einbezieht und durch eine eigene Zielbildung dazu beiträgt, dass diese Faktoren gleich stark und gleichgerichtet mitwirken können.

Jede konkrete Maßnahme hat – zumindest theoretisch – Auswirkungen auf alle anderen Faktoren des Systems Kirchenkreis. Deshalb legt es sich eigent-

---

[111] Vgl. die ausführliche Diskussion auf S. 156 ff.

lich nahe, bei jeder Einzelentscheidung die Auswirkungen auf alle anderen Faktoren zu bedenken. Das ist natürlich praxisfremd. Durch die Gesamtorientierung ist der wechselseitige Zusammenhang jedoch grundsätzlich gewährleistet. Auf jeden Fall sollten jedoch Einzelziele immer mehrdimensional aufgestellt, bzw. die Wechselwirkungen von Ressourcen, Fähigkeiten und Motivation der Mitarbeitenden und die geeigneten Verfahren oder Systeme bedacht werden.

In größeren Abständen sollte in einer Revision der Planung geprüft werden, ob das Gesamte sich noch in einem funktionstüchtigen Zusammenspiel befindet.

Diesen Gedanken greift die Idee der „Balanced Score Card" auf. Sie will eine Ortsbestimmung des Gesamtsystems jenseits konkreter Einzelmaßnahmen ermöglichen, in dem sie aus den Faktoren die erfolgskritischen auswählt und in diesen wiederum durch die Definition von Schlüsselindikatoren eine Systemdiagnose ermöglicht.[112]

Die Detaillierung von konkreten Jahreszielen ist im Bereich der Arbeitsstellen und Projekte vorhanden, auf der Gemeindeebene noch nicht Allgemeingut.

B. Die Ressourcen

Organisationen benötigen Ressourcen, hauptsächlich Personal- und Finanzmittel, die sie aus ihrer Umwelt gewinnen, um ihren Organisationszweck zu erfüllen. Kirchen benötigen dies natürlich auch, werden aber noch von anderen Kräften getragen: von Gottes Geist, der sie lebendig erhält, der Menschen bereit macht, sich in den Dienst dieses Auftrags zu stellen und von Gottes Segen, der zu ihrem Wollen auch das Vollbringen schenkt.

Menschen haben aus Dankbarkeit über erfahrene Rettung oder sichtbaren Segen dem eigentlichen Geber dieser Gaben schon immer etwas zurückgegeben. Sie setzten ihre Kraft, Zeit und Kompetenz und oft auch Spenden und Vermächtnisse zum Wohl der Kirche und ihrem Wirken ein. Noch heute gilt dies, gerade auch in Wilmersdorf. Dennoch ist der Glaubensaspekt des Mittelzuflusses an die Kirchen in Deutschland weithin zurückgetreten, weil seit über hundert Jahren deren Haupteinnahmequelle die Kirchensteuer geworden ist. Die Höhe des Beitrags folgt nicht der Logik der Dankbarkeit oder der inneren Bindung, sondern ausschließlich der Logik der wirtschaftlichen Leistungskraft. Der Ertrag der Kirchensteuer ist hauptsächlich von der wechselnden wirtschaftlichen Entwicklung abhängig, aber wird auch von der staatlichen Steuerpolitik oder der Entwicklung der Kirchensteuerpflichtigen unter den Gemeindegliedern beeinflusst.

---

112 Vergleiche die Anmerkung 80 auf S. 40.

Ebenso wie die vertraglich festgelegten Staatsleistungen sind die Steuereinnahmen durch die Kirche direkt nicht beeinflussbar. Erlöse aus Abgaben spielen kaum eine Rolle, sehr wohl aber die Zuflüsse aus Spenden oder Vermächtnissen. Eigene Erträge aus Vermögen wechseln von Landeskirche zu Landeskirche.

Für eine aufgabenorientierte Kirchenkreisplanung ist die Abhängigkeit von der Kirchensteuer eine theologisch und wirtschaftlich problematische Bedingung. Sie hat sich deshalb zum Ziel gesetzt, *die nötigen Mittel zur Erfüllung der Aufgaben in zunehmender Unabhängigkeit von der Kirchensteuer in eigener Verantwortung zu erwirtschaften. Damit kann die geistliche Dimension der Mittelgewinnung wieder stärker in das Bewusstsein rücken und die wirtschaftliche Lage stabiler werden.*

Für die Gemeinden und Einrichtungen bedeutet dies in formaler Hinsicht, ausgeglichene Haushalte in gesetzeskonformer Fassung[113] aufzustellen. Die gemeinnützigen GmbHs müssen ohnehin ausgeglichene Bilanzen vorlegen – was ja ein Hauptgrund für ihre Errichtung ist.

1. Die Finanzverfassung ermöglicht Steuerungsimpulse

a) Spielräume werden möglich

Das Jahr 1992 bildet einen Wendepunkt in der Finanzverfassung der EKBO. Bis dahin galt das alte Zuweisungssystem. Gemeinden bekamen genau ausgerechnet Stellenanteile für den pastoralen, kirchenmusikalischen, diakonisch-sozialpädagogischen, manuellen und verwaltenden Dienst, ebenso wie Zuweisungen für die von ihnen genutzten Liegenschaften und Räume. Die einzigen Steuerungsmöglichkeiten lagen in der Sparsamkeit bei Betriebs- und Sachkosten.

Das änderte sich mit dem neuen Finanzsystem von 1992 grundlegend. In der Landeskirche waren die finanziellen Verhältnisse völlig durcheinander geraten, da mit der Vereinigung der Kirchenteile Ost und West die bisherige Struktur mit der sehr guten Ausstattung von Mitarbeitenden in Berlin und Brandenburg nicht aufrecht erhalten werden konnte. Das neue Finanzgesetz verlagerte die Verantwortung für die kirchliche Arbeit in die Kirchenkreise. Diese bekamen – im Wesentlichen errechnet nach Seelenzahlen der zu ihnen gehörenden Gemeinden – eine Gesamtsumme zugewiesen, die dann innerhalb des Kirchenkreises aufgeteilt wurde. Die einem Kirchenkreis und seinen Gemeinden zustehende Geldsumme wurde nicht mehr als Zuweisung festgesetzt, sondern als Anteil an der Kirchensteuer berechnet und damit an das

[113] D.h. unter Ansetzen der Rückstellungen und entsprechender Verwendung der Netto-Mieterträge.

wechselnde Aufkommen gekoppelt. Dieses Verfahren hat sich bei mancherlei Modifizierung im Laufe der Jahre bewährt und gilt bis heute.

> Diese neue Verantwortung für Kirchenkreis und Gemeinden musste rasch erkannt, erlernt und handhabbar gemacht werden. Jede Verzögerung hätte überaus harte Konsequenzen zur Folge gehabt. Gemeinden wären verpflichtet gewesen, alle Überhänge im Personalbereich nach einer Übergangszeit selbst durch Einsatz ihres Vermögens auszugleichen. Deshalb haben die Gemeinden und der Kirchenkreis die Personalkosten an die dafür zur Verfügung stehenden Ressourcen zügig angeglichen.

Der Kirchenkreis folgt den gesetzlichen Vorgaben und stellt einen Stellenplan für jeweils zwei Jahre auf. Dies gibt den Gemeinden und dem Kirchenkreis Planungssicherheit. Der Plan wird dem Konsistorium zur Genehmigung vorgelegt. Damit können die im Stellenplan als Soll gekennzeichneten Stellen bei Ausscheiden der jeweiligen Person sofort wieder besetzt werden.

> Das Soll bezieht sich, landeskirchlich vorgeschrieben, auf 80% der im Haushaltsplan der Gemeinde zur Verfügung stehenden Mittel. 20% müssen als künftig wegfallend ausgewiesen oder in die Rücklagen eingestellt werden. Sie stehen für den Fall einer sich verschlechternden Finanzsituation als Puffer zur Verfügung. In Wilmersdorf legen die Gemeinden alle zwei Jahre im Frühsommer einen Plan vor, wie sie mit den geplanten Mitteln ihre Personalstruktur im hauptamtlichen Bereich aufrechterhalten wollen. Zur Zeit sind in Wilmersdorf 20,85 Stellen im pastoralen Dienst und 17,81 weitere Stellen besetzt. Dafür werden ca. 1.800.00 € aufgewendet (lt. Stellenplan 2009/2010).

Als Konsequenz der drastisch zurückgehenden Mittel ergab sich in den auf die Einnahmen bezogenen dynamischen Stellenplänen eine Halbierung der Mitarbeiterschaft seit 1990. Nun haben sich auch die Gemeindegliederzahlen in diesem Zeitraum fast halbiert. Da es aber eine Reihe gemeindlicher Aufgaben gibt, die von der Gemeindegliederzahl relativ unabhängig sind (z.B. die Zahl der Gottesdienste) und erfolgreiche Angebote (z.B. Konfirmandenunterricht) vermehrt angenommen werden, ohne dass dadurch die Einnahmen wesentlich steigen, führt dies zu einer Arbeitsverdichtung für die Mitarbeitenden. Damit die gestiegenen Anforderungen nicht auf dem Rücken der Mitarbeitenden ausgetragen werden, sind im Rahmen der Kirchenkreisplanung verschiedene strukturelle Maßnahmen ergriffen worden, die Aufgabenerfüllung und Arbeitsbelastung in der Balance halten.[114]

Im neuen System kann der Kirchenkreis den ihm insgesamt zustehenden Anteil an den Kirchensteuern intern verteilen. Gesetzlich geregelt ist nur, dass 75% der Gesamtsumme für Personal zur Verfügung zu stellen sind, 12% für Sachkosten und 13% für Baumittel. Der Kirchenkreis gibt von den Gesamt-Personalkosten wiederum drei Viertel weiter in die Gemeinden, be-

---

114 Vgl. zu Dienstvereinbarungen S. 136 ff.

hält ein Viertel für eine Reihe von Aufgaben, die er stellvertretend übernimmt. Die Hälfte der Sach- und Baumittel erhalten die Kirchengemeinden direkt. Die andere Hälfte wird nach Regeln, die im Haushaltsausschuss festgesetzt werden, auf die Gemeinden und den Kirchenkreis verteilt. Die Gemeinden haben das Recht, mit den ihnen zur Verfügung gestellten Mitteln frei zu wirtschaften. Sie können Personal anstellen nach den Erfordernissen und Gegebenheiten, die die Gemeindekirchenräte selbst definieren. Durch die Aufstellung des gemeinsamen Stellenplans ergeben sich bei Wiederbesetzungen Vorteile, aber zunächst einmal sind die Gemeinden frei.

In Wilmersdorf werden die durch die Finanzverfassung der Ebene Kirchenkreis zugewiesenen Mittel zur Steuerung eingesetzt. Sie könnten auch, wie es in anderen Kirchenkreisen geschieht, an die Gemeinden pro Kopf weitergereicht werden. Wilmersdorf aber steuert.

b) Steuerung durch Mittel für Arbeitsaufträge

Der Religionsunterricht wird erstattet.
Der Religionsunterricht wird unterstützt, indem die Gemeinde für jede gehaltene Stunde eines ihrer Pastoren vier Prozent des Gehaltes vom Kirchenkreis überwiesen bekommt.
Der Kirchenkreis erstattet den Gemeinden kreiskirchliche Mitarbeit.
Personalkosten für umfangreichere Mitarbeit in kreiskirchlichen Gremien oder Beauftragungen übernimmt der Kirchenkreis. So werden folgende Anteile den Gemeinden erstattet: für die stellvertretende Superintendentin 20%, für die Aufgaben von Kreiskinderpfarrerin, Kreisjugendpfarrerin, Kreisdiakoniepfarrerin, Vorsitzender Planungsausschusses je 10%, Trauergruppenarbeit 15% und die Mitarbeit im Kreiskirchenrat 10%.
Der Kirchenkreis stützt Berufsgruppen.
Er versucht gegenzusteuern, wenn durch die Entscheidung der Gemeinden sehr starke Verschiebungen in den Berufsgruppen eintreten. Gemeinden neigen dazu, bei weniger werdendem Geld im Zweifelsfall Mitarbeiter und Mitarbeiterinnen im pastoralen Dienst einzustellen. Der Kirchenkreis hat eine eigene Mitarbeiterstruktur auf seiner Ebene aufgebaut, um professionelle Fachlichkeit, besonders zur Begleitung von Ehrenamtlichen, für alle Bereiche vorzuhalten, die bislang in finanziell günstigeren Zeiten auf der Gemeindeebene vorhanden waren: Kinder-, Jugend, Senioren-, Familienarbeit. Dazu wird der Kreiskantor mit 10% mitgetragen. Das Team Diakonie ist mit zwei halben Pfarrstellen und einer halben Schwesternstelle ausgestattet, die Öffentlichkeitsarbeit mit einer halben Stelle.

c) Steuerung durch Projektmittel

Feststehende Aufgaben mit fachlich qualifizierten Anforderungen können auf Dauer nur verlässlich erfüllt werden, wenn hier hauptberuflich Mitarbeitende tätig werden. Zudem führt die Eigenart christlicher Gemeinden zur Ausbildung fester Berufsrollen. In Zeiten reichlich fließender Mittel wurde sehr rasch jede neu entdeckte Aufgabe mit fest angestellten Mitarbeitenden erledigt. In den Zeiten stark zurückgehender Einnahmen wird die langfristige Bindungswirkung fester, beamtenähnlicher Dienstverhältnisse zum Haushaltsrisiko. Nun müssen die Grundaufgaben einer Gemeinde und eines Kirchenkreises auf jeden Fall durch feste Arbeitsverhältnisse gewährleistet werden. So notwendig diese Konzentration auf Kernaufgaben ist, so problematisch ist sie in Hinblick auf Innovationen oder rasch notwendig werdende Anpassungen.

Der Kirchenkreis Wilmersdorf nutzt das Mittel der Projektbeauftragung, um Neues zu initiieren und Antworten auf aktuelle Fragen zu geben. Dafür setzt er Projektmittel ein. Diese Projektmittel stammen aus der Bewirtschaftung der durch Kirchengesetz notwendig gewordenen Thesaurierung von Mitteln, die nicht ausgegeben worden sind. Zusätzlich hat der Kirchenkreis über die Jahre sehr vorsichtig geplant und deshalb weitere Rückstellungen ermöglicht.

> Projektmittel werden im Jahr in Höhe von etwa 60 000 € eingestellt. Der Kirchenkreis fördert damit unter anderem den Start des Kindertagesstättenprojekts, die Seelsorge an Hochbetagten und die seelsorgliche Begleitung der Arbeit der Diakonie, die Entwicklung der Trauerbegleitung und verschiedene andere Projekte. Ein Projektantrag muss eine feste Struktur haben. Die Evaluationspflicht gehört dazu. Ein Projekt hat verschiedene Möglichkeiten seiner Beendigung: Entweder das Arbeitsgebiet ist so gestärkt worden, dass es nun mit anderer Hilfe ehrenamtlich, gemeindlich, oder durch Drittmitteleinwerbung weitergehen kann. Oder das Projekt wird verlängert, weil es besonders erfolgreich war und sich die Notwendigkeit erwies. Oder, drittens, Menschen sind als besonders wichtige und hilfreiche Mitarbeiterinnen oder Mitarbeiter für den Kirchenkreis und seine Gemeinden erkannt worden. Dann kann ein Fristvertrag auch in eine feste Stelle überführt werden.[115] Der Normalfall für eine Laufzeit des Projektes sind zwei Jahre mit einer Verlängerungsmöglichkeit.

d) Förderung durch Fortbildung und gute Arbeitsmittel

Die im Kirchenkreis frei verfügbaren Mittel werden – neben dem Projektbereich – auch genutzt, um die bestehenden Mitarbeiter wertzuschätzen, zu motivieren und in ihrer Arbeit zu fördern. Dies betrifft besonders zwei Be-

[115] Das ist in der Öffentlichkeit geschehen.

reiche: Arbeitsinstrumente und Fortbildungen. Zulagen für besonders gute Arbeit sind nach Kirchengesetz in der EKBO nicht möglich. Sie stoßen auch in pädagogischen und zumal in kirchlichen Bereichen auf große Schwierigkeiten in der Umsetzung. Aus einer auf den ersten Blick geglückten oder misslungenen Tätigkeit den persönlichen Anteil zu ermitteln, zu bewerten und dann in Euro umzusetzen, ist nahezu unmöglich. Nicht plausible Systeme erzeugen – zumal bei den geringen Summen, die innerkirchlich zur Verfügung stünden – mehr Verdruss als Motivation. Letztlich dürften monetäre Anreize im Pfarrberuf eine relativ geringe Wirkung haben.

Gute *Arbeitsinstrumente* sind deshalb wichtig. Soweit es den Kirchenkreis betrifft, legt er Wert auf jeweils gute und neue Technik mit kurzen Innovationsintervallen. Dazu sorgt er für eine angemessene Arbeitssicherheit und angenehme, gut ausgestattete Büros und Räume. Insgesamt versucht der Kirchenkreis, gute Arbeitsbedingungen für seine Mitarbeitenden zu schaffen und einige Gemeinden tun dies ebenso.

Der Kirchenkreis hat in der letzten Zeit Mittel zurückgestellt, um *Fortbildungen* zu organisieren. Da bei Kirche die Aufstiegschancen in vertikaler Richtung in der Regel beschränkt sind, ist es eine Form von Wertschätzung, Mitarbeitenden Kompetenzzuwächse in bestehenden Arbeitsfeldern zu ermöglichen. Fortbildungen werden in der Regel genehmigt und unterstützt, freilich auch auf das Arbeitsgebiet zurückgebunden und evaluiert.

2. Das Gebäudemanagement wird durch Gemeindeziele bestimmt

a) Gebäudebestand und Gemeindekonzeption müssen zusammenstimmen

Gebäude sind ein wichtiges Instrument der Gemeindearbeit. Bis heute nutzt der Kirchenkreis im Wesentlichen die gleichen Gebäude, Liegenschaften und Räume, wie sie einmal für eine fünf Mal so große Kirche in Wilmersdorf gebaut worden waren. Die Ausstattung war damals allerdings recht knapp bemessen, was dem Kirchenkreis heute zugute kommt.

Bedeutende Kirchen prägen den Lebensraum. Veranstaltungsräume unterstützen durch ihre Funktionen und ihre Atmosphäre die kirchlichen Angebote. Geeignete Büroräume beeinflussen die Arbeitsleistung positiv. Die Erfahrungen im Osten vor 1989 zeigen, dass öffentliche Räume, über die Kirche verfügen kann, wesentlich zur Freiheit der Verkündigung des Evangeliums beitragen.

Gegenwärtig beeinträchtigen die Gebäudekosten allerdings die finanzielle Leistungskraft der Gemeinden bis hin zur Handlungsunfähigkeit. Es droht eine erhebliche Ungleichgewichtigkeit zwischen dem Aufwand für Steine und den Mitteln für die Arbeit mit Menschen.

Rein ökonomische Vorgehensweisen greifen zu kurz. Der Auftrag einer Kirchengemeinde muss in die Entscheidungen einfließen. Dies kann nur in einem Kreisprozess zwischen den ökonomischen Fakten und der Gemeindekonzeption realisiert werden. Die Konzeption kann nicht ohne eine Gebäudebilanz erstellt werden, deren Beurteilung ist aber wiederum von der Konzeption abhängig.

Im Kirchenkreis ist deshalb ein *paralleler Prozess* in Gang gesetzt worden. Gemeinden (und Einrichtungen) sollten sich über ihr Profil im Rahmen der Kirchenkreisplanung klären und den sich daraus ergebenden Raumbedarf skizzieren. Dazu wurde eine Arbeitshilfe erstellt, die die nötigen Schritte aufzeigte und Material dafür zur Verfügung stellte. Parallel dazu hat der Kirchenkreis den Sanierungsbedarf des Gebäudebestands ermittelt.

> Dieser Schritt war schwierig. 2006 stand in der EKBO noch kein funktionsfähiges und erprobtes System zur Ermittlung dieses Bedarfs zur Verfügung, noch gab es klare Empfehlungen zur Orientierung auf dem Markt der Systemanbieter. Nach einer ersten Sichtungsphase erschien die Entwicklung einer eigenen Datenbank und die Durchführung der Erhebung durch den Baubetreuer des Kirchenkreises als die kostengünstigste und angemessenste Lösung.[116] Bei der Durchführung traten Schwierigkeiten auf, die zu einer erheblichen Verzögerung beim Abschluss der Arbeiten führten.

Anfang 2009 lagen die Sanierungskosten in einer detaillierten Aufnahme vor.

b) Die Erstellung einer Gemeindekonzeption ist die Grundlage

Ein erster Schritt auf dem Weg zu einer tragfähigen Gemeindekonzeption ist durch die Unterscheidung der verschiedenen Aufgabenbereiche der Gemeinde getan: Grundaufgaben sind von Schwerpunktaufgaben unterschieden, Muss-, Soll- und Kann-Bereiche definiert. Die Standards für diese Einteilung enthalten auch Anforderungen an Räume. So muss ein Schwerpunkt eine umfassendere Raumausstattung aufweisen können, als dies für eine Grundaufgabe nötig ist.

Das wichtigste Datum, von dem wiederum viele andere Größen bis hin zum Zuweisungsbetrag[117] abhängen, ist die zu erwartende Zahl von Gemeindegliedern. Sie ist den Gemeinden mit der systembedingten Unschärfe bekannt. Sie ist die wichtigste Größe für eine Grundentscheidung, die alle Gemeinden zu treffen haben: In welchen Konstellationen werden wir mittelfristig unseren Auftrag am besten erfüllen können? Es gehört zu den Prinzi-

---

[116] Inzwischen hat sich die Lage insofern verändert, als immer mehr Landeskirchen solche Systeme landesweit erproben und den Kirchenkreisen zur Verfügung stellen.

[117] Die Zuweisungen für die Gebäude werden im Augenblick durch die Feuerkassenwerte des Immobilienbestands bestimmt. Diese Regelung kann der Kirchenkreis aber frei gestalten.

pien der Integrierten Kirchenkreisplanung auf diese Klärungsprozesse keinen Druck auszuüben. Die Übernahme zentraler Funktionen durch den Kirchenkreis stärkt die Möglichkeiten, die Grundfunktionen der Einzelgemeinden weiterhin eigenständig und angemessen wahrzunehmen. Ein wesentlicher Baustein des Konzepts ist jedoch die arbeitsteilige Kooperation, die durch Vereinbarungen festgelegt wird. Solche Vereinbarungen sind flexibel und können je nach Arbeitsfeld mit unterschiedlichen Kooperationspartnern getroffen werden. Sie sind jedoch auch empfindlich gegenüber Störungen und Konflikten vor allem im Personbereich.

Es sind zwischen Gemeinden auch festere Vereinbarungen in Gestalt von Kooperationsverträgen, gemeinsamen Anstellungen, Verbünden mit Rechtsgestalt oder Gemeindefusionen denkbar. Möglicherweise ergeben sich auch alternative Szenarien.

Es gilt deshalb die Frage zu beantworten: In welchem Kontext wird diese Gemeinde in fünf bis zehn Jahren stehen? Wie wird sie mit anderen Gemeinden zusammenarbeiten?

Um die Frage zu beantworten, *wie* diese Gemeinde in 7 oder 10 Jahren innerhalb ihrer Grenzen leben wird, sind weitere Informationen zur „Feineinstellung“ wichtig. Sie sind den Gemeinden als spezifischer Auszug aus den empirischen Materialien[118] zur Verfügung gestellt und in Einzelgesprächen den Vorsitzenden der Gemeindekirchenräte oder dazu beauftragten Pfarrerinnen oder Pfarrern erläutert worden.

Der Inhalt dieser Materialien erschließt sich durch den Vergleich mit den Werten des Kirchenkreises:

> Ein *Altersbaum* der Gemeinde zeigt die Besonderheiten der Gemeindegliederstruktur. Die Karte des *Wahlverhaltens zur Bundestagswahl* 2005 lässt Rückschlüsse auf die Milieuprägung in der Gemeinde zu. Die *Gottesdienstentwicklung* in allen aufgezeichneten Gottesdiensten (Invokavit, Karfreitag, Erntedank, 1. Advent und Heiliger Abend) als Kurvendiagramm zeigt die Gesamtentwicklung des Gottesdienstbesuchs bereits rein optisch. Noch offenkundiger wurde die Dynamik der Entwicklung durch eine Gegenüberstellung der Periode von 1989 bis 1997 mit der von 1998 bis 2004. Hier waren starke Steigerungen ebenso feststellbar wie deutliche Abbrüche. Eine zusammenfassende Orientierung, wie sich die Gottesdienstzahlen der einzelnen Typen (Weihnachten, kleine Feste, Sonntagsgottesdienste) zum Durchschnitt im Kirchenkreis verhalten, brachte ein Index-Vergleich zum Durchschnitt aller Wilmersdorfer Gemeinden. Schließlich gab der Gesamtindex der *Gemeindereichweite* die relative Stellung der Gemeinde im Ensemble der Wilmersdorfer Gemeinden an.

[118] Zum Gesamten siehe oben zur Lage S. 49 und unten zu den Systemen S. 147.

Aus dieser Perspektive lässt sich das Profil der Gemeinde genauer bestimmen.[119] Die Aufgabe der Kommunikation des Evangeliums und des Glaubens ist umfassend. *Wie* die Aufgabe der Lebensbegleitung in dieser Gemeinde gelöst wird, ist spezifisch. Hier kommen Personen, Überzeugungen, Erfahrungen und die Gemeindegeschichte ins Spiel.[120]

Deshalb ist als nächstes die Frage zu beantworten: Wie können wir unser Profil im Rahmen der Kirchenkreisentwicklung beschreiben?

Um diese Klärungen zu konkretisieren, wird vorgeschlagen, einen Gemeindebrief und zusätzlich einen Gemeindesteckbrief – etwa wie die Vorstellung der Gemeinde auf der Homepage der Gemeinde – für das Jahr 2017 zu entwerfen. Diese Entwürfe bilden die Basis für die Frage nach den angemessenen Räumen für dieses Gemeindeprogramm.

Der dritte Schritt besteht im Entwurf eines fiktiven Gemeindebriefs und einer Gemeindevorstellung im Jahr 2017.

Jetzt kann aufgrund dieser Vorklärungen ein zunächst idealtypisches Raumprogramm entworfen werden.

c) Angemessene Räume

Raumbedarf verschiedener Bindungsformen

In der üblichen Betrachtungsweise wird der Raumbedarf einer Gemeinde vom „Gemeindeleben“ bestimmt, d.h. von den sich mehr oder minder regelmäßig versammelnden Gemeindegliedern.

Eine genauere Planungshilfe entsteht, wenn auch die anderen Bindungsformen in den Blick genommen werden. Deren Raumbedarf schlägt sich nicht immer im Gemeindebrief nieder. Die Begleitung der Menschen im Lebenslauf erfordert Räume für persönliche Gespräche in einer entsprechenden Atmosphäre, die nicht büromäßig aber auch nicht zu privat sein darf. Bei den Amtshandlungen sind die Nebenräume bis hin zur Möglichkeit von Empfängen von Wichtigkeit. Die Möglichkeiten der angemessenen Kinderbetreuung sind in jeder öffentlichen Aktivität von Bedeutung.

Das ist jedoch noch nicht alles. Es geht auch noch um die zugehörige „Infrastruktur“. Die Mitarbeitenden brauchen Räume für ihr Arbeitsmaterial

---

119 Umfangreiche Prozesse der „Leitbildarbeit“ sind nicht nötig, da dieser Weg in der Integrierten Kirchenkreisplanung als Rahmenvorgabe zurückgelegt wurde.

120 Siehe die Selbst- und Fremdbilder, die die Bestandsaufnahme zu Beginn des Prozesses erhoben hat S. 116 f.

und ihre Vorbereitung. Die „Gemeindebüros“ sind zumeist Pfarramtsbüros der gemeindlichen Verwaltung. Die Bedürfnisse der freiwillig Mitarbeitenden in den Feldern der Gemeindearbeit finden selten einen Niederschlag im Raumprogramm.
Räume qualifiziert beschreiben

Zur Beurteilung des Bestandes oder zur Planung ist eine genauere Aufnahme der Raumqualitäten nötig. Stichworte können dabei helfen.

Welche *Nutzungsmöglichkeiten* („Funktionale Qualität“) sind nötig oder möglich?

- Seminar, Vortrag, professionelles Tagen / Planen / Multimedia-Lernprozesse, mit / ohne Verpflegungsmöglichkeit (Anlieferung / selbstgemacht)
- Gespräch, kleinere Gruppen, Diskussionsrunde („Kamingespräche“, Salon)
- Familiengeeignet
- Zugänglich für Menschen mit Behinderungen – barrierefrei
- Jugendgerecht (Gruppen und offen)
- Meditationsgeeignet
- Kleinere Feste mit Verpflegungsmöglichkeit (Anlieferung / selbst gemacht)
- Neutral / Mehrfachnutzung …

Zu den einzelnen Positionen können Fachinstitutionen Standards entwerfen, die es ermöglichen, Räume einzuordnen: Worin bestehen Ausschlusskriterien? / Was sind Mindeststandards / Worin besteht ein mittlerer Standard? / Was bestimmt eine bestmögliche Eignung?

Diese Einteilung ist wichtig, um Räume den verschiedenen Kategorien der Gemeindearbeit zuzuordnen. Für einen Kirchenkreis-Schwerpunkt muss der Raumstandard mindestens mittel oder besser sein.

Welche *Nutzungszeiträume* sind nötig: Vormittags / nachmittags / abends? Wie oft in der Woche?

Welche *Stilrichtungen* (Milieus) können sie besonders ansprechen?
Nach der Milieutheorie sind Einrichtungsstile Unterscheidungsmerkmale für bestimmte Lebensstil-Gruppen.[121] Was die einen angemessen oder schön finden, stößt die anderen ab.

121 Vgl. die Kritik an einer „Verwohnzimmerung“ von Kirchenräumen.

Die Stile: (In Klammern: Testfall Wandfarbe)

- Jugendlich: bewusst nicht ordentlich – dieser Gruppe gemäß (Wand: schwarz, Graffiti, bemalt)
- Gemütlich und „heimatverbunden“: Eckbank, Stoffmuster, Dekorationsgegenstände (Wand: Tapete – Muster)
- Historische Baustile (z.B. Mittelalter, Jugendstil, …) (Wand: Stilgemäß Sandstein, Stuck, …)
- „Modern“ sachlich (mit der „neutral-Variante“) (Wand: weiß, Raufaser)
- „Avantgarde“: Design (Wand grau, starke Farben, Ochsenblut)

Man kann der Entscheidung zu entrinnen versuchen, in dem man einen „neutralen“ Stil – abwertend: „Allerweltsstil“ – anstrebt.

In jedem Stil gibt es die Stufen:

Ungepflegt – vernachlässigt – gepfuscht
Gepflegt
Übertrieben, „aufs Feinste“

„*Emotionale Qualität*“
Welche Erinnerungen – positiver oder negativer Art – verbinden viele Gemeindeglieder mit welchem Raum / Gebäude?

Welcher *Erhaltungszustand* ist nötig / vorhanden: Benutzbar, in Schuss, auf der Höhe der Zeit?

Das ideale Raumprogramm

Nun können dem fiktiven Gemeindebrief und der Gemeindevorstellung Raumangaben zugeordnet werden. In welchen Räumen können wir dieses Programm bestmöglich umsetzen?

> Zusätzlich zu den üblichen Angaben sollte die Teilnehmerzahl (minimal – maximal) aufgeführt werden und der Raumbedarf nach qm, Ausstattung, Raumqualität in bezug auf die Lebensstile und zusätzlichen Informationen (wie z.B. Materialaufbewahrung oder Einschränkungen in der Mitnutzung des Raums durch andere) bestimmt werden. Die Veranstaltungen, die nicht im Monatsrhythmus stattfinden, dürfen nicht übersehen werden. Vor allem die geprägten Zeiten des Kirchenjahres mit ihren Veranstaltungen sind zu berücksichtigen. Besonders wichtig sind die Kirchenmusik und die Veranstaltungen der Kita. Die Infrastruktur darf nicht vernachlässigt werden.

So entsteht das ideale Raumprogramm, in dem sich die Gemeindekonzeption angemessen verwirklichen lässt.
Es kann in eine Tabelle gebracht werden. Sie hat die Spalten:

Größe in qm / Stil / Ausstattung / Nutzung durch Gruppen / Mögliche Fremdnutzung / erzielbare Entgelte pro Jahr

Sie enthält folgende Räume:

- Sakralräume (vor allem Kirchen / Kapellen)
- Räume für gemeindliche Veranstaltungen / Zwecke
- Räume der Infrastruktur (Räume für Büros, Material, Dienstwohnungen, usw.)
- Räume zur dauernden Fremdnutzung

Nachdem sich die ideale Raumausstattung geklärt hat, kann der pragmatische Blick prüfen: Welche räumlichen Voraussetzungen im Bestand könnten wir vermutlich nutzen?

Die vorhandenen Räume werden mit dem Raster beschrieben. Sie werden im Blick auf ihre Bedeutung, auf Nutzungsmöglichkeit, Raumqualitäten bewertet. So entsteht ein Bild, inwieweit im Bestehenden ein Angebot an qualitativ hochstehenden Räumen realisiert werden kann oder welche Maßnahmen nötig wären, um dies zu erreichen.

Auf dem Weg zur Umsetzung ist nun eine Realitätskontrolle anhand des Gebäudezustands und der Finanzlage nötig. Auch muss der Blick auf die Nachbargemeinden noch erfolgen.

d) Die Kosten der Gebäude

Die Immobilien-Datenbank

Im Kirchenkreis ist eine eigene Datenbank zur Gebäudeerfassung entwickelt worden. In ihr sind wichtige Grundinformationen zur Liegenschaft gespeichert.

Für die Ermittlung des Sanierungsbedarfs wird jeder einzelne Raum anhand seiner Komponenten (z.B. Fenster, Bodenbelag, …) aufgenommen. Die Raumqualität[122] wird im Klartext beschrieben. Der Bauzustand wurde in vier Stufen von Neuzustand bis erhebliche Mängel erfasst.

Eine Handlungsempfehlung wird gegeben. Sie wird durch Prioritäten präzisiert, wobei die höchste Priorität sofortigen Handlungsbedarf enthält, weil geltende Vorschriften verletzt werden. Die zu treffenden Maßnahmen werden mit Preisen hinterlegt. Die Räume lassen sich nach Nutzergruppen zusammenfassen. Auswertungen sind in vielfältiger Weise und praktisch nach jeder erfassten Kategorie möglich. Sinnvolle Verbindungen sind vorgesehen, im Augenblick aber noch nicht installiert: die Informationen über die tatsächliche Raumnutzung (inklusive erzielter Einnahmen) und die Verknüpfung mit den Betriebskosten.

---

[122] Die Erhebung war hier nicht besonders ertragreich.

Der Kirchenkreis kennt nun den Sanierungsbedarf seines Gebäudebestands in einer Gesamthöhe von ca. 6 800 000 €, die sich über etwa fünfzehn Jahre erstrecken und in den Jahren zwischen 2014 und 2018 einen Höhepunkt erreichen werden.

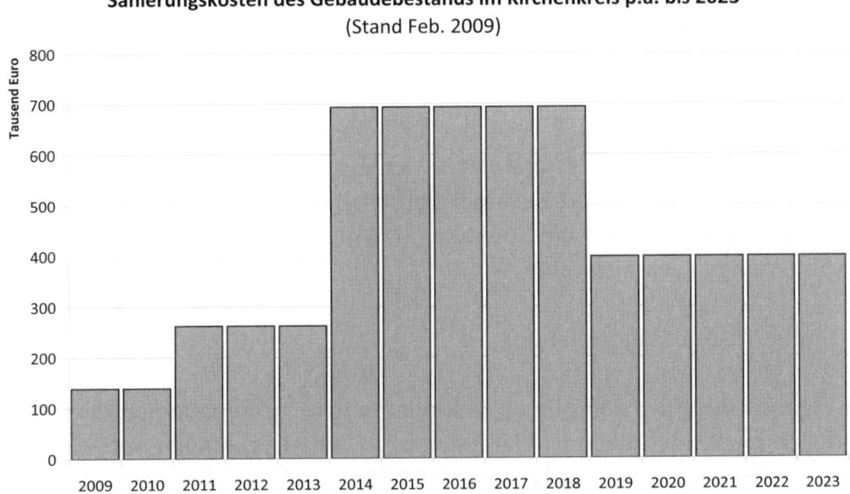

Abb. 6: Sanierungskosten des Gesamtbestands über die Jahre

Die Verteilung auf die einzelnen Gemeinden ist höchst unterschiedlich. Sehr geringe pro-Kopf-Kosten in einer kleinen Gemeinde mit gerade abgeschlossenen Sanierungsmaßnahmen stehen sehr hohe Kosten in einer ebenfalls kleineren Gemeinde mit einem großen Gemeindehaus in schlechtem Zustand gegenüber.

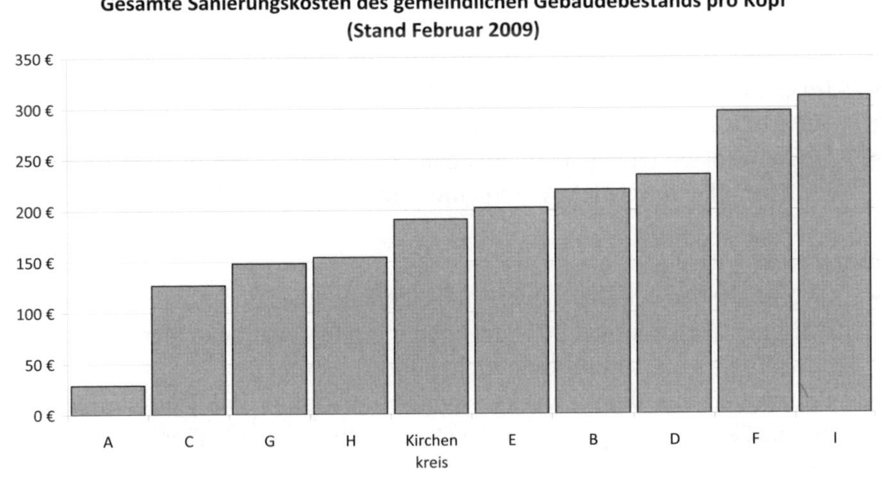

Abb. 7: Sanierungskosten des gemeindlichen Bestands pro Kopf

Als Ergebnis kennt nun jede Gemeinde ihren Sanierungsbedarf in seiner wahrscheinlichen zeitlichen Abfolge und kann diesen in ihre mittelfristige Planung übernehmen. Die Maßnahmen höchster Dringlichkeit sind innerhalb eines halben Jahres mit Unterstützung des Kirchenkreises abgearbeitet worden. Nicht zu vergessen sind die Instandhaltungsrücklagen, die davon unabhängig anfallen, um in Zukunft nicht wieder einen solchen Rückstau anzuhäufen.

Ein Problem bei dieser, wie bei jeder ähnlichen Erfassung ist die Fortschreibung. Ein Lösungsweg ist erarbeitet, der die Fortschreibung beim Baubetreuer ansiedelt, der sie in Zusammenarbeit mit dem Verwaltungsamt vollzieht. Erfahrungen über die Praktikabilität und Vollständigkeit liegen zur Zeit allerdings noch nicht vor.

Die mittelfristige Finanzplanung

Im Bereich der Finanzen gibt es eine relativ klare Abfolge logischer Schritte und außerordentlich viele Unklarheiten bzw. Detailregelungen im Einzelnen, was Besitzverhältnisse, Nutzungsrechte, Verwendung von laufenden oder außerordentlichen Erträgen betrifft. Noch dazu sind diese Regelungen von Landeskirche zu Landeskirche verschieden. Hier kann deshalb nur eine grobe Orientierung gegeben werden.

Jede Gemeinde sollte über eine mittelfristige Finanzplanung verfügen, auch wenn die Daten in manchen Bereichen unbestimmt oder unklar sein sollten. Sie sind allemal besser als die reine Vermutung.
Eine mögliche Finanzplanung wird von folgenden Größen bestimmt:
Ausgaben

- Sanierungsbedarf aus Gebäudeerfassung
- Sanierungsbedarf aus der Kostenschätzung Orgeln
- Investitionskosten zur Umsetzung des idealen Raumprogramms
- Unterhaltskosten, bzw. Zuführung zu den Rücklagen
- Betriebskosten ((jetzt schon aus dem Sachbuch zu ermitteln, vereinfachtes Formular durch KVA wird mit den Zahlen der Rechnung 2009 zur Verfügung stehen)

Einnahmen

- Anteile an den Kirchensteuern für Gebäude über den Kirchenkreis (realistischer Weise minus 20% gegenüber heute). Auf besondere Zuschüsse durch die Landeskirche kann nicht gehofft werden.
- Einnahmen aus dem Zweckvermögen (abzüglich der Rückstellungen!) die für Gebäude vorgesehen sind (Personalkosten bedenken!)
- Entnahmen aus den Rücklagen
- Einnahmen aus der Überlassung der Räume
- Erwartbare Spenden, Opfer, Vermächtnisse

Das Ergebnis zeigt, wie es um die mittelfristige *Finanzierbarkeit* des Immobilienbestands bzw. die Realisierungschancen des idealen Raumprogramms steht. Daraus ergibt sich der Veränderungsdruck.

Diese mittelfristige Vorausschau wird in der Regel bereits im Bestand eine deutliche Unterdeckung ergeben. Sie ist bisher zumeist verborgen geblieben, weil die Rücklagen zugunsten eines optischen Haushaltsausgleichs vernachlässigt wurden und der Bestand nicht ausreichend gepflegt wurde. Die Unterdeckung wird beim gegenwärtigen System nicht in Euro, sondern in schadhaften Dächern, ausgetretenen Bodenbelägen und undichten Fenstern sichtbar. Durch die Ermittlung des Sanierungsbedarfs und die gesetzeskonforme Bedienung der Rücklagen wird diese strukturelle Lücke in Euro greifbar.

Nun bieten sich Strategien an – Ziel bleibt dabei immer die angemessene und finanzierbare Ausstattung mit Räumen für die Gemeindearbeit. Klar ist auch, dass die Kirchenräume nicht zur Disposition stehen.[123]

Kosten können gesenkt werden: Betriebskosten können sinken, indem die Bewirtschaftung (z.B. durch Sammelverträge, …) verbessert wird, durch eine energetische Sanierung, durch Reduktion der Flächen durch Verkauf oder dauerhafte Vermietung (Überführung ins Finanzvermögen für Räume, die nicht konzeptrelevant sind). Zur Not können Unterhaltskosten durch weiteres, bewusstes „Abwohnen" gesenkt werden.

Einnahmen können erhöht werden durch angemessene, gestufte Entgelte für Fremdnutzungen, durch Sponsoring von Räumen bzw. Spenden für Gebäude und durch eine optimale Mehrfachnutzung.

Wenn die Ergebnisse der am günstigsten wirtschaftenden Gemeinden mit großer Vorsicht für alle Gemeinden übertragen werden, erscheint für den Kirchenkreis ein Einsparpotential in Höhe von 250.000 € pro Jahr bereits im jetzigen Bestand nicht unrealistisch zu sein.

Fachliche Beratung ist bei allen Maßnahmen unerlässlich – und der Blick über den Zaun. Die gemeindeeigene Grundplanung kann deshalb nicht abgeschlossen werden, ohne die Entscheidungen der Nachbargemeinden zu berücksichtigen. Nur so kann ein optimales Angebot bei geringst möglichen Kosten erzielt werden.

---

[123] Die einzige Ausnahme könnte darin bestehen, Gemeinde-Standorte aufzugeben. Dies war im Nachbar-Kirchenkreis aufgrund einer akuten Notlage erforderlich. Für Wilmersdorfs ist eine solche Situation im Augenblick nicht in Sicht.

e) Auf dem Weg zu einem Gesamtkonzept

Nun sind die Fakten erhoben. Die Frage kann angegangen werden: Können wir unser idealtypisches Raumprogramm finanzieren?

Falls dies möglich ist, kann die Zielprojektion dieser Gemeinde erstellt werden. Sie schließt die Klärung ein, was mit den nicht mehr gebrauchten Räumen geschehen soll.

Falls eine Finanzierungslücke bleibt, müssen alle Einflussfaktoren überprüft werden. Mit welchen Veränderungen in der Gemeindekonzeption, im Raumprogramm oder in der Finanzierung kann eine akzeptable Lösung erzielt werden?

Ein erster Abgleich ist sicher auf der Gemeindeebene möglich. Endgültige Festlegungen können erst nach einem Blick auf die Nachbargemeinden getroffen werden. Deshalb kann die Zielprojektion einer Gemeinde auch noch offene Fragen enthalten.

Eine *Querschnittsvisitation* „Kirchliche Räume in Wilmersdorf" soll im Jahr 2010/2011 den Prozess abschließen und ein Gesamtbild erstellen. Sie hat folgende Schritte:

1) Bildung einer Visitationskommission, der neben den innerkirchlichen Beteiligten auch Experten zu den Sozialräumen Charlottenburg – Wilmersdorf angehören sollen.
2) Vorlage der Berichte „Zielprojektion Gebäude" durch die Gemeinden
3) Sichtung und evtl. Rückfragen der Kommission,
4) Begehung der Gebäude und Erläuterung der Berichte durch die Gemeindevertretung.
5) Rückfragen, Schlussgespräch
6) Zusammenschau der Berichte der Gemeinden in der Kommission
7) Entwurf eines Bescheids „Gesamtkonzept Kirchliche Räume in Wilmersdorf" (unter Herausarbeitung von – evtl. gemeindeübergreifenden – Planungsräumen)
8) Vorlage dieses Bescheids in einer Plenarveranstaltung
9) Diskussion in den Gemeindekirchenräten und Rückmeldungen
10) Fertigstellung des Visitationsbescheids der Kommission in Zusammenarbeit mit dem Kreiskirchenrat.

3. Größere Unabhängigkeit von Kirchensteuereinnahmen ist möglich

Der Kirchenkreis hat durch seine dynamische Personalplanung die Haushaltsrisiken aus dem Personalbereich minimiert. Er steht im Prozess des Gebäudemanagements, für den alle Voraussetzungen von seiner Seite aus geschaffen sind. Wenn es gelingt, bis Ende 2011 auch diesen Bereich zu ordnen, dann sind die beiden größten Ausgabenblöcke im Rahmen eines inhaltlich ausgerichteten Konzepts „im Griff".

Dem Kirchenkreis[124] und zum Teil einzelnen Gemeinden ist es gelungen, durch Bildung von Finanzvermögen und durch Rücklagenbewirtschaftung Spielräume zu schaffen. Mit Hilfe von Erträgen wird neue Arbeit initiiert, um auftragsgemäß handeln zu können, ohne die Vermögen selbst anzugreifen.

Vor allem im Bereich der Kirchenmusik tragen Fördervereine wesentlich zur Finanzierung von Aufgaben bei, die aus den Kirchensteuermitteln nicht oder nicht mehr bestritten werden können.

Um das Ziel einer zunehmenden Unabhängigkeit der Arbeit der verfassten Kirche von der Kirchensteuer erreichen zu können, werden diese Bereiche aufmerksam und in allen Gemeinden weiter gepflegt werden müssen. Zusätzlich wird es nötig sein, weitere Schritte zu unternehmen.

Freiwillige Tätigkeiten fördern

Nicht jede Tätigkeit in Gemeinden und im Kirchenkreis schlägt sich in Haushaltsposten für Personal nieder. Der große Bereich der freiwilligen Mitarbeit trägt zu einer Entkoppelung gemeindlicher Tätigkeiten von finanziellen Vorgaben bei. Schon jetzt bringen sich etwa 850 Personen in ihren Gemeinden und in ihrem Kirchenkreis aktiv ein, ohne dafür entlohnt zu werden. Freiwillige Tätigkeit hat eine geistliche Dimension und darf nicht nur unter Haushaltsgesichtspunkten betrachtet werden. Aber hier kann Kirche wachsen, ohne an Budgetgrenzen zu stoßen.

In diesem Zusammenhang wäre es wünschenswert, diesen Bereich als eine Gesamtaufgabe zu sehen und ihn systematisch im Kirchenkreis zu ordnen. Dies war trotz eines entsprechenden Versuchs bislang nicht möglich. So bleibt es bei den Konzepten in den Einzelfeldern.

Spenden einwerben

Kirche hat in ihrer Geschichte über Vermächtnisse, Spenden und Zuwendungen immer wieder Vermögen erhalten, deren Bewirtschaftung wiederum kirchliche Arbeit zuließ. Für Wilmersdorf ist dies eine realistische Möglichkeit, Zukunft ressourcenorientiert und auftragsgerecht zu gestalten.

Auch hier wieder ist die Lage in den Gemeinden sehr unterschiedlich, was zur Annahme berechtigt, dass bei der Übernahme der guten Erfahrungen und durch eine systematische Pflege des Bereichs erhebliche Mittel zu er-

---

[124] Er könnte im Notfall aus diesen Mitteln eine Arbeitsebene in ganz schmaler Form aufrechterhalten, die zur Steuerung, Koordination und Initiierung von Arbeit in Wilmersdorf eingesetzt werden könnte.

schließen sind. Immerhin ist ein erster Schritt durch eine Fortbildung in „fundraising" erfolgt. Aber es bedarf der Gesamtkoordination des Feldes von Fördervereinen, Stiftungen, Werbung um Vermächtnisse, projektbezogenen Spendenaktionen und der Bitte um ein Kirchgeld als regelmäßiger Beitrag. So sehr die Spendenbereitschaft erhöht werden kann, sie ist nicht unbegrenzt und der negative Effekt einer Kirche, die sich in ihrer Mitgliederkommunikation nahezu ausschließlich, unkoordiniert und permanent als Bittende zeigt, ist nicht zu unterschätzen.

Die Basis, auf der alle Spendenbereitschaft ruht, ist eine aufmerksame Mitgliederpflege durch mediale Information und wo möglich persönliche Kontakte. Sie wird im folgenden unter dem Spendengesichtspunkt diskutiert. Aber sie übergreift diese Dimension weit, denn letztlich geht es um die Weitergabe der frohen Botschaft. Deshalb sollte jede Spendenbitte unter dem Aspekt der Information auch einen verkündigenden Charakter tragen.

Durch den negativen Wanderungssaldo gibt es viele ehemalige Wilmersdorfer. Wo gute Erinnerungen vorhanden sind, besteht eine Offenheit, gemeindlich-kirchliche Informationen aus einem vertrauten Kontext aufzunehmen und auch für konkrete Projekte zu spenden. Auch an ein „Frühwarnsystem" für Störungen des Mitgliederverhältnisses durch „Beschwerdemanagement" ist zu denken. In diesen Bereich gehört auch die Bemühung um den Kreis der „Sympathisanten" kirchlicher Angebote in Wilmersdorf, die keine Mitglieder einer christlichen Kirche sind. Die Umfragen in zwei Gemeinden lassen vermuten, dass es eine nicht geringe Zahl von gemeindenahen Nicht-Mitgliedern gibt. Nicht nur aus finanziellen Gründen sollte die Frage der Mitglieder-(Rück)-Gewinnung in Wilmersdorf eine größere Aufmerksamkeit als bisher finden.

Die Chancen des Kirchgelds nutzen

Gemeindeeigene Spendenkonzepte können zu einer deutlichen Erhöhung der gemeindlichen Eigenmittel führen. Eine Einnahmensteigerung von 5 € pro Gemeindeglied liegt nicht außerhalb des Möglichen.

Der folgende Bericht aus der Auengemeinde zeigt die Möglichkeiten und auch die Anstrengungen des Kirchgelds im Rahmen eines gemeindeeigenen Spendenkonzepts, das seit 1997 konsequent durchgeführt wird. Nach einem raschen Anstieg innerhalb von nur zwei Jahren auf 750 Spender hat sich seit 2001 die Zahl der spendenden Gemeindeglieder bei knapp 600 eingependelt. Im Durchschnitt wurden pro Jahr etwa 45.000 € gespendet. Dies bedeutet einen bemerkenswert hohen Durchschnitt pro Spenderin oder Spender von ca. 70 €.

Aus anderen Untersuchungen[125] lässt sich begründet vermuten, dass die

[125] Eigene, noch unveröffentlichte Untersuchungen von H. Lindner.

Rücklaufquoten auf Kirchgeld-Bitten die Reichweite des gemeindekirchlich gebundenen Teils der Gemeindeglieder widerspiegeln und eine hohe Korrelation z.B. zur Wahlbeteiligung zur Kirchenvorstandswahl aufweisen. Für die Auengemeinde lässt sich dies zumindest für die Zahlen bestätigen. Die Besonderheit liegt in der bemerkenswert hohen Ausschöpfung dieses Potentials. Ein Blick auf die anderen Gemeinden des Kirchenkreises zeigt eine große Bandbreite.

> Eine weitere Gemeinde – mit einer um 50% höheren Wahlbeteiligung zum Gemeindekirchenrat – hat ein ähnlich hohes Kirchgeld pro Kopf erzielt. Zwei weitere Gemeinden mit etwa gleich hoher Wahlbeteiligung erzielen pro Kopf Erträge von weniger als einem Drittel der Auengemeinde. Fünf Gemeinden mit durchschnittlicher Wahlbeteiligung erreichen weniger als 1 € pro Gemeindeglied. Die Gemeinde mit der mit Abstand niedrigsten Wahlbeteiligung hat praktisch keinen Ertrag aus dem Kirchgeld.

Diese Werte führen auf das Potential von mindestens etwa 80 000 € an Mehreinnahmen im Kirchenkreis. Um die möglichen Schritte aufzuzeigen, wird deshalb im Folgenden ein erfolgreiches Gemeinde-Konzept wiedergegeben.

Das Konzept der Auengemeinde – Zehn einfache Schritte zum Erfolg

Schritt eins: Der Gemeindekirchenrat beschließt für gemeindliche Zwecke Gemeindekirchgeld zu erheben: Geld aus der Gemeinde für die Gemeinde! Dann beginnt die Arbeit:
Schritt zwei: Entsprechend dem vorbestimmten Zweck (Kita, Kirchendachsanierung, Renovierung Gemeindesaal etc.) wird von einem Mitglied des Gemeindekirchenrats und der „Kirchgeld-Pfarrerin" ein Gemeindekirchgeld-Brief verfasst, in dem von den Gemeindegliedern Spenden erbeten werden. Von Beginn an sollte auf Transparenz großer Wert gelegt werden.
Schritt drei: Die Briefe werden per Aufkleber adressiert und mit vorgedruckten Einzahlungsbelegen an alle Gemeindeglieder über 18 Jahre verteilt. Diese mühevolle Aufgabe (Eintüten und Austragen) wird von ehrenamtlichen Helferinnen und Helfern geleistet.
Schritt vier: Die Zahlungseingänge werden notiert, aufgerechnet und bilanziert. Dann werden Spendenbescheinigungen ausgestellt, wiederum Briefumschläge adressiert und so für die Dankespost vorbereitet.
Auch diese Aufgabe wird in der Aue von einer ehrenamtlichen Verwaltungskraft mit viel Sorgfalt und Sachverstand erfüllt.
Schritt fünf: Im jährlich veröffentlichten „Kirchgeld-Report" der Gemeindezeitung wird über das Ergebnis der Aktion Gemeindekirchgeld berichtet. Auf diesem Wege wird den vielen Spendern, sowie den Helferinnen und Helfern gedankt. Auch der Bestimmungszweck wird nochmals erwähnt. Die persönliche Dankespost mit den Spendenquittungen wird angekündigt.

Schritt sieben: Die Pfarrerin hat in der Zwischenzeit ansprechende und passende Karten für die zu schreibende Dankespost besorgt.
Schritt acht: Etwa 600 Dankeskarten werden mit persönlicher Anrede handschriftlich von der Pfarrerin und einem GKR Mitglied *ge*-schrieben und von Beiden *unter*-schrieben.
Schritt neun: Die meisten Briefe werden wiederum von zuverlässigen ehrenamtlichen Helferinnen und Helfern verteilt und nur in geringem Umfang mit der Post versendet.
Schritt zehn: Der Spendenerlös wird seiner Bestimmung zugeführt. Auch dies sollte im Gemeindeblatt und im Gottesdienst dankende Erwähnung finden.

Über den Ertrag in harter Währung und damit über die Finanzierung von sonst nicht bezahlbaren Arbeiten oder Projekten hinaus bringt die Kirchgeldaktion aber noch ganz anderen Gewinn: Sie ist auch Öffentlichkeitsarbeit und Mitgliederpflege, denn die persönlich gehaltenen und handgeschriebenen Dankkarten haben bei dieser Aktion einen hohen Stellenwert.

Controlling ausbauen

In den Verwaltungsämtern sind die Daten vorhanden, die für ein strategisches Controlling in den Kirchengemeinden genutzt werden können. Im Augenblick können den Wirtschaftern aber diese Daten noch nicht in aussagekräftiger Zusammenfassung und zeitnah zur Verfügung gestellt werden. Umgekehrt klagen Mitarbeitende in der Verwaltung, dass die von ihnen bereits jetzt mitgeteilten Daten in vielen Gemeinden auf wenig Interesse stoßen und zuweilen auch in kritischen Bereichen nicht genutzt werden, um rechtzeitig die entsprechenden Maßnahmen zu ergreifen. Unterstützt wird ein wirksames Controlling durch mittelfristige Finanzpläne der Gemeinden. In den Stellenplänen und in den in Entwicklung befindlichen Gebäudeplänen und den damit angestrebten Zielen liegen dafür die Eckpunkte vor.

Das neue Rechnungswesen sieht vor, dass im Rahmen der Haushaltspläne für die einzelnen Bereiche Ziele formuliert werden, für deren Erreichung die entsprechenden Mittel zu etatisieren sind. Die Erreichung dieser Ziele wird laufend und insbesondere dann überprüft, wenn für den nächsten Planungszeitraum Mittel für zu neu vereinbarende oder fortzuschreibende Ziele geplant werden.

C. Die Strukturen

Kirche in Wilmersdorf entwickelt sich zur Realisierung ihres umfassend verstandenen Auftrags als Netzwerk von Gemeinden und Einrichtungen und als profilierter Träger sozialer und pädagogischer Dienste.

Strukturen verbinden die einzelnen Komponenten eines Systems dauerhaft miteinander und regeln deren Zusammenwirken. Sie haben sich am Ziel einer Organisation auszurichten und dienen deren wirksamer Auftragserfüllung.

Ein Großteil der Strukturen eines Kirchenkreises ist durch landeskirchliche Gesetze und Verordnungen vorgegeben. Innerhalb dieser Rahmenordnungen bestehen jedoch Spielräume für konzeptspezifische Ausgestaltungen. Sie erfolgen im Kirchenkreis durch die Nutzung der Möglichkeiten der Sozialverfassung der Bundesrepublik als Träger diakonischer und pädagogischer Einrichtungen, in der Ausgestaltung der Leitungsstruktur und in einer Aufgabengliederung zwischen Ortsgemeinden und kreiskirchlichen Einrichtungen. Schließlich wird die Zukunft des Kirchenkreises als eigenständige Größe diskutiert.

1. Verfasste Kirche und gemeinnützige GmbHs dienen dem Auftrag

Um die Ziele des Kirchenkreises, Menschen auf dem „Pilgerweg ihres Lebens" mit der Verkündigung des Wortes Gottes, der Orientierung und der diakonischen Tat zu begleiten, angesichts knapper Mittel so weit wie möglich zu erreichen, müssen die vorhandenen strukturellen Optionen umfassend genutzt werden.

Der Bereich der verfassten Kirche ist vorgegeben. Die Organisationsform der gemeinnützigen GmbH kann angesichts der gesellschaftlichen Entwicklungen für wichtige Arbeitsfelder als die angemessene Nachfolgerin des Vereins verstanden werden. Die gGmbH wird für den Bereich der Diakonie und der Bildung genutzt.

Diese Bereiche erreichen ihre Ziele in je eigener Verantwortung. Auch wenn sie organisatorisch getrennt sind, so sind ihre Ziele doch inhaltlich verbunden und ihre Arbeitsformen im Blick auf die Menschen im Bezirk aufeinander abgestimmt. Miteinander realisieren sie den Auftrag in allen seinen Dimensionen.

a) Der Kirchenkreis folgt zwei Prinzipien

Ausgliederung von Aufgaben auf gemeinnützige Gesellschaften

Wo es im sozial-pflegerischen und pädagogischen Bereich auf Grund der Gesetzeslage die Möglichkeiten kirchlicher Trägerschaft gibt, werden wirtschaftlich eigenständige und evangelisch geprägte gemeinnützige Gesellschaften mit beschränkter Haftung (abgekürzt: gGmbH) in enger inhaltlicher Zusammenarbeit mit dem Kirchenkreis gegründet. Die Diakonie arbeitet als gGmbH und ist Mitglied des Diakonischen Werkes. Im Bildungs-Bereich wurde die gGmbH „Leben mit Kindern" mit dem Kernbereich der Kindertagesstätten gegründet. Der Kirchenkreis ist weiter maßgeblich am Aufbau der evangelischen Schule Wilmersdorf beteiligt. Ähnlich eigenständige Entwicklungen gibt es auf dem Gebiet der Kirchenmusik.

Diese Organisationsformen tragen dem „marktförmigen" Umfeld dieser Bereiche am besten Rechnung und sichern dennoch das evangelische Profil. Sie erlauben auf Grund der Sozialordnung der Bundesrepublik Deutschland einen wesentlichen Beitrag zu den Grundaufgaben einer christlichen Kirche unter Schonung eigener finanzieller Ressourcen. Die Weiterentwicklung der Vereinsstruktur in diesen Feldern zu gemeinnützigen Gesellschaften mit beschränkter Haftung trägt dem gestiegenen wirtschaftlichen Risiko und der notwendigen Professionalisierung Rechnung.

Neugliederung von Aufgaben im Bereich der verfassten Kirche

Die Gemeinden und Einrichtungen arbeiten nach den Regeln der „verfassten Kirche" mit ihren synodalen Gremien und ihrem durch Kirchengesetze geordneten Aufbau als „Körperschaften des öffentlichen Rechts". Leitendes Prinzip der Weiterentwicklung in diesem Bereich ist es, die historisch gewachsene, weithin ungegliederte Vielfalt der Aufgaben im Bereich der Ortsgemeinde und des Kirchenkreises zu überprüfen und für die jeweilige Aufgabe die bestmögliche Organisationsform zu finden.

Für gemeindeübergreifende Aufgaben werden kirchenkreiseigene Einrichtungen als *„Organisationskerne"* und Unterstützungszentren unterhalten (das Amt für Jugendarbeit, die Fachberatungsstelle für Kinderarbeit, die Familienbildungsstätte, ...). Dies sichert die Fachkompetenz und die Handlungsfähigkeit, ohne zu viele Mittel zu binden. Diese Einrichtungen können mit staatlichen Gremien zusammenarbeiten, evangelische Standpunkte einbringen und öffentliche Zuschüsse beantragen und erhalten. Auch andere Formen der Refinanzierung werden dadurch möglich.[126] Die Zusammen-

[126] Dies ist eine Folge ihrer „Organisationsförmigkeit". Siehe oben S. 24 ff.

arbeit der Einrichtungen mit den Kirchenkreis-Schwerpunkten in den Gemeinden ist gegenseitig verpflichtend.

Die *Gliederung* der Arbeit in den Gemeinden in umfassende Grund- und einige wenige Schwerpunktaufgaben erschließt weitere Potentiale. Die Schwerpunktaufgaben werden anhand besonderer Begabungen und Profile vereinbart und durch entsprechende Standards gesichert. Damit können sich Fachkompetenz und Basisverankerungen gut ergänzen.

Weitere Aufgaben werden mit dem Mittel der *Projektorganisation* und durch (dotierte) Beauftragungen von Einzelpersonen erfüllt. Dies eröffnet in kleineren Bereichen ähnliche Möglichkeiten wie sie kirchenkreiseigene Einrichtungen bieten, erhält aber in hoch höherem Maße die finanziellen Spielräume, allerdings auf Kosten des Umfangs und der Kontinuität.

Durch Nutzung dieser Prinzipien eröffnet sich die Möglichkeit, auf der Ebene des Kirchenkreises die Leistungen funktionaler, nicht parochialer Dienste bereitzustellen, ohne die Kosten zu tragen, die mit einer ausgebauten, festen Organisationsform verbunden sind. So hat der Kirchenkreis die negativen Folgen der radikalen Entscheidungen in der EKBO, in den Jahren ab 1995 angesichts der Sparzwänge die nicht parochiale Ebene vollständig abzuschaffen, abgefedert und stellt Leistungen bereit, die die Einzelgemeinden nicht erbringen können.
Damit steht in den Arbeitsfeldern der Gemeinden nach wie vor zur Verfügung:

- Wissenstransfer und Anschluss an die Fachdiskussionen
- Fortbildungen für Ehrenamtliche
- Koordination und Bündelung der Kräfte
- Außenvertretung gegenüber kirchlichen und kommunalen Gremien
- Nutzung der Fördermöglichkeiten der öffentlichen Hand
- Kampagnenfähigkeit
- Unterstützung im Krisenfall

Für die Gemeindeglieder bedeutet dies, auf der Ebene des Kirchenkreises für die Vielzahl von Lebenslagen und Mitgliederprofilen ein gutes und vielgestaltiges Angebot vorzufinden, das den Zielen des Kirchenkreises entspricht. Weil es die vorhandenen Kräfte bündelt, ist es auch bei knappen Mitteln finanzierbar. Weil es mit flexiblen Aufträgen und eigenständig wirtschaftenden Einheiten arbeitet, ist das Risiko struktureller Defizite bei zurückgehenden Einnahmen begrenzt. Weil es vorhandene Refinanzierungs- und Fördermöglichkeiten nutzen kann, spart es Eigenmittel.

b) Die Chancen und Risiken einer „Drei-Säulen Struktur"

Als Träger ist die evangelische Kirche Mitspielerin auf dem Feld der freien Wohlfahrtspflege und der Bildung. Sie ist an die staatlichen Rahmenbedingungen gebunden. Sie muss zeigen, ob es einem „christlichen Unternehmen" gelingt, unter diesen Bedingungen sein Profil zu wahren, ja ob sogar das Profil eine auch wirtschaftlich bedeutende Alleinstellung bedeutet.

Theologie ist herausgefordert, wie sie ihren Beitrag zur Leitung eines solchen Unternehmens leisten kann. Gemeinden sind herausgefordert, wie sie ihre Beziehungen zu diesen eigenständigen Organisationen als spiritueller Nährboden gestalten und wie sie zum Wohle von Einzelnen mit ihnen kooperieren.

Das finanzielle Risiko ist zu begrenzen, das Risiko für das Image von evangelischer Kirche bleibt bestehen. Es gilt für die erbrachte Leistung (fachlich auf der Höhe der Zeit *und* evangelisch erkennbar) und für einen möglicherweise nötigen Rückzug aus dem Arbeitsfeld.

Qualität ist unter den gegebenen Bedingungen nur durch Arbeitsteilung im Kirchenkreis erreichbar. Damit werden Mitarbeitende entlastet, ihre besonderen Gaben zur Geltung gebracht und eine Verbesserung durch Konzentration erreicht. Profile schärfen sich und die Fachkunde steigt.

Allerdings steigt auch der Koordinationsaufwand. Die Anforderung an die Kooperationsbereitschaft sind hoch. Organisatorische Eigenständigkeit neigt zur Verselbständigung. Dezentrale Pflege von Begabungen und Schwerpunkten lässt das Ganze leicht aus dem Blick geraten und ist immer wieder von der Fülle der anderen Aufgaben in der Gemeinde bedroht. Dazu kommt, dass Ortsgemeinden sich bei der Übernahme von Schwerpunkten mittelfristig binden müssen, was deren Freiheitsbedürfnis widerspricht.

> Spezialisierung und arbeitsteilige Zusammenarbeit sind neue Arbeitsweisen im Raum der Kirchen. Ausgesprochen oder unausgesprochen wird bislang von jedem Akteur ein umfassendes Angebot erwartet, auch wenn vieles dabei im Diffusen bleibt. Nicht selten unterstützen die Verantwortlichen in Gemeinden diese Erwartungen, weil sie einen Machtverlust durch Klärung und Begrenzung fürchten. Sie sind sogar bereit, den Preis in Gestalt einer tendenziellen Überlastung und latenter Unzufriedenheit in Kauf zu nehmen.

Der konzeptionelle Rahmen der Integrierten Kirchenkreisplanung bietet die Orientierung für das Zusammenspiel. Er lenkt immer wieder den Blick auf die Menschen, um derentwillen diese Anstrengungen unternommen werden.

Dennoch ist stets die Balance zwischen der kreativen Eigenständigkeit und der notwendigen Gemeinsamkeit des Handelns in einer Kirche zu suchen. Das kann nur im Prozess und im Dialog gelingen.[127] Wenn das Ge-

[127] Die vorliegende Veröffentlichung kann auch als ein Protokoll dieses Prozesses gelesen werden.

samte in den leitenden Gremien und Personen keine Anwälte und Mentorinnen und Mentoren findet, können die zentrifugalen Kräfte oder schlicht das Beharrungsvermögen des eigenen Arbeitsfeldes das erwünschte Zusammenspiel schwächen oder gar verhindern.

c) Die Leitung des Kirchenkreises

Die Rechtsordnungen der Landeskirchen und so auch der EKBO bilden die Grundlage für die Leitung des Bereichs der verfassten Kirche. Die Leitungsstruktur im Kirchenkreis Wilmersdorf folgt diesen Vorgaben. Allerdings ordnen diese Vorgaben nur den repräsentativen („synodalen“) Teil der Leitung und lassen wesentliche andere Leitungsformen,[128] die zum Gelingen des Leitungshandelns von Bedeutung sind, im Unbestimmten. Um eigene Akzente der kooperativen und partizipativen Leitung („Leadership“) zu setzen, hat der Kirchenkreis kollegiale Leitungsformen eingerichtet, das personale Element gestärkt und auch den informellen Teil durch intensive Kommunikation einzubinden versucht.

- Die offiziellen Leitungsgremien und Personen werden für den Prozess der strategischen Entwicklung befähigt und auf ihn verpflichtet.
- Mitverantwortung und Sachkompetenz der Hauptberuflichen wird durch die Zugehörigkeit zu einem verantwortlichen Team einbezogen.
- Im Bereich der wirtschaftlich unternehmerisch geführten Einrichtungen erhalten die handelnden Personen bei Übereinstimmung mit den Kirchenkreiszielen große Freiheit.
- Zusätzlich werden alle Personen mit Einfluss eingebunden.
- Die Verbesserung des Informationsflusses ist ein wesentlicher Faktor einer wirksamen Mitbestimmung.

Die Erweiterung der synodalen Leitungsstruktur

Faktische Leitung ist nicht immer identisch mit der verfassungsmäßigen Ordnung. Teilweise ist dies erst auf den zweiten Blick erkennbar. Durch erhöhte Transparenz wird hier die Partizipation an Leitung verbessert.

Neben der Autorität durch Beauftragung und Amt, neben der Teilhabe an festgelegten Entscheidungsprozessen entstehen Einfluss, Leadership oder Macht durch persönliche Autorität. Diese wiederum wächst durch eine gemeinsame Geschichte, Kompetenz oder Einsatzbereitschaft. Auch Zuverlässigkeit, Informationsvorsprung und Ansehen in anderen Zusammenhängen sind wichtige Faktoren.

Faktisch führt dies zu einem hohen Einfluss der gut in die Informationsströme eingebundenen Hauptamtlichen und hier wiederum der Pfarrerinnen und Pfarrer. Gelegentlich liegt die informelle Leitung auch in den Händen

---

128 Vgl. Lindner (2000) 219ff.

von besonders engagierten Ehrenamtlichen. Dagegen sind die oft beruflich stark beanspruchten Vorsitzenden der Gemeindekirchenräte auf sorgfältige Zuarbeit der hauptamtlich Mitarbeitenden angewiesen, um die in der Grundordnung festgeschriebene Leitungsaufgabe im vollen Umfang wahrnehmen zu können.

Im Kirchenkreis Wilmersdorf wurde deshalb eine umfassende Leitungs- und Führungskultur unter Einbezug kollegialer und personaler Leitungsformen organisiert. Dies geschieht durch regelmäßige Information aller haupt- und ehrenamtlich Mitarbeitenden und durch die Beratung über die strategischen Ziele sowohl in den dafür vorgesehenen synodalen Gremien, als auch in Konventen, Mitarbeiterkonferenzen und zusätzlich gebildeten Leitungsgruppen. Durch die Einbindung Aller und zusätzliche Informationsmöglichkeiten wird ein hoher Grad an Partizipation und Erfolg ermöglicht. So können die nach 1992 geschaffenen Spielräume, vor allem die Möglichkeiten, die sich durch den Zugriff auf Ressourcen ergeben, genutzt werden, um gemeinsam und erfolgreich Kirche in Wilmersdorf zu gestalten.

Die Integrierte Kirchenkreisplanung wird durch die vorhandenen Gremien gesteuert

Die erweiterte Leitungsstruktur schien gut geeignet zu sein, auch den Prozess der Kirchenkreisplanung zu steuern. Alle wesentlichen Entscheidungen der integrierten Kirchenkreisplanung wurden der *Kreissynode* als dem höchsten Entscheidungsgremium des Kirchenkreises vorgelegt, in ihr diskutiert und durch sie verabschiedet. Der *Kreiskirchenrat* trifft die Entscheidungen zwischen den Synoden. Er versteht sich als das Subjekt der Zukunftsgestaltung von Kirche in Wilmersdorf. Die Ausschüsse der Kreissynode (Personalplanungsausschuss und Haushaltsausschuss mit Bauausschuss und Finanzplanungsgruppe) sind als Beratungsausschüsse des Kreiskirchenrates an allen Strukturfragen beteiligt. Die laufenden Entscheidungen begleitet die *Kirchenkreisleitungsgruppe* in wöchentlichen Sitzungen. Ihr gehören die Vorsitzende der Kreissynode gemeinsam mit dem Superintendenten und den Stellvertretern im pastoralen Dienst an. Die Einflussmöglichkeit ist hier besonders hoch.

Die Vorsitzenden der *Gemeindekirchenräte* treffen sich zweimal im Jahr, um über den aktuellen Stand der Zukunftsgestaltung informiert zu werden. Damit wird ihrer hohen Verantwortung Rechnung getragen.

Die *hauptamtlichen Mitarbeiterinnen und Mitarbeiter* im Kirchenkreis werden seit 13 Jahren zusammengefasst in einer regelmäßigen Mitarbeiterkonferenz (abgekürzt MAK) pro Arbeitsgebiet (Kinder, Jugend, Familien, Senioren, Diakonie, Öffentlichkeit, Superintendentur, Entsendungsdienst). Sie bilden wichtige Teams, die ihre Arbeit etwa alle sechs Wochen reflektieren und sich einmal im Jahr auf einer gemeinsamen Klausur mit Grundsatzfragen der Kirchenkreisentwicklung beschäftigen.

Der *Pfarrkonvent* hat seit 2004 auf Anregung des Superintendenten und des Konventsrates begonnen, sich als Team mit der Aufgabe der Kirchenkreisgestaltung zu verstehen.[129] Alle wichtigen Entscheidungen wurden seitdem, obwohl dies verfassungsmäßig so nicht vorgesehen ist, auch im Pfarrkonvent diskutiert und die Anregungen aufgenommen, bevor sie den weiteren synodalen Gremien zur Beschlussfassung vorgelegt wurden.

Ergebnis und Ausblick

Der Vorteil der so beschriebenen prozessualen Leitungsstrukturen liegt erstens im hohen Partizipationsgrad, der zu relativ guten Zielperspektiven und Entscheidungen führt, zweitens in der sehr hohen Erfolgsquote für die Umsetzung der gemeinsam diskutierten Ziele und drittens in dem reformatorischen Profil der Zukunftsgestaltung.

> Zugrunde liegt die protestantische Überzeugung, dass sich die Klarheit der Schrift im gemeinsamen Diskurs erschließt. So gewinnt Kirche eine ihrem Auftrag gemäße Gestalt, bezeugt in Inhalt und Form ihr reformatorisches Erbe (CA 5 und CA7 und Barmen 4)[130] und ist daran messbar.

Andererseits gibt es eine Reihe von notwendigen Konsequenzen, die von vielen als *Nachteil* empfunden werden. Die so organisierte Leitungs- und Führungskultur ist durch die Vermehrung der Leitungsinstitutionen relativ *schwerfällig*. Viel Zeit und Engagement sind von einer Idee bis zur Umsetzung nötig. Gegensteuern kann man durch eine relativ kurze Entscheidungsstruktur im Bereich der eigenständig organisierten Aufgaben, die im wirtschaftlich unternehmerischen Bereich handeln (z.B. Diakonie und Kindertagesstätten) und durch ein vertrauensvolles Zusammenwirken im Kreiskirchenrat, dessen Sitzungen nicht zu große Abstände haben sollten.

> Diese Leitungskultur schränkt den spontanen Einfluss von Einzelpersonen ein. Wer die reichlich angebotenen Beteiligungs- und Informationsmöglichkeiten nicht nutzt oder sich dort nicht durchsetzen kann, wird seine abweichende Meinung in der Synode nicht etwa durch spontane Mehrheitsgewinnung, durch große Auftritte oder durch flammende Reden mehrheitsfähig machen können. Die Basis für die vom Kreiskirchenrat vorgeschlagene Entscheidung ist dafür zu breit, weil sie durch ausführliche Beratung in vielen Gremien vorbereitet ist. So wird gelegentlich die hohe Form der Partizipation als besonders perfekte Form der Machtausübung der einflussreichen Mitglieder des Kreiskirchenrates, der Vorbereitungsgruppe, der Vorsitzenden der Ausschüsse und natürlich des Superintendenten und der Vorsitzenden der Kreissynode vermutet. Dabei besteht eine notwendige Folge gerade darin, dass geordnete und transparente Leitungsprozesse besonders einflussreiche Personen in ihrem Einfluss begrenzen und sie auf den Weg der Meinungsbildung verweisen.

---

[129] Siehe auch zur Kultur des Miteinander S. 145 ff.

[130] Siehe ausführlich S. 17 ff.

Ein bedenkenswerter Nachteil des Wilmersdorfer Weges besteht in der tendenziellen Überforderung der zuständigen Gremien. Sie haben eine Fülle von Informationen zu verarbeiten. Informationsdichte ist nicht identisch mit einer Erhöhung von Information. Oft sind bereits das Tagesgeschäft und die vielen Veränderungsprozesse so fordernd, dass die strategische Kraft darunter leidet.

2. Diakonie bietet Pflege in evangelischem Geist

Der Kirchenkreis nutzt zur Erfüllung seines Auftrags die organisatorischen Möglichkeiten der Sozialverfassung der Bundesrepublik Deutschland.

Die Diakonie in Wilmersdorf ist in Gestalt einer gemeinnützigen GmbH organisiert. Der Kirchenkreis ist in den Leitungsgremien angemessen vertreten und übernimmt so für die Erreichung des gemeinsamen Zieles Verantwortung. Im „Team Diakonie" ist die Zusammenarbeit von verfasster Kirche und gGmbH beispielhaft institutionalisiert. Beauftragte in den Gemeinden halten die Verbindung.

In den Krankenhäusern der Region ist der Kirchenkreis durch Krankenhausseelsorge präsent.

a) Von der Gemeindeschwester zur gemeinnützigen GmbH

Gemeindeschwestern prägten lange Jahre das Bild der Kirche in Wilmersdorf. Durch Vorgaben des Berliner Senats und die entsprechenden Reaktionen der Landeskirche mussten die gemeindeeigenen Diakoniestationen zu privatrechtlich organisierten Gesellschaften umgewandelt werden.

Ab1980 forderte der Berliner Senat den Aufbau von Sozial- und Diakoniestationen, die auch Anstellungsträger der vormaligen Gemeindeschwestern wurden. Die nun nicht mehr selbstverständliche Identifikation von Gemeinde und Diakonie wurde zu einer neuen, wichtigen Aufgabe. Seit 1999 hat sich die Lage wiederum erheblich gewandelt. Private Träger mit kostengünstigeren Tarifbedingungen drängten auf den Markt. Gesetzliche Vorgaben des Senats rückten die Wirtschaftlichkeit des diakonischen Handelns ins Blickfeld und führten unter anderem zur Umstellung auf kaufmännische Buchführung. Mehrere Sozialstationen anderer Wohlfahrtsverbände gingen in Wilmersdorf und anderen Berliner Bezirken in die Insolvenz. Die Evangelische Kirche in Berlin hatte die Sorge, dass von der Insolvenz bedrohte Diakonie-Stationen ihre Träger, oft Kirchengemeinden oder Gemeindeverbände, gelegentlich auch Kirchenkreise schwer schädigen könnten. Die Landeskirche musste als insgesamt haftende Körperschaft mit einem für sie unkalkulierbaren Risiko leben. Deshalb erzwang sie per Kirchengesetz die Umwandlung in privatrechtlich organisierte Gesellschaften als im Handelsregister eingetragene gGmbHs oder Vereine.

In Wilmersdorf wurde dieser Prozess vollzogen, aber mit einer Reihe von besonderen Maßnahmen, die in ihrer Summe ein eigenes Profil ergeben.

b) Marktgerechte Strukturen

Eine erfahrene Leiterin wurde zur *Geschäftsführerin* bestellt. Ihr wurden alle Entscheidungsmöglichkeiten der privatrechtlichen Verfassung übertragen. Damit waren schnelle Entscheidungswege und gebündelte Entscheidungskompetenzen gewährleistet. Reibungsverluste wurden vermieden.

Die *Trägerschaft* beschränkt sich auf einen einzigen Träger, nämlich den Kirchenkreis, der in seiner Entscheidungsstruktur sehr viel direkter und schneller handeln kann als ein aus Gemeinden bestehender Verbund.

Der Alleingesellschafter Kirchenkreis hat der „Dienste der Diakonie Berlin-Wilmersdorf gGmbH" große, *unternehmerische Freiheiten* eingeräumt.

Er hat damit akzeptiert, dass im Handelsregister eingetragene Organisationen anderen Gesetzen unterliegen als kirchliche Körperschaften. Dementsprechend hat er seine Gesellschafterfunktion nur sehr mittelbar ausgeübt. Zwar wurden alle Gesellschaftervertreter auf ihre Loyalität gegenüber dem Kreiskirchenrat hin angesprochen und verpflichtet. Andererseits bestand dessen Durchgriffsmöglichkeit letztlich nur in seinem Berufungs- und Abberufungsrecht. Da niemals Kirchenkreisinteressen verletzt wurden oder gar das kirchliche Bekenntnis oder fundamentale ethische Überzeugungen tangiert waren, konnte der Kirchenkreis der Geschäftsführerin und den Gesellschaftervertretern den Raum für ihre freien Entscheidungen lassen. Allerdings gibt es eine doppelte personelle Verzahnung durch die Mitgliedschaft der Geschäftsführerin im Kreiskirchenrat und des Superintendenten in der Gesellschafterversammlung.

Der Kreiskirchenrat hat bei der Ernennung seiner Vertretung in der Gesellschafterversammlung auf *fachliche Kompetenz* besonderen Wert gelegt.

Weder der Gemeindeproporz noch langjährige gemeindliche Verdienste auf anderen Feldern wurden berücksichtigt. So ging ein Sitz an eine in Finanzen kundige, ein zweiter an eine rechtskundige Person, ein dritter an eine Ärztin oder Pflegedienstleiterin oder andere Krankenhausmitarbeiter, ein vierter an eine Theologin oder einen Theologen. Die Brücke zum Kreiskirchenrat bildet der Superintendent. Dadurch war die Fachlichkeit der Gesellschafterversammlung gewährleistet.

Faktisch entstand eine sehr straffe Organisation. Das gesamte operative Geschäft wurde von der Geschäftsführerin verantwortet und durch zwei Gesellschafterversammlungen im Jahr begleitet.
Der Kirchenkreis hat seine Gesellschaft mit *hoher Liquidität* ausgestattet.

Das in den 20 Jahren als Kirchenkreiseinrichtung gesammelte Geld wurde in die ausgegründete Gesellschaft als Kapitalrücklage mitgegeben. Dadurch entstanden erstens Einnahmen aus dem nicht-operativen Geschäft, zweitens eine Liquiditätssicherung, die kurzfristige Problemlagen abzufedern half und drittens die Fähigkeit unternehmerische Risiken, wie die Übernahme insolventer Stationen, eingehen zu können.

Die wirtschaftliche Entwicklung ist außerordentlich *erfolgreich*. Die Rahmenbedingungen sozialdiakonischen Arbeitens erfordern für die langfristige Stabilität größere Einheiten. Die „Dienste der Diakonie Berlin-Wilmersdorf gGmbH" haben deshalb auf Grund ihrer soliden Basis eine Wachstumsstrategie eingeschlagen. Einrichtungen wurden entweder aus der Insolvenz übernommen und wirtschaftlich zur Gesundung gebracht oder neue Einrichtungen gegründet, um das Angebot sinnvoll zu erweitern und abzusichern. Dazu kommt eine strategische Partnerschaft mit einem stabilen und marktbewussten Träger, der „Bethanien Diakonie", einer Einrichtung der Methodistischen Kirche. Diese Partnerschaft hat sich überaus bewährt und führt zu erheblichen Synergieeffekten auf beiden Seiten. Durch diese Maßnahmen hat sich der Bereich der Pflege über Wilmersdorf hinaus erweitert.

Zu den Diensten der Diakonie Berlin-Wilmersdorf gGmbH gehören die Diakonie-Station Wilmersdorf, die Diakoniestation Wilmersdorf Bethanien, eine Wohngemeinschaft für dementiell erkrankte ältere Menschen, die gerontopsychiatrische Tagespflege „Die Aue", ein Seniorenwohnheim[131] und ein Wohnhaus, in dem seniorengerechte Wohnungen angeboten werden. 350 Patienten werden regelmäßig gepflegt. 170 Mitarbeitende sind in ihren Einrichtungen tätig. Ihr Umsatz betrug 2009 etwa 4 Millionen Euro. Durch eine weitere Beteiligung an anderen Einrichtungen wird sich das Volumen von Umsatz, Mitarbeitenden und Patienten ab 2010 fast verdoppeln.

c) Evangelisches Profil

Die Gesellschaft folgt der Leitidee eines „christlichen Unternehmens"[132]. Wirtschaftliches Handeln sichert das hohe Leistungsniveau in Betreuung und Pflege. Bei Sinn- und Glaubensfragen sind die Mitarbeitenden gesprächsbereit, vermitteln Pfarrerinnen, Krankenhausseelsorger oder geschulte Helferinnen aus den Gemeinden. Eine Seelsorgerin gehört zum Team. Die Zusammenarbeit mit den Kirchengemeinden wird gepflegt. Angehörige werden unterstützt und beraten. Bei schweren Erkrankungen und während der Sterbephase werden die Patientinnen einfühlsam begleitet, die medizinische Versorgung und die seelsorgerische Begleitung zugesichert.

---

131 In Kooperation mit der Bethanien-Diakonie.

132 Die folgenden Ausführungen sind dem Leitbild der Diakonie Wilmersdorf entnommen.

Im Leitbild der Mitarbeitenden ist das evangelische Profil erkennbar. In ihm heißt es unter anderem:

> Wir verstehen die Hinwendung zum Nächsten als christlichen Auftrag. Wir gehören einer christlichen Kirche an. Unsere Arbeit basiert auf dem Wissen, dass jeder Mensch ein einmaliges Individuum, Gottes Geschöpf mit seinen Grundrechten, seiner Selbständigkeit, Eigenverantwortung sowie psychischen, physischen und spirituellen Bedürfnissen ist.

Die Zugehörigkeit der Mitarbeitenden zu einer christlichen Kirche zum Kriterium zu machen, ist in der Praxis nicht immer einfach umzusetzen. Bei der Übernahme von Sozialstationen, die bisher in weltlicher Trägerschaft waren, wurden bewusst Kompromisse eingegangen. Immer wieder wird mit dem nötigen Feingefühl versucht, dass alle Mitarbeitenden nach etwa zwei Jahren Mitglied einer christlichen Kirche werden oder auch wieder zu einem anderen Arbeitgeber wechseln. Eine „Loyalitätsverpflichtung" gegenüber der Leitlinie der Diakonie Wilmersdorf ist in jedem Fall bei Mitarbeitenden im Dienst an Menschen nötig. Leitende Mitarbeitende müssen einer christlichen Kirche angehören.

Damit die Loyalität sich mit Leben füllt, sind Schulungen für Mitarbeitende durch das Team Diakonie[133] fester Bestandteil des Fortbildungsplans. Pfarrer und Pfarrerinnen des Kirchenkreises sind bei den Fortbildungen mit eingebunden.

Eine innere und fachliche Verbindung der Gemeinden und ihrer Mitarbeitenden mit den Diakonischen Einrichtungen des Kirchenkreises bleibt ein noch nicht befriedigend erreichtes Ziel. Es gibt Diakoniebeauftragte in den Gemeinden, die die Präsenz im Gemeindekirchenrat und bei besonderen Veranstaltungen gewährleisten. Ein Beirat ist gegründet. Die Geschäftsführerin ist Mitglied im Kreiskirchenrat. Das „Team Diakonie" leistet intensive Vernetzungsarbeit.

Aber immer noch wird aus Redewendungen und auch bei Empfehlungen zur Pflege deutlich, dass nicht in allen Gemeinden die Diakonie Wilmersdorf als „unsere" Diakonie lebendig im Bewusstsein ist. Indessen ist es ein nicht zu unterschätzender Gewinn, dass die Patientinnen und Patienten, deren Angehörige, die Mitarbeitenden und nicht zuletzt die Öffentlichkeit die Diakonie Wilmersdorf als evangelischen Beitrag zum Wohl und Heil der Menschen wahrnehmen.

---

[133] Siehe S. 220 ff.

3. Kindertagesstätten bilden einen Verbund und evangelische Schulen werden aktiv unterstützt

Im Bereich der Bildung arbeiten die gemeinnützige GmbH „Leben mit Kindern“ (abgekürzt: Lemiki) und die evangelische Schule als eigenständige Einrichtungen. Die Vernetzung der Lemiki zu den Gemeinden soll über gemeindepädagogische Vereinbarungen erfolgen. Die evangelische Schule wird im „Campus Daniel“ mit der örtlichen Gemeinde, der Diakonie und der Familienbildungsstätte verbunden sein. Der Kirchenkreis hält über den Beauftragten engen Kontakt zu den Religions-Lehrkräften an öffentlichen Schulen. Eine Musikschule für Kinder wird als eigenständige Organisation in Kooperation mit anderen Kirchenkreisen zur Zeit geprüft.

a) Lemiki – die gGmbH Leben mit Kindern

Die gGmbH der Kindertagesstätten

Die Verantwortung für die Kinder gehört zu den Grundaufgaben christlicher Gemeinden. Die befreiende und erfreuende Botschaft von der Zuwendung Gottes in Jesus Christus bildet die Grundlage dafür, dass Kinder in christlichen Einrichtungen liebevolle Begleitung und ermutigende Bildungserfahrungen machen können. Die biblischen Zusagen und Verheißungen werden so von Generation zu Generation weitergegeben. Gerade in Wilmersdorf, einem gutbürgerlichen Bezirk Berlins mit einer relativ stabilen, wenn auch individuell auswählenden Kirchlichkeit, sind Bildungsangebote wichtig und begehrt.

Deshalb ist es eine strategische Grundentscheidung des Kirchenkreises, im Zweifelsfall zugunsten der nachwachsenden Generation Mittel einzusetzen. Hierfür ließen sich immer wieder Unterstützer aus allen Altersgruppen gewinnen. Über ihren Bildungsauftrag an Kindern und Jugendlichen erreicht Kirche ohnehin oft auch die Generation der Eltern und Großeltern. In Wilmersdorf wurden vielfältige Formen entwickelt: evangelische Kindertagesstätten, Eltern-Kind-Gruppen, Miniclubs, Kindergottesdienste und die Arbeit mit Kindern in Gruppen und in offener Form.

Die neun Gemeinden Wilmersdorfs betrieben Kindertagesstätten in eigener Trägerschaft in unterschiedlicher Größe, von bis zu 15 Kindern in einer Eltern-Kind-Gruppe, über Kitas mit 45 Plätzen bis hin zur größten Kita mit 139 Plätzen. Insgesamt wurden in den verschiedenen Bereichen bis zu 580 Kinder betreut.

Die Finanzierung der Tageseinrichtungen für Kinder folgt dem Subsidiaritätsprinzip: der Staat (hier: die Stadt Berlin) erstattet einen Grundbetrag, der durch Elternbeiträge und einen Anteil des Trägers ergänzt wird. Durch eine Umstellung der Senatsfinanzierung erhielten die Gemeinden und der

Kirchenkreis eine Forderung zu einer Rückzahlung in Höhe von mehreren hunderttausend Euro.

Nun hatte der Kirchenkreis und hatten auch die Gemeinden über die Jahrzehnte zwar Rücklagen gebildet, die gerade noch ausreichten, um die Forderungen zu begleichen. Aber die große Gefahr für einen wirtschaftlichen Betrieb der Kitas und die Haushalte der Kirchengemeinden war deutlich geworden. Die Haushalte der Kindertagesstätten und das Personal der Kitas waren in den meisten Gemeinden größer als der Gemeindehaushalt und die Zahl der Mitarbeitenden der Gemeinde. Der Haushalt einer wirtschaftlich zu führenden Einrichtung muss zudem wesentlich flexibler gehandhabt werden als ein Gemeindehaushalt, da die Rahmenbedingungen sich sehr schnell ändern können. Die Erkenntnis, dass es hier zu einem nicht vergleichbaren Größenverhältnis bei sehr unterschiedlichen Bedingungen gekommen war, führte zu Überlegungen, wie man angesichts der Lage besser agieren kann. Die Plätze in den Kindertageseinrichtungen sollten auf jeden Fall gehalten, wenn nicht sogar ausgebaut werden.

Ermutigt durch die guten Erfahrungen mit der Diakoniestation entschlossen sich Kreiskirchenrat und Kreissynode zu einer vergleichbaren Organisationsform und beschlossen die Gründung einer gemeinnützigen Gesellschaft mit beschränkter Haftung, um das wichtige Anliegen zu sichern. Diese Struktur versprach eine Reihe entscheidender Vorteile für das Aufgabenfeld „Arbeit mit Kindern“ – Teilbereich Kindertageseinrichtungen:

- Die Nutzung von Synergieeffekten durch abgestimmte personelle und finanzielle Planung.
- Die Umstellung auf kaufmännische Buchführung zur Verbesserung der Transparenz und der zeitnahen Kontrollmöglichkeit.
- Eine Steigerung der Qualität der Erziehungsarbeit und Verbesserung der Kommunikation zwischen den Kitas.
- Verbesserung der Öffentlichkeitsarbeit und Pflege eines gemeinsamen Internetauftritts.
- Intensivierung der religionspädagogischen Fortbildung.
- Engere Verknüpfung mit den Angeboten der Familienbildung.

Am 1. August 2007 nahm die Gesellschaft den regulären Betrieb auf. Sie umfasst zur Zeit sieben Einrichtungen mit ca. 500 Kindern, die von 86 Mitarbeiterinnen betreut werden. Alleiniger Gesellschafter ist der Kirchenkreis Wilmersdorf.

Als Zweck der Gesellschaft wurde im Gesellschaftsvertrag ein weiter Aufgabenkreis im Bereich der Förderung der Kinder- und Jugendhilfe sowie der Förderung der Bildung benannt, um die Handlungsfähigkeit der Gesellschaft auf dem gesamten Gebiet zu sichern. Die Gesellschaft wird im Sinne der Evangelischen Kirche unter Berücksichtigung wirtschaftlicher Erfordernisse betrieben. Sie ist Mitglied im Verband Evangelischer Tageseinrichtungen für Kinder Berlin-Brandenburg-schlesische Oberlausitz e.V. (Fachverband des Diakonischen Werkes) sowie des Diakonischen Werkes der EKBO.

Durch die Solidarität gelang es, die Insolvenz einer Kindertagesstätte zu verhindern, für die anderen eine sichere Zukunft zu gewährleisten und sogar noch einige Plätze neu zu schaffen. Ein Pfarrer wurde zum Geschäftsführer bestimmt, da zu Beginn der Finanzrahmen nur einen Teilauftrag ermöglichte.

Aus der Geschichte der Diakoniestation war bekannt, dass die Brücke zu den Gemeinden schwierig aufrecht zu erhalten war. Dies sollte im Bereich der religiösen Sozialisation, die eng mit der Ortsgemeinde verbunden ist, vermieden werden. Um deutlich zu machen, dass die Gemeinden zwar die Geschäftsführung ihres Verbundes an eine gemeinsame Stelle delegieren, aber die Verantwortung für die gemeindepädagogische Ausgestaltung „ihrer" Kita wahrnehmen, sind als Teil der Kooperationsverträge gemeindepädagogische Vereinbarungen vorgesehen. Sie sollen die Beziehungen zwischen der Kita und der örtlichen Gemeinde regeln. Zunächst legt sich die Gemeinde fest, welche Angebote der Begleitung der Mitarbeitenden und bei der Ausgestaltung des Kita-Lebens sie macht. Von Seiten der Kita wird die Präsenz der Mitarbeitenden und der Kinder im Gemeindeleben bestimmt. Die Grundzüge des evangelisch-christlichen Profils werden skizziert. Zur Orientierung dient die erarbeitete Rahmenkonzeption.[134]

Die Weiterarbeit wird sich folgenden Punkten zuwenden: Konsolidierung der Finanzen, Vertiefung der religionspädagogischen Kompetenzen der Mitarbeiterinnen, Aufnahme weiterer Kindertagesstätten (bei ca. 1000 Plätzen beginnt sich die GmbH zu rechnen, so dass auch ausreichende Rücklagen geschaffen werden können), Abschluss aller gemeindepädagogischen Vereinbarungen für die Einbeziehung in den Gemeindeaufbau vor Ort.

Die inhaltliche Konzeption

An eine religionspädagogische Konzeption für die verschiedenen Kindertagesstätten eines Kirchenkreises sind besondere Anforderungen zu stellen. Die Konzeption nimmt die bereits bestehende und eingespielte (religions-) pädagogische Arbeit vor Ort auf und bringt so ihre Wertschätzung zum Ausdruck. Gleichzeitig sollen aber auch neue Akzente gesetzt und die Teams zu neuen Wegen und einer erkennbar hohen Qualität ermutigt und begleitet werden.

Die religionspädagogische Arbeit sollte ein Qualitätsmerkmal der Einrichtungen werden, die in vergleichbarer Weise in jeder Einrichtung anzutreffen ist und in je eigener Weise gelebt und umgesetzt wird. Folgende Beobachtungen liegen zugrunde:

---

134 Bislang sind diese Vereinbarungen allerdings noch nicht abgeschlossen worden. Die Grundsätze sind jedoch im Kooperationsvertrag verankert.

Religion hat zu tun mit Sinn- und Wert-Fragen.
Wofür lohnt es sich zu leben? Wer bin ich? Wo komme ich her? Gibt es ein Leben nach dem Tod? Was passiert mit Oma? Was mit meinem Meerschweinchen? Warum …?

An diese Fragen, die über sich selbst und die eigene Lebenswelt hinausweisen, soll die Arbeit in den Kindertagesstätten anknüpfen. Diese Form von Religiosität muss nicht von außen herangetragen werden. Sie muss gemeinsam entdeckt und angeregt werden, sie benötigt Räume zum Entfalten, sie benötigt aufmerksame Gesprächspartner. Die Gesprächspartner sind die Menschen, die die Kinder im Alltag begleiten: Eltern, Freunde, Familie und vor allem die Erzieherinnen in den Kindertagesstätten. Die großen Fragen des Lebens tauchen im Alltäglichen auf und müssen dort achtsam aufgenommen werden. Daher muss die Rolle der Mitarbeitenden neu bedacht werden. Sie selbst sind die Gesprächspartner der Kinder und Familien und sie selbst sind für diese Form der religiösen Erziehung verantwortlich. Sie können nicht – wie in anderen Konzeptionen – beim „Thema Religion" an den Fachmann, die Fachfrau verweisen („das fragen wir dann mal, wenn der Pfarrer wieder kommt").

Wir sind evangelische Kirche.
Das heißt, dass der einzelne Mensch in bestimmter Weise in den Blick genommen und in der Welt und in seiner Beziehung zu Gott „verortet" wird. Für den evangelischen Glauben ist es konstitutiv, dass der Einzelne seine Lebensverhältnisse vor den Menschen und vor Gott klärt, gestaltet und verantwortet. Es gibt keine Institution, die ihm das abnimmt, wohl aber eine Kirche, die ihn begleitet und tröstet, die Wissen vermittelt und verlässlich präsent ist.

Einzelne müssen lernen, ihr Leben zwischen Freiheit und Verantwortung zu bewältigen. Das gilt für die kleinen Menschen ebenso, wie für die großen. Gesetz und Evangelium, von der Kirche bezeugt, helfen dabei. Die gleichzeitige Vergewisserung der verlässlichen Liebe und Großzügigkeit Gottes führen zu Freiheit und Verantwortung. Erlernbare Regeln, die in Gottes guten Geboten ihre Wurzeln haben, helfen Verantwortung zu tragen.

Einrichtungen für Kinder und Angebote für Kinder brauchen eine Gesamtkonzeption.
Die „Gesamtkonzeption des Elternhauses" ist häufig nicht mehr gegeben. Das bedeutet, dass Kindertagesstätten mehr als einzelne Angebote des Spielens und Lernens bereithalten müssen. Sie stehen vor der Aufgabe, selbstständig Ziele zu setzen und ein Eigenprofil auszubilden.

Die Konzeption soll nach außen hin erkennbar sein, sie soll greifbar und überzeugend sein, damit Menschen aufmerksam werden, sich für die evangelische Kirche interessieren und deren Angebote für sich und ihre Kinder kennen und schätzen lernen. Das gilt für jedes einzelne Angebot. Im Zweifelsfall geht es um den jeweiligen Kontakt mit Kirche in seiner Einzigartigkeit. Es besteht die Hoffnung, dass in diesem Kontakt die gesamte Konzeption verlässlich erkennbar wird.

In der Mitte christlichen Glaubens steht die Frage nach Gott.
Die Frage nach Gott ist eine Frage von Kindern. Gott ist das, was höher ist als alle unsere Vernunft. Gerade Kinder bewegen sich in diesem Bereich mit großer Ernsthaftigkeit und großer Leichtigkeit.

> Das heißt: Religion und religiöse Erziehung beginnen nicht erst dann, wenn religiöse Fragen ausdrücklich aufgenommen oder wenn religiöse Geschichten erzählt, Lieder gesungen, Gebete gesprochen werden. Religiöse Erziehung beginnt bereits beim Umgang mit der Zeit und den Zeiten des Lebens (Einmaligkeit jeden Augenblickes, Endlichkeit allen Seins und daraus abgeleitet die Verantwortung im Umgang mit der eigenen Zeit und der Zeit anderer!), ferner bei der Gestaltung der Räume und des Lebensraumes (Schönheit und Klarheit!). Sie ist präsent im Gespräch mit den Kindern, im gemeinsamen Nachdenken und in gemeinsam verbrachter Lebenszeit. Es geht um die Gestaltung von Raum und Zeit, von Beziehungen, von Körper und Seele, Spielen, Festen und Ritualen. Das Erzählen nimmt breiten Raum ein (das Christentum ist eine „Erzählgemeinschaft“), ebenso die Stille, Meditation und Gebet, Kunst und Kultur. Die so sensibilisierten Kinder und Familien lernen einen Zusammenhang zwischen der Schönheit Gottes und der Schönheit seiner Welt zu erkennen und werden dadurch ermutigt für ein Leben in Freiheit und Verantwortung.

Für die Mitarbeitenden in den Kindertagesstätten bedeutet das konzeptionell zu arbeiten, sich selbst in den oben genannten Dimensionen zu bewegen und auch andere darin einzuführen und zu begleiten. Mitarbeitende sind auf diesem Niveau bereit und fähig, sich einzubringen, oder sie sind bereit und fähig, sich dahin begleiten zu lassen!

Um die Qualifikationen der Mitarbeitenden zu gewährleisten, ist es die Aufgabe des Fachmannes, der Fachfrau, im Rahmen von Lemiki zu stärken, zu begleiten, fortzubilden. Dabei ist Folgendes wichtig:
Keine Rangfolge
Innerhalb der Arbeit in der Kindertagesstätte gibt es keine „Rangfolge“ von wichtigen und weniger wichtigen Angeboten. Alle Angebote stellen sich den oben genannten Kriterien, egal ob Morgenkreis, Freispiel oder Kinderkirche. Alle arbeiten in Dimensionen religiöser Erziehung und die Angebote ergänzen sich gegenseitig.
Das Rad muss nicht zweimal erfunden werden!
Mit einer Vorlage zu arbeiten, sie gut umzuarbeiten und auf die eigenen Bedürfnisse zuzuschneiden setzt Kraft frei, übt und tut oft sogar der Vorlage noch gut! Es könnte einen Fundus von Bausteinen für die Arbeit geben, die durch die Gemeinden und Kindertagesstätten gehen könnten.

Fortbildungen und gegenseitige Vergewisserung sind wichtig,
Das gilt sowohl in der eigenen Einrichtung, als auch gemeindeübergreifend. Nur so kann die Qualität in der Arbeit gehalten werden.

> Nebenbei sorgen diese beiden Punkte für eine große Zufriedenheit bei den Mitarbeitenden. Sie machen die Erfahrung, dass sie bei ihrer Arbeit persönlich weiter kommen, Verantwortung übernehmen dürfen und gleichzeitig nicht allein gelassen werden.

Diese Konzeption lässt sich kurz *zusammenfassen*:

- Wir knüpfen in unserer Arbeit an Fragen an, die über sich selbst und die eigene Lebenswelt hinausweisen.
- Wir sind evangelische Kirche indem wir den einzelnen Menschen im Blick haben, ihn in seiner Verantwortung für sich und die Welt stark machen und ihn der unbedingten Annahme durch Gott vergewissern.
- Wir bieten eine Gesamtkonzeption, die in ihren unterschiedlichen Angeboten die verschiedenen Dimensionen von Leben berücksichtigt.
- Wir nehmen die Mitarbeitenden in ihrer Rolle als Gesprächspartner der Kinder (und Familien) ernst und investieren in ihre Fortbildung und Begleitung.

Diese Konzeption ist den Gemeindekirchenräten und den Teams in den Kindertagesstätten vorgetragen und im Gespräch erörtert worden. Die Mitarbeitenden der Kindertagesstätten der Lemiki werden zwei Mal im Jahr zu Fortbildungen zu verschiedenen Themen eingeladen. Mindestens eine Person aus dem Team jeder Kita soll jeweils daran teilnehmen.

So kann es gelingen im Zusammenspiel mit den Angeboten der Gemeinden ein Gesamtkonzept religionspädagogischer Begleitung für die Kindergartenkinder und ihre Familien zu gestalten. Die Gemeinden bringen dabei eher die räumlichen und zeitlichen Dimensionen des Sonntags, der Feste und die Aussage der Kirchräume ein. Die Kindertagesstätten haben durch das Zusammenleben auf Zeit ihre Stärke in den Alltagsdimensionen des Glaubens.

b) Evangelischer Religionsunterricht an öffentlichen Schulen

Grundlegende Veränderungen in Berlin
Die Verfassung des Landes Berlin nimmt in Bezug auf den Religionsunterricht eine Sonderstellung ein. Der Evangelische Religionsunterricht ist kein ordentliches Lehrfach, er ist nicht versetzungsrelevant, die Teilnahme ist freiwillig. Die Schulen planen zwei Stunden pro Woche in den Stundenplan ein. Die Religionslehrkräfte werden von der Kirche beauftragt und entsandt. Der Berliner Senat erstattet der Kirche 80% der Personal- und Ausbildungskosten. Die Evangelische Kirche übernimmt die Verantwortung dafür, dass

der Religionsunterricht gemäß den für den allgemeinen Unterricht geltenden Bestimmungen durchgeführt wird.

Es entspricht der Wilmersdorfer Konzeption, die Chancen des Religionsunterrichts an öffentlichen Schulen zu nutzen. Im Religionsunterricht an den kommunalen Schulen werden viele Schüler und ihre Familien zusätzlich erreicht. Der Auftrag der Kirche zu Zeugnis und Dienst muss deshalb immer auch die Schulen als wichtige Orte im Blick behalten.

Die Situation in diesem Feld hat sich allerdings in den letzten Jahren verändert. Im Schuljahr 2000/01 beteiligten sich noch knapp 60% der Grundschülerinnen und -schüler in Wilmersdorf am Evangelischen Religionsunterricht. 2005/2006 waren es 56%, 2009/2010 sind es noch 47%.

Sucht man nach Gründen für diesen Rückgang, so stößt man zunächst auf die Konkurrenz durch den Lebenskundeunterricht des humanistischen Verbandes, der sich als atheistisch-agnostisches Angebot an fast allen Wilmersdorfer Grundschulen etablieren konnte und viele muslimische Kinder zur Teilnahme gewonnen hat. Eine Ausweitung und Flexibilisierung der Stundentafel, an den Oberschulen besonders zugespitzt durch die Einführung des für alle verpflichtenden Fachs Ethik hat den Religionsunterricht als Wahlfach mit ungünstigen Unterrichtszeiten immer stärker unter Druck gesetzt. Gleichzeitig sank die Zahl der Religionslehrkräfte aufgrund der Sparbeschlüsse des Berliner Senates.

Der Versuch der Kirchen, über einen Volksentscheid dem Religionsunterricht den Status eines Wahl-Pflichtfachs mit einem angemessenen Platz im Stundenplan zu erkämpfen, führte nicht zum Erfolg.

Die Gründung eigener kirchlicher Schulen auf Grund von Elterninitiativen ist auch eine Antwort auf die neue Berliner Situation, die das Engagement an den kommunalen Schulen ergänzt.

Der Religionsunterricht als bleibendes Bildungsangebot

Unabhängig von seiner Stellung im Stundenplan versteht sich der evangelische Religionsunterricht als Bildungsangebot an öffentlichen Schulen. Er bietet einen Raum, der existentielle Fragen nach dem Sinn, dem Woher und Wohin des Lebens nicht abtut, sondern ernst nimmt. Er will jungen Menschen dabei helfen, zu Subjekten ihrer eigenen Lebensgeschichte zu werden und Verantwortung für andere zu übernehmen.

In Abgrenzung zum früheren „unterweisenden“ Religionsunterricht nimmt der geltende Lehrplan eine fragende Haltung auf und orientiert sich an den fünf Leitfragen: Nach Gott fragen – nach dem Menschen fragen – nach Jesus Christus fragen – nach verantwortlichem Handeln fragen – nach Gestalt des Glaubens und Zeichen des Religiösen fragen. In Respekt und Achtsamkeit werden die Antworten anderer Religionen und Weltanschauungen mit bedacht und durch die Beiträge der kulturell vielfältig geprägten teilnehmenden Schülerinnen und Schüler immer wieder ganz praktisch mit einbezogen. Auf diese Art lernen sie, dass Anerkennung und Toleranz die Grundlage jeden Dialoges und jeder Auseinandersetzung sind.

Die Koordination des Unterrichts

Der Evangelische Religionsunterricht im Bezirk Charlottenburg-Wilmersdorf wird derzeit von 64 von der Landeskirche angestellten Religionslehrkräften erteilt. Im Kirchenkreis Wilmersdorf sind 11 Pfarrerinnen und Pfarrer mit 38 Wochenstunden am Evangelischen Religionsunterricht beteiligt. Durch den Einsatz in räumlicher Nähe und im Falle der Grundschulen sogar im Gemeindegebiet entsteht durch die Präsenz der Pfarrerinnen und Pfarrer eine zusätzliche Verbindung zu Kindern, Jugendlichen und Familien.

Die Arbeitsstelle für Evangelischen Religionsunterricht im Bezirk Charlottenburg-Wilmersdorf koordiniert, begleitet und beaufsichtigt diesen Unterricht. Sie wird in Vollzeit von einem Pfarrer geleitet. Die Personal- und Sachkosten der Arbeitsstelle werden von der Landeskirche getragen. Der Kirchenkreis hat seine Trägerschaft auf die Landeskirche übertragen und nimmt seine Verantwortung über einen Kooperationsvertrag wahr.

c) Die Gründung der Evangelischen Grundschule Wilmersdorf

Eine Elterninitiative wird aufgenommen

Zur evangelischen Tradition gehört der Bildungsgedanke. Er ist vor allem mit dem Namen von Philipp Melanchthon verbunden, der sich besonders um die Gründung und Gestaltung von Schulen gekümmert hat. Der Kirchenkreis hat sich zur Erfüllung seines Auftrags entschieden, der Weitergabe des Evangeliums in die nächste Generation eine hohe Priorität zu geben.

Bildung gehört somit als eine tragende Säule zum Konzept des Kirchenkreises. In seiner Mitte liegt das bekannte Evangelische Gymnasium zum Grauen Kloster mit ca. 600 Schülern, die Schule mit der größten Tradition in Berlin. Sie gilt neben dem katholischen Canisiuskolleg und dem Französischen Gymnasium als beste Schule für ambitionierte, leistungsstarke Schüler und ihre Eltern. Der Kirchenkreis und seine Gemeinden pflegen einen vielfältigen Kontakt. Die Ordinierten halten Andachten und Gottesdienste. Die Schule nutzt die Kreuzkirche. Die Direktorin ist Mitglied der Kreissynode und Stellvertreterin im Kreiskirchenrat. Zu Veranstaltungen wird gegenseitig eingeladen. Ein Sozialpraktikum in Pflegeheimen wird gerade konzipiert.

Eine Evangelische Grundschule gab es in Wilmersdorf nicht. Als der Religionsunterricht durch die Schulpolitik des Berliner Senates zunehmend an den Rand rückte, wurde diese Lücke besonders schmerzlich deutlich. Deshalb ist es konzeptionell gerechtfertigt, in diesem Bereich ein Angebot anzustreben, das keinen wesentlichen Bereich außer Acht lässt.

So fiel die Initiative einer engagierten Elterngruppe aus der Arbeit der Kindertagesstätte der Linden-Gemeinde im Herbst 2004, eine evangelische Grundschule zu gründen, im Kirchenkreis zunächst auf fruchtbaren Boden. Die Lücke im Bildungsangebot zwischen Kindertagesstätten und Evangelischem Gymnasium könnte so geschlossen werden. Der Kirchenkreis stellte für die Initiative sowohl einen festen organisatorischen Rahmen, konzeptionelle Begleitung und einen weiten Horizont für eine umfassende Bildungslandschaft zur Verfügung. Exemplarisch hatten dies die Eltern ja schon in der Arbeit der Kindertagsstätte der Lindenkirche erfahren.

Leicht fiel diese Entscheidung nicht. Auf jeden Fall war sie konzeptgemäß. Ein rasches Nein kam deshalb nicht in Frage. Aber der Weg zum Ja war nicht einfach. Das finanzielle Risiko war hoch. Es mussten viele Partner innerhalb und außerhalb der Kirche gewonnen werden, um es tragen zu können. Der Aufwand dieser Überzeugungsarbeit war klar, unklar das Ergebnis. Das innere Risiko war nicht geringer. Würde es gelingen, eine evangelisch profilierte Schule als dialogbereites Bildungsangebot für viele Menschen zu verwirklichen – und damit ein weiteres Ziel des Kirchenkreiskonzeptes zu erreichen, „Kirche für das Volk“ zu sein?

Motivierend war in der Entscheidungssituation die Vision eines „Campus“, an dem sich Gemeinde, Kindertagesstätte, Schule, Familienbildungsstätte, Arbeitsschwerpunkte des Kirchenkreises und schließlich eine diakonische Einrichtung zusammenfinden könnten. So würden die drei Säulen, die das Profil des Kirchenkreises ausmachen, nämlich Gemeinde, Diakonie und Bildung, an einem Ort exemplarisch zusammengeführt werden. Ein Tummelplatz (Campus) der Generationen stand vor Augen, an dem Begegnung, wechselseitige Kenntnisnahme und gemeinsame Projekte möglich sind. Das gemeinsame Erleben des Evangeliums in Gestalt des Kirchenjahres sollte dabei eine einigende Rolle spielen.

> Die Konzeption greift in gewisser Weise die Tradition der englischen „Community Schools“ auf. Die Schule soll ein Bestandteil der Kirchengemeinde und des Campus in seinen unterschiedlichen Ausprägungen sein. So soll das schulische Leben besser mit der Realität vernetzt werden. Dadurch kann ein Beitrag geleistet werden, die zum Teil sinnentleerte und demotivierende Abkopplung des schulischen Lebens von den Lebensvollzügen im Wohnbereich aufzuheben. Die Schule wird im Idealfall Bestandteil einer Struktur, die Menschen vom Kleinstkind bis ins hohe Alter umfasst, einbezieht und miteinander in Verbindung bringt. In der wissenschaftlichen Diskussion über die Idee der „Community Education“ nehmen in jüngster Zeit die sozialpädagogischen Zielsetzungen einen breiten Raum ein. Schlagworte wie soziale Isolation von Heranwachsenden (und alten Menschen), alternative Familienformen, rapider ökonomischer sowie sozialer Wandel und damit verbunden Werteverlust und Orientierungslosigkeit stehen hierbei im Mittelpunkt und verweisen auf wün-

schenswerte positive Auswirkungen einer geglückten Verzahnung von Schule und Gemeindeleben.

Die nächste Frage war die des Gebäudes. Es wurde intensiv nach einem geeigneten städtischen Schulgebäude gesucht. Alle Versuche im regionalen Umkreis ein solches Gebäude zu finden, führten jedoch zu keinem Ergebnis. So wurde der Entschluss gefasst, einen der Gemeindestandorte als Schulstandort zu profilieren. Auch dieser innerkirchliche Suchprozess war nicht einfach. Gemeinden wogen die Vor- und Nachteile in eigener Perspektive ab. Letztendlich fiel der Beschluss, auf dem Gelände der Danielgemeinde ein Gebäude zu errichten, das der pädagogischen Konzeption und Funktion der Schule entspricht. Hier war der Campusgedanke, wenn auch in räumlich kompakter Form, realisierbar.

Die Schule hat im Schuljahr 2005/2006 ihre Arbeit aufgenommen. Bis zur Erstellung des eigenen Gebäudes ist sie in angemieteten Räumen untergebracht. Sie wird gegenwärtig von 96 Kindern besucht und ist in der Endausbaustufe für mindestens 300 Kinder konzipiert.

Ein Konzeptentwurf für eine Evangelische Grundschule Wilmersdorf

Im Laufe der Entwicklung musste die Evangelische Grundschule Wilmersdorf aus schulrechtlichen und finanziellen Gründen in die Trägerschaft der Evangelischen Schulstiftung übergeben werden. Der Kirchenkreis Wilmersdorf bleibt jedoch ein wichtiger Partner in dem Prozess. Er wird das Gebäude errichten und bringt seine Konzeption in die Weiterentwicklung der Schule aktiv ein. So soll die enge Verzahnung mit dem Kirchenkreis gewährleistet werden und der reformpädagogische Ansatz die schulische Wirklichkeit prägen. Die folgende – im Vorgriff auf einen noch zu realisierenden Zustand indikativisch formulierte – Konzeption zeigt den Beitrag des Kirchenkreises auf der Basis seiner Ziele.

Die Schule ist eine Angebotsnachmittagsschule[135] für soziale Koedukation mit fünftägigem Vormittagsunterricht (Montag bis Freitag) und dreitägigem Nachmittagsbetrieb (dienstags, mittwochs, donnerstags). Bezugsreligion der Schule ist das Christentum in evangelischer Ausprägung. Evangelische Religion ist ordentliches Unterrichtsfach.

Die Evangelische Grundschule Wilmersdorf versteht sich als eine Einrichtung für soziale Koedukation, in der bis zu 20% der Plätze schulgeldfrei

---

[135] In ihr findet ein fünftägiger Vormittagsunterricht (Montag bis Freitag) und dreitägiger Nachmittagsbetrieb (dienstags, mittwochs, donnerstags) statt. Es gibt besondere Betreuungsmöglichkeiten an zwei Nachmittagen (montags und freitags). Hierdurch soll sichergestellt werden, dass die Schule von Kindern besucht wird, deren Eltern eine ganztägige Erziehung und Betreuung ihrer Kinder wünschen, aber auch für Familien attraktiv ist, die nicht auf eine ganztägige Erziehung angewiesen, aber an der pädagogischen Konzeption interessiert sind.

für Kinder aus bedürftigen Familien reserviert sind. In ihr lernen evangelische Kinder gemeinsam mit Kindern eines anderen christlichen Bekenntnisses oder einer anderen Religion oder die eine religionsferne Herkunft aufweisen. In ihr gelten Grundsätze eines fundamentalismuskritischen, dialogischen und toleranten Umgangs miteinander. In der täglichen Schulpraxis werden diese eingeübt. Soziales Engagement wird mit der Bereitschaft zur Übernahme von sozialer Verantwortung verbunden.

Die Schule erkennt der sozial-diakonischen und ethischen Erziehung eine besondere Bedeutung in Unterricht und Schulleben zu. Sie ist in den Campus auf dem Gelände der Daniel-Kirchengemeinde integriert. Sie kooperiert mit der Gemeinde und den dort arbeitenden Einrichtungen einer Kinderkrippe, eines Kindergartens, eines Amtes für Jugendarbeit, einer Familienbildungsstätte. Sie ist räumlich und inhaltlich verbunden mit einer diakonischen Wohngemeinschaft. Sie fördert generationenübergreifendes Lernen und sie unterstützt Eltern in der Wahrnehmung ihrer pädagogischen Verantwortung.

Die Evangelische Grundschule Wilmersdorf versteht sich als eine Erziehungs- und Bildungseinrichtung, die ihre pädagogische Arbeit in bewusster Öffnung für die außerschulische Lebenswelt ihrer Schülerinnen und Schüler gestaltet. Sie überprüft ihre Leistungen durch eine enge Kooperation mit der staatlichen und der kirchlichen Schulaufsicht in Berlin sowie mit wissenschaftlichen Einrichtungen und erkennt im gelingenden Übergang ihrer Schülerinnen und Schüler zu den weiterführenden Schulen ein wichtiges Kriterium für die Qualitätssicherung.

Die besondere Bedeutung der Schule für die Stadt Berlin liegt darin, dass an ihr verschiedene städtische Reforminitiativen gebündelt und mit kirchlichen Initiativen verbunden werden. Dies gilt insbesondere für die soziale, ethische und kulturelle Koedukation von Kindern unterschiedlicher Herkunft und die Etablierung des Religionsunterrichts als öffentlich bedeutsames Schulfach, ferner für die Erprobung von Formen eines ethischen Lernens schon in der Grundstufe und für die Koordination staatlicher und privater Initiativen zur Optimierung der pädagogischen Qualität der Eingangsstufe des öffentlichen Bildungssystems.

Die Privilegien von Schulen in freier Trägerschaft, die Lehrerinnen und Lehrer selbst auswählen zu dürfen, erlauben zudem eine raschere Umsetzung von Reformen, die im öffentlichen Interesse liegen, und sind auch hilfreich, um Reformbedingungen und Chancen an Schulen in staatlicher Trägerschaft zu verbessern. Darüber hinaus ist die Entwicklung der öffentlichen Schulkultur auf Lernprozesse zwischen staatlich und privat organisierten öffentlichen Schulen – in beiden Richtungen – angewiesen.

4. Die Gemeinden und Einrichtungen gliedern ihre Arbeit neu

a) Arbeitsteilung und Zusammenarbeit erhalten die Leistungsfähigkeit

In den Jahren des Wiederaufbaus und des Wirtschaftswachstums nach dem zweiten Weltkrieg haben die Kirchengemeinden alles versucht, um bei möglichst vielen Gemeindegliedern in möglichst vielen Bezügen präsent zu bleiben, um ihrem Auftrag zur Verkündigung nachzukommen. Die gesellschaftlich rasch fortschreitende Differenzierung sollte mit Unterstützung der reichlich fließenden Mittel aus der Kirchensteuer eingefangen werden. Es wurden Berufsbilder anderer Fachlichkeit neben dem Pfarramt entwickelt. Gemeindeteile erhielten Kirchen und Gemeindezentren und wurden nicht selten verselbständigt. Für die Ortsgemeinde hatte dies insgesamt eine historisch noch nie dagewesene Funktionsvielfalt zur Folge. Aber dieser Weg stieß spätestens in den Jahren um 1990 an seine Grenzen. Mit dem sich weiter steigernden Tempo der gesellschaftlichen Differenzierung konnten die Gemeinden nicht mehr Schritt halten. Die Mittel gingen deutlich zurück und die Kräfte reichten nicht mehr aus. Überforderungssyndrome machten sich bemerkbar.

Anpassungen wurden nötig. Um deren Ausgestaltung gab und gibt es Konflikte. Sie wurden dadurch verschärft, dass die Verantwortlichen die möglichst umfassende lokale Universalgemeinde als erstrebenswertes Ziel verinnerlicht hatten. Eine lebendige Gemeinde war weithin identisch mit einer Gemeinde mit möglichst vielen Angeboten, erkennbar an einem reichlich gefüllten Gemeindebrief.

Als erster Schritt der Anpassung wurden durch die synodalen Haushaltsentscheidungen die Mittel für die Ortsgemeinden an die zurückgehenden Einnahmen gekoppelt und damit faktisch gekürzt. Aber um nicht ständig in der Abwärtsspirale des „immer Weniger" gefangen zu bleiben, wurden verschiedene Ansätze in die Diskussion gebracht.

Viele Landeskirchen versuchten, durch *größere Gemeinden* deren Leistungsfähigkeit zu erhöhen, zumindest aber Kleinstgemeinden zusammenzulegen. Das Angebot konnte so vielfältiger bleiben. Im Verwaltungsbereich wurden Einsparungen erhofft.

Ein weiterer Weg ist die bewusst geförderte Spezialisierung von Gemeinden als „*Profilgemeinden*", die zwar noch ein Standbein am Ort haben, darüber hinaus aber Menschen aus einem größeren Umkreis kurzfristig oder dauerhaft anziehen. Ähnlich ist der Ansatz einzuordnen, Zentren mit besonderer Ausstrahlung zu errichten. Der Versuch mit den „Jugendkirchen" weist in die Richtung. Die Citykirchen haben dies nach dem Vorbild der anglikanischen Kathedralarbeit schon länger versucht. Solche Strategien erfordern allerdings nicht geringe Mittel, da die besonderen Angebote sich in einem professionellen Umfeld durchsetzen müssen.

Die Ortsgemeinden empfinden diese Anpassungsstrategien als Verlust. Fusionen stoßen auf Widerstand. Mittel für Profilgemeinden oder Zentren werden in Frage gestellt. Ein *Kampf um höhere Anteile* am Kirchensteueraufkommen entbrennt, der zum Ziel hat, die notwendigen Kürzungen anderswo, aber nicht bei den Gemeinden einzubringen.

In der Tat ergibt sich ein Konfliktfeld. Mag eine Kirchengemeinde in der Vergangenheit noch so zufällig entstanden sein, sie hat durch ihre Existenz eine theologische Würde, die nicht ohne weiteres durch finanzielle Engpässe außer Kraft gesetzt werden kann. Außerdem haben viele von ihnen eine fortdauernde Bedeutung in wichtigen Lebensräumen. Die abgesicherte Rechtsgestalt der Ortskirchengemeinde bringt dies auf der juristischen Ebene zum Ausdruck. Eine andere Konfliktlinie entsteht zwischen der gesellschaftlich notwendigen Differenzierung und den aus demografischen Gründen kleiner werdenden Gemeinden, deren Mittelzuteilung durch die Rückgänge bei der Kirchensteuer sinkt.

Der bequeme Weg, diesen Zielkonflikt zu entschärfen, indem alles gleichzeitig angestrebt wird, scheitert an den begrenzten Ressourcen an Geld und auch an innerer Kraft. In der Integrierten Kirchenkreisplanung ist für den Bereich der verfassten Kirche auf der Suche nach der bestmöglichen Organisationsform die Grundentscheidung getroffen worden, eine profilierte und vernetzte Eigenständigkeit im gemeinsamen Rahmen anzustreben. Dies ist im städtischen Raum mit den hier anzutreffenden Gemeindegrößen[136] möglich. Gewachsene Einheiten werden als lebendige Orte einer „Kirche vor Ort" angesehen. Sie unterscheiden zwischen verbindlichen Grund- und ebenso verbindlichen Schwerpunktaufgaben im Rahmen des Kirchenkreises und einem nicht weniger wichtigen, aber in einen freieren Rahmen gestellten erweiterten Bereich. Gemeinden übernehmen mit den Schwerpunktaufgaben Verantwortung über ihren unmittelbaren Gemeindebereich hinaus. Zentrale Funktionen werden als Unterstützung lokaler Eigenständigkeit und als deren Ergänzung entwickelt.[137] So können die persönlich-geistlichen Kernfunktionen aufrechterhalten werden und der Kirchenkreis wird zu einem lebendigen Ganzen.

> Zentrale Unterstützung ist unter den heutigen Rahmenbedingungen eine Voraussetzung einer fortdauernden Kern-Eigenständigkeit der Ortsgemeinden. Ein „törichtes Autarkiestreben" (W. Jetter schon 1968) wird demgegenüber

---

[136] Diese Option kann nicht ohne Weiteres auf die Lösung der Frage nach Kleinstgemeinden übertragen werden.

[137] In der lokalen Kirchengeschichte hatte die ehemalige Großgemeinde Wilmersdorf für eben diese Funktionen gesorgt. Gleichzeitig hatten die Gemeindebereiche eine hohe Eigenständigkeit in den pastoralen Vollzügen.

paradoxer Weise in vielen Fällen zum krisenhaften Verlust der Eigenständigkeit führen.

Das umfassende Angebot (die „Fülle") erreichen Gemeinden und Einrichtungen im strukturierten Zusammenwirken. Eine arbeitsteilige Kooperation nützt allen, besonders aber den Gemeindegliedern, die dadurch eine umfassende Begleitung erfahren können, die der städtischen Situation gerecht wird.

Das Modell sieht auch keine Regionenbildung unterhalb der Ebene des Kirchenkreises und zum gegenwärtigen Zeitpunkt auch keine Gemeindezusammenlegungen vor. Die „Transferkosten"[138] werden als zu hoch eingeschätzt. Individuelle Verbesserungen sollen Vorrang vor strukturellen Maßnahmen haben, die die Eigenständigkeit der Gemeinden in Frage stellen.

Das bedeutet aber nicht, den Status quo beizubehalten. Gemeinden müssen sich konzentrieren, ihre Entwicklung in einen größeren Rahmen einzeichnen und verlässlich kooperieren.

Dieses Modell sieht als Interventionsebene die Prozessorganisation anstelle von Veränderung der Aufbauorganisation vor.

Das hat den Vorteil, aufwändige Fusionsprozesse – zumal gegen den Willen der Beteiligten – zu vermeiden. Der eingeschlagene Weg kann wesentlich komplexere Probleme lösen, als dies vorschnelle Fusionen könnten. Kooperationsbeziehungen zu verschiedenen Partnern je nach Arbeitsfeld werden gleichrangig möglich. Dieser Lösungsansatz ist in vielen Fällen leistungsfähiger und in Bezug auf die Transferkosten kostengünstiger als Interventionen in der Aufbauorganisation. Er hat allerdings den Nachteil, dass er wesentlich empfindlicher gegenüber Störungen ist, seien sie finanzieller oder noch häufiger psychologischer Natur. Der „Pflegeaufwand" ist höher. Die Kohärenz, die stabile Strukturen bieten, muss durch Kommunikation des Ziels und durch Pflege der Beziehungen erreicht werden. Dies ist eine Option, die einer Kirche als funktionsgegliederter Leib Christi angemessen ist. In der Praxis steht die vollständige Realisierung der Vorteile noch aus, was im Fall Wilmersdorf auch damit zu tun haben mag, dass aus der Gunst der Lage, der Arbeit der Vorgänger, des Einsatzes der gegenwärtigen Mitarbeiterinnen und Mitarbeiter und der entschlossenen Reaktion in der Frühphase die Krise wesentlich milder verlief als in anderen Kirchenkreisen.

Dennoch können auf lange Sicht Räume benannt werden, bei denen sich die Kooperationsfrage besonders dringlich stellt und sich eine engere Zusammenarbeit nahe legt. Dies betrifft vor allem die drei kleineren Gemeinden. Hier kann das jetzige Modell als Erprobungszeitraum dienen, die bestgeeignete Form für die Zukunft zu finden.

---

138 Siehe auch zur Zukunft der Größe Kirchenkreis S. 131 f.

b) Grund- und Schwerpunktaufgaben werden unterschieden

Gemeindebezogene Grundaufgaben

Die stabilen Grundaufgaben (Muss)
Um die Option einer lebensbegleitenden Kirche für alle Mitglieder einzulösen, müssen Grundaufgaben verlässlich und mit ausreichend Zeit durch hauptberufliche Kräfte erfüllt werden können. Sie orientieren sich an den Grundordnungen der Landeskirchen und enthalten den theologisch zu verantwortenden „Gestaltkern".[139]

Die Grundaufgaben sind unbedingt Pflicht. Sie sind Muss-Aufgaben. Wenn sie Pflicht sind, müssen sie durch hauptberuflich Tätige ausgeübt werden. Noch schärfer formuliert: wenn eine Gemeinde diese Funktionen nicht mehr in ausreichendem Maße ausüben kann oder ausübt, verdient sie es nicht mehr, als eigenständige Gemeinde weiterhin zu existieren.

Die Grundaufgaben sind aus der Perspektive des unbedingt Nötigen formuliert. Das heißt umgekehrt, dass sie nicht das Gesamte des Gemeindelebens abbilden. Mehr ist wünschenswert. Entfaltung soll sich ergeben.

Auch wenn die Gemeinde für die Erfüllung der Grundaufgaben verantwortlich ist, heißt das noch lange nicht, dass sie alles alleine zu tun habe. Zusammenarbeit mit den Nachbargemeinden und den Facheinrichtungen ist möglich und sinnvoll.

Der Kirchenkreis hat die Verantwortung, die Aufgabenerfüllung zu begleiten, zu visitieren und auch zu kontrollieren.

Die Grundaufgaben umfassen:[140]
1) Gottesdienste an Sonntagen und an Fest- und Feiertagen
2) Gottesdienste für Kinder und ihre Eltern
3) Amtshandlungen mit sich daraus ergebenden seelsorglichen Kontakten
4) Konfirmandenunterricht und Kita-Begleitung
5) Religionsunterricht
6) Seelsorge / Beratung / Besuche / Kontakte zu den Mitgliedern[141]
7) Leitung der Gemeinde / von Arbeitsbereichen
8) Gewinnung und Pflege freiwilliger Mitarbeit

Der Kern stimmt weitgehend mit der Gemeindeordnung bzw. der Musterdienstvereinbarung der EKBO überein. Allerdings gehört in dem Konzept für den Kirchenkreis das gruppen-gemeinschaftliche Leben nicht zu den Kernaufgaben, die durch Hauptberufliche durchführend gewährleistet werden müssen. Mitgliederkontakte und die Gewinnung und Pflege freiwilliger Mit-

139 Vgl. Lindner (194) 177.
140 Vgl. Pfarrerin und Pfarrer als Beruf, Leitbild mit Musterdienstvereinbarung EKBO, Berlin ^{2}2004, 11.
141 Die „cura animarum" im weitesten Sinne.

arbeit gehören jedoch sehr wohl zum Kern. Es ist zu erwarten, dass sich damit der Bereich der Gruppen und Kreise entfalten kann. Wünschenswert ist er – aber in Zeiten der Knappheit muss vom Kern her argumentiert werden, um die erdrückende Fülle zu gliedern und damit den ersten Schritt zu ihrer Bewältigung zu tun.

Das flexible und erweiterte Grundangebot (Soll)
Es umfasst die in vielen Gemeinden gewachsenen Angebote eines entfalteten Gemeindelebens, das Raum für die vorhandenen Gaben und Traditionen gibt. Gemeinde ist vor allem ein Ermöglichungsraum für Initiativen der Christinnen und Christen. Die Ortsgemeinde ist ein Feld freiwillig Tätiger mit ihren besonderen Gaben und Begabungen. Die Unterstützung und Begleitung dieses Entfaltungsraums ist Kernaufgabe der Hauptberuflichen. Der Fokus sollte dabei vor allem darauf liegen, dass sich Gaben entfalten können, nicht so sehr, dass vorgegebene Aufgaben – vielleicht sogar aus dem gekürzten hauptberuflichen Bereich – von Freiwilligen übernommen werden.

Hier ist auch Raum für zusätzliches Engagement von Hauptberuflichen, falls es deren Zeitbudget erlaubt. Wenn sich in diesem Bereich ein besonderes Profil herausbildet, werden die Grenzen zu kleinen oder auch persönlichen Schwerpunkten fließend. Die Zuordnung entscheidet sich daran, ob die Gemeinde den profilierten Bereich in das Gesamte des Kirchenkreises einbringen will und dabei die dazu entwickelten Standards im Dialog mit dem Kirchenkreis erfüllt. Wenn sie das tut, geht sie einen höheren Grad von Verpflichtung ein, dem von Seiten des Kirchenkreises ebenso ein deutlicheres Engagement entspricht.

Dieser Bereich gehört zu den Soll-Aufgaben. Die Entfaltung ist wünschenswert. Aber er folgt nicht nur aus Gründen der Mittelknappheit einer anderen Logik. Er ist flexibler gestaltet. Wenn es die Voraussetzungen ermöglichen, entsteht Neues. Wenn sie sich ändern, werden Angebote auch eingestellt werden. Auf keinen Fall können Aktivitäten ersatzweise und auf Dauer durch Hauptberufliche übernommen werden. Wegfall von freiwilliger Tätigkeit kann nicht durch Hauptberufliche kompensiert werden.

Am klarsten ist es, die Angebote dieses Bereichs als Projekte zu verstehen und zu behandeln. Das bedeutet, es gibt eine Zielsetzung, Verlaufsplanung und Kriterien für Zwischenbilanzen oder ein Projektende. So konzipierte Aktivitäten vermeiden es, dass einmal begonnene Aktivitäten in der Gemeinde nie mehr aufgegeben werden, weil ein Wegfall inhaltlich so schwer zu begründen ist. Rasch stellt sich dann die Bildwelt von „sterben lassen“ ein, die immer einen anklagenden Unterton enthält. Als Projektarbeit bleibt Gemeindearbeit beweglich und passt sich den wechselnden Personkonstellationen an. Die Kirchenkreisplanung hat hier einen rahmensetzenden und ordnenden Charakter. Der Kirchenkreis begleitet diesen Bereich aufmerksam.

Kirchenkreisbezogene Schwerpunktaufgaben

Die stabilen Kirchenkreisschwerpunkte (Muss)
Um auch bei knapper werdenden Mitteln der Vielzahl von Lebenslagen und Mitgliederprofilen ein gutes und vielgestaltiges Angebot bieten zu können, das den Zielen des Kirchenkreises entspricht, werden im Kirchenkreis Schwerpunkte gebildet.

Sie gibt es[142] als Kirchenkreisschwerpunkte. Sie werden im Einvernehmen mit den Gemeinden im Rahmen der Integrierten Kirchenkreisplanung gebildet. Ihr Angebot wird über die Gemeindegrenzen hinaus veröffentlicht. Menschen aus anderen Gemeinden werden dazu eingeladen. Umgekehrt werden Gemeindeglieder auf die Schwerpunkte anderer Gemeinden aufmerksam gemacht. Wenn Menschen außerhalb ihrer Wohnsitzgemeinde bis hin zur Mitarbeit ein ansprechendes Angebot finden, wird dies nicht nur toleriert, sondern begrüßt. Mitarbeitende können auch in anderen Gemeinden tätig werden. Die Entscheidung ist mittelfristig für die Gemeinde und den Kirchenkreis auch in Personal- und Finanzfragen bindend. Bei Personalwechsel werden sie bei der Ausschreibung und bei der Besetzung berücksichtigt. Sie werden in der Personal- und Finanzplanung dauerhaft und ausreichend dotiert.

Für alle wichtigen Bereiche des Kirchenkreises soll es solche Schwerpunkte geben. Der *Kirchenkreis* initiiert und fördert durch Personalmittel oder direkte Zuschüsse.

Die flexiblen kleinen und persönlichen Schwerpunkte (Soll und Kann)
Die „*kleinen Schwerpunkte*“ sind Soll-Aufgaben. Sie können als besonderes Angebot aus Tradition, Neigung oder Freude entstanden sein. Sie können ebenfalls als zeitlich begrenzte Projekte begonnen werden. Sie sind auch für Menschen aus anderen Gemeinden anziehend oder könnten es doch sein. Sie sind kurzfristig veränderbar. Bei finanziellen oder personellen Engpässen müssen sie zurückstehen. Aus der Sicht des Kirchenkreises sind sie im Blick auf seine Ziele ein wichtiger Baustein. Der *Kirchenkreis* spürt sie auf oder akzeptiert sie und fördert sie durch Sach- oder Projektmittel. Standards qualifizieren sie, sind jedoch an den jeweiligen Bereich im gemeinsamen Gespräch anzupassen.

Die „*persönlichen Schwerpunkte*“ sind Kann-Aufgaben. Sie sind auf Grund der Begabung oder Initiative Einzelner entstanden (Innovation, „Hobby“). Sie sind unmittelbar an die Person gebunden und kurzfristig veränderbar. Auch sie müssen bei finanziellen oder personellen Engpässen zurückstehen.

---

142 Die Kennzeichen im Detail finden sich weiter unten.

Der *Kirchenkreis* entwickelt spezifische Standards, vernetzt, toleriert und begrenzt auch bei Bedarf.

Die allgemeinen Kriterien für die Kirchenkreis-Schwerpunkte
Als Orientierung für eine fach- und gemeindegerechte Formulierung können die allgemeinen Kriterien für solche Schwerpunkte gelten:
Legitimation: vom Gemeindekirchenrat beschlossen und vom Kreiskirchenrat bestätigt.
Zeit: Einsatz hauptberuflich Mitarbeitender und / oder besonders qualifizierter freiwillig Tätiger.
Geld: angemessener Betrag im Gemeinde-Haushalt.
Raum: angemessene Raumausstattung.
Qualifikation: Ausbildung, Weiterbildung, Fortbildung der Mitarbeitenden.
Struktur: Klärung von Verantwortung für den Bereich bei Personen / Teams.
Zielorientierung / Nachhaltigkeit: Vorhandensein einer schriftlichen Konzeption mit mittelfristigen Zielen und einer Dokumentation über den Verlauf, Controlling, Evaluation.
Ausstrahlung: Modellhaftes Arbeiten, gute Nachfrage, besondere Angebote für den ganzen Kirchenkreis.
Vernetzung: Koordination im Arbeitsfeld.

> Sie umfasst Kontakte zu Fachinstitutionen im Kirchenkreis, zu den Beauftragten, zu den anderen Schwerpunkten, vor allem, wenn es mehrere Schwerpunkte im gleichen Feld gibt. Hier werden Absprachen getroffen. Diese Mitarbeit an gemeinsamen Aufgaben und die Einhaltung gemeinsam getroffener Absprachen ist verpflichtend.

Unterstützung der Gemeinden, die sich in dem Feld auf Grundaufgaben konzentrieren. Systematische Kontakte zu freiwillig Mitarbeitenden in diesen Feldern im Kirchenkreis.
Öffentlichkeitsarbeit: Öffentlichkeitsarbeit nach außen. Berichte nach innen zum Kreiskirchenrat.
Multiplikation: Die Erfahrungen werden anderen Gemeinden zur Verfügung gestellt.

Die Zusammenarbeit der Kirchenkreis-Schwerpunkte führt zu Kompetenzzentren
Im Zuge der Bestimmung von Kirchenkreis-Schwerpunkten ist die Wichtigkeit der Zusammenarbeit zwischen ihnen (falls es, wie z.B. im Bereich der Jugend, mehrere Schwerpunkte gibt) und den Fachinstitutionen deutlich geworden.

Durch die Zusammenarbeit im Arbeitsbereich sollen *gemeinsam*

- Die lokalen Aktivitäten koordiniert und ggf. unterschiedliche Profile der Schwerpunkte (weiter-)entwickelt werden

- Innovationen nach Art und Verortung abgesprochen und nicht mehr als nötig erachtete Doppelungen vermieden werden
- Die Stellensituation des Feldes im Auge behalten werden
- Öffentlichkeitsarbeit betrieben werden. (Flyer, Homepage, ...)
- Die Grundaufgaben der anderen Gemeinden auf dem Feld unterstützt und beraten werden
- Eine interne Struktur für die gemeinsame Willensbildung gefunden werden (z.B. Sprecherfunktion, Koordinationsteam, ...), die die Kompetenz erhält, gemeinsam getroffene Vereinbarungen zu bilanzieren und darüber der Kreiskirchenrat zu berichten.

Diese Kompetenzzentren sind locker, eher als Netzwerk organisiert. Sie haben eine „virtuelle“ Struktur. Das macht sie flexibel, kostengünstig aber natürlich auch empfindlich gegenüber Störungen.

Gemeindeprofile fügen die Bausteine zu einem Ganzen zusammen

Um zu vermeiden, dass die Gemeindeaktivitäten unverbunden nebeneinander stehen, soll sich jede Gemeinde über ihr Profil oder ihre Konzeption klar werden. Sie trägt zur Umsetzung der Kirchenkreiskonzeption bei und bezieht sich auf sie als Grundlage. Die lokale Präzisierung wird als ordnende Perspektive die Aktivitäten der Gemeinde verbinden. Sie geht auf besondere Lagen der Menschen im Gemeindegebiet ein[143] und nimmt die Gemeindegeschichte auf.

In der gegenseitigen Wahrnehmung und als Teil der eigenen Identität gibt es schon solche Profilierungen. Sie sind in der Umfrage zu Beginn der Arbeit am Konzept benannt worden. Einige dieser vorläufigen Bezeichnungen bringen die Gesamtorientierung zum Ausdruck, so die „Kasualkirche“ oder die „Familienkirche“ oder auch die „lebendige Gemeinschaftskirche“. Andere benennen einzelne kleinere Arbeitsfelder, wie „Jazz und Meditation“ oder „Kultur“, ohne dass schon ein verbindender Gedanke erkennbar wäre.

Zum Stand der Entwicklung im Kirchenkreis

Im Bereich der Jugend gibt es vier Gemeinden mit einem Kirchenkreisschwerpunkt und das Amt für Jugendarbeit in Zusammenarbeit mit der Kreis-Jugendpfarrerin als Koordinationsstelle. Dieser Bereich übernimmt auch die Koordination des Konfirmandenunterrichts.

Im Bereich Kinder / Familien gibt es zwei Gemeinden im Nord- und Südbereich mit je einem Schwerpunkt und die Stelle der Fachberatung in Zusammenarbeit mit der Kreis-Kinderpfarrerin als Koordinationsstelle. Diese

---

[143] Vgl. dazu das Material über die Gemeindesituationen, das allen Gemeinden zur Verfügung gestellt wurde.

hält auch die Kontakte zur gemeinnützigen GmbH „Leben mit Kindern" aufrecht.

Im Bereich der Kasualien gibt es einen Schwerpunkt in einer Gemeinde, einen Zusammenschluss von fünf Gemeinden zum Thema Trauung, ein Kirchenkreisprojekt der Trauerbegleitung, Standards für die Abläufe in den Gemeinden und eine Beauftragung mit 15% zur Koordination.

Der Bereich der Senioren umfasst eine Gemeinde als Schwerpunkt, viele Gemeinden mit einem erweiterten Grundangebot, ein von zwei Gemeinden getragenes Angebot „Forum 50 plus", das kreiskirchliche Team Diakonie und eine Beauftragung mit 15% zur Koordination des Arbeitsfeldes.

Der Bereich Kirchenmusik kennt drei Kirchenkreisschwerpunkte und wird durch einen Arbeitskreis koordiniert. Die Stelle eines Kreiskantors ist in der Diskussion.

Der Bereich Kirche und Kunst kennt Schwerpunkte in zwei Gemeinden, hat aber noch keine weitere Struktur.

Dies gilt auch für die Bereiche generationenübergreifende (Gottesdienst-) Arbeit, Meditation / Spiritualität, Gedenkkultur und christlich-jüdischer Dialog mit je einem Schwerpunkt.

Der Bildungsbereich kennt eine Kirchenkreis-Einrichtung für Familienbildung und eine Absichtserklärung einer Gemeinde. Die Zukunft des „Campus Daniel" wird hier die Realisierung bestimmen. Auf dem Gebiet ist auch die gemeinnützige GmbH „Leben mit Kindern" tätig. Der Bereich hat noch keine zusammenfassende Struktur.

Als Bilanz lässt sich festhalten, dass durch diese Maßnahmen die Voraussetzungen geschaffen sind, ein kirchliches Leben zu entwickeln, das der städtischen Situation angemessen ist. Es gibt eigentlich nur einen wichtigen Bereich, der aus einer Gesamtsicht in Wilmersdorf noch zu entwickeln wäre: es ist der Bereich der Glaubenskurse in Verbindung mit einer klaren Strategie der Mitglieder-(Rück-)Gewinnung.

Die Bereiche sind unterschiedlich weit strukturiert. Wo es solche Strukturen gibt, stehen die Beteiligten vor der Aufgabe, diese Strukturen im Interesse des Ganzen mit Leben zu erfüllen. Wo es diese Strukturierungen noch nicht gibt, gilt es, diese in angemessener Form zu entwickeln. Die Standards sind dabei eine Orientierungsgröße. Sie müssen spezifisch angepasst werden, dürfen darüber ihre gestaltende Kraft aber nicht einbüßen. Dies wird ein Lernprozess für die kommenden Jahre sein. Motiviert wird er immer wieder dadurch werden, dass alle diese Maßnahmen kein Selbstzweck sind, sondern die Gemeindeglieder und darüber hinaus alle Menschen im Bezirk im Auge behalten, um ihnen die Botschaft des Evangeliums in Wort und Tat auszurichten.

Die getroffenen Entscheidungen haben durch den integrierten Ansatz Auswirkungen auf wesentliche andere Bereiche der Kirchenkreisentwicklung, geben ihnen die Richtung vor oder werden durch diese gestützt.

- So stellen die *Dienstvereinbarungen* für die Pfarrerinnen und Pfarrer sicher, dass für die definierten Aufgaben entsprechende Arbeitszeiten zur Verfügung stehen und erhalten gleichzeitig durch die Priorisierung der Aufgaben einen klaren Rahmen.
- Für die Entscheidungen, die im *Gebäudemanagement* zu treffen sind, liegen in den Gemeindekonzepten, in den Schwerpunktbildungen und im Einbezug der kreiskirchlichen Einrichtungen inhaltliche Ziele vor, die diesen Bereich aus der betriebswirtschaftlichen Engführung zu einem Instrument der Auftragserfüllung machen können.

c) Das Selbstverständnis von Pfarrer und Gemeinde verändert sich

Die Akzente für das Berufsbild Pfarrerin, Pfarrer

Die getroffenen Entscheidungen haben Auswirkungen auf das Berufsbild von Pfarrerinnen und Pfarrern. Ihre verkündigenden, kommunikativen und gemeindeleitenden[144] Funktionen werden in den Vordergrund gerückt. Es wird versucht, ihre berufliche Tätigkeit insofern zu qualifizieren, als sie sich in Bereichen, die durch freiwillige Mitarbeit gut oder sogar besser bearbeitet werden können, auf multiplikatorische und koordinierende Funktionen konzentrieren. Überlegungen nach der bestmöglichen Verwendung ihrer Arbeitszeit sind nichts Berufsfremdes, sondern gehören zu einer verantwortungsvollen Ausgestaltung ihres Dienstes.[145] Zudem soll der Freiraum für Innovationen und die Zuwendung zu den Gemeindegliedern, die fallweise der Kirche verbunden sind, gesichert werden.

Die Veränderungen im Gemeindebild

In dem arbeitsteiligen Konzept verändert sich die Verantwortung der Ortsgemeinden. Sie behalten eine umfassende Verantwortung als Begleiter, aber nicht mehr als „Anbieter“. Ihr Zusammenspiel wird durch den Kirchenkreis als koordinierende und richtungweisende Handlungsebene weiter entwickelt.

Die örtliche Gemeinde hat in diesem Konzept eine grundlegende Funktion für die Glaubensentwicklung und Lebensbegleitung. Sie wird diese Grund-

---

[144] Gemeindeleitung bleibt in diesem Konzept ein wesentlicher Teil der Berufsrolle, die damit nicht in verkündigenden und kommunikativen Bezügen aufgeht.

[145] Mehr siehe unten zu den Dienstvereinbarungen S. 136ff.

legung in einer möglichst gleichgewichtigen Zuwendung für alle Formen der Kirchenbindung zu erreichen versuchen.

Die örtliche Gemeinde wird jedoch nicht mehr der Ort sein können, an dem alle Aktivitäten für alle Menschen im Gemeindegebiet angeboten werden. Der Abschied von der allzuständigen und blühenden Universalgemeinde hat in der Wirklichkeit schon längst stattgefunden. Es gilt aber auch, ihn im Bewusstsein der Verantwortlichen in den Gemeinden mit zu vollziehen.

Der Blick auf die Menschen, die im Gemeindegebiet wohnen und damit die geistliche Verantwortung für deren Leben und Glauben bleibt der Ortsgemeinde aufgegeben. Der Begrenzung im Angebot entspricht eine Entgrenzung in der Verantwortung für das geistliche Wohlergehen der Gemeindeglieder an dem ihnen entsprechenden Ort.

> Auch wenn es z.B. nicht sie ist, die für die Singles oder die Hochmobilen 58 bis 70 Jährigen in ihrem Gemeindegebiet ein eigenes, anziehendes und gefragtes Angebot entwickelt, so bleibt sie doch deren Anwalt und wird dafür Sorge zu tragen haben, dass im nachbarlichen Verbund oder im Kirchenkreis eine Verkündigungsform bereitsteht, die diesen Menschen nahe kommt. Ihre Sorge wiederum ist es, dass die örtlichen Kontakte genutzt werden, damit diese Gemeindeglieder von dem Angebot erfahren.

Örtliche Gemeinden sind Makler und Drehscheiben für Anfragen und Angebote, die weit über das hinausreichen, was sie selbst anbieten können und wollen.

Deshalb werden sie sich umfassend über die Menschen in ihrem Gebiet informieren. Die Fülle der Aspekte wird sie aber nicht in einen überfordernden Aktionismus treiben, sondern in eine bewusste Arbeitsteilung durch die Unterscheidung von Aufgaben, die auf jeden Fall und die nach Möglichkeit zu erfüllen sind, und nach Aufgaben, die für die Menschen im Gemeindegebiet und die für einen größeren Kreis darüber hinaus erfüllt werden.

Konzentriert und in den Formen – nicht in den Glaubensinhalten! – beschränkt wird die eigene Angebotspalette sein. *Umfassend* muss am Ort die Kommunikation über Angebote für *alle* Menschen der Gemeinde sein, wo auch immer sie stattfinden. Die Mitarbeitenden sind Makler für Glaubenskommunikation und Netzwerkbildung, die bereit und in der Lage sind, auf das gesamte Potential der Kirche zurückzugreifen. Dies ist die neue Rolle einer „Kirche vor Ort“.

Gemeindegrenzen zeigen den Verantwortungsbereich der Ortsgemeinde in diesem Sinn an, sind jedoch offen und durchlässig für Mitglieder. Umgemeindungen sind nicht ausgeschlossen, verlieren in diesem Konzept jedoch ihre Bedeutung.

d) Die Vermittlung durch ein Kommunikationskonzept

Auch wenn die Strukturüberlegungen im Blick auf die Menschen im Gemeindegebiet angestellt wurden, so sind sie dennoch Interna. Sie sind so gut, wie es die Menschen erfahren. Dazu müssen sie davon Kenntnis erhalten.

In der Marketingterminologie ausgedrückt: Angebotserstellung und Bereitstellung sind wesentliche Vorbedingungen, wenn aber die nutzerorientierte Kommunikation über das Angebot (das Marketing im engeren Sinn) nicht erfolgt, wird das Potential möglicher Nutzer nicht ausgeschöpft. In der praktisch-theologischen Diskussion wird dieser Sachverhalt in den Begriffen von „Komm-Struktur" und „Geh-Struktur" ausgedrückt. Es ist nicht zureichend, darauf zu warten, dass die Menschen sich informieren und dann zu den Angeboten der Gemeinde kommen, Gemeinden müssen sich innerlich und äußerlich auf den Weg zu den Menschen machen.

Dazu ist ein *Kommunikationskonzept* nötig, das die Angebote gemeindegliedergerecht erschließt. Es muss den Menschen die Aufgaben des Suchens und Findens so weit wie möglich abnehmen.
Es hat drei Blickrichtungen:

a) Aus der Sicht der Gemeinden. Hier entstehen die Gemeindebeschreibungen, die unter dem Blickwinkel des Gemeindeprofils alle Aktivitäten der Gemeinde beschreiben.
b) Aus der Sicht der Zielgruppen: Hier entstehen „Zielgruppenflyer" oder andere Kommunikationsmaßnahmen unter der Verantwortung des jeweiligen Kirchenkreis-Schwerpunkts (z.B. Angebote für Kinder in Wilmersdorf, ...).
c) Aus der Sicht des Kirchenjahres: sie finden ihren Platz im gemeinsamen Kalender des Kirchenkreises.

5. Der Campus Daniel ist ein „gebautes Kirchenkreiskonzept"

Der Kirchenkreis Wilmersdorf plant im verdichteten innerstädtischen Raum[146] unweit des Kurfürstendammes die Errichtung eines Evangelischen Campus, der generationsübergreifend folgende Einrichtungen umfassen wird: Kindertagesstätte, Grundschule, die Daniel-Gemeinde und eine Wohngemeinschaft der Diakonie für dementiell Erkrankte. Ferner werden kreiskirchliche Arbeitsstellen, wie das Amt für Jugendarbeit, die Beratungsstelle für Arbeit mit Kindern, die Fachberatung für Kindertageseinrichtungen, die Familienbildungsstätte und die Koordinierungsstelle Seniorenarbeit, dort angesiedelt.

[146] Auf dem Grundstück Brandenburgische Str. 51 / Münstersche Str. 7.

Bei der Diskussion um die Evangelische Grundschule Wilmersdorf wurde rasch deutlich, dass die Nutzung eines vorhandenen Schulgebäudes nicht möglich war. Damit kamen die möglichen Standorte für einen Neubau aus den Vorbehaltsflächen des Kirchenkreises ins Spiel. Fast zwangsläufig ergab sich dadurch eine räumliche Nähe verschiedener Einrichtungen. Was aus praktischen Gründen nahe lag, bot für das Konzept einer Integrierten Kirchenkreisplanung eine einmalige Chance. Die drei Säulen Diakonie, Bildung und verfasste Kirche könnten sich an einem Ort exemplarisch zusammenfinden und so die zu Grunde liegende Idee anschaulich und erlebbar machen.

Nach der Vorstellung dieses Konzeptes gab es heftige Kritik von vielen Seiten. Einige Eltern waren empört, dass ihre Kinder verwirrten Menschen oder sogar gelegentlich einem Leichenwagen begegnen könnten. Einige Verantwortliche in der Diakonie fürchteten Ruhestörungen für die älteren Menschen. Die Gemeinde und die Kirchenkreiseinrichtungen waren von starken Veränderungsprozessen ohnehin betroffen. Die Kritik und der Umgang damit schärften den Blick für das Konzeptionelle. Der Kirchenkreis war von Tag zu Tag mehr von der Sinnhaftigkeit seines Vorhabens überzeugt.

> Große Unterstützung gab es durch das Konsistorium und die Kirchenleitung der Evangelischen Kirche Berlin Brandenburg Schlesische Oberlausitz. Bischof Wolfgang Huber setzte sich persönlich für das Vorhaben ein. Die damalige Familienministerin Ursula von der Leyen begrüßte das Projekt ausdrücklich. Die Stiftung Deutsche Klassenlotterie fördert den so konzipierten Schulbau mit einem Zuschuss von einer halben Million Euro. Mittlerweile scheint der Gedanke deutlich mehr Menschen zu faszinieren als zu irritieren.

Viele erkennen, dass in unserer Gesellschaft eine Segmentierung droht. Die Lebens- und Erfahrungsfelder der Menschen fallen im Alltag immer weiter auseinander: Die Kinder kennen oft die Arbeitswelt ihrer Eltern nicht, haben wenig Kontakt zur älteren Generation, besondere Einrichtungen für unterschiedliche Gruppen (Krankenhäuser, Senioreneinrichtungen usw.) werden voneinander getrennt. Dies gefährdet das soziale Miteinander. Mit der Förderung von Familienzentren wird versucht, einen neuen Weg der Integration innerhalb der Gesellschaft zu ermöglichen.

Der Campus Daniel verspricht für alle Beteiligten eine Erweiterung ihres Horizontes.

Die *Daniel-Gemeinde* ist seit mehr als 40 Jahren ein wichtiger Treffpunkt im sozialen Netz des Stadtgebiets zwischen Kurfürstendamm und Fehrbelliner Platz. Eine geplante Kirche wurde in den 60iger Jahren dann doch nicht gebaut. So ergibt sich jetzt die Möglichkeit, auf dem Grundstück eine Schule ins Ensemble einzufügen.

Die Bildung von jungen Menschen ist schon immer ein zentrales Anliegen der evangelischen Kirche. Die Verknüpfung von *Schule* und Gemeinde ermöglicht gemeinsame funktionale Lernerfahrungen in der Gemeinschaft vor Ort. Über die Angebote des Horts hinaus kann der Freizeitbereich der Gemeinde für die Kinder attraktiv werden und zu praktischem sozialen Lernen führen.

Die Einrichtungen des Campus Daniel unterstützen die soziale und demographische Entwicklung des *Quartiers*, weil dadurch eine ortsnahe, Familien fördernde und unterstützende Infrastruktur entsteht.

Für die *Eltern* der Kinder können Seminare der Evangelischen Familienbildungsstätte attraktiv werden und den Zusammenhalt der Elternschaft sowie die soziale Einbettung fördern.

Die Bewohnerinnen und Bewohner der Wohngemeinschaft für Demenzerkrankte der *Diakonie* können sich, soweit es ihr Krankheitszustand zulässt, am Leben auf dem Campus erfreuen. Sie fühlen sich in die Gemeinschaft integriert und nicht abgeschoben. Den Kindern ermöglichen sie eine Erfahrung im diakonisch-sozialen Bereich.

Der *Kirchenkreis* gewinnt ein ausstrahlendes und zukunftssicheres Kirchenzentrum, das auch bei weiteren Reduktionen kirchlicher Mittel seine Vitalität erhalten wird.

Das Bauvorhaben könnte im Zeitraum von zwei Jahren verwirklicht werden. Die praktische Umsetzung des Konzeptes im Alltag mit den insgesamt erwarteten etwa eintausend Menschen, die täglich den Campus beleben, wird eine weitere große Herausforderung werden. Deren vielfältige Chancen sind noch gar nicht alle im Blick und verlangen eine Weiterentwicklung des bisherigen Konzepts. Dies wird eine genuine Aufgabe der Leitung des Kirchenkreises bleiben, möglicherweise auch eine eigene Beauftragung erfordern.

6. Der Kirchenkreis Wilmersdorf bleibt mittelfristig eigenständig

Die „mittlere Ebene“ gewinnt als Handlungsebene für die Landeskirchen in der EKD eine immer größere Bedeutung. Es ist deshalb sinnvoll, die Strukturen dieser Ebene genauer zu analysieren, um nicht vorschnellen oder modischen Gleichsetzungen zu erliegen. Oft wird ohne weitere Begründung größer mit besser und billiger gleich gesetzt oder kleiner mit der Basis verbundener. Fundierte Fakten sind nötig, denn der Veränderungsdruck und die Reorganisationsbemühungen machen auch vor den Einheiten von Kirchenkreis – Superintendentur – Dekanat nicht halt. Im Folgenden ist wieder die Lage in der EKBO der Ausgangspunkt der Überlegungen.

a) Aufgaben eines Kirchenkreises

Die Grundordnung der EKBO beschreibt in Art 39 die Aufgaben eines Kirchenkreises:

a) Er hat einen eigenständigen Auftrag zur Kommunikation des Evangeliums (1 u. 2). Er erfüllt gemeinsame Aufgaben (6), insbesondere die theologische und allgemeine Fortbildung und die Fürsorge um die seelsorgliche Begleitung der Mitarbeitenden.
b) Er unterstützt Kirchengemeinden bei der Erfüllung ihrer Aufgaben (3).
c) Er ist Bindeglied zwischen Landeskirche und Kirchengemeinden: Durch wechselseitigen Informationsfluss, als Interessenvertretung der Kirchengemeinden gegenüber der Landeskirche und als Vertretung der Landeskirche und Aufsichtsbereich zur Einhaltung der kirchlichen Ordnungen.
d) Er ist Bindeglied zwischen den Einrichtungen der Diakonie und der Mission (7).
e) Er nimmt öffentliche Verantwortung in seinem Bereich wahr und arbeitet mit gesellschaftlichen Gruppen und öffentlichen Stellen zusammen.

b) Der Superintendent, die Superintendentin

Er, sie hat den Vorsitz im Kreiskirchenrat Art 52 (1) 1, dem Leitungsorgan des Kirchenkreises zwischen den Synodaltagungen (49) 1, hat einen gesamtkirchlichen Auftrag der Verbindung der Ebenen der Landeskirche als Auftrag zur Wahrung der Einheit in Zeugnis und Dienst und wacht über „Mängel“ bei Institutionen und Personen und sucht Formen der Behebung (Art 53 4).
Als „Mittlerin, Mittler“ sorgt er, sie als Person für die Aufgabenerfüllung der Aufgaben des Kirchenkreises.
In der Personalentwicklung gibt es (weitere) Aufgaben der Nachwuchsgewinnung und –förderung für kirchliche Berufe (54,8) und der Beobachtung der Aufgabenerfüllung der beruflichen Mitarbeitenden (54,6).

Aufgaben im ephoralen Amt nach Schwerpunkten

Leitung des Kirchenkreises

- Konzeptarbeit (zusätzlich zur Konzeptarbeit in den Arbeitsfeldern)
- Kreiskirchenrat (alle Aktivitäten, die mit ihm zusammenhängen)
- Synode (mit Haushalt)
- Ausschüsse
- Arbeitsgemeinschaften
- Geistliche Leitung

- Vertretung des Kirchenkreises in der Öffentlichkeit
- Koordination / Unvorhergesehenes

Mitarbeiterführung und Personalentwicklung
- Einberufung der Konvente aller Mitarbeitenden-gruppen
- Begleitung von Pfarrerinnen und Pfarrern (formell und informell, Aktivitäten bei Stellensuche und -Wechsel, Nachwuchsgewinnung und -förderung, Seelsorge)
- Begleitung von hauptberuflich Mitarbeitenden auf Kirchenkreis-Ebene
- Begleitung von Ehrenamtlichen, die auf kreiskirchlicher Ebene tätig sind, ohne in ein ständiges Gremium eingebunden zu sein
- Krisenintervention bei Personen (außerordentliche Ereignisse, die den „normalen" Konfliktregelungsbedarf übersteigen)

Gemeinden und Einrichtungen
- Begleitung von Gemeinden in allen Dimensionen (Teilnahme an Sitzungen des Gemeindekirchenrats, Vertretung von besonderen Anliegen des Kirchenkreises, Feste, Jubiläen, Visitationen, Information der Ältesten über die anstehenden Vorhaben)
- Begleitung der Einrichtungen
- Krisenintervention bei Organisationen
- Vertretung in der gesellschaftlichen Öffentlichkeit
- Ökumene.

Mittler zwischen den Gemeinden und der Landeskirche durch Teilnahme an landeskirchlichen Treffen für Superintendenten und Superintendentinnen, Arbeitsgruppen im Sprengel und in der Landeskirche, Mitgliedschaft im Theologischen Prüfungsamt und Mitwirkung an Entscheidungen (landessynodale Verantwortung).

Pastorale Tätigkeiten, die nicht unmittelbar durch das Leitungsamt veranlasst sind, wie Gottesdienste in eigener Verantwortung, Gremien in der eigenen Gemeinde, in manchen Fällen Anteile an der Gemeindearbeit (z.B. Kasualien) und weitere seelsorgliche Kontakte.

Der Zeitbedarf für eine Superintendentenstelle

Es soll eine Berechnungsmethode aufgezeigt werden, die Werte für verschiedene Kirchenkreis-Größen liefert, um so Szenarien für mögliche Strukturveränderungen prüfen zu können. Sie kann auch als Alternative oder als Kontrollberechnung für die Berechnungssysteme in den Landeskirchen der EKD dienen. Sie zeichnet sich dadurch aus, dass sie – wie bei der Berechnung der Zeitbudgets für Pfarrstellen – von den Aufgaben her argumentiert.

Damit impliziert sie ein Berufsbild für die Leitungspositionen auf der mittleren Ebene, zeigt aber auch umgekehrt, wie sich solche Berufsbilder in Berufswirklichkeiten umsetzen. Auch wenn die absoluten Werte problematisch sein mögen[147] – sie erlauben doch eine relative Vergleichbarkeit innerhalb einer Landeskirche. Wo es zentrale Systeme der Ressourcenzuordnung gibt, könnten die relativen Werte mit der Gesamtzahl der zur Verfügung gestellten Stellen normiert werden. Allzu große Abweichungen sollte es jedoch nicht geben, wenn denn der Berechnung einige Plausibilität zugebilligt werden kann.

Für die Tätigkeiten werden, anders als bei den Pfarrerinnen und Pfarrern nicht Stunden, sondern Arbeitstage (zu je 9 Stunden Arbeitszeit) als Basiseinheit zu Grunde gelegt.

Zunächst ist festzulegen, wie viele *Arbeitstage im Jahr* zur Verfügung stehen. Nach dem Abzug eines freien Tages in der Woche, von 44 Urlaubs-, 7 Krankheits- und 7 Fortbildungstagen verbleiben 255 Arbeitstage. Sie gelten als Arbeitszeit einer vollen Stelle.

Die Aufgaben lassen sich nach festen und variablen Größen unterscheiden. *Feste Größen* werden als unabhängig von der Größe des Kirchenkreises angenommen. Dies stellt eine Vereinfachung dar, die für ein grobes Ergebnis tolerierbar erscheint. Deren Aufwand wird aufsummiert.

Konvente aller Mitarbeitenden-Gruppen	15
Konzeptarbeit	12
Kreiskirchenrat (mit Vor- u. Nacharbeit, Klausuren, Unterausschüssen)	22
Synode (mit Haushalt)	8
Weitere Ausschüsse	5
Eigene Gottesdienste	20
Gremien in der eigenen Gemeinde	4
Teilnahme an landeskirchlichen Aufgaben	17
Vertretung in der Öffentlichkeit	5
Ökumene	5
Unvorhergesehenes	9
Summe (Arbeitstage)	122

Variable Größen verändern sich mit der Zahl der Gemeindeglieder im Kirchenkreis.

[147] Immerhin sind in sie intensive Gespräche und eine gemeinsame Meinungsbildung mit dem Konvent der Superintendenten des Sprengels Berlin eingeflossen.

> Diese Variablen sind neben der Zahl der Gemeindeglieder auch noch von den Strukturbedingungen im jeweiligen Kirchenkreis abhängig. Für ein genaues Verfahren müssten diese Bedingungen exakt erfasst und bewertet werden (z.B. die Flächenausdehnung und die sich daraus ergebenden Fahrtzeiten, die Zahl der Gemeinden oder die unterschiedliche Ausstattung mit kreiskirchlichen Diensten). Ersatzweise ist ein idealtypischer Mittelwert gebildet worden. Dadurch ergibt sich die Möglichkeit von verallgemeinernden Aussagen. Mit Hilfe von Verhältniszahlen (z.B. wie viele Kriseninterventionen pro Pfarrerin, Pfarrer pro Jahr zu erwarten sind) wird die „Fallzahl" für den jeweiligen Bereich ermittelt. Soll die Berechnung im konkreten Fall zur Erstellung einer Dienstordnung für das Leitungsamt dienen, können exakte Werte eingesetzt werden.

Ein zweiter Wert gibt an, welcher Zeitbedarf pro „Fall" anzusetzen ist.
Tage pro Jahr pro Einheit:

pro Gemeinde (Besuche, Teilnahme an Festen, Visitation …)	3,0
pro Kirchenkreis-Einrichtung (+Kuratorien …)	4,0
pro Pfarrer, Pfarrerin (Dienstgespräche, Familie, Persönliches)	1,5
pro hauptberuflich Mitarbeitendem	1,5
pro Ehrenamtlichen auf KK-Ebene (z.B. Synodale,)	0,3
pro Arbeitsgemeinschaft (Teilnahme, Koordination)	2,0
pro Krisenintervention (bei Personen oder Einrichtungen)	3,0

Für einen Kirchenkreis von etwa 45.000 Gemeindegliedern mit ca. 10 Gemeinden, 15 Pfarrerinnen und Pfarrern im Gemeindedienst und weiteren 5 Stellen im Krankenhaus, Schulpfarrstellen und weiteren Spezialdiensten, 10 kreiskirchlichen Mitarbeitenden und zwei kreiskirchlichen Diensten ergibt sich daraus etwa eine volle Stelle.

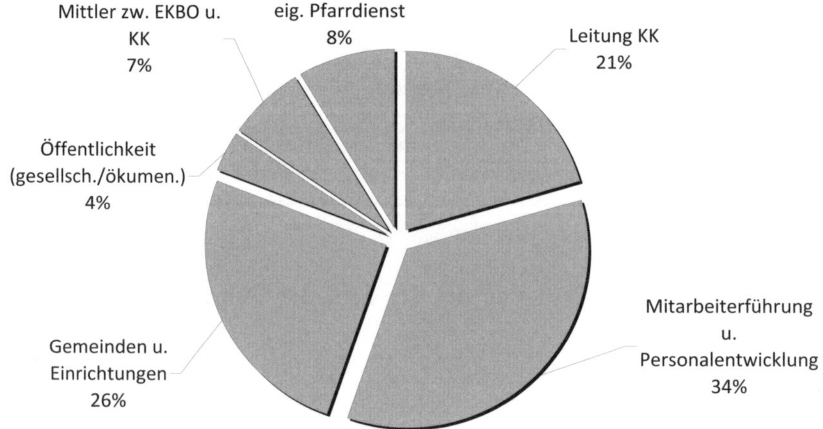

Abb. 8: Aufgabenbereiche in der Leitung eines Kirchenkreises

Die festen Aufgaben nehmen also fast die Hälfte der zur Verfügung stehenden Arbeitszeit ein. Dadurch wird klar, dass größere Kirchenkreise effektiver für den Personaleinsatz von Leitenden sind. Allerdings ergibt die Arbeitszeitberechnung in Abhängigkeit von der Größe des Kirchenkreises keinen linearen Verlauf. Bis zu einer Größe von ca. 45 000 Gemeindegliedern (entspricht einer vollen Stelle) steigt die Effizienz mit steigenden Gemeindegliederzahlen an. Bei noch höheren Gemeindegliederzahlen sind für die Stellenausstattung mit Leitungspersonen keine weiteren Vorteile mehr zu erwarten. Die zunehmende Größe verlangt mehrere Leitungspersonen. Deren interner Koordinationsaufwand steigt mit steigender Komplexität. Große Kirchenkreise erzielen deshalb in der Praxis durch die größere Personenzahl und den damit verbundenen Koordinationsaufwand nicht die rechnerisch möglichen Einsparpotentiale an ephoraler Arbeitskraft. Allerdings ist diese Betrachtung nur auf die Stellensituation bezogen. Von den Befürworterinnen und Befürwortern größerer Einheiten wird die Verbesserung des Leitungshandelns durch eine interne Reflexion und durch Spezialisierungen betont.

Mit diesen Kriterien lässt sich die Bandbreite für die Größe von Kirchenkreisen bestimmen.

Die Untergrenze für städtische Kirchenkreise dürfte aus Effektivitätsgründen bei 30 000 Gemeindegliedern liegen.

Kirchenkreise um 45 000 Gemeindeglieder erfordern ziemlich genau eine Stelle. Gemeindegliederzahlen zwischen 30 000 und 45 000 können durch andere Aufgaben oder durch eine verstärkte Gemeindeanbindung eine Besetzung mit einer Person vertretbar erscheinen lassen.

Größere Kirchenkreise von 45 000 bis ca. 60 000 Gemeindegliedern erfordern eine Unterstützung durch Assistenz oder qualifizierte Formen der Stellvertretung.

Noch größere Einheiten benötigen mehrere Personen in der Leitung und damit auch eine andere Leitungsstruktur.

Die Berechnung zeigt nicht nur den Stellenbedarf sondern auch die *Arbeitsstruktur* einer Leitungsstelle im Kirchenkreis.

Für einen „Normalkirchenkreis“ gibt es drei große Aufgabenblöcke mit je etwa einem Viertel der Arbeitszeit: die Steuerung des Leitungsprozesses in seinen gesetzlich vorgegebenen Strukturen, die Mitarbeitendenführung und Personalentwicklung, und die unmittelbare Begleitung von Gemeinden und Einrichtungen in einer organisationsentwickelnden Perspektive. Bei weiterer Steigerung der Größe der Kirchenkreise steigt der relative Anteil der Mitarbeiterführung noch weiter an.

Das Ergebnis macht deutlich, wie sehr sich ein Leitungsamt vom Pfarrdienst in der Gemeinde unterscheidet.

Das spezifische Stellenprofil dient als Grundlage für die Suche nach geeigneten Kandidatinnen und Kandidaten oder für die notwendigen und sinnvollen Fortbildungen im Vorfeld oder nach Stellenantritt.[148] Das so beschriebene Amt fordert eine qualifizierte Nachwuchssuche und -förderung. Stellvertreter-Regelungen sind dafür ein geeignetes Instrument.

c) Kriterien für die Aufgabenerfüllung

Als überprüfbare Kriterien können gelten:

Effizienz,
d.h. Leistungsfähigkeit bei finanzierbaren Kosten.
Die Leistungsfähigkeit im Raum der Kirche zu messen, ist ein schwieriges Unterfangen.[149] Wesentliches ist nicht messbar. Auch ist die Zuordnung von messbaren Ergebnissen zu Handlungen im Kirchenkreis unsicher. Die äußeren Faktoren haben einen sehr großen und schwer quantifizierbaren Einfluss. Es bleibt also ein weiter Bereich subjektiver Annahmen, wie weit der Kirchenkreis seine Ziele im Rahmen der Grundordnung und seiner Konzeption (oder im Rahmen allgemein verbindlicher Kriterien der kirchlichen Aufgabenerfüllung) erreicht.

Ein weiteres Problem entsteht dadurch, dass der Kirchenkreis kaum Einfluss auf seine Kostenstruktur hat. Die Zuteilungen aus der Kirchensteuer durch die Landeskirche sind ebenso vorgegeben wie der interne Verteilschlüssel. Die Gebäudestruktur ist weithin historisch bedingt. Ob eigene Einnahmen vorliegen, liegt ebenfalls zum großen Teil an der lokalen Kirchengeschichte. Allerdings gibt es durchaus Unterschiede, wie gut ein Kirchenkreis im bestehenden Rahmen gewirtschaftet hat.

Es gibt also durchaus Unterschiede, wie sorgfältig ein Kirchenkreis mit seinen Mitteln umgegangen ist und wie aufmerksam er die Aufgabenerfüllung der Gemeinden begleitet und durch eigene Aktivitäten ergänzt hat. Gewachsene Strukturen haben eine positive Auswirkung auf die Effektivität der Arbeit, noch mehr aber eine kompetente Leitung.

Identifikation,
d.h. gewachsener und tragfähiger Zusammenhalt, der „einen Unterschied macht“ und für die Menschen positiv besetzt ist.

---

[148] Vgl. das Programm der Evang.-Luth. Kirche in Bayern, das unter der Bezeichnung Leiwik – „Leitung wahrnehmen in der Kirche“ – zu großen Teilen von der Gemeindeakademie Rummelsberg ausgestaltet wird.

[149] Siehe zum Thema S. 147 ff.

Identifikation hat drei – messbare – Dimensionen:

- Die Dimension der *Öffentlichkeit*. Menschen im Gebiet des Kirchenkreises und Träger öffentlicher Funktionen und Ämter kennen den Kirchenkreis, können ihn von anderen evangelischen Kirchenkreisen und von Gliederungen anderer Konfessionen unterscheiden und verbinden mit ihm positive Assoziationen. Sie nehmen gerne mit ihm Kontakt auf und hören auf seine Meinung.
- Dimension der *Mitarbeitenden*: Mitarbeitende haben ein „Wir-Gefühl" und sprechen von „unserem" Kirchenkreis. Mitarbeitende, die den Kirchenkreis verlassen, erinnern sich gerne an ihre Zeit, die sie in ihm verbracht haben. Bei Ausschreibungen hat der Kirchenkreis eine bekannte, positive Ausstrahlung.
- Dimension der *Mitglieder*: Dies misst sich daran, wie viele Menschen diesen Kirchenkreis als den ihren bezeichnen, seine Angebote besuchen und sich aktiv mit Zeit und Geld an seiner Gestaltung beteiligen.

Eine längere gemeinsame, positive Geschichte trägt zu dieser Identifikation bei.

Raumgerecht,
d.h. die Grenzen des Kirchenkreises entsprechen Lebensräumen oder politischen Gliederungen.

- Kirchliche Strukturen, die menschlichen Lebensräumen entsprechen, erleichtern den Zugang zu kirchlichen Angeboten. Menschen müssen nicht „gegen den Strom" schwimmen oder sich auf ungewohntes Terrain begeben.
- Eine Kirche, die gesellschaftliche Relevanz anstrebt, wird dies leichter können, wenn sich die politischen Gestaltungsräume (Sozialräume, Bezirke, Kieze) mit ihrem Aufgabengebiet decken. So kann eine Kontaktaufnahme leichter legitimiert werden, wenn es sich um die gleichen Menschen handelt, für die Verantwortung aus unterschiedlichen Perspektiven übernommen bzw. beansprucht wird.

Die Kriterien haben unterschiedliche *Relationen zur Größe* des Kirchenkreises.

Generell gilt, dass sich die *Effizienz* mit zunehmender Größe erhöht, wobei hier auch an ein Maximum zu denken ist, jenseits dessen sie wieder abnimmt.

Deshalb sind die Felder zu unterscheiden:

- Für die Verwaltung ist die Vergrößerung der Fallzahlen effizienzsteigernd, falls der Kontakt zu den Nutzern erhalten bleibt.
- Für die Gremienarbeit gilt Ähnliches.
- Für die Leitungsaufgabe gibt es ein Optimum (Führungsspanne) jenseits dessen die Effizienz wieder sinkt, weil dann entweder die Leitungsqualität leidet oder Unter-Ebenen eingezogen werden müssen.

- Für die umfangreichen personalführenden und -entwickelnden Aufgaben dürfte das Optimum zwischen 25 bis 40 Personen pro Leitungsperson liegen. Für die koordinierenden und organisationsentwickelnden Aufgaben dürfte das Optimum in der Größenordung von etwa 15 Einheiten pro Leitungsperson liegen. Für das Zeitbudget ist zu beachten, dass die Grundordnung dem Superintendenten, der Superintendentin viele Aufgaben, aber wenig Machtbefugnisse zuschreibt. Die übertragenen Aufgaben erfordern also viel Zeit für Kommunikation. Verständigung muss gesucht, Lösungen müssen im Dialog gefunden und mit vielen Beteiligten abgestimmt werden.
- Für die kirchenkreiseigenen Aufgaben ist die Größe zunächst leistungssteigernd. Für den Personalbereich gilt das oben Gesagte.
- Für die vermittelnden Aufgaben zwischen den Ebenen ist steigende Größe zunächst effizienter, wenn die Einheiten aber zu groß werden, wird die Information nicht mehr detailliert und verliert an Qualität.

Die Identifikation ist von vielen historischen und persönlichen Faktoren bestimmt. Lässt man diese außer Acht, dann gilt generell, dass sie mit steigender Größe deutlich sinkt.

Die Frage nach der *Raumgerechtheit* ist kaum eindeutig zu lösen. Für die kommunale Seite ist auf jeden Fall eine Bezugsgröße gegeben, die allerdings zumindest mittelfristig, je nach der gerade geltenden Philosophie im öffentlichen Raum, nicht unerheblichen Veränderungen unterliegt. Im Raum Berlin ist die Ausgangslage relativ schwierig, da eine Kongruenz schwer herstellbar erscheint und da insgesamt eher der Stadtraum Berlin als Ganzes als Gegenüber wahrgenommen wird.

Für die Lebensräume ist hier die Lage etwas besser, da die „Kiez-Orientierung“ einige Bezugsgrößen vorgibt.

Letztlich ist Raumgerechtheit keine Frage der Größe. Tendenziell hat hier jedoch der größere Kirchenkreis die besseren Chancen.

Unabhängig von der Größe eines Kirchenkreises hat der Superintendent, die Superintendentin die Verantwortung, die Aufgabenerfüllung eines Kirchenkreises nach den drei Kriterien zu fördern.

Pflege der Effizienz

Mit den vorhandenen Mitteln sollen die bestmöglichen Ergebnisse erzielt werden. Unterstützend wirken hier eine motivierende Mitarbeiterführung, organisatorisches Geschick, und ein geordneter Informationsfluss.

Stärkung der Identität

Sie ist eine langfristige Angelegenheit. Personale Repräsentanz ohne Personenkult, die immer transparent im Blick auf den gesamten Kirchenkreis ist, stützt sie. Die Öffentlichkeitsarbeit wird viele handelnde Personen ins Licht stellen. Jede positive Außenwirkung hat auch eine identitätsfördernde Innenwirkung!

Verbesserung des Raumbezugs
Grenzen sind vorgegeben, aber wie sich der Kirchenkreis in diesen Rahmen einbringt und entfaltet, entscheidet über Erfolg oder Misserfolg seines Handelns.

d) Der Kirchenkreis und seine Stellung in der Nachbarschaft

Reorganisationsgewinne vs. Transferkosten

Wenn versucht wird, die Strukturen zu verändern, entstehen Kosten. Sie sind materieller Art (Veränderungen kosten Geld) und immaterieller Art (Veränderungen bringen Aufwand mit sich, Einstellungen ändern sich, Zeit verrinnt). Immaterielle Kosten können sich sekundär sehr wohl in Euro und Cent niederschlagen.

Das Zusammenfügen unterschiedlicher Strukturen und Kulturen ist gerade in einer Kirche, die die Eigenständigkeit der Kirchenkreise immer gepflegt hat, eine gewaltige Aufgabe. Es ist zu befürchten, dass bei sehr verschieden geprägten Kirchenkreisen für drei Jahre erst einmal alle Beteiligten mit sich beschäftigt sind und für die Arbeit wenig Zeit und Kraft übrig bleibt. Wenn für drei Jahre 15% der Arbeitszeit für diese Anpassungsprozesse verbraucht werden, dann hat das die gleiche Wirkung wie eine ebenso hohe Personalkürzung und würde – selbstgemacht! – die Auswirkung des Rückgangs der Kirchensteuer weit übertreffen.

In der Regel sind diese Transferkosten materieller und immaterieller Art bei kirchlichen Reorganisationen also ziemlich hoch, wenn auch weithin unterschätzt. Deshalb stellen sich die erwarteten Gewinne nur sehr zögernd ein. Vor einer zu einfachen strukturellen Reorganisation sind deshalb andere Wege zu prüfen.

Um eine wie auch immer ermittelte oder festgelegte optimale Größe herum gibt es einen Korridor von vermutlich +/– 25%, der durch andere „Stellschrauben“ gesteuert werden sollte, als durch den „groben“, langwierigen und teuren Eingriff in die Strukturen.

Lösungsansätze

Bandbreiten nutzen
Im Vergleich zu anderen Kirchen und nach einer quantitativen Abschätzung des Zeitbedarfs für die Aufgaben der Leitung scheinen im städtischen Verdichtungsraum Größenordungen von ca. 45 000 Gemeindegliedern ein Optimum für die Kirchenkreis-Größe zu sein.

Angesichts der Problematik der Transferkosten würde im Bereich von ca. 30 000 bis 60 000 Gemeindeglieder in der Regel kein struktureller Reorganisationsbedarf entstehen, sondern die anderen „Stellschrauben“ zum Tragen

kommen. Die Ausstattung der Leitungsaufgaben (Zeitbudget der Superintendentinnen oder Superintendenten, Sekretariat) kann mit den obigen Werten berechnet werden und sollte an die Aufgaben angepasst sein: in Kirchenkreisen an der Untergrenze durch Übernahme anderer Aufgaben, in Kirchenkreisen an der Obergrenze durch Erhöhung von Assistenzfunktionen und Anpassung des Sekretariats.
In den Arbeitsbereichen innerhalb des Kirchenkreises kann Kooperation und Schwerpunktbildung zwischen Nachbarn helfen, ein gutes Angebot für die Gemeindeglieder aufrecht zu erhalten. Gleichzeitig kann dadurch eine höhere Raumgerechtigkeit erzielt werden.

Unterstützt wird diese Feineinstellung durch die notwendige Entkoppelung von Verwaltung und geistlicher Einheit. Dann können nämlich die Effizienzvorteile größerer Verwaltungseinheiten genutzt werden. Die Erschließung und die Zugänge für die dezentralen Nutzer der Verwaltung sind durch eine geeignete Informationstechnologie unschwierig zu sichern.

Flexible Vernetzung und Kooperation
Für die Entwicklung *innerhalb* des Kirchenkreises Wilmersdorf ist das Prinzip der „flexiblen Vernetzung“ leitend. Dies kann auch auf die Zusammenarbeit von Kirchenkreisen angewendet werden.

Als erster Schritt zwischen Kirchenkreisen empfiehlt sich die Bildung einer Arbeitsgemeinschaft von Kirchenkreisen. Diese AG könnte der Raum für eine weitergehende Vernetzung gemeinsamer Institutionen sein (Diakonie, Gebäudemanagement, Schulen und Kitas, Amt für Jugendarbeit, Familienbildungsstätten, Öffentlichkeitsarbeit …) Sehr schnell könnten an die bereits bestehenden Verwaltungsverbände weitere gemeinsame Aufgaben angedockt werden. Ein Kita-Verbund im Rahmen der bereits bestehenden gemeinsamen Verwaltung wäre z.B. nahe liegend.

Für Gemeindeglieder könnte eine gemeinsame Erschließung erfolgen (Homepage, kirchlicher Stadtteil-Anzeiger, Veranstaltungsprogramm).

Für die fernere Zukunft kann bei weiter zurückgehenden Gemeindegliederzahlen der Bereich dieser Arbeitsgemeinschaft eine kirchliche Zielgröße darstellen. Fusionen sind nicht ausgeschlossen und können einen sinnvollen Schritt darstellen. Alternativ dazu bieten Kooperationen den Vorteil, über eine längere Zeit hinweg den Verlust von Identifikation, von Kraft und Zeit und den Verzicht auf Grundordnungsrechte (Recht auf Vertreter in der Landessynode, im Ephorenkonvent) zu vermeiden.

Übertragen auf die *Zukunft des Kirchenkreises und seiner Partner* heißt das:
Auf die nächsten sieben Jahre ist die *eigenständige und vernetzte Entwicklung* die erfolgreichere Variante.
Für Wilmersdorf als weiterbestehende Einheit spricht der begonnene Entwicklungsprozess, der für seine volle Wirksamkeit noch etwa fünf Jahre be-

nötigen wird. Am Ende dieses Zeitraums ist mit ca. 30 000 Gemeindegliedern noch eine vertretbare Größe vorhanden.
Eine *aufgaben- und projektbezogene Kooperation* mit den Nachbarkirchenkreisen erweitert das Spektrum und nimmt keine der denkbaren Strukturoptionen vorweg.

Die Entwicklung erfolgt in „Ruf- und Hörweite“, damit vorhandene Unterschiede abgebaut und keine neuen aufgebaut werden. Damit sinken die Transferkosten einer späteren Zusammenarbeit, wie auch immer sie gestaltet sein wird.

Dies geschieht bereits durch die parallele Entwicklung im Kirchenkreis Schöneberg. Sie folgt in eigener Prägung dem gleichen Grundansatz der Konzeptentwicklung unter Mitwirkung des gleichen externen Beraters wie Wilmersdorf. Es besteht eine gemeinsame Kindergartenberatungseinrichtung. Neu ist die Zusammenarbeit im Bereich der Sportarbeit, sowie Kooperationsüberlegungen im Bereich der Jugend. Dies lässt die bereits enge Bindung weiterhin wachsen.

Die Kirchenkreise Charlottenburg und Wilmersdorf sind dem fusionierten Bezirksamt gemeinsam zugeordnet. Zusammen mit Schöneberg sind sie Träger des Kirchlichen Verwaltungsamtes Berlin Mitte West. Der natürliche zweite Partner von Schöneberg, Tempelhof als Teil des fusionierten Stadtbezirkes könnte als vierter Kirchenkreis dazu kommen. Daraus ergäbe sich eine sinnvolle Arbeitsgemeinschaft aus vier Kirchenkreisen mit allen bisherigen Verfassungsrechten, Identitäten und Personalverantwortungen. Sie wären zwei Bezirksämtern verbunden und trügen gemeinsam ein Verwaltungsamt. Transferverluste wären fast vollständig vermeidbar. Die Gemeindegliederanzahl beliefe sich auf 160 000. Ein gemeinsamer Ressourcenzugriff könnte in vielfacher Weise organisiert werden. Auch könnten Kirchengemeinden über die Kirchenkreis-Grenzen hinweg sinnvoll kooperieren. Visitatorisches Handeln könnte abgestimmt werden und ein gegenseitiges Lernen (best practice) einsetzen.

Allerdings wird am Ende des Planungszeitraums 2035 die Gemeindegliederzahl für *Wilmersdorf* wahrscheinlich unter ca. 25 000 Gemeindeglieder (beste Prognose) liegen und keinen eigenständigen Kirchenkreis mehr tragen. Die dann schon weitgehend eingeübte Gemeinschaft böte weitere Entwicklungschancen in Richtung Fusion, Personalunion oder andere engere Kooperationsformen. Welche Strukturierungen dann im Raum Berlin gelten werden, ist offen, zumal die hier bedachten Veränderungen stets von Mitgliederverlusten ausgehen und überraschende gegenläufige Entwicklungen wegen ihrer Unwahrscheinlichkeit nicht bedacht aber doch möglich sind.

D. Die Begleitung der Mitarbeitenden

Menschen sind berufen, an der „Kommunikation des Evangeliums" mitzuwirken. Sie tun dies im Alltag der Welt, als freiwillig Mitarbeitende im Raum der Kirche und als Menschen, die ihre Arbeitskraft auf Dauer hauptberuflich in den Dienst[150] nehmen lassen. Es gehört zu den wichtigen Aufgaben der Kirche, diesen Dienst zu ermöglichen und zu unterstützen (vgl. Eph 4,12).
Die Begleitung der Mitarbeitenden in Wilmersdorf soll sicher stellen, dass genügend Menschen bereit und in der Lage sind, an ihrem Auftrag mit zu wirken.

1. Die Begleitung von Mitarbeitenden erhält neue Formen

Evangelische Kirchen haben schon immer bei der Auswahl der Mitarbeitenden besondere Sorgfalt aufgewendet. Unter der Prämisse der evangelischen Freiheit war die alltägliche Praxis der Mitarbeit dagegen weitgehend Sache der Mitarbeitenden selbst, von akuten Fehlentwicklungen einmal abgesehen.

Das Kontaktfeld der Mitarbeitenden zu den Verantwortlichen hat sich jedoch seit etwa 10 Jahren tiefgreifend verändert. Unter den Begriffen von Personalführung und Mitarbeitendenentwicklung ist die Bedeutung kontinuierlicher Begleitung der aktuellen Berufspraxis und die Wichtigkeit vorausschauender Überlegungen über künftige Tätigkeiten erkannt worden.[151] Die freiwillige Mitarbeit darf dabei aus theologischen und praktischen Gründen nicht übersehen werden.

> Eine Arbeitsgruppe aus dem Kirchenkreis hatte ein Konzept für die Begleitung von freiwillig Tätigen im Gemeindebereich entworfen. Eine Arbeitshilfe war fertiggestellt, die Standards und Verfahren für diesen Bereich, wie z.B. eine Beschreibung der Rechte und Pflichten für die jeweilige Aufgabe, vorschlug und auch den Gedanken der Klärung von Erwartungen und Begabungen durch eine „Ausschreibung" und eine Vereinbarung enthielt. Ihre verbindliche Einführung scheiterte jedoch im Pfarrkonvent am vehementen Widerstand einzelner Mitglieder, die jede Regelung dieses Bereichs als Eingriff in ihren Kompetenzbereich und als unangemessen für „ihre" Ehrenamtlichen betrachteten. Schließlich wurde die Wilmersdorfer Arbeitshilfe unter Verweis auf die landeskirchliche Arbeitshilfe[152] zurück gestellt und der Bereich nicht weiter im Rahmen der Kirchenkreisplanung verfolgt. In einzelnen Fachbereichen wie z.B. der Jugendarbeit, dem „Team Diakonie" oder der

---

[150] Vgl. Lindner (2000) 142ff: „Mitarbeitende als kompetente Wegbegleiter".

[151] Vgl. Lindner (2002) zur Personalentwicklung in evangelischen Kirchen.

[152] EKBO (2007). Viele Landeskirchen haben zum Thema Ehrenamt ähnliche Gesetze, Verordnungen oder Leitlinien erlassen und Fortbildungsprogramme oder sogar Ehrenamts-Akademien installiert.

Krankenhausseelsorge gibt es jedoch eigene Konzepte der Gewinnung und Begleitung von freiwillig Tätigen.

Im Folgenden wird über die spezifische Ausgestaltung berichtet, die die landeskirchliche Broschüre über Dienstvereinbarungen mit Pfarrerinnen und Pfarrern in der Integrierten Kirchenkreisplanung erhalten hat.

Mitarbeitendengespräche gehören inzwischen in den meisten Kirchen der EKD und so auch in der EKBO zu den Pflichten der Verantwortlichen. Nun sind solche Gespräche als Verbesserung der innerkirchlichen Kommunikation sicher in jedem Falle sinnvoll. Ihre Kraft können sie jedoch nur dann entfalten, wenn sie in eine Gesamtkonzeption des Arbeitsfeldes eingebettet sind, die eine Zieldimension für diese Gespräche enthält.

Die EKBO hat für den *Pfarrbereich* den Abschluss von Dienstvereinbarungen empfohlen und dafür eine Arbeitshilfe[153] zur Verfügung gestellt.

Das Besondere an dieser Arbeitshilfe besteht darin, dass sie ein Leitbild entwirft, die Tätigkeiten nach Kernaufgaben und Aufgaben nach lokalen Besonderheiten gliedert und Aussagen zur Arbeitszeit und zum Aufwand für die pfarramtlichen Tätigkeiten macht. Mit dieser Hilfe sollen Dienstvereinbarungen für Pfarrerinnen und Pfarrer im Gespräch mit dem Gemeindekirchenrat geschlossen werden. Das Gespräch wird in der Regel von der Superintendentin oder vom Superintendenten geleitet. Durch dieses Verfahren gewinnen Dienstvereinbarungen deutlich an Konkretion. Die unbestimmten Begriffe in vielen anderen Dienstordnungen wie z.B. „ist verantwortlich für die Arbeit mit jungen Erwachsenen …“ „arbeitet in der Jugendarbeit mit“ werden präzisiert.

Diese Anregungen werden durch die Integrierte Kirchenkreisplanung aufgenommen. Durch sie stehen für Vereinbarungen noch konkretere Ziele zur Verfügung. So ist die Unterscheidung zwischen Muss-, Soll und Kann-Aufgaben präziser auf das Ziel des Kirchenkreises abgestimmt. Bei den Annahmen für den Zeitaufwand werden ebenfalls einige Modifikationen vorgenommen.

Der Kirchenkreis will seine Ziele durch das Zusammenwirken von drei eigenständigen Bereichen (Diakonie, Bildung, verfasste Kirche) erreichen, von denen zwei als gemeinnützige GmbHs organisiert sind. Damit stellt sich die Frage nach der *Mitarbeitendenbegleitung in den organisatorisch eigenständigen Bereichen.* Sie hat eine fachliche (Pflege, Erziehung) und eine institutionelle (die Arbeitsbeziehungen in dieser Organisation) Komponente. Sie hat aber auch die Dimension des Gesamtziels: Teil der Auftragserfüllung eines Kirchenkreises der EKBO zu sein.

153 EKBO (2004).

Im Bereich der Kindertagesstätten ist durch die Zusammenfassung in der Lemiki-gGmbH die systematische Fortbildung der Mitarbeitenden anhand der Konzeption in Gang gekommen. Bei der Diakonie Wilmersdorf existiert ein Leitbild, das die Rolle der Mitarbeitenden beschreibt. Die Fortbildungen, die das „Team Diakonie" organisiert, bringen den Mitarbeitenden die Zieldimension des Kirchenkreises nahe und zeigen ihren Beitrag dazu auf.

2. Dienstvereinbarungen für den Pfarrdienst werden abgeschlossen

a) Grundlagen

Ein vielfältiges Gemeindeleben, knappe Finanzen, weniger berufliche Mitarbeitende, eine unübersichtliche Großwetterlage, unterschiedlichste Menschen mit ihren Lebensschicksalen und Glaubensbiografien: der Dienst der Pfarrerinnen und Pfarrer ist umfassend und beanspruchend wie selten zu vor.

Gesellschaftliche Veränderungen haben dazu geführt, dass die früher selbstverständliche Annahme, ein Pfarrer könne immer im Dienst sein, da seine Ehefrau und vielleicht sogar die ganze Familie ihm alle anderen zum Leben gehörenden Pflichten und Aufgaben abnehme, weniger oder gar nicht mehr gelten.

Es gehört zur Fürsorgepflicht der Landeskirche, ihren Pfarrerinnen und Pfarrern zu helfen, diese Anforderungen zu bewältigen. Als einen Baustein schlägt sie deshalb vor, Dienstvereinbarungen zu erstellen. Sie können und sollen die persönliche und gemeindliche Individualität nicht einebnen. Aber sie bieten einen Rahmen, der eine auftragsgemäße Berufsentfaltung ermöglicht.

Die Integrierte Kirchenkreisplanung nimmt diesen Impuls auf und präzisiert ihn. Weil Dienstvereinbarungen Aufgabenfeldern Arbeitszeiten zuordnen, ist dieses Vorgehen für den Pfarrberuf ungewohnt. Es kommt sehr auf den Geist an, in dem dieses Vorgehen praktiziert wird. Zwar sind die Annahmen plausibel, aber sie können aus der Natur des Dienstes nicht objektiv in einem allgemein gültigen Sinn sein. Zur Kontrolle eignen sich die Werte nicht, wohl aber ermöglichen sie eine externe Reflexion, die die Gestaltung des Dienstes wesentlich verbessern kann.

Gerade für Teildienstverhältnisse ist eine klare Organisation des Berufes, einschließlich der notwendigen Abgrenzungen, unerlässlich. Da davon immer auch die Kolleginnen oder Kollegen in der Gemeinde oder in der Nachbarschaft betroffen sind, müssen die Dienstvereinbarungen für alle erarbeitet werden und sich aufeinander beziehen.

Dienstvereinbarungen werden nicht für die Ewigkeit sondern für einen Erprobungszeitraum geschlossen. Eine regelmäßige Überprüfung führt zu realistischen und hilfreichen Ergebnissen. So werden Dienstvereinbarungen fruchtbar. Sie nützen der Person, der Gemeinde und dem Kirchenkreis

Dienstvereinbarungen dienen der Person
Sie schaffen im Dialog mit einem kundigen Gegenüber Klarheit über die Aufgaben. Sie schützen vor Überforderung. Sie vermitteln Anerkennung, Wertschätzung und Zufriedenheit, auch dann, wenn viele denkbare Aufgaben unerfüllt bleiben und sogar gelegentlich Menschen auf Grund ihrer Unkenntnis der schon erbrachten Leistung mit der Erfüllung des pastoralen Dienstes unzufrieden sind. So entsteht eine Basis für das persönliche Zeitmanagement als wichtiger Schritt zu einem erfüllenden und erfolgreichen Berufsleben.

Dienstvereinbarungen dienen der Gemeinde
Gemeinden haben Grundaufgaben. Für sie soll ausreichend Zeit zur Verfügung stehen. Gemeinden haben Schwerpunkte. Auch für sie wird der Platz im Kalender gesichert. Der Gemeindekirchenrat ist bei der Aufstellung der Dienstordnung beteiligt. So bekommt die Gemeindekonzeption Hand und Fuß. Das oft schwer greifbare Berufsbild einer Pfarrerin bzw. eines Pfarrers gewinnt an Transparenz. Auch werden versteckte Probleme sichtbar. Ehrenamtliche erfahren sich als hilfreich und alle Mitarbeitenden begreifen sich als Team.

Dienstvereinbarungen dienen dem Kirchenkreis
Motivierte Mitarbeitende und zielorientierte Gemeinden dienen dem Gesamten am Besten. Durch die Zusammenschau der verschiedenen Dienste werden die knappen Kräfte bestmöglich gebündelt. Mit Hilfe der Dienstvereinbarungen wird gesichert, dass für die Ziele des Kirchenkreiskonzepts und die getroffenen Schwerpunktbildungen auch die dazu gehörigen Zeitressourcen zur Verfügung stehen, d.h. dass Kirche in Wilmersdorf ihrem Auftrag, das Evangelium dem ganzen Volk auszurichten, nachkommen kann.

b) Die Ermittlung persongebundener Aufgaben

Um planen zu können, muss klar sein, welche Zeiträume zur Verfügung stehen. Zunächst gibt es für Pfarrerinnen und Pfarrer Aufgaben, die an ihre Person gebunden sind und unabhängig von ihrer Stelle erfüllt werden müssen. So muss für die persönliche Fortbildung ebenso Zeit sein wie für die Abstimmung im Konvent. Ferner ist die Tätigkeit für das Gesamte des Kirchenkreises oder für die Landeskirche ein wesentlicher Teil des Auftrags.

Andere persongebundene Aufgaben können variieren. Dies betrifft die Erteilung von Religionsunterricht. Ebenso können refinanzierte Tätigkeiten oder ständige Beauftragungen persongebundene Aufgaben darstellen.

Diese Zeiten stehen zunächst einmal nicht der unmittelbaren Gemeindearbeit zur Verfügung. Sie sind jedoch nicht verloren, weil sie vielfach der Gemeinde indirekt wieder zu gute kommen.

Der Überblick zeigt personbezogene Tätigkeiten mit den allgemeinen Stundenzahlen.

	Ganze Stelle Jahr	Ganze Stelle Woche	Teil-stelle 50% Jahr	Teil-stelle 50% Woche
Stunden/Jahr bei 54 Std./Woche u. 45 Arbeitswochen	2430	–	1.215	–
Fortbildung und theologische Arbeit	132	3,0	132	3,0
Pfarrkonvent (monatliche Treffen und Rüste)	80	2,0	80	2,0
Kreis- und landeskirchliche Aufgaben / Beauftragungen	122	2,5	61	1,3
Religionsunterricht (2 WStd.)	180	4,0	90	2,0
Ggf. refinanzierte Tätigkeiten				
Unvorhergesehenes (10%)	243	5,5	122	2,5
Verbleiben für gemeindliche Aufgaben	**1674**	**37,0**	**731**	**16,2**

Je nach der Verpflichtung zum Religionsunterricht oder durch andere refinanzierte Tätigkeiten kann die verbleibende Arbeitszeit für gemeindliche und Schwerpunktaufgaben von der oben genannten Stundenzahl von 37 Stunden abweichen.

c) Die Erfassung des Ist-Stands

Als nächstes werden die augenblicklich ausgeübten Tätigkeiten in der Gemeinde mit ihren Wochenstundenzeiten erfasst. Bei Tätigkeiten in größeren Zeitabständen müssen diese auf Wochenstunden umgerechnet werden.

Dazu dient ein idealtypischer Wochenplan, in dem die eigenen Tätigkeiten so *konkret wie möglich* nach Art und Dauer erfasst werden. Dies kann bereits zu ersten Konsequenzen anregen. Die Zersplitterung der Tätigkeiten und ihre Außensteuerung im Pfarramt sind eine wesentliche Quelle für berufliche Unzufriedenheit und mangelnde Konzentration. Dieser Wochenüberblick – möglicherweise im Rahmen einer Supervision oder eines Coaching bearbeitet – kann Hinweise auf Verbesserungen durch Blockbildung und eine dem persönlichen Arbeitsstil entsprechende Abfolge der Tätigkeiten geben. Dies kann die Arbeitszufriedenheit erhöhen und die Nutzung der Arbeitszeit bei gleichem Zeitaufwand verbessern.

Dann werden die erfassten Tätigkeiten (und die unregelmäßig anfallenden Aufgaben wie z.B. die Kasualien) *zu Gruppen zusammengefasst.* Das grobe, allgemeine Raster dazu ist aus der Aufgabengliederung[154] vorgegeben.
Es lautet:

A. Gottesdienste
B. Amtshandlungen (ohne KU)
C. Glaubensvermittlung / Konfirmanden
D. Seelsorge / Mitgliederkommunikation / Öffentlichkeitsarbeit
E. Gemeindeleitung und Mitarbeitenden-Führung
F. Begleitung ehrenamtlich Mitarbeitender
G. Zielgruppen
F. Andere Aufgaben
H. Schwerpunktaufgabe Kirchenkreis (falls nicht ausgegliedert, weil refinanziert)

Alle Tätigkeiten werden der Aufgabe zugeordnet, zu der sie inhaltlich gehören (z.B. die Teamsitzung zur Gottesdienstvorbereitung zum Feld Gottesdienst, das Schreiben von Geburtstagskarten zum Feld Mitgliederkommunikation …).

Innerhalb der Gruppen Gottesdienste, Zielgruppen, andere Aufgaben und Glaubensvermittlung wird nun entsprechend der Aufgabengliederung für die Gemeinde weiter unterschieden. Gehört die Tätigkeit zu den Grundaufgaben (Muss), erweiterten Grundaufgaben (Soll), zum „kleinen Schwerpunkt“ (Soll) oder ist sie ein persönlicher Schwerpunkt.
Die Tätigkeiten in den anderen Gruppen gehören zum Muss.

Die erfassten Tätigkeiten werden deshalb in einem gemeinsamen Gespräch der Aufgaben-Gliederung im Kirchenkreis zugeordnet bzw. aufgeteilt.

Diese Vorarbeiten[155] dienen als Grundlage für ein erstes Gespräch mit Superintendent oder Superintendentin. Hier werden vor allem Zuordnungsfragen geklärt.

Falls in einer Gemeinde nur ein Pfarrer, eine Pfarrerin tätig ist, ist die Erfassung damit abgeschlossen.
Bei mehreren Pfarrstellen müssen die Tätigkeiten aller in der Gemeinde Tätigen zunächst getrennt ermittelt und dann zusammengezählt werden.

---

[154] Siehe S. 112 f.
[155] Für die praktische Durchführung wurden Formulare entworfen.

Diese Werte werden nun beurteilt, um zu einer Soll-Aussage und zu einer Dienstvereinbarung zu kommen. Als Maßstab dient der „Zeitbedarf für die Grundaufgaben“, der für jede Gemeinde entsprechend ihrer Größe und an Hand von Richtwerten für Einzeltätigkeiten ermittelt wird. Dieses Verfahren ist notwendigerweise schematisch und trifft sicher nicht exakt den Einzelfall. Auf das Gesamte eines Jahres sollte es jedoch der Wirklichkeit recht nahe kommen.

d) Zeitbedarf für die Grundaufgaben

Die Richtwerte für die einzelnen Aufgaben
Um ein möglichst einheitliches Verfahren zu gewährleisten, wird der Zeitbedarf für die Grundaufgaben festgelegt. Die Schwerpunktaufgaben können nicht auf diese Weise verallgemeinert werden. Dieser Teil muss von Fall zu Fall festgelegt werden.

Die *allgemeine Basis* für die Tätigkeiten in den Grundaufgaben wird in Anlehnung an die Vorgaben der EKBO und im Vergleich mit anderen Landeskirchen festgelegt.

Gottesdienst
- Vorbereitung 8,0
- Durchführung 1,5

Religionsunterricht
- Unterrichtsstunde à 45 min 1,0
- Vorbereitung pro Unterrichtsstunde 1,0

Kasualien
- Je Kasualie im Durchschnitt 5,0
- Nach der Statistik für den Kirchenkreis treffen auf 1.000 Gemeindeglieder 26 Kasualien pro Jahr (ohne Konfirmationen)

Konfirmandenunterricht in Wochenstunden

Gruppen / Teilnehmende	Wochenstunden.
Eine Gruppe bis 18 TN	5,0
Eine Gruppe bis 28 TN	7,0
Zwei Gruppen bis 46 TN	10,0
andere Formen / Gruppen über 46	12,0

Es ist immer vorausgesetzt, dass Teamer mitwirken!

Eine alternative Berechnung mit *Jahresstunden* erlaubt eine Einschätzung, ohne die Struktur des KU zu kennen. Hier werden 16 Jahresstunden pro KonfirmandIn zu Grunde gelegt.

Seelsorge und Mitgliederkommunikation
Für sie wird pauschal 2/3 der Kasualzeit angenommen
Gewinnung und Begleitung ehrenamtlicher Mitarbeiter-
Pro Tausend Gemeindeglieder werden dafür 0,5 Wochenstunden angesetzt.
Gemeindeleitung (Wochenstunden)

Größe der Gemeinde	WochenStd.
Gemeindeleitung kleinere Gem. bis 1500 GemGlieder	6,0
Gemeindeleitung mittlere Gem. bis 3000 GemGlieder	8,0
Gemeindeleitung große Gem. bis 5000 GemGlieder	10,0
Gemeindeleitung sehr große Gem. größer als 5000 GG	12,0

Die Stundenzahlen für die Grundaufgaben in den Gemeinden

Mit Hilfe der Richtwerte, dem Wissen um die Gottesdienststationen und der Zahl der Gemeindeglieder lassen sich Stundenzahlen für Grundaufgaben in den Gemeinden des Kirchenkreises errechnen.

Gemeinde-glieder geschätzt	Gottes-dienst	Kasualien	Seelsorge Besuche Kommuni-kation	KU KiTa	Gemeinde-leitung	Ehren-amtliche	**Summe Grundauf-gaben**	Stellenbedarf mit 20 % Schwerpunkt	Stellenbedarf mit 10 % Schwerpunkt
2.000	6,0	5,9	3,9	5,0	6,0	1,0	**27,7**	0,9	0,8
4.700	9,5	13,8	9,1	11,8	8,0	2,4	**54,5**	1,8	1,6
6.750	9,5	19,8	13,1	16,9	10,0	3,4	**72,6**	2,4	2,2
3.100	6,0	9,1	6,0	7,8	6,0	1,6	**36,4**	1,2	1,1
3.300	6,0	9,7	6,4	8,3	6,0	1,7	**38,0**	1,2	1,1
4.600	8,0	13,5	8,9	11,5	8,0	2,3	**52,2**	1,7	1,6
4.300	8,0	12,6	8,3	10,8	8,0	2,2	**49,8**	1,6	1,5
4.900	8,0	14,4	9,5	12,3	8,0	2,5	**54,6**	1,8	1,6
3.000	6,0	8,8	5,8	7,5	6,0	1,5	**35,6**	1,2	1,1
36.650	**67,0**	**107,5**	**70,9**	**91,8**	**66,0**	**18,3**	**421,5**	**13,8**	**12,6**

Diese Berechnungen erlauben auch in einem System mit sehr vielen Freiheitsgraden wie es in der EKBO in Geltung steht, eine Abschätzung, ob und wie gut die Grundaufgaben der Gemeinde mit der Stellenausstattung erfüllbar sind. Es zeigt sich, dass dies in allen Gemeinden möglich ist, zum Teil jedoch sehr knapp. Da durch die Zuordnung von Personalkosten zur Reichweite einer Gemeinde erstmals fundiertere Anhaltspunkte über die Auswirkungen der Ausstattung mit Pfarrstellen vorliegen,[156] wird auch deutlich, dass sich höhere Ausgaben für Pfarrstellen in einer größeren Reichweite der Gemeindearbeit niederschlagen.

---

[156] Siehe das „Portfolio" S. 159 ff.

Für eine Gemeinde mit 2200 Gemeindegliedern ergibt sich eine idealypische Verteilung der gemeindlichen Aufgaben.

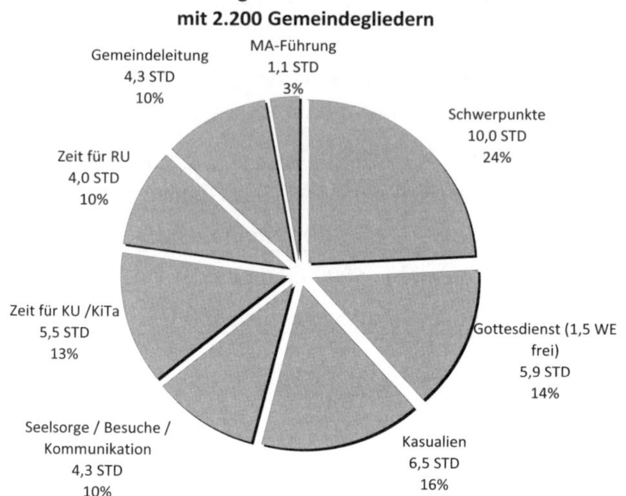

Abb. 9: Stundenverteilung im Pfarrdienst einer Gemeinde mit 2200 GG

e) Der Abgleich zwischen Ist und Soll

Auf dem Weg zu einer Dienstvereinbarung sind zwei Fragen zu beantworten: Steht für die Aufgaben der Gemeinde genügend Zeit zur Verfügung? Ist das Arbeitsmaß vertretbar?

In einer Gemeinde müssen die *Grundaufgaben* zuverlässig und mit ausreichend Zeit erfüllt werden. Pfarrerinnen und Pfarrer werden je eigene Akzente setzen. Wichtig ist jedoch, dass die Grundaufgaben der Gemeinde durch das Zusammenwirken der Pfarrerinnen und Pfarrer erfüllt werden.

Richtschnur ist der „Zeitbedarf für Grundaufgaben" jeder Gemeinde, wie er in der Tabelle beispielhaft aufgeführt ist. Die dortigen Zeiten sind Anhaltspunkte, die bei besonderen Verhältnissen auch verändert werden können. Gründe für Veränderungen können allerdings nur dann gelten, wenn es andere Aufgaben gibt, also wenn die Zahl der Gottesdienste erheblich abweicht, wenn etwa durch ein Altenheim die Zahl der Bestattungen überdurchschnittlich ist oder wenn die Konfirmandenarbeit von anderen Gemeinden übernommen wird.

Die erste Frage bei der Überprüfung lautet deshalb: Steht in dieser Gemeinde für jede Grundaufgabe ausreichend Zeit zur Verfügung? Oder wird zuviel Zeit für eine Aufgabe verwendet? Das Ergebnis kann in Zahlen für Einzelaufgaben und in einer Gesamtsumme ausgedrückt werden.

Wichtig ist weiter, dass die Schwerpunktaufgaben, die die Gemeinde übernommen hat, auch nach Stunden beziffert werden und mit berücksichtigt werden. Die Maßstäbe für die Beurteilung sind hier nicht so klar, wie bei den Grundaufgaben und müssen im Einzelfall je nach Schwerpunkt festgelegt werden. Richtschnur kann allenfalls sein, dass ein Schwerpunkt „ausreichend“ ausgestattet werden muss.

Die zweite Frage lautet deshalb: Steht in dieser Gemeinde für die Schwerpunktaufgaben ausreichend Zeit zur Verfügung? Oder wird zuviel Zeit dafür aufgewandt? Auch dieses Ergebnis kann in Zahlen ausgedrückt werden. Dabei ist zwischen den absolut verpflichtenden Kirchenkreis-Schwerpunkten und zwischen den anderen Schwerpunkten zu unterscheiden.

Wenn die Zahlen der gesamten Arbeitszeiten zusammengezählt werden, ergibt sich das Arbeitsmaß, das in dieser Gemeinde im Augenblick erbracht wird.

Die dritte Frage lautet: Ist das Arbeitsmaß insgesamt und für jede einzelne Person vertretbar? Auch dieses Ergebnis kann in Zahlen gefasst werden.

f) Der Abschluss von Dienstvereinbarungen

Die Überprüfung ist kein Selbstzweck, sondern soll den dreifachen Zielen für die Person, die Gemeinden und den Kirchenkreis dienen. Die Dienstvereinbarungen sollen diese Ziele sichern.

Die Überprüfung des Arbeitsmaßes führt auf drei Möglichkeiten. Wenn es vertretbar ist, können die nächsten Schritte mit dieser Größe weitergegangen werden. Wenn es zu hoch ist, müssen Kürzungen im Bereich der Kann- und Soll-Aufgaben erfolgen. Sollte es zu niedrig liegen, müssen zuerst die Soll-Aufgaben bedacht werden.
Die weiteren Schritte prüfen die Muss-Aufgaben je einzeln und in der Gesamtsumme und können zu guter Letzt die Spielräume für die Soll- und Kann-Aufgaben ermitteln.
Bei mehreren Kolleginnen und Kollegen ist die interne Arbeitsverteilung flexibel, falls das Arbeitsmaß eingehalten wird und die Muss-Aufgaben für diese Gemeinde erfüllt werden.

Die Personalausstattung im Kirchenkreis ermöglicht in allen Fällen die Erfüllung der Grundaufgaben und die Übernahme eines Schwerpunkts im Rahmen der vertretbaren Arbeitszeit.

Nicht immer lässt sich im ersten Durchgang eine Lösung erzielen. So können auch gestufte Entwicklungsziele für längere Zeiträume vereinbart werden.

Was zwischen den Pfarrerinnen und Pfarrern einer Gemeinde gilt, kann auch für die verbindliche Zusammenarbeit benachbarter Gemeinden angewandt werden. In diesem Fall muss der Ausgleich in der Summe der beteiligten Gemeinden hergestellt werden.

Für Pfarrerinnen und Pfarrer in nicht-gemeindlichen Arbeitsfeldern gilt grundsätzlich das gleiche Vorgehen. Die personbezogenen Aufgaben sind weitgehend gleich. An Stelle der gemeindlichen Tätigkeiten und Schwerpunktaufgaben treten die spezifischen Tätigkeiten der besonderen Aufgabe. Auch für theol.-päd. Mitarbeitende und für die Kirchenmusik lassen sich unschwierig Anpassungen vornehmen.

g) Arbeitszeiten im Pfarrberuf

Zu diskutieren ist die Frage nach der wöchentlichen *Arbeitszeit*. Die Grundstimmung wechselt zwischen der Bejahung der hohen Selbstbestimmung und der Erkenntnis einer nicht geringen Selbstausbeutung. Dieser Frage mit Zahlen auf den Grund zu gehen, ist für den Pfarrberuf neu und ungewohnt. Aber spätestens bei der Einführung von Teildienstverhältnissen musste sie beantwortet werden. Als eine Art stillschweigender Konsens wird in vielen Landeskirchen eine Wochenarbeitszeit von 54 Stunden angenommen.

Sie liegt über den etwa 40 Wochenstunden vieler Tarifverträge. Befragungen von Pfarrerinnen und Pfarrern haben ergeben, dass ihre Arbeitszeiten nach ihrer Selbsteinschätzung etwa in diesem Bereich liegen. Im Wesentlichen wird sie, wenn auch mit Schmerzen, akzeptiert.[157] Zur Akzeptanz trägt bei, dass bei vielen leitenden Mitarbeitenden Arbeitszeiten deutlich über die 40 Stunden erwartet und geleistet werden. Empirische Untersuchungen haben allerdings zum Teil noch höhere Arbeitszeiten von über 60 Wochenstunden ergeben.[158] Die angesetzten 54 Wochenstunden können deshalb als eine erstrebenswerte Richtzahl angesehen werden, die immer noch hoch angesetzt ist und deshalb als das Maximum angesehen werden und auch Fahrt- und Präsenzzeiten berücksichtigen sollte. Diese Stundenzahl entspricht bei einem

---

[157] Arbeitsbuch zur Pastorinnen- und Pastorenbefragung der Evangelisch-Lutherischen Landeskirche Hannover, als Manuskript gedruckt, Hannover 2005, 23: Als durchschnittliche Arbeitszeit werden 55,7 Stunden angegeben. 16,7% halten diese Zahl für angemessen, 46,8% für „gelegentlich zu hoch“, 35,3% für „dauerhaft zu hoch“.

[158] So z.B. Dieter Becker: Arbeitszeiten im heutigen Pfarrberuf. Empirische Ergebnisse und berufssoziologische Erkenntnisse. In: Deutsches Pfarrerblatt 2-2010, 80–85.

freien Tag in der Woche an fünf Tagen je 10 und an einem Tag 4 Stunden Dienst.

Die *Einzelfelder* sind ebenfalls schwer objektiv zu bestimmen. Ein gewisser Konsens zwischen einem grundsätzlich angemessenen Zeitaufwand und empirischen Befunden scheint bei den angenommen Gottesdienstzeiten vorzuliegen. Erhebliche Diskrepanzen ergeben sich bei der Seelsorge. Die Empirie weist darauf hin, dass dieses Feld in der Berufswirklichkeit kaum eine Rolle spielt. So ist der weitgefasste Bereich der „Mitgliederkommunikation" auch als eine gewünschte Zeitvorgabe zu sehen, die einen notwendigen Bereich deutlicher ins Bewusstsein heben will.

Umgekehrt verhält es sich mit Leitungsaufgaben unter Einschluss der Administration. Die erhobenen Befunde sind durchweg höher als unsere Annahmen. Auch hier wieder können die vorliegenden Werte als eine bewusste Setzung verstanden werden, die auf die notwendige Unterstützung durch administrative Mitarbeitende und zentrale Stellen hinweist. Gelöst ist dieses drängende Problem der Verdrängung der Mitgliederkommunikation durch die Administration allerdings damit noch nicht.

E. Die Kultur des Miteinanders

Wichtig und kaum greifbar zugleich ist der Bereich der Kultur des Miteinanders. Hier geht es um Haltungen und Werte, um Atmosphäre und Zwischentöne. Nicht so sehr das „Was" dominiert, sondern das „Wie".

Betriebe haben das erkannt und üben zumindest im Außenverhältnis „Kundenfreundlichkeit" ein. Lange Zeit als „Sekundärtugenden" belächelt oder sogar bewusst übersehen, haben Freundlichkeit, Höflichkeit, Pünktlichkeit und Sauberkeit eine Renaissance erfahren.

Analysen von misslungenen Kundenbeziehungen zeigen sehr deutlich, dass eine herablassende oder verletzende Bemerkung schwerer wiegen kann als ein noch so gutes Produkt oder ein vorteilhafter Preis.

In der Kirche sollte das liebevolle Miteinander ein hervorstechendes Kennzeichen sein. Ihre Ämter begründen keine Herrschaft übereinander, sondern alle Leitung soll „demütiger, geschwisterlicher Dienst im Gehorsam gegenüber dem Guten Hirten"[159] sein.

Die Wirklichkeit des Kirchenalltags entspricht nicht immer diesen Zielen. Die hohe Belastung macht gereizt. Die Individualisierung lässt den Beitrag der anderen Mitarbeitenden und anderer Gemeinden in schwächerem Licht erscheinen. Die akademische Ausbildung hat sich weithin über die Differenz zu anderen definiert und nicht über die gemeinsam erreichten Ergebnisse.

[159] EKBO Grundordnung, Vorspruch II 4.

Die ausgeprägte Innenleitung macht es schwer, als abweichend empfundene Meinungen in die eigene Position zu integrieren und erzeugt eine latente Aggressivität.

All diese Haltungen sind lange gewachsen und tief im System verankert. Änderungen in der „Unternehmenskultur“ gehören zu den langwierigsten und schwer steuerbaren Entwicklungsschritten.

Die Integrierte Kirchenkreisplanung hat hier im Vordergrund wenig beitragen können. Ganz ohne Beiträge zu diesem Feld ist sie jedoch nicht geblieben.

Zuerst ist der Versuch zu nennen, eine *gemeinsame Verantwortung* für den Kirchenkreis in der Pfarrerschaft zu wecken.

Die Arbeit im Pfarrkonvent und die regelmäßige „Rüste“ über drei Tage an einem dritten Ort haben hier viel dazu beigetragen, dass die Pfarrerinnen und Pfarrer sich miteinander in einem Team zusammenarbeitend fühlen. Dieser zwar schon in der Ausbildung neuerdings immer wieder vorkommende Gedanke ist im Gemeindealltag nicht immer leicht durchzuhalten, da in den Gemeinden Pfarrerinnen und Pfarrer oft eine eher hierarchische Rolle zugebilligt oder sogar angetragen wird. Dadurch wird es ihnen möglich, ihre Rolle, die in ihren jeweiligen Arbeitsfeldern von großer Freiheit, Selbständigkeit, aber auch Arbeitsintensität und Verantwortung gekennzeichnet ist, zu ergänzen.

Dann ist die theologische *Diskursorientierung* zu nennen.
Die regelmäßige gemeinsame Auslegung der Heiligen Schrift als Basis gemeinsamen Handelns in Wilmersdorf bedarf der weiteren Entwicklung. Noch immer findet vieles statt, „weil es schon immer so war“ oder wird nicht in Angriff genommen, „weil wir das noch nie so gemacht haben“. Dennoch gibt es ein wachsendes Bewusstsein dafür, dass gerade in strukturellen und finanziellen Umbruchsituationen theologische Reflexion notwendig ist. So sind in Wilmersdorf gerade in der Zeit der größten Umbrüche nach 1996 theologische Grundmuster verstärkt gesehen und gefördert worden.

Immer hat sich in Wilmersdorf die Rahmung aller Sitzungen durch Lesung und Auslegung der Heiligen Schrift, Lied und Gebet erhalten. Oft wird so ein völlig neues Licht auf die Verhandlungsgegenstände geworfen, jedenfalls ihre Bedeutung eschatologisch relativiert.

Zu Beginn der Kreiskirchenratssitzung wurde die Lebensordnung Stück für Stück durchgearbeitet und im Austausch manch neue Erkenntnis gewonnen. Die Pfarrkonvente haben ihre beiden Schwerpunkte immer in der Bibelarbeit von 9.00 bis 10.00 Uhr und in einem ausführlichen theologischen

Thema von 10.45 bis 12.00, oft mit Referenten von den theologischen Lehrstühlen der Humboldt Universität. Die Teilnahme am Konvent ist mittlerweile selbstverständlich. Zunächst war sie nur schwer vermittelbar, wird jetzt aber von (fast) allen akzeptiert und genutzt.

> Folgende Themen wurden dabei u.a. bearbeitet: „Berufsbild Pfarrer/Pfarrerin“, Spiritualität und Pfarrerberuf, „Liturgie heute wahrnehmen“, „Segnen – Liturgisches Handeln bei den Kasualien“, „Geleitet leiten – aus dem Bild ins Leben“, „Rechtfertigung leben – Pastorale Selbstverantwortung“, „Gottesdienst der Zukunft und ihre Musik“, „Kirche als wanderndes Gottesvolk – Wilmersdorf pilgert“, „Ziele definieren – Erfolg messen“, „Veränderungsprozesse einleiten und durchführen“, „Personalführung – Führungsinstrument Orientierungsgespräch“, „Erfolgreich Führen – effektives Zeitmanagement“, „Die Rolle des Vorgesetzten zwischen Leistungsdruck und Fürsorgepflicht“. Auch die Mitarbeiterkonferenz nutzte gemeinsame Fortbildungen und selbst der Kreiskircherat ging für Übergreifende Themen wie Visitationen von Gemeinden, Verbesserung der Gottesdienste im Kirchenkreis und den Fragen im Zusammenhang mit der Integrierten Kirchenkreisplanung in Klausur. Die wirtschaftlich notwendige Ausgliederung der beiden großen Bereiche Bildung und Diakonie führten zu einem verstärktem Bewusstsein, das christlich protestantische Profil der Einrichtungen deutlich, noch mehr als in der Zeit als die Verbindung zur verfassten Kirche leicht erkennbar war, zu stärken.

Regelmäßig fanden Synodaltagungen zu theologischen Themen statt. Auch die intensivierten oder neu organisierten Gespräche mit Christinnen und Christen in London, Tansania und an der Westküste der USA standen unter dem Zusammenhang von Reform, Theologie und anderen Formen kirchlicher Existenz.

F. Die Prozesse zur Verbesserung der Aufgabenerfüllung

Mit gutem Handwerkszeug lässt sich leichter arbeiten. Das gilt auch für die Auftragserfüllung der Kirche. Die Bandbreite der hier einzubeziehenden Prozesse ist groß. Letztlich geht es darum, die internen Abläufe so zu gestalten, dass die aufgewandte Energie bestmöglich zur Wirkung kommt. Ein „Qualitätsmanagement“ versucht, dem gerecht zu werden. Für die Integrierte Kirchenkreisplanung wurde dieser Ansatz nicht verfolgt, sondern zunächst die Instrumente ausgewählt, die in der Hand der Verantwortlichen die Leitungskompetenz verbessern können. *Klarheit über den Stand der eigenen Arbeit ist eine Vorbedingung für zielgerichtetes Handeln.*

1. Visitation

a) Orientierung im praktisch-theologischen Kontext

In vielen Landeskirchen ist eine neue Aufmerksamkeit für die Visitation festzustellen. Das ist verständlich, denn bei der Visitation ist Kirche auf ihrem ureigensten Feld. Hier nimmt sie ihre Verantwortung wahr, die Gemeinden und ihre Mitarbeitenden bei der Suche nach dem richtigen Weg und der schriftgemäßen Verkündigung zu begleiten. Zwar sollten sich Gemeinden ständig reformieren und an einer Verbesserung arbeiten, um ihren Auftrag erfolgreich zu erfüllen. Aber die geschwisterliche Außensicht ist nötig, weil der Gemeindealltag für eine stete Erneuerung oft nicht genügend Zeit und Kraft übrig lässt und zudem in ihm blinde Flecken entstehen.

Das kircheneigene Leitungsinstrument zeigt allerdings in seiner gegenwärtigen Ausprägung Probleme, die seine Wirksamkeit einschränken. Das Feld Visitation ist historisch gewachsen, durch viele Aspekte überfrachtet und von Unklarheiten und Spannungen durchzogen. Die Visitation wird ihre Bedeutung besser entfalten können, wenn die gewachsene Vielfalt der Aspekte *entzerrt* wird.

Die Visitation dient bisher auch zur *Kontrolle*. Kontrolliert werden kann die Einhaltung objektiv feststehender Regelungen wie in der Kassenführung oder die Einhaltung von Rechtsvorschriften im Personalbereich. Kontrolliert werden müssen auch alle Bereiche, bei denen die Nicht-Einhaltung große Gefahren mit sich bringt. Den Verwaltungsämtern sind z.T. solche hoheitlichen Aufgaben delegiert. Auf jeden Fall sollten Kontrollen nur durch fachlich geeignete und dazu speziell beauftragte Personen ausgeübt werden. Kontrollen müssen mit einer Grundhaltung des Vertrauens, mit einer Transparenz der Kriterien und in richtigem Verhältnis von Aufwand und Ertrag durchgeführt werden. Es empfiehlt sich, diesen Bereich in eigenen, sachgemäßen Zeitabständen durchzuführen und vollständig vom Geschehen der Visitation abzutrennen. Bei der Visitation sollte allenfalls der letzte Prüfbericht einbezogen werden.

Die Visitation hat Anteile eines *Pastoralbesuchs*. Die Gesamtkirche oder der Kirchenkreis wird vor Ort präsent. Das dient der Stärkung des Zusammenhalts und qualifiziert auch das Leitungshandeln von Personen und Gremien, wenn sie einen persönlichen und direkten Eindruck gewinnen. Auch werden gemeindliche und öffentliche Kontakte geknüpft, die eine spätere Zusammenarbeit wesentlich einfacher gestalten können. Solche Besuche haben ihren eigenen Rhythmus und beziehen ihre Anlässe aus besonderen Ereignissen in der Geschichte der Gemeinde oder Einrichtung.

Wenn diese beiden Aspekte ausgegliedert werden, kann die Visitation ihre *Kernaufgabe* erfüllen, nämlich ein kircheneigenes Instrument der Leitung zu sein und den Blick entschlossen auf die künftige Erfüllung des Auftrags zu richten. Die Leitungsverantwortlichen visitieren die Verantwortlichen einer Gemeinde. Ihr Gegenstand ist die Aufgabenerfüllung einer Gemeinde in der Perspektive der geltenden Konzeption und im Rahmen der Vorgaben der Landeskirche.

Wenn sie einen Einfluss auf die Gemeinden haben soll, darf sie nicht zum Jahrhundertereignis werden. Minimum und aus praktischen Gründen zugleich Maximum sollte ein Rhythmus von sechs Jahren sein, wobei nach drei Jahren eine Kurzvisitation die Umsetzung begleiten und stimulieren sollte. Ein aussagekräftiges Berichtswesen sollte den laufenden Kontakt der Leitungsverantwortlichen sicher stellen. Die an der Gemeinde tätigen Pfarrerinnen und Pfarrer könnten ebenso Jahresberichte geben, wie es die Einrichtungen und Dienste, der Superintendent, die Superintendentin und Fachmitarbeitende den verantwortlichen Gremien gegenüber tun. Solche Berichte müssen aussagekräftig sein, um den Aufwand ihrer Erstellung und ihrer Lektüre zu lohnen. Diese Aussagekraft gewinnen sie, wenn sie klare Bezugspunkte aufweisen.[160]

Die Haupt-Mittel der Visitation sind demnach angemessene Verfahren, kompetente Information und Kommunikation. Es ist zudem im bestehenden Recht zu klären, welche Mittel sie besitzt, wenn ihre Ergebnisse missachtet werden. Sie benötigt Fach-Kompetenz und Prozess-Kompetenz. Sie stützt sich auf die Zusammenfassung der Elemente des örtlichen Leitungsprozesses und fördert damit dessen Funktionsfähigkeit. Sie nutzt überwiegend Instrumente, die auch sonst in der Gemeindepraxis verwendet werden. Sie nutzt die Instrumente der Leitung und trägt damit zur Qualität und Vergleichbarkeit des Leitungshandelns bei. Sie stützt sich auf die Ergebnisse von Evaluationen. Sie verortet die Gemeinde im Gesamten. Sie vermittelt Hilfen zur Verbesserung der örtlichen Praxis aus der Erfahrung anderer. Sie sichert ihren Ertrag in gemeinsam formulierten Zielen. Damit der Kreislauf der Erfahrungen lebendig bleibt, werden ihre Ergebnisse verdichtet und auch für die Landeskirche fruchtbar gemacht.[161]

Visitation zeigt in komprimierter Form neue Möglichkeiten der Gemeindeleitung und wirkt so über ihre inhaltlichen Impulse hinaus beispielgebend für die Leitungspraxis. Sie hat also zwei Zieldimensionen. Sie vermittelt inhaltliche Zukunftsimpulse durch die Außensicht und sie regt durch ihr Vorbild eine Verbesserung des kontinuierlichen Leitungshandelns der Gemeinde an.

---

160 Die Integrierte Kirchenkreisplanung stellt solche Bezugspunkte zur Verfügung: die Gemeindekonzeption, die Dienstordnung, das Gebäudemanagement. Auch lassen sich statistische Daten nutzen, die ihre Aussagekraft allerdings erst aus langjährigen Vergleichen gewinnen. Siehe auch zu den Möglichkeiten der Evaluation S. 147 ff.

161 Vgl. dazu den Bericht über die Neukonzeption der Visitation in der Badischen Kirche bei Seiter/Lindner (2005).

b) Reflexion und Gestaltung in Wilmersdorf

Die Rahmenvorgabe für die Visitation in Wilmersdorf ist die Visitationsordnung der EKBO. Sie ist durch ihre synodal-kollegiale Ausrichtung über jeden hierarchischen Verdacht[162] erhaben. Die vielen Visitierenden steigern die Qualität der Beobachtungen und die Treffsicherheit der Empfehlungen. Sie hat jedoch Teil an der prinzipiellen Schwäche des Instruments in der EKD.

Die Nachteile dieser Konzeption liegen einerseits im hohen Aufwand für alle Beteiligten und andrerseits in der schwachen Umsetzung[163] der Ergebnisse. Was die Souveränität der Gemeinde und des Pfarramtes tangiert wird oft nur so weit realisiert, wie es die Betroffenen einsehen, annehmen und selbst auf den Weg bringen. Aber das ist ein grundsätzliches Problem der Leitung in evangelischen Kirchen[164] und nicht der Visitation allein anzulasten. Immerhin erlaubt die Finanzverfassung der EKBO eine gewisse Steuerung über die Zuweisung von Finanzmitteln, die dem Kirchenkreis zur Verfügung stehen. Drittens bleibt die Frage ob das auftragsgemäße Handeln überhaupt ganz in Blick kommt, wenn die Visitation sich auf das Gemeindeleben der Engagierten beschränkt.

In Wilmersdorf ist die Visitation schon vor der Integrierten Kirchenkreisplanung immer wieder den neuen Erkenntnissen und aktuellen Entwicklungen angepasst worden. Auch hier bildeten die Schwächen des hohen Aufwandes, die schwierige Umsetzung und die Fokussierung auf das Gemeindeleben die Ausgangssituation.

Im Zentrum steht der Besuch einer großen Visitationskommission, die in der Regel von Sonntag zu Sonntag am Gemeindeleben teilnahm und alle Gruppen und Kreise besuchte. Einzelne Elemente, wie die Verwaltungsprüfung, fanden im Vorfeld statt. Darüber wurden viele Einzelberichte gefertigt, die von den Verantwortlichen für die jeweiligen Arbeitsgebiete zu einem Arbeitsgebiet-Gesamtbericht zusammengestellt wurden. Seit etwa zehn Jahren gibt es ergänzend Interviews mit immer gleichen Fragen, die von den in der Gemeinde wichtigen Menschen beantwortet werden sollen. Sie verringern den Aufwand und schärfen das Urteil erheblich. Vorher werden alle harten Daten zusammen gestellt und bilden einen Ausgangspunkt für eine kritische Wertschätzung. Seit sechs Jahren wird ein Fragebogen für die Wohnbevölkerung genutzt.[165] Er bringt die missionarische Herausforderung der Gemeinde in den Blick. Für die Umsetzung haben sich zusätzlich empfohlene und vom

---

[162] Vgl. Grundartikel der EKBO (II 4;6): Leitung hat keine Herrschaftsbefugnisse. Sie ist „demütiger, geschwisterlicher Dienst im Gehorsam gegenüber dem Guten Hirten“.

[163] Vgl. für die EKBO die „weichen“ Formulierungen von „sorgen für … unterstützen … darauf achten … beraten … fördern“ in Art. 54 GO der EKBO.

[164] Vgl. Lindner (2000) 95ff: Leitung in evangelischen Kirchen ist kulturell, strukturell und methodisch schwierig. Zu oft bleibt sie Fragment.

[165] Vgl. die badischen Erhebungen bei Seiter (2005) 358ff.

Kirchenkreis finanzierte Beratungsprozesse bewährt. Sowohl die Gesprächskultur, als auch das Leitungshandeln innerhalb einer Gemeinde kann zugunsten ihrer Ausstrahlung damit nachhaltig verbessert werden.

c) Die künftige Gestalt der Visitation

Überlegungen zur Neugestaltung der Visitation gehen zumeist von einer Startsituation in Sachen Gemeindeplanung und -entwicklung aus. Sie haben deshalb einen hohen Aufwand durch die Einführung erstmals verwendeter Instrumente. Das ist in Wilmersdorf anders. Visitationen in Kirchenkreisen mit etablierten Entwicklungsprozessen können sich auf diese stützen – die Vorarbeiten sind also von beiden Seiten gemacht. Das gibt die Möglichkeit zu einer schlankeren Visitation als kontinuierliches und exemplarisches Leitungshandeln entlang der erkannten Notwendigkeiten.

Neben den vielen Einzelzielen, die von der Kommission im Vorfeld gemeinsam definiert werden sollten, bleibt als einfaches Gesamtziel, für alle leicht verstehbar, die Frage: Kommt die Gemeinde in ihrem Bereich dem Auftrag nach, die gute Botschaft von der Liebe Gottes liebevoll und erfolgreich zu verkündigen?

Die Existenz des Kirchenkreis-Konzepts gibt eine neue Basis für das visitatorische Handeln. Sie besteht aus den Dienstordnungen, den Gemeindekonzepten als Basis für die Gebäudeplanung und die Schwerpunktbildungen. Aus den Instrumenten der Evaluation stehen Daten über die Reichweite und die Resonanz der Gemeinde zur Verfügung. Die sieben Faktoren einer gelingenden Gemeindearbeit können als anzupassendes Raster für die Fragestellungen der Kommission verwendet werden. Zudem gibt es Ziele bzw. Prozesse, deren Stand bilanziert werden kann, insbesondere im Bereich der Gebäude, aber auch der Dienstordnungen.

Die prinzipielle Schwäche der Visitation im Umsetzungsbereich kann behoben werden, indem der Gemeindekirchenrat gewonnen wird, nach dem akzeptierten Bericht zur Behebung der Problemfelder kurz- und mittelfristige Ziele festzusetzen. Die Visitation ist im Bereich des Leitungshandelns zu ihrem Ziel gekommen, wenn der Gemeindekirchenrat dieses Vorgehen zu seinem selbstverständlichen Arbeitsstil macht, d.h. zielorientiert die Gemeinde leitet. Einmal im Jahr sollte eine solche Bilanz und Zielrevision am besten in einer Klausurtagung stattfinden. Für Projekte gibt es eigene Zeiträume für solche Bilanzierungen.

Die beratende Begleitung zur Einübung dieses Handelns ist ein hilfreiches Instrument. In drei Jahren soll es schließlich zu einer umfassenden Überprüfung der Ergebnisse der Visitation in einer Klausur des Gemeindekirchenrats kommen. Diese Form der gemeindlichen Zielorientierung und mittelfristigen Bilanzierung mit externer Begleitung könnte die jetzigen Visitationen ergänzen oder gar ersetzen, würde ihren Aufwand auf jeden Fall wesentlich verringern.

2. Gemeindegerechter Ressourceneinsatz

Viele Landeskirchen in der EKD diskutieren veränderte Systeme der Zuweisung von Ressourcen, insbesondere von Personalstellen, oder haben sie schon eingeführt. Die Tendenz zur Freigabe von Detailentscheidungen auf der mittleren Ebene, auch unabhängig von der Systematik, nach der landeskirchenweit die Zumessung erfolgte, machen die Systeme für Kirchenkreise oder Dekanate interessant, sei es zur Verteilung des zur Verfügung stehenden Kontingents innerhalb des Kirchenkreises oder zur Begleitung und Beurteilung örtlicher Personalentscheidungen durch die Verantwortlichen im Kirchenkreis.

Es gibt *allgemeine Anforderungen*, die an solche Systeme zu stellen sind: Es werden nur Kriterien einbezogen, die mit einiger Objektivität messbar sind und in jeder Gemeinde – wenigstens theoretisch – anzutreffen sind. Ferner muss sichergestellt sein, dass Veränderungen an den zu Grunde liegenden Daten rasch nachvollzogen werden können (Update-Fähigkeit).

Die Systeme lassen sich im Detail nach *vier Dimensionen* bewerten:

- Einheitlichkeit oder getrennte Systeme für die verschiedenen Berufsgruppen
- Zentralität oder dezentrale Entscheidungsspielräume
- Gemeindegliederorientiert oder an Aktivitäten orientiert
- Steuernd oder organisationsneutral

Am wichtigsten ist die Klärung zwischen Gemeindegliederorientierung oder der Orientierung an Aktivitäten. Ein System, das sich an Aktivitäten oder übernommenen Aufgaben orientiert, versucht möglichst konkret den vorhandenen Bedarf abzubilden. So werden Gottesdienststationen, Kindertagesstätten oder die Zahl der Gruppen mit in die Bewertung einbezogen.

Diese Orientierung kann verschieden ausgestaltet werden. Wenn sie sich an den unbezweifelbaren Grundaufgaben[166] orientiert, erreicht sie ein hohes Maß an Vergleichbarkeit. Wenn sie andere Aufgaben einbezieht, entsteht der gravierende Nachteil, dass sie eine bestimmte Ausprägung einer Aufgabe gegenüber einer anderen bevorzugt. So ist eine ausdifferenzierte Arbeit mit

[166] Siehe die Zusammenstellung und Bewertung bei den Dienstvereinbarungen S. 137 ff. Der problematische Bereich sind die Gottesdienste. Wenn hier die Angaben der kirchlichen Statistik unverändert zu Grunde gelegt werden, wird das Bild wegen der Gottesdienste mit gleicher Vorbereitung grob verzerrt. Es müssen deshalb im Gottesdienstbereich die angegebenen Zahlen bei Mehrfach-Gottesdiensten an einem Sonntag entsprechend korrigiert werden.

Kindern im Freizeitbereich oder als innerschulisches Angebot gegenüber der Institution Kindertagesstätte im Nachteil. Das eine wird gezählt, das andere nicht. So gibt es überall da, wo solche Systeme über die Grundaufgaben hinaus in Geltung stehen, endlose Diskussionen über den Katalog der anzurechnenden Aktivitäten. Außerdem ist die Steuerungswirkung der Inhalte des Katalogs nicht zu unterschätzen.

> Wenn eine zweite Gottesdienststation, die noch dazu am gleichen Sonntag Gottesdienst feiert, genausoviel Einfluss auf die Zuteilung hat wie 500 Gemeindeglieder mehr, dann wird dieses Angebot eben aufrecht erhalten, sei es sinnvoll oder nicht.

Gemeindegliederorientierte Systeme ermitteln nach ihren Kriterien einen Bedarf der von der konkreten Ausgestaltung unabhängig ist. Die Gemeindegliederorientierung hat den Nachteil, dass nicht bewertet wird, was aktuell in der Gemeinde geschieht. Es könnte sein, dass sich eine Gemeinde auf den ihr zuerkannten Ressourcen ausruht und einem kleinen Kreis von Gemeindegliedern alle Zuwendung schenkt und die anderen leer lässt. Dieses Problem lässt sich letztlich in keinem Ressourcensystem, sondern nur durch eine verbesserte Begleitung oder kontinuierliche Visitation beheben. Von leistungsorientierten Zumessungen sollte angesichts der überaus großen Schwierigkeiten der Zuordnung einer Messgröße zu individuellen Anstrengungen Abstand genommen werden.

Jedes System hat eine *Steuerungswirkung*. Das ist unmittelbar sichtbar an aufgabenorientierten Systemen. Aber auch Verfahren, die sich an objektiv messbaren Kriterien orientieren, können steuernd wirken. So wird eine rein an der Gemeindegliederzahl ausgerichtete Bemessung die Ballungsräume stützen. Wenn allerdings die Gemeindegliederzahl in Größenklassen eingeteilt wird, dann hängt es entscheidend an der Konstruktion dieser Klassen, ob z.B. Gemeinden unter einer bestimmten Größe nicht mehr gezählt werden oder ob für große Gemeindegliederzahlen Abschläge vorgesehen sind.
Nachdem die Steuerungswirkung von Systemen der Ressourcenzumessung nicht immer leicht erkennbar ist, sollte angestrebt werden, diese Systeme so gut es geht *organisationsneutral* zu entwerfen und die Steuerungsvorgaben an anderer Stelle transparent anzusetzen.

Zusammenfassend spricht sehr viel für Systeme mit den Kennzeichen:
- Bemessung in einem gemeinsamen System für alle Berufsgruppen,
- dezentrale Entscheidungen auf Kirchenkreisebene und eine
- an der Zahl der Gemeindeglieder und der Struktur orientierte Zumessung, die
- möglichst organisationsneutral ausgelegt ist.

Für die *gemeindeglieder- und struktur-gerechte Bemessung in heterogenen Landeskirchen* erscheint ein Drei-Faktoren Modell das am besten geeignete zu sein. Unbestritten ist der Faktor *Gemeindeglieder*. Er reicht nicht zu, weil er „strukturblind" ist. Pastorale Situationen unterscheiden sich aber erheblich durch die verschiedenen Strukturen der Gemeinden.

Im Grundgesetz wird die „Herstellung gleichwertiger Lebensverhältnisse" unabhängig vom Wohnort als Aufgabe des Bundes im Artikel 72 Abs. 2 beschrieben. Nun ist gleichwertig nicht gleich. Und angesichts immer stärker werdender Ungleichgewichtigkeiten in der Bevölkerungsdichte und in der Infrastruktur in Ost und West kann auch von einer völligen Gleichwertigkeit nicht ausgegangen werden. Aber das Ziel bleibt erhalten. Die öffentliche Strukturpolitik hat es sich zum Ziel zu setzen, an der Minderung der Unterschiede mitzuwirken.

Dies sollte auch für die Gemeinden gelten. Gemeindeglieder sollten möglichst gleichwertige „Pastorierungschancen" haben.

Als beste Hilfsgröße zur Berücksichtigung der *Strukturunterschiede* zwischen Gemeinden kann die Dichte der Evangelischen pro Quadratkilometer gelten.

Gegen die Messgröße spricht, dass es große Flächen geben kann, die so sporadisch besiedelt sind, dass sie keinen erhöhten Aufwand mit sich bringen. Das kann das Bild verzerren, auch wenn große, nicht bewohnte Flächen als gemeindefreie Gebiete ausgegliedert sind und deshalb nicht mitgezählt werden. Dennoch bleibt die Bevölkerungsdichte ein zentraler Faktor der öffentlichen Raumplanung.[167] Sie ist zuverlässig messbar. Es gilt auch für die Gemeindeglieder: Je zerstreuter sie wohnen, desto höher ist der Aufwand, sie zu erreichen. Je zerstreuter sie wohnen, desto höher ist auch der Aufwand, ihre Identität in der Zerstreuung zu stärken. Eine Minderheitensituation kann zwar Kräfte mobilisieren, allzu häufig jedoch wirkt sie lähmend und dämpfend auf die evangelische Identität.

Noch bessere Ergebnisse lassen sich in der Regel erzielen, wenn ein dritter Faktor hinzugezogen wird. Er nutzt die Tatsache, dass eine *Gemeinde* allein durch ihre Existenz einen *Sockelaufwand,* unabhängig oder doch weithin unabhängig, von der Zahl der Gemeindeglieder mit sich bringt. Er ist durch die grundlegenden Leitungstätigkeiten und die Feier des sonntäglichen Gottesdienstes bestimmt. Er kann am treffendsten als „Präsenzfaktor" bezeichnet werden.

Seine Bestimmung ist problematischer als die der Dichte der Evangelischen. Wenn jeder bestehenden Gemeinde dieser Sockel zuerkannt wird, dann wird das Modell strukturkonservativ und blockiert notwendige Zusammenarbeit. Wenn er nicht berücksichtigt wird, dann werden Regionen mit einer histori-

[167] Hier gibt es noch weiter differenzierte Systeme, die den Verdichtungsgrad der Bevölkerung in feiner Rasterung erfassen.

> schen Kleinräumigkeit zu knapp ausgestattet – in diesen Bereichen mit stark negativen Auswirkungen. Es bleibt deshalb ein Prozess der verantworteten Strukturplanung, ausgehend vom jetzigen Bestand an Gemeinden einen solchen Präsenzfaktor für eine Planungsregion festzuschreiben. Wenn er einmal ermittelt ist, dann wird ihn in Zukunft die Zahl der Gemeinden nicht weiter bestimmen, um weiter gehende Kooperationen nicht zu verstellen.

Näherungsweise lässt sich auch durch die *Ermittlung des Zeitbedarfs* für Grundaufgaben und entsprechende pauschale Aufschläge für Seelsorge, Mitgliederkommunikation und Leitungsaufgaben eine ähnlich geeignete Grundlage für den Ressourceneinsatz bilden. Da aber auch hier Korrekturfaktoren und Pauschalgrößen anzunehmen sind, erscheint das Verfahren eher für eine Nachkontrolle des Drei-Faktoren-Modells geeignet zu sein, als zum alleinigen System zu taugen. Auch ist die Aktualisierung durch die Orientierung an der landeskirchlichen Statistik recht aufwändig.

Für die Steuerung einer *internen Verteilung* innerhalb eines Bezirks und vor allem für den Ausgleich von Ungleichgewichtigkeiten ist es jedoch sehr gut geeignet. Denn jedes System wird Stellenanteile auf zwei Kommastellen genau auswerfen, die Stellenbesetzung ist aber nur in Stufen von 50, 66 oder 75% denkbar, wenn nicht überhaupt nur ganze Stellen übertragen werden. Deshalb muss ein eventueller Überhang oder eine zu knappe Personalausstattung einer Gemeinde durch Dienste außerhalb der Anstellungsgemeinde ausgeglichen werden. Für diesen Ausgleich ist die Stundentabelle der Dienstvereinbarungen[168] eine gute Orientierungshilfe. Immerhin entspricht ein Stellenbruchteil von 0,1 Stellen einer wöchentlichen Arbeitszeit von etwa vier Stunden, also durchaus der Übernahme einer Konfirmandengruppe oder der gesamten Konfirmandenarbeit einer Nachbargemeinde.

In der EKBO ergibt sich eine besondere Lage. Hier wird der Anteil des *Kirchenkreises* an den Kirchensteuermitteln zu 25% entsprechend den Gemeindegliederzahlen ermittelt. Die restlichen 75% der zu verteilenden Mittel werden durch ein Modell mit zwei Einflussgrößen verteilt. Die Zahl der Gemeindeglieder, die Anrecht auf einen Finanzanteil geben, wird mit einem Faktor verändert, der sich aus einer nicht weiter erklärten Mischung von Flächenausdehnung und Kleinräumigkeit zusammensetzt[169] und offensichtlich in seinen konkreten Zahlen das Ergebnis synodaler Aushandlungsprozesse ist. Seine Spreizung ist weit. Ländliche Regionen erhalten bei gleicher Gemeindegliederzahl um gut die Hälfte höhere Zuweisungen.

---

[168] Siehe oben S. 137 ff.

[169] Dieser Ansatz entspricht tendenziell einem Drei-Faktoren Modell. Sein Nachteil ist die Festsetzung per Dekret. Auch wenn die Tendenzen plausibel sind, transparent nachvollziehbar ist nicht, ob denn wirklich Gleiches gleich berücksichtigt wurde. Dazu kommt die Schwäche, dass auf politischen Druck Sonderregelungen eingeführt werden, die die Konsistenz des Verfahrens weiter einschränken.

Der so ermittelte Kirchenkreis-Topf wird intern aufgeteilt. 75% stehen für Personalausgaben zur Verfügung. Wiederum 25% davon verbleiben im Kirchenkreis für Vertretungen und andere Steuerungen. 75% erhalten die Gemeinden nach einem Schlüssel, der sich direkt und ausschließlich an der Gemeindegliederzahl orientiert. Die Gemeinden dürfen für Festanstellungen nur 80% des Betrags verwenden, um für die Zukunft beweglich zu bleiben. Sie sind völlig frei, mit diesen Kosten Mitarbeitende anzustellen,[170] wobei die vorgegebenen Aufgaben erfüllt werden müssen. Wenn sie allerdings Mitarbeitende angestellt haben, haften sie auch für diese mit dem Gemeindevermögen.

Die vorgestellten Systeme sind dennoch auch in der EKBO nicht nutzlos. Vor allem die Ermittlung des Zeitbedarfs erlaubt die Beurteilung, ob die Gemeinden verantwortlich mit ihrer Freiheit der Anstellung umgehen und in der Lage sind, ihre verpflichtenden Aufgaben sorgfältig zu erfüllen.

3. Evaluation

Evaluationsversuche im Kernbereich der Gemeinden werden von manchen mit grundsätzlicher Skepsis betrachtet. Zwar hat sich die Erhebung von harten Daten (wie z.B. die Anzahl der Gottesdienstbesucher) oder die weicher Daten (wie z.B. die Bewertung von Erreichbarkeit oder Verständlichkeit) eine gewisse Geltung verschaffen können. Wie aber soll so etwas Persönliches wie „Glaube“ gemessen werden? Nun ist sicher der innerste Bereich der Gottesbeziehung nicht erfassbar, aber Thematisierung dieser Dimension in den Angeboten und die Äußerungsformen des Glaubens bei Gemeindegliedern sind erkennbar und empirischen Fragestellungen zugänglich.

a) Religiöse Kompetenz messen – das Projekt „KonQua“

Auf der Suche nach Messinstrumenten im religiösen Bereich

Im allgemeinen Bildungsbereich haben kompetenzorientierte Evaluationen neuerdings eine große Bedeutung erlangt. Sie können auch auf den religiösen Bereich angewandt werden. So kann überprüft werden, inwieweit Heranwachsende das im Unterricht erworbene Wissen auch in kommunikativen Kontexten sinnvoll verwenden, religiöse Sachverhalte angemessen deuten und in innerkirchlichen und außerkirchlichen Kontexten religiös kommunizieren können.

---

[170] Deshalb sind die unten vorgestellten Überlegungen zur Reichweite von Gemeinden und deren Vergleich mit den aufgewendeten Kosten in der EKBO relativ aussagekräftig, weil die Ressourcenverwendung im gegebenen Rahmen ganz in der Hand der Gemeinde liegt.

Am Beispiel des Konfirmandenunterrichts wurde dies im Rahmen eines Pilotversuchs in Wilmersdorf gezeigt. Besonders aussagekräftig sind die Erhebungen zu Beginn des Unterrichts, da hier nahezu alle Konfirmandinnen und Konfirmanden aller Konfirmandengruppen des gesamten Kirchenkreises erreicht werden konnten. Diese Bestandsaufnahme zeigt die Ergebnisse der religiösen Sozialisation durch alle Sozialisationsinstanzen in Wilmersdorf bis zum Beginn des Konfirmandenunterrichts. Da die Weitergabe des Evangeliums an die nächste Generation zu den zentralen Aufgaben einer christlichen Gemeinde gehört, liegt in den Ergebnissen am Beginn der Konfirmandenzeit ein Maß für die Leistungskraft des Gesamtsystems aus gemeindlich-kirchlichen, schulischen und familiären Sozialisationsinstanzen vor.

Eingeschränkt ist die Aussagekraft der Ergebnisse über die Wirkungen des Konfirmandenunterrichts, weil die Datenmenge der am Ende des Konfirmandenunterrichts durchgeführten Erhebung zu gering war. Der wichtige Vergleich unterschiedlicher Formen des Konfirmandenunterrichts (Wochenrhythmus vs. größere Blockeinheiten) konnte nicht angestellt werden.

Der Pilotversuch hat dennoch gezeigt, dass die Evaluation „religiöser Kompetenz" im Jugendbereich möglich ist und damit Sozialisationsergebnisse beurteilt werden können.

> Dieser Ansatz der neueren Bildungstheorie und Bildungsforschung war für den Kirchenkreis Wilmersdorf auch deshalb von Interesse, weil eine Anwendung auf andere mit dem Bildungsauftrag der Kirche verbundenen Angebote denkbar und sinnvoll wäre, selbst auf Gottesdienste, die ja immer auch einen Anteil an Lehre für die Gemeinde enthalten.

Religiöse Kompetenz kann durch zwei Faktoren gemessen werden

In einer Forschungskooperation der Humboldt-Universität zu Berlin mit dem Kirchenkreis Berlin Wilmersdorf hat eine gemeinsame Arbeitsgruppe ein Modell zur Erhebung der im Konfirmandenunterricht erworbenen religiösen Kompetenzen entwickelt. Mit diesem Projekt wurde der Konfirmandenunterricht im Kirchenkreis Wilmersdorf evaluiert.[171]

Religiöse Kompetenz im Sinne empirischer Bildungsforschung wird hier verstanden als die Fähigkeit zur Deutung (Deutungskompetenz) und auch zur Teilhabe (Partizipationskompetenz). Beide Teilkompetenzen, religiöse Deutungskompetenz und religiöse Partizipationskompetenz, stehen in einer engen Wechselbeziehung, die sich als hermeneutische Spirale beschreiben lässt. Die Kompetenz zur Deutung religiöser Phänomene und Bezüge übt Einfluss auf Lernprozesse in der Teilhabe aus, indem sie z.B. ein für diese erforderliches Grundwissen und -verstehen sichert. Umgekehrt trägt Partizi-

---

[171] Das Modell basiert auf dem Berliner Modell zur Erhebung religiöser Kompetenz im Religionsunterricht; vgl. Benner (2007).

pationskompetenz zu Erfahrungen und Wahrnehmungen bei, die es in der Konfirmandenarbeit zu erweitern und differenziert zu deuten gilt.

Im Ergebnis ist ein Testheft mit Aufgaben aus dem Bereich „Abendmahl“, „Taufe“, „Glaube und Gesellschaft“ entstanden, das in allen Konfirmandengruppen des Kirchenkreises zu Beginn und in dreien auch zum Ende des Konfirmandenjahrganges 2007/8–9 eingesetzt wurde. Somit konnte die Entwicklung religiöser Kompetenz im Zeitraum des Konfirmandenunterrichts zumindest für diese drei Gruppen erhoben werden.

Weil jedoch nicht jeder Kompetenzzuwachs auch durch den Konfirmandenunterricht verursacht worden sein muss, ist dem Testheft ein Fragebogen beigefügt, der gleichfalls anonym nach dem sozialen und religiösen Hintergrund fragte.

Hoher Sozialstatus der Teilnehmenden

Die große Mehrheit der Konfirmandinnen und Konfirmanden wächst mit Deutsch als erster Sprache auf (87,5%). Bildungsrisiken aufgrund eines aktuellen Migrationshintergrundes sind weitestgehend auszuschließen. Drei Viertel der Eltern haben Abitur, weitere 10,9% einen Realschulabschluss.[172] Nahezu zwei Drittel haben einen Hochschulabschluss.[173] Auch wenn die Konfirmanden über den Ausbildungsgang ihrer Eltern nicht gut Bescheid wissen – die zumeist über 200 Bücher im Regal stehen den Heranwachsenden vor Augen und ihre Zahl spiegelt eine hohe bildungsnahe Werthaltung wider.[174] Damit liegen die Werte für die Evangelischen wohl noch über denen der Gesamtbevölkerung des weithin bürgerlichen Stadtbezirks.

Heranwachsende haben, bevor sie den Konfirmandenunterricht besuchen, bereits einige Erfahrungen in verschiedenen Kontexten mit Kirche und Religion gemacht. Der schulische Religionsunterricht erscheint dabei als die wichtigste Quelle zur Entwicklung religiöser Kompetenz neben der Konfirmandenarbeit. 74% der Schülerinnen und Schüler gaben an, neben dem Konfirmandenunterricht auch den Religionsunterricht zu besuchen, darunter sind 10%, die eine konfessionelle Schule besuchen.

Im kirchlichen Bereich spielte in der Vergangenheit der Kindergottesdienst für ein Drittel der Befragten eine Rolle. Parallel zur Konfirmandenarbeit besuchen ein Fünftel der Konfirmandinnen und Konfirmanden eine andere kirchliche Gruppe.

---

172 12,5% haben keine Angaben gemacht.

173 Fast ein Viertel (21,4%) machten keine Angaben.

174 Deutlich mehr als die Hälfte (54,7%) der Konfirmandinnen und Konfirmanden gaben an, mehr als 200 Bücher in der elterlichen Wohnung zu haben, 15,6% zwischen 100 und 200 Bücher.

67% der Befragten erleben selten, 15% erleben nie Formen von Religiosität bei ihren Eltern. 18% machen diese Erfahrungen oft oder sehr oft.[175]

Hohe religiöse Kompetenz bereits zu Beginn des Unterrichts

Die erste Untersuchung hat nach dem Urteil der Forschungsgruppe gezeigt, dass die Konfirmanden bereits am Anfang des Konfirmandenjahrganges über hohe Kenntnisse verfügen und beachtliche Kompetenzen in den Unterricht einbringen. In den genannten Bereichen von Taufe, Abendmahl, Kirche und Gesellschaft zeigt sich jeweils etwa die Hälfte orientiert und bringt im Großen und Ganzen eine angemessene Urteilskraft mit.

In der Auswertung der Ergebnisse des zweiten Testzeitpunktes wurde deutlich, dass es dem Konfirmandenunterricht anzurechnen ist, dass er manche Fehlinterpretation, die die Testergebnisse zum Beginn zeigten, aufarbeiten konnte. Manchmal zeigt sich dies an einem einfachen Zuwachs von Kenntnissen – z.B. was die Zulassungsvoraussetzungen zum Abendmahl, z.T. aber auch was die anspruchsvolleren Deutungsaufgaben angeht.[176]
Der Konfirmandenunterricht in Wilmersdorf kann also an sehr gute Voraussetzungen anknüpfen. Er hat damit aber auch eine besondere Verantwortung, sich nicht auf den Gegebenheiten auszuruhen, sondern diesen Jugendlichen einen weiteren Entwicklungsschritt zu ermöglichen. Die beiden betrachteten Kompetenzen scheinen für die Evaluation der Erfüllung des kirchlichen Bildungsauftrages auf allen Ebenen geeignet. Eine Weiterarbeit würde sich lohnen. Notwendige Vermittlungsformen müssen erarbeitet und in die Curricula aller Unterrichtsgruppen aufgenommen werden.

b) Reichweite und Ressourceneinsatz messen

Wird eine Gemeinde nach menschlichen Ermessen ihrem Auftrag, „allem Volk“ die Botschaft auszurichten, bestmöglich gerecht? In diesem Zusammenhang wird es auch um Zahlen gehen. Die kirchliche Statistik verpflichtet Gemeinden dazu, eine nicht geringe Menge von Daten zu erheben. Viele von ihnen lassen – in welcher Genauigkeit auch immer – Aussagen über die Ausstrahlung einer Gemeinde zu. Zahlen, die ihrer Natur nach durch eine Gemeinde nicht beeinflusst werden können, wie z.B. Bestattungen kommen da-

175 In dem das Testheft begleitenden Fragebogen wurde aus der RU-Bi-Qua-Untersuchung ein Instrument zur Erhebung der religiösen Erfahrungen im Elternhaus übernommen. So wurde z.B. danach gefragt, wie häufig es zu Hause vorkam, dass die Eltern von Gott erzählten, dass zu Hause Kirchenlieder gesungen werden oder dass gebetet wird. Aus den Antworten, die jeweils zwischen vier Möglichkeiten (nie; selten; oft; sehr oft) wählen konnten, wurde eine Skala entwickelt.

176 Genauer dazu: Kathleen Falkenberg, Claudia Kusch, Fanny Oehme, Henning Schluß: Religiöse Kompetenz im Konfirmandenunterricht. In: ZPT 3/2010 (im Druck).

für nicht infrage. Aus dem Bereich der pflichtgemäß erhobenen Zahlen scheinen folgende Werte geeignet zu sein, die Reichweite einer Gemeinde einzuordnen:

- Gottesdienstbesuchende
- Austritte
- Aufnahmen
- Ehrenamtliche
- Besucher kirchenmusikalischer Veranstaltungen
- Kasualien, bei denen von Seiten der Gemeindeglieder eine gewisse Wahlfreiheit vorliegt, ob sie überhaupt oder in dieser Gemeinde wahrgenommen werden („Wahlkasualien“ wie z.B. Taufen, Trauungen, Konfirmationen)
- Wahlbeteiligung zum Gemeindekirchenrat
- Kollekten

Diese Zahlen werden genutzt. Um zufällige Schwankungen auszuschließen werden Mittelwerte aus 5-Jahres Zeiträumen zu Grunde gelegt. Für diese Bereiche lassen sich durch den Bezug auf die Gemeindegliederzahl Prozentwerte ermitteln.

Wie können diese Werte beurteilt werden? Allgemeine Richtwerte nach denen Gleiches mit Gleichem in absoluten Zahlen zwischen Gemeinden verglichen werden könnte, stehen nicht zur Verfügung. Der Einfluss der exogenen Faktoren wie Gemeindegröße, Größe der Kommune und Urbanisierungsgrad, Anteil der Evangelischen an der Bevölkerung und deren soziale und mentale Zusammensetzung auf die absoluten Werte ist groß. Da er nach dem jetzigen Erkenntnisstand jedoch nicht exakt zu beziffern ist, ist der Anteil, der auf die Aktivitäten der Kirchengemeinde zurückzuführen ist, mit methodischer Sicherheit im Augenblick[177] nicht zu ermitteln.

Als Alternative werden deshalb im Kirchenkreis *relative Werte* verglichen. Wenn der Durchschnitt des Kirchenkreises immer bei 100 festgelegt wird, dann erhalten Gemeinden z.B. mit überdurchschnittlichem oder unterdurchschnittlichem Gottesdienstbesuch Werte über bzw. unter 100. Dieses Verfahren lässt sich für alle erhobenen Werte durchführen und ergibt acht relative Reihungen, immer mit dem Kirchenkreis als Basis = 100. Diese Werte sind untereinander vergleichbar. Es kann deshalb aus ihnen ein Mittelwert[178] gebildet werden. Dieser Mittelwert wird als der Index der (relativen) Reichweite der Gemeinde bezeichnet.

Das Verfahren hat Probleme. Die erhobenen Daten der kirchlichen Statistik sind nicht auf ihre Zuverlässigkeit geprüft. Sie sind eine Auswahl aus den Aktivitäten der Gemeinde und bilden deren Aktivitäten nicht umfassend

[177] Herbert Lindner arbeitet an einem langlaufenden Forschungsprojekt mit dem Arbeitstitel „Kennzeichen erfolgreicher Gemeinden“, das zu dieser Frage weitergehende Erkenntnisse verspricht.

[178] Bei der Mittelwert-Bildung sind auch noch Gewichtungen möglich, etwa den Gottesdienst stärker zu gewichten als die Zahl der Ehrenamtlichen.

ab. Für sie spricht, dass nicht nur Werte aus dem Bereich der Gemeindekirche erhoben werden. Durch die Kirchenmusik, die Festtagsgottesdienste und die Kasualien ist der Bereich der anlassorientierten Gemeindeglieder erfasst. Durch Ein- und Austritte wird der Rand der Kirchenbindung einbezogen.

Auch wenn das Feld nicht umfassend abgebildet wird, so können doch die erhobenen Werte als *Indikatoren* für die Ausstrahlung einer Kirchengemeinde angesehen werden. Ob sie schon die Qualität von „Schlüsselindikatoren" besitzen, bedarf weiterer Untersuchungen.

Für Wilmersdorf ergibt sich eine erhebliche *Spreizung* dieses Index. Drei Gemeinden liegen nahe am Durchschnitt. Drei Gemeinden liegen darüber, eine von ihnen mit großem Abstand. Drei Gemeinden liegen darunter, eine davon sehr deutlich. Die Spanne zwischen der Gemeinde mit dem höchsten und der mit dem geringsten Gesamt-Index beträgt über 100 Punkte, m.a.W. hat die eine Gemeinde eine dreimal so hohe Ausstrahlung wie die andere.

Wie sehr auch in den relativ homogenen Verhältnissen eines Stadtbezirks die *exogenen Faktoren des Wohnumfeldes* und die Mentalitäten der Bewohner die Ausstrahlung der Gemeinden beeinflussen, zeigt die Tatsache, dass die Gemeinden mit der geringeren Reichweite alle in räumlicher Nähe in einem traditionell eher unkirchlichen Bereich liegen, die mit der relativ hohen Ausstrahlung ebenfalls nahe beieinander in einem deutlich freundlicheren Umfeld. Die Grenze der Stadtautobahn markiert hier auch eine Schwelle der Reichweite.

Die Korrelation des Wahlergebnisses zur Bundestagswahl mit dem Gesamtindex der Reichweite führt auf deutliche Zusammenhänge.

> Die Ergebnisse der Wahl zum Deutschen Bundestag 2005 sind im „Wahlatlas für Berlin" des Statistischen Landesamtes interaktiv auf Karten zugänglich.[179] Die Wahlergebnisse der Parteien sind in fünf Stufen farblich gekennzeichnet. Überdurchschnittliche Werte für Berlin sind stärker eingefärbt, unterdurchschnittliche schwächer. Über diese Karten wurden die Grenzen der Kirchengemeinden projiziert. Durch eine optische Abschätzung wurde für das jeweilige Gemeindegebiet ein Durchschnittswert ermittelt und in einer Zahl zwischen 1 und 5 ausgedrückt, wobei sich auch Zwischenwerte ergaben. Damit standen pro Gemeinde Zahlenreihen zur Verfügung: der Index der Gesamtreichweite und für jede Partei ihr relatives Abschneiden.

Mit dem Wahlergebnis zweier Parteien korreliert (nach Pearson) der Index stark positiv: mit der CDU mit 0,91 und mit der FDP mit 0,77. Je höher die Wahlbeteiligung dieser Parteien, desto größer die Reichweite der Kirchengemeinde. Mit dem Wahlergebnis dreier Parteien korreliert der Index ebenso stark negativ: mit der SPD mit –0,78, mit Bündnis 90/Die Grünen mit –0,67 und mit Der Linken mit –0,61. Je höher die Wahlbeteiligung für diese Parteien ist, desto geringer ist der Reichweiten-Index der Gemeinde.

---

[179] www.statistik-berlin.de/wahlen/bundestagswahl-2005/ergebnis/karten/svgz/berlin_wahl.svgz.

Neben der „Kirchlichkeit“ des Umfelds ist auch noch der *Personaleinsatz* ein wesentlicher Faktor der Reichweite. Es wird deshalb in einem weiteren Schritt der Personaleinsatz der Gemeinde in Euro ebenfalls auf die Gemeindegliederzahl normiert und im Gesamten des Kirchenkreises indiziert.[180]

Damit stehen zwei Indexwerte zur Verfügung, die zu einer differenzierten Aussage genutzt werden können: *Welche Ausstrahlung erzielt eine Gemeinde mit welchem Personaleinsatz?*

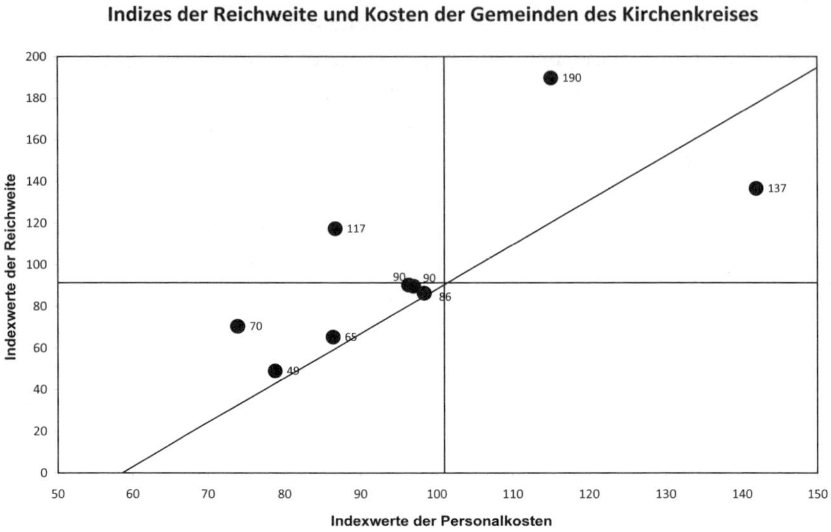

Abb. 10: Indizes der Reichweite und Kosten der Gemeinden (Portfolio)

Zur Beurteilung wird ein Quadrat mit vier Feldern gezeichnet. Die Achsen werden jeweils vom Durchschnittswert der Kosten pro Gemeindeglied und der Ausstrahlung (=100) gebildet. Die linken beiden Quadrate zeigen Gemeinden mit unterdurchschnittlichen Kosten. Das obere Viertel zeigt die Gemeinden, die dabei überdurchschnittliche Ausstrahlung aufweisen können. Die rechten beiden Quadrate enthalten die Gemeinden mit überdurchschnittlichen Kosten, das obere Viertel wieder die mit überdurchschnittlicher Ausstrahlung. In der Diagonale sind die Gemeinden zu finden, deren Ausstrahlung sich direkt proportional zu ihren Personalkosten verhält. Über der Diagonale sind die Gemeinden, die eine höhere Ausstrahlung aufweisen, also nach diesen Kriterien effizienter arbeiten, unter der Diagonale die, die eine geringere Ausstrahlung aufweisen, also eine geringere Effizienz erzielen.

[180] Wegen der großen Freiheit der Gemeinden in der EKBO ist dieses Verfahren relativ aussagekräftig.

Das Bild zeigt zunächst fünf Gemeinden in der Diagonale. Nach dieser Erfassung ist die Aussage möglich: *Ausstrahlung ist in vielen Fällen direkt proportional zum Personaleinsatz.*

Sollte sich diese Berechnungsweise in weiteren Diskussionen festigen, dann sind die Folgerungen beträchtlich. Es könnte nämlich, empirisch fundiert, die Problematik einer weiteren Einsparung bei den Personalkosten gezeigt werden. Unter den bestehenden Bedingungen wird dann jede Reduktion nicht nur mit einer absoluten, sondern auch mit einer relativen Verminderung der Reichweite bezahlt. Die Warnung vor dem „Kaputtsparen" ist berechtigt. Zumindest für Landeskirchen, in denen der Personaleinsatz wie in der EKBO durch die Gemeinde stark beeinflusst werden kann, sind alternative Strategien möglich, nämlich alles daran zu setzen, Mittel für einen besseren Personaleinsatz zu generieren.

Drei Gemeinden liegen darüber, arbeiten also nach dieser Berechnung überdurchschnittlich effizient. Das Gegenteil gilt für eine Gemeinde unterhalb der Diagonale.

Entscheidend für die Akzeptanz dieser und ähnlicher messender Verfahren im Gemeindebereich ist deren *Interpretation und Kommunikation.*

Zunächst sei an den theologischen Vorbehalt erinnert, dass nur der sichtbare, menschliche Teil des Verkündigungsgeschehens gemessen werden kann. Weder kann daraus ein direkter Schluss auf die innere Wirksamkeit gezogen, noch der Anteil menschlicher Anstrengungen zweifelsfrei bestimmt werden.

Dann muss daran erinnert werden, wie sehr erkennbar exogene Faktoren wie das sozio-geografische Umfeld die Reichweite bestimmen. Dabei sind die nur in einer lokalhistorischen Perspektive erkennbaren Faktoren wie z.B. die Wirksamkeit früherer Mitarbeiter oder eine strukturelle Vernachlässigung noch gar nicht berücksichtigt.

Deshalb gilt der Grundsatz: die so erhobenen Werte gewinnen ihre Aussagekraft nur in einer gemeinsamen Interpretation und einer gemeinsamen Suche nach ihrer Deutung. Innerhalb der zunächst begrenzten Aussagekraft der zusammengefassten Werte lassen sich jedoch einzelne Felder miteinander vergleichen. Aus ihrem Verhältnis können Schlüsse gezogen werden.

> Hier gilt die allgemeine Wahrnehmung – die allerdings statistisch noch nicht erhärtet ist – dass die Einzelindizes sehr oft in die gleiche Richtung zeigen. Mit anderen Worten: Gemeinden, die in einem Bereich überdurchschnittlich sind, sind es mit großer Wahrscheinlichkeit auch in anderen. Innerhalb dieses allgemeinen Trends gibt es allerdings möglicherweise Besonderheiten wie z.B. eine überdurchschnittliche Spendenbereitschaft oder eine unterdurchschnittliche Wahlbeteiligung zur Gemeindekirchenratswahl. Dies kann – wiederum im Gespräch mit den Beteiligten – aufgegriffen und verstanden werden.

Wenn sich damit im Dialog Konsens über die Interpretation der Ergebnisse und ihrer Grundlagen ergeben haben, können auf dem Weg zu Konsequenzen Fragen gestellt und ansatzweise auch beantwortet werden. Wie können Stärken vermehrt und Schwächen verbessert werden?

Wenn die Bedeutung des Personaleinsatzes zutreffend ermittelt sein sollte, dann stellt sich die einfache Frage, was eine Gemeinde unter den Bedingungen des Finanzsystems der EKBO tun kann, um ihre Mittel für den Personaleinsatz dauerhaft zu vermehren.

Auf die *Probleme* bei der Nutzung solcher relativer Indizes sei noch hingewiesen. Sie sind auf die Zahl der Gemeindeglieder bezogen und erfassen nicht absolute Veränderungen. Der Mitgliederverlust durch Austritte und den Sterbeüberschuss wird nicht sichtbar. Auch wenn sich alle in ihrer Reichweite gleichermaßen verbessern, ist dies ein wichtiger Schritt, den dieses Verfahren nicht abbilden kann. Es lässt nur relative Veränderungen über die Jahre erkennen. Ähnlich blind ist das Verfahren bei einer gleichmäßigen Verringerung der Reichweite. Nur wenn absolute Vergleichswerte außerhalb des Kirchenkreises zur Verfügung stünden, könnten diese Probleme behoben werden.

Ein solches „Portfolio“, das die Reichweite in Relation zu den aufgewandten Mitteln setzt, lädt zu einem *Gedankenexperiment* ein, das eine Entscheidung fordert:

Wenn es denn Mittel zu verteilen gäbe – die im Wilmersdorfer System Projektmittel sein könnten – wie soll entschieden werden?

Wenn sie dorthin fließen, wo auch durch die Gunst der Kirchlichkeit der Gemeindeglieder für Aktivitäten eine überdurchschnittliche Resonanz zu erwarten ist, dann werden sie einen deutlich höheren Nutzen erzielen, als wenn sie in Gemeinden fließen, die auf steinigem Boden säen müssen.

Wenn sie in die „schwachen“ Gemeinden fließen, dann werden die dort lebenden Gemeindeglieder gestützt, allerdings auf Kosten der Effizienz der eingesetzten Mittel.

Immerhin wird deutlich, dass gemeindegliederorientierte Systeme sich diesen Entscheidungen nicht in dieser Schärfe zu stellen haben.

c) Umfragen

Umfragen unter Gemeindegliedern

Umfragen unter Gemeindegliedern versprechen direkte und spezifische Informationen über die Einstellungen in der eigenen Gemeinde. Für einen mitgliederorientierten Ansatz ist dies eine wichtige Information.

Die Badische Visitationskonzeption[181] sieht aus diesem Grund in der Vorbereitung der Visitation eine Umfrage vor und stellt dafür Fragebogen und Auswertungshilfen zur Verfügung.

Auch in Wilmersdorf sind im Rahmen von zwei Visitationen Umfragen durchgeführt worden. Bei der Erstellung der Fragebögen haben Fachleute ehrenamtlich mitgewirkt. Bei der Verarbeitung zeigte sich jedoch rasch, dass am Ort keine Möglichkeiten vorhanden waren, die Ergebnisse selbst auszuwerten. Durch die Mithilfe der – in der Zwischenzeit begonnenen – externen Beratung konnten dann die Ergebnisse interpretiert werden.

> Bei aller Vorsicht der Interpretation sind doch zwei bemerkenswerte Trends zu Tage getreten. Es gibt in einer der untersuchten Gemeinden eine nicht geringe Gruppe von gemeindenahen Nicht-Mitgliedern. Ihre Existenz kann als gesichert gelten. Ihre Größe ist nicht bestimmbar. Sie verdienen eine genauere Untersuchung. Von großem Interesse ist die unter ihnen vermutlich vorhandene latente Bereitschaft zur Intensivierung ihrer Kontakte bis hin zu einer Rückkehrbereitschaft. Die zweite Erkenntnis ist die Anziehungskraft der Kirchenmusik quer durch alle Bindungsgruppen. Es ist zu vermuten, dass in Wilmersdorf die Kirchenmusik neben den Kasualien die Arbeitsform mit der größten Breitenwirkung ist.

Umfragen werden unternommen, um Aussagen über eine bestimmte Gruppe, in der Regel über die gesamte Gemeinde, machen zu können.

> Da in den seltensten Fällen alle Befragten antworten und darüber hinaus bei großen Gemeinden eine so hohe Zahl von Rückläufen auf erhebliche Probleme bei der Erfassung führen würde, muss mit Teilmengen gearbeitet werden. Wenn diese nach bestimmten Regeln erstellt werden, kann von einer Teilmenge mit einiger Zuverlässigkeit auf die Gesamtheit geschlossen werden. Man spricht dann von einem repräsentativen Querschnitt. Als Grundsatz kann gelten, dass jede Person aus der zu erforschenden Gesamtheit die gleiche, zufällige Chance haben muss, in die Auswertung einzugehen. Während professionelle Institute Methoden entwickelt haben, diese Repräsentativität zu erzielen, sind Gemeinden und Kirchenkreise hier weit weniger gut ausgerüstet.

Nahezu alle Versuche eigener Umfragen auf Gemeindeebene leiden an der mangelnden Verallgemeinerbarkeit der Aussagen.
Ganz ohne Aussagewert sind die Rückläufe aber dennoch nicht. Zum einen lässt sich aus der Zahl der Antwortenden auf die Kommunikationsstärke der Gemeinde schließen, sei es, dass die Verteilung gut organisiert, sei es, dass die Erreichten häufiger geantwortet haben, weil ihnen die Gemeinde etwas bedeutet.

So entsprechen die Rückläufe bei den beiden Gemeinden von 10 und 3% auch dem sonstigen Bild der Kommunikationsstärke bzw. Kommunikationsschwäche dieser Gemeinden.

---

[181] Siehe Seiter/Lindner (2005).

Wenn die Antworten auch nicht auf alle Gemeindeglieder zu übertragen sind, so können doch auf jeden Fall die absoluten Zahlen verwendet werden.

Das Problem der Repräsentativität lässt sich leichter lösen, wenn definierte Gruppen erreicht werden und deren Beantwortung im Rahmen einer Veranstaltung gestützt werden kann (z.B. bei Konfirmandeneltern).

In vielen Fällen hat die Verteilung der Fragebogen einen meinungsbildenden und möglicherweise werbenden Charakter, wenn dies denn bei seiner Erstellung berücksichtigt wird. Sollten die Bögen auch noch persönlich übergeben und wieder eingesammelt werden, nähert sich das Unternehmen einer Kommunikationskampagne.

Die zumeist von Gemeinden als wichtigster Beweggrund angeführten Ziele sind allerdings die am wenigsten realistischen: Durch Frage nach den *Wünschen der Gemeindeglieder* direkte Hinweise auf gelingende Angebote zu erhalten.

Abgesehen vom Problem der Repräsentativität ist die Aussagekraft der Antworten unklar. Es ist völlig offen, ob die Gemeinde als die Verfasserin des Fragebogens und die Befragten als potentielle Nutzer bei Antworten das Gleiche meinen. Es ist wie in einem Restaurant mit einer fremdsprachigen Speisekarte ohne Möglichkeit der Nachfrage beim Kellner. Die Antworten sagen schon etwas, aber ob sie vorhersagen können, ob auf das Ankreuzen eines möglichen Angebots auf dem Fragebogen auch ein Besuch erfolgen würde, wenn es im Gemeindebrief steht, ist doch sehr die Frage.

Beliebt ist die Frage nach der Gottesdienstzeit. Ob eine Verschiebung hin zur mehrheitlich gewünschten Gottesdienstzeit auch eine Erhöhung des Gottesdienstbesuchs mit sich bringen würde, ist völlig offen.

Andere Fragegruppen führen nicht direkt auf mögliche Angebote, können aber wichtige Hintergrundinformationen erschließen.

Fragen zur Person erlauben eine Abschätzung, welche Menschen geantwortet haben und welche nicht.

Von Nutzen sind *Fragen zu Kontakten* zur Kirchengemeinde / Kirche in der letzten Zeit und den Eindrücken bei diesen Kontakten.[182] Sie lassen sich als „Portfolio" auswerten:

[182] Diese Fragen können als Fragen zur Nutzerzufriedenheit verstanden werden. Sie müssen natürlich mit den Zielen der jeweiligen Veranstaltung abgeglichen werden und dürfen nicht ohne Reflexion handlungsleitend werden.

Eindruck	A Wenig Kontakt und guter Eindruck	B Viel Kontakt und guter Eindruck
	C Wenig Kontakt und schlechter Eindruck	D Viel Kontakt und schlechter Eindruck
	Kontakt	

Am gefährlichsten sind Veranstaltungen, die im Bereich D zu stehen kommen. Hier muss dringend nach den Ursachen geforscht werden, da hier ständig Dissonanzen entstehen.
Veranstaltungen im Bereich C sind der Überlegung wert, ob ihre Streichung nicht sinnvoll sein könnte, noch dazu, wenn deren Anliegen auch in anderen Veranstaltungen zur Geltung kommt.
Maßnahmen im Bereich A verdienen die Frage, was getan werden kann, dass mehr Menschen diese gut aufgenommenen Angebote wahrnehmen.
Der Bereich B ist der Bereich der starken Resonanz. Aus ihm kann gelernt werden, welche Faktoren in dieser Gemeinde zum Erfolg beitragen können. Auf der guten Resonanz darf sich eine Gemeinde aber nicht ausruhen. Gerade die besten Angebote bedürfen der dauernden Pflege.

Eine weitere Fragegruppe kann sich auf die *Interessenfelder / Werte* der Befragten beziehen. Wenn dann die Einschätzung der *Kompetenz* oder des Profils der Gemeinde dazu in Beziehung gesetzt wird, lässt sich ein ähnliches Portfolio nach Wichtigkeit und Kompetenz erstellen. Wichtige Themen mit einer hohen Kompetenzzuschreibung für diese Gemeinde bilden ein Feld, auf dem – verstärkte – Angebote sinnvoll sein können.

Umfragen bringen einen hohen Aufwand mit sich. Sie haben Effekte, wenn auch zumeist nicht im Bereich der Ausgangsmotivation der Gemeinde. Wenn alle möglichen Wirkungen bedacht und in die Gestaltung einbezogen werden und bei der Ausgestaltung Fachkompetenz zur Verfügung steht, sind sie mögliches Instrument für eine mitgliederorientierte kirchliche Arbeit.

Umfragen unter freiwillig Mitarbeitenden

Während eine Umfrage in der Breite der Gemeindeglieder auf erhebliche methodische Probleme stößt, ist die Lage bei einem anderen Projekt wesentlich einfacher: einer Umfrage unter freiwillig Mitarbeitenden. Deren Beitrag zum Gemeindeleben ist kaum zu überschätzen. Es ist deshalb von großer Wichtigkeit, Klarheit über diese Gruppe zu gewinnen.

Als erstes entsteht die Frage nach der Abgrenzung. Für diese Umfrage sollten die im Wortsinn ehren-*amtlich* Tätigen nicht mit einbezogen werden, da Mitglieder von Wahlämtern noch anderen Bedingungen unterliegen als im Wortsinn freiwillig Mitarbeitende.

Ein hoher Rücklauf ist leichter zu erzielen. Da die Fragen nicht besonders persönlich sind, sind auch kaum Ausfälle wegen der Befürchtung zu erwarten, der eigene Bogen könne doch nicht anonym bleiben. Eine gute Gelegenheit ist der jährliche Mitarbeitenden-Empfang, dessen Einladung der Bogen beigelegt werden könnte und beim Empfang abgegeben wird.

Der Bogen sollte folgende Bereiche enthalten:

Alter
Geschlecht
Beginn der Mitarbeit
Umfang der Mitarbeit
Erwartungen an Begleitung und deren Erfüllung
Pläne für künftiges Engagement

Aus Alter und Geschlecht lässt sich der *Altersbaum* der Mitarbeitenden erstellen.

> Hat er eine solide Basis, dann ist aus Altersgründen keine dramatische Veränderung zu erwarten. Umgekehrt drohen bei einem deutlichen Überhang älterer Mitarbeitender starke Rückgänge in absehbarer Zukunft.

Eine ähnlich aussagekräftige Auswertung ergibt sich aus der *Dauer der bisherigen Mitarbeit.*

> Nicht selten lassen sich hier bestimmte Phasen der Gemeindearbeit der letzten Jahre ablesen – Zeiten guter Resonanz ebenso wie Zeiten von Konflikten oder einer sonstigen Dürre in der Gemeinde. Auch hier gilt: hohe Anteile langgedienter Mitarbeitender bergen ein potentielles Bestandsrisiko und sollten Überlegungen zur Gewinnung neuer Mitarbeitender anstoßen.

Ergänzt wird diese Auswertung durch die *Pläne für das künftige Engagement.*

> Sie lassen sich sogar in Stunden ausdrücken: wenn die bisher geleistete Stundenzahl anhand der angekündigten Pläne vermehrt oder vermindert wird, dann lässt sich wieder in grober Näherung die erwartete Stundenzahl in drei Jahren mit der jetzt geleisteten Stundenzahl in Beziehung setzen. Das Verfahren ist grob, zeigt aber die Größenordnung von möglichen Lücken im Bereich der freiwilligen Mitarbeit an. Wenn bei zurückgehenden Mitteln für Hauptberufliche in diesem Bereich ein Ausgleich erfolgen soll, dann müsste die erwartbare Stundenzahl steigen. Auf jeden Fall sind die Ergebnisse eine Herausforderung für die Begleitung der Freiwilligen.

Das *Maß des Engagements* gibt Auskunft über mögliche Überlastungen.

> Hier gilt, dass nicht einfach „mehr“ mit „besser“ gleich zu setzen ist. Es ist ein bekanntes Phänomen, dass aktive Menschen ihre Mitarbeit in vielen Feldern und zum Teil in vielen Institutionen zur Verfügung stellen. So sehr eine breite Verankerung sowohl im Gemeinde- als auch im kommunalen Leben wünschenswert ist, so drohen doch persönliche Überlastung und daraus erwachsende Probleme im gesundheitlichen Bereich oder bei der Qualität der Arbeit. Zudem ist die Lücke beim Ausscheiden einer solchen Person groß. Die daraus sich ergebende Macht der Vielfachbeschäftigten kann auch dysfunktional eingesetzt werden.

Für die *Begleitung* bringt der letzte Fragenkomplex Informationen: der Vergleich von Erwartungen an die Begleitung und die tatsächlich erhaltene Begleitung.

> Nicht selten ergeben sich Aussagen, die die Kostenerstattung – und sei sie noch so gering – für völlig ausreichend halten, aber bessere Information und größeren Einfluss bei der Mitwirkung an Entscheidungen.

Für den wichtigen Faktor „Mitarbeitende“ enthält eine solche Umfrage wesentliche Informationen. Wer keine Umfrage in Gang setzen will, sollte sich auf jeden Fall anhand einer aktuellen und aussagefähigen Mitarbeitenden-Liste über die objektiven Daten Klarheit verschaffen (Altersbaum, Umfang und Dauer der Mitarbeit). Dieses Instrument ist in Wilmersdorf noch nicht genutzt worden.

4. Kommunikation

Jede Kirchenkreis-interne Entwicklung benötigt ein passendes Kommunikationskonzept, das die vorhandenen Angebote nutzerorientiert bekannt macht. In ihm hat die Öffentlichkeitsarbeit einen hohen Stellenwert, die das Bild des Kirchenkreises in der zumeist lokalen Öffentlichkeit prägen kann. Meinungsbildende Kampagnen sind Aufgabe größerer Zusammenschlüsse, weil sie die Kraft und Reichweite von Kirchenkreisen zumal in städtischen Verhältnissen deutlich übersteigen. Wünschenswert ist allerdings die Fähigkeit zur präzisen Zielgruppenansprache. Der Zugriff auf den gesamten Datenbestand der Mitglieder ist möglich. Die landeskirchlichen Programme des Meldewesens sind dafür prinzipiell geeignet. Insgesamt wird man aber sagen müssen, dass der Kirchenkreis – wie viele andere – die völlig legalen Möglichkeiten bei weitem nicht nutzt, die ihm die vorhanden Daten einräumen.

a) Öffentlichkeitsarbeit als Kirchenkreisaufgabe

Der Kirchenkreis hat schon früh die Notwendigkeit einer koordinierten Öffentlichkeitsarbeit erkannt.

Eine 1997 gegründete Arbeitsgemeinschaft hat vor allem die Einrichtung einer Homepage vorangebracht. Deren Pflege wurde ab 2003 durch eine Honorarkraft übernommen. Die Ausweitung der Aufgaben führte 2004 zur Errichtung einer Teilzeitstelle für Presse- und Öffentlichkeit aus Projektmitteln. 2009 wurde eine 50% Stelle in den Stellenplan des Kirchenkreises übernommen und damit die Bedeutung des Arbeitsfeldes für den Kirchenkreis unterstrichen. Die Arbeit wird kontinuierlich durch die Arbeitsgemeinschaft Öffentlichkeitsarbeit begleitet, in der neben einem Vertreter der Gemeinden auch die Dienste und die Diakonie vertreten sind.

Durch die Beauftragte für Öffentlichkeitsarbeit des Kirchenkreises soll die Kommunikation aller Akteure des Kirchenkreises verbessert werden. So wird der Kontakt zu den Küstereien gepflegt und die Redaktionsteams der Gemeindebriefe zu halbjährlichen Redaktionsfrühstücken eingeladen, kritisches Feedback eingeschlossen. Gemeinden werden bei der Gestaltung von Willkommensbriefen für Neuzuzüge beraten.
Inhaltliche Unterstützung geschieht durch das Angebot von Artikeln und Textbausteinen, thematischen Flyern (z.B. für Weihnachten, Angebote für Kinder)
Unterstützt wird die Öffentlichkeitsarbeit durch Beratung bei der Durchführung und Gestaltung von Materialen für Jubiläen und Großveranstaltungen (z.B. Kreuz, Hochmeister, Hohenzollernplatz), Vermittlung von Fachwissen für Druckprodukte (z.B. Linden und Grunewald) und Gestaltung der Gemeinderäume (z.B. Auen)

b) Die Internetplattform

Die Bedeutung der kreiskirchlichen Homepage und ihre Stellung zwischen den gemeindlichen und landeskirchlichen Auftritten wurde von Anfang an diskutiert und beobachtet.

Auch auf der Ebene der Kirchenkreise gibt es unterschiedliche Ansätze. Während ein Teil der Kirchenkreise (Neukölln, Stadtmitte, Tempelhof, Teltow-Zehlendorf) sich unter dem Dach des landeskirchlichen Auftritts befindet, haben die Kirchenkreise Schöneberg, Spandau, Charlottenburg, Lichtenberg-Oberspree, Steglitz und Wilmersdorf eigene Auftritte.

Bei der ersten Konzeption der Kirchenkreis-Internetseite im Jahre 1999 hatte noch keine Gemeinde einen eigenen Internetauftritt.

Auf der evkiwi-Gemeindeseite fand und findet man schnell die wichtigsten Telefonnummern, Öffnungszeiten, Namen und Adressen. Daran hat sich bis heute nichts geändert, auch wenn inzwischen fast jede Gemeinde ihren eigenen Auftritt hat. Aufgrund ihres inzwischen fast 11-jährigen Bestehens sind die getaggten Begriffe bei google schnell und auf vorderen Plätzen auffindbar (z.B. bei „Berlin-Wilmersdorf“ kommt die Kirchenkreis-Homepage auf Platz 8, bei „Heiraten Wilmersdorf“ auf Platz 3).

Die Seite wird monatlich von ca. 1800 verschiedenen Rechnern besucht. Die meistbesuchten Seiten betrafen die Partnerschaftsarbeit, den „Kirchenkreis", „Fragen", „Kitas", der Gemeinden – dazwischen „Pilgern", „Familien" und „Krankenhausseelsorge". Die „Anfragen pro Stunde" liegen zwischen 67 und 622, mit einer Hauptnutzungszeit zwischen 8 und 11 Uhr, danach sinkend bis zu einer zweiten kleinen Anhebung gegen 21 Uhr.

Die Kirchenkreis-Homepage bietet den Gemeinden und Einrichtungen an, besonders wichtige Termine und Themen aufzubereiten und im redaktionellen Teil der Titelseite zu präsentieren. Diese Möglichkeit wird besonders von den Einrichtungen (Jugend, Familienbildung, Senioren) bzw. von den Gemeinden bei größeren Events, wie Jubiläen genutzt.

Weiterhin haben die Einrichtungen eigene kleine Webauftritte, die z.T. von der Öffentlichkeitsbeauftragten konzipiert und gestaltet wurden (www.diakonie-wilmersdorf.de oder www.fbs-wilmersdorf.de). Dies geschieht je nach Kapazität. Einige Auftritte wurden von anderen Agenturen (www.lemiki.de) oder Ehrenamtlichen gestaltet (www.forumplus.de) gestaltet oder überarbeitet (www.evjuwi.de).

Eine besondere (oft auch besonders schwierige) Aufgabe besteht für die Öffentlichkeitsbeauftragte darin, möglichst früh auf die Notwendigkeit einer Einheitlichkeit des Auftritts innerhalb des Kirchenkreises Wilmersdorf zu bestehen, z.B. in der Farbgebung, der Verwendung des Kirchenkreislogos und bei der Verlinkung. Alle kreiskirchlichen Einrichtungen benutzen den einheitlichen Email-Namen @evkiwi.de. Die Öffentlichkeitsbeauftragte ist der Mail-Administrator.

c) Pressekontakte brauchen Pflege

In den vergangenen Jahren ist immer wieder über Veranstaltungen im Kirchenkreis Wilmersdorf berichtet worden – in regionalen und überregionalen Medien (Zeitung, Radio, Fernsehen). Besonders hervorzuheben sind dabei zuallererst das Fußballspiel „Pfarrer vs. Imame"[183], der Pilgerrundweg „camino evkiwi"[184] und der Evangelische Campus Daniel (z.B. Modell-Enthüllung[185]). Bei diesen Veranstaltungen war die Öffentlichkeitsarbeit von Anfang an bei der Konzeption und der Durchführung beteiligt.

Die Kontakte zur Presse haben formellen und informellen Charakter. Neben den üblichen Pressemitteilungen werden einzelne Journalisten, (die z.B. bereits über diese oder ähnliche Ereignisse berichtet hatten) gezielt kontaktiert.

---

183 2006 und 2009 – weltweite Meldungen (> 100), eigene Artikel u.a. in Tagesspiegel; Times, London, zdf, etc 2007 und 2008: Tagesspiegel, Berliner Zeitung.

184 Tagesspiegel, In Zitty und Berliner Zeitung als besondere Veranstaltungen am Tag des Offenen Denkmals hervorgehoben.

185 Tagesspiegel, BZ, Berliner Woche.

Um die Presse zu motivieren, auch in Folgejahren über diese Veranstaltungen zu berichten, werden die Veranstaltungen in jedem Jahr etwas modifiziert (Gäste zum Fußballspiel, Thema zum camino evkiwi). Darüber hinaus sind Pressekontakte wichtig, weil es immer wieder Situationen geben kann, in denen Kirche auf eine schnelle und faire Darstellung in der Öffentlichkeit angewiesen ist. Hierfür muss es eine vertrauensvolle Beziehung über lange Zeit hin geben.

d) Die Entwicklung geht weiter

Wie wichtig es ist, in „den Öffentlichkeiten" – der innerkirchlichen und der kirchenfernen Öffentlichkeit – positiv wahrgenommen zu werden, ist dem Kirchenkreis Wilmersdorf und mittlerweile allen Einrichtungen und fast allen Gemeinden im Kirchenkreis bewusst. Es müssen aber noch stärker Synergie-Effekte genutzt werden:
Dazu gibt es folgende Entwicklungen:

1. Entwicklung eines „Jahresthemas" durch die AG Öffentlichkeitsarbeit (einmalige Erstellung von Materialien – z.B. für Fest der Nationen, camino evkiwi, Sommerferienaktion) Jahresthema 2010: Partnerschaft mit der Diözese von Iringa.
2. Nach Fertigstellung der Überarbeitung des Internetauftritts: der Landeskirche sollen die Veranstaltungsdatenbank und andere Service-Angebote der Landeskirche eingebunden werden.
3. Regelmäßige Beratung und Diskussion im „Verschiedenes"-Teil des Pfarrkonvents, entweder durch den Superintendenten oder eines Mitglieds der AG Öffentlichkeitsarbeit.
4. Versendung eines (vorerst) internen Kirchenkreis-Newsletters in Zusammenarbeit mit dem Sekretariat.

Öffentlichkeitsarbeit lebt von der ständigen Veränderungsbereitschaft. Zurzeit besteht ein Entwicklungsbedarf darin, die Konzeption des Kirchenkreises im Internet abzubilden. Die Einheitlichkeit des Rahmens muss besser erkennbar sein. Schwerpunkte sollten herausgestellt werden und Zielgruppen besser erschlossen werden. Der Veranstaltungskalender bedarf noch großer Verbesserungen, die möglicherweise in Zukunft durch die landeskirchlichen Angebote ermöglicht werden. Wie auch an anderen Punkten der Kirchenkreisentwicklung wird deutlich, dass erkannte Notwendigkeiten die Kraft eines Kirchenkreises übersteigen oder als Einzellösungen nicht sinnvoll sind. Das Entwicklungstempo des Kirchenkreises ist andererseits meist deutlich höher als das der Landeskirche. Vielleicht kann ein gemeinsamer Ressourceneinsatz mehrerer Kirchenkreise einen Mittelweg darstellen. Eine professionelle Begleitung wird jedenfalls unterhalb des Kirchenkreises im Regelfall nicht möglich sein.

G. Die Angebote für die Menschen und die Stadt

Alle Formen der Kirchenbindung sollen eine ausgewogene Zuwendung in den Dimensionen des Auftrags erhalten.

1. Grundsätzliches

a) Zur Angebotsgliederung

Für die Gliederung des Faktors „Angebote" stehen verschiedene Ansätze zur Verfügung. Sie lassen sich einmal nach „*Handlungsfeldern*" anordnen. Eine solche Gliederung wird vielfach versucht und umfasst in der Regel Gottesdienst (manchmal mit Kirchenmusik und Spiritualität oder auch Kultur verbunden), Bildung, Seelsorge und Beratung, Diakonie (manchmal auch mit Seelsorge zusammen), gesellschaftsbezogene Dienste, Ökumene und weltweite Kirche.

Ein Problem entsteht bei der Stellung der „Zielgruppenarbeit". Diese Einteilung passt kategorial nicht in die Systematik der Handlungsfelder. Zumindest theoretisch sind Aktivitäten aller Handlungsfelder in allen Zielgruppen denkbar.

Eine Variante der Handlungsfeldgliederung besteht darin, die Dimensionen kirchlichen Handelns von Martyria, Leiturgia, Diakonia und Koinonia zugrunde zu legen.

Theoretisch interessant ist eine Orientierung an *„Kernprozessen"* wie z.B. die religiöse Sozialisation, verstanden als grundlegende und weiterführende Vergewisserung des Glaubens, oder die physische, psychische und spirituelle Hilfe zur Wiedererlangung des Lebensgleichgewichts oder auch die Feier von Gottes Gegenwart.

Die folgende Gliederung geht pragmatisch nach den Erscheinungsformen vor und nimmt in Kauf, dass Überschneidungen und Querverbindungen entstehen und manche Aktivität nicht eindeutlich zugeordnet werden kann.

b) Zum Aufbau der Kapitel

Sie beginnen mit grundsätzlichen Überlegungen. Sie enthalten einen Anschluss an die aktuelle praktisch-theologische Diskussion unter dem Aspekt der theologisch-ekklesiologischen Grundentscheidungen in Wilmersdorf. Diese geben den Standpunkt, von dem aus ausgewählt wird, ohne dass Alternativen diskutiert werden.

Es folgt die Reflexion und Gestaltung der Situation im Kirchenkreis im Anschluss an das Konzept.

Anschließend werden Einzelbeispiele aus der Praxis vorgestellt, die in ähnlichen Situationen von Interesse sein könnten. Auch hier sind die Kriterien nicht streng repräsentativ, sondern durchaus pragmatisch durch das Verfahren bestimmt.

Mitarbeitende im Kirchenkreis wurden um Praxisberichte gebeten. Für die Texte in den folgenden Kapiteln gilt, dass sie in ihren Konkretionen auf den Berichten der Beteiligten beruhen, für diese Veröffentlichung aber im Blick auf ihre Zusammenhänge mit dem Konzept redigiert wurden. Auch mussten manche Kürzungen und Straffungen vorgenommen werden. So weit es auch zeitlich möglich war, sind die Fassungen mit den Beteiligten abgestimmt worden. Ausdrücklich sei jedoch vermerkt, dass die beiden Verfasser die Verantwortung für den vorliegenden Text übernehmen.

2. Gottesdienst

a) Orientierung im praktisch-theologischen Kontext

Der Gottesdienst ist ein unverzichtbares Kennzeichen der evangelischen Kirche. In seiner Feier erinnert sich die Gemeinde an das Heilswerk Gottes in Jesus Christus, erfährt seine Gegenwart im Heiligen Geist und weiß sich mit der ganzen Kirche unabhängig von den Begrenzungen von Raum und Zeit verbunden.

Er ist der Ort, an dem Gott den Menschen durch Wort und Sakrament dient und die versammelte Gemeinde durch ihr Singen, Loben, Klagen und Beten antwortet. Im Gottesdienst stärkt sie sich für ihren Auftrag zu Zeugnis und Dienst und befähigt ihre Glieder zum Gottesdienst im Alltag der Welt.

Insgesamt wird man feststellen können, dass der Protestantismus die Bedeutung des Gottesdienstes und vor allem des Abendmahls neu entdeckt hat. Die Bewegung der Kirchenreform hat die restaurativen Tendenzen der unmittelbaren Nachkriegszeit (der „verordneten Einheit“ – P. Cornehl) durch eine „wiedergewonnene Vielfalt“ abgelöst. Lange Zeit wurde der „Gottesdienst im Alltag der Welt“ dem als erstarrt empfundenen agendarischen Gottesdienst entgegengestellt. Die Phase der „neuen Integration“ etwa ab 1975 hat die alten Gräben überwunden, aber nicht sofort bei allen, auch nicht bei allen Mitarbeitenden, eine neue Gottesdienst-Sitte etablieren können. Die Gleichzeitigkeit des Ungleichzeitigen gilt eben auch hier. Die Ermüdungserscheinungen und die durch die Einseitigkeiten drohende „Selbstsäkularisation“ sind jedoch deutlich geworden. Die Ansätze einer Verbindung von „Kampf und Kontemplation“ (Taizé) fanden größere Beachtung.

Gottesdienste im Jahreskreis

Die Erfahrung von Gottes Nähe soll allem Volke ermöglicht werden. Regelmäßig und öffentlich Gottesdienst zu feiern ist eine Grundaufgabe der Gemeinde. Der *sonntägliche Gottesdienst* entspricht dieser Aufgabe. Als Feier der Auferstehung Christi, als „kleines Ostern" hat er seine eigene Bedeutung im Wochenrhythmus. Nach der Tradition der Kirche ist er eingebettet in den liturgischen Jahreskreis und erhält daraus eine zusätzliche Funktion, die über den Wochenrhythmus hinausweist.

Der *Jahreskreis* wird durch das Christusjahr dominiert. Der weihnachtliche Festkreis und der Osterfestkreis umfassen die Spanne vom ersten Advent bis Pfingsten. Gottesdienste in dieser Zeit bereiten die Begehung eines zentralen Heilsereignisses vor, feiern es und vertiefen seine Bedeutung in der Folgezeit. Trinitatis als das Ideenfest des Geheimnisses und der Schönheit Gottes leitet die „festarme" Zeit des Jahreskreises ein, in der der Alltag des Christseins vertieft wird. Der Glaube ist nun gesät und wächst. Die Gemeinde bedenkt jeweils einen wichtigen Aspekt des Glaubens. Diese Zeit klingt im Herbst aus mit den Zeiten von Dankbarkeit und Erinnerung, einem Ensemble aus dem Erntedankfest, das dem Naturjahr entnommen ist, und thematischen Festen wie Reformation, Bußtag und dem Ewigkeitssonntag.[186]

Gottesdienste im Lebenslauf

Neben dem Jahreskreis sind die Stufen und Markierungspunkte des Lebens Orte für Gottesdienste. So kommt Gottes Gegenwart in der Bezeugung und Verkündigung seiner Liebe bei der Begleitung von Menschen in ihrem persönlichen Lebenslauf und in ihrem sozialen Umfeld zum Ziel.[187]

Gottesdienste bei besonderen Anlässen und Themen

Es gibt einen dritten Kreis von Gottesdiensten. Sie sprechen Menschen in ihnen wichtigen Lebenszusammenhängen (Sport, Freizeit, ...) oder Deutungsfeldern (Kultur, Wissenschaft, Musik, Kunst, ...) an oder werden angesichts bedeutender Ereignisse begangen. Sie sind mit besonderen Lebenslagen (Jugend, Senioren) verbunden. Sie beziehen sich auf Ereignisse in der Öffentlichkeit, wie die Katastrophen des 11. September oder des Tsunami, die Betroffenheit über den Suizid des Torwarts Enke, Rettungen und bedeutende Einschnitte (z.B. Parlamentseröffnung) oder Gedenktage (z.B. Mauerfall).

Eine Kirche, die ihren Auftrag ernst nimmt, bietet zu diesen Anlässen den Reichtum des Gottesdienstes an. Viele dieser Themen haben ihren Ort jedoch an zentralen Kirchen und verlangen nach einer ökumenischen Gestaltung. Die Parochie ist zumeist nicht mehr die relevante Bezugsebene, auch wenn solche Gottesdienste in Gemeindekirchen angeboten werden. Hier greift das Prinzip der Schwerpunktbildung zwischen den Gemeinden und der Über-

---

[186] Dazu Karl-Heinrich Bieritz, Art. Kirchenjahr. In: HDL 453–489, Lindner (2000) 186ff.

[187] Diese Gottesdienste erhalten ein eigenes Kapitel. „Kasualien" S. 197 ff.

nahme zentraler Aufgaben durch den Kirchenkreis, damit zu den besonderen Anlässen die entsprechenden Gottesdienste gefeiert werden können.

Die Frage nach der Einheit

Gottesdienst kann in vielen Gestalten gefeiert werden, das ist der bleibende Ertrag der Zeit der Kirchenreform. Die Grundstruktur des evangelischen Gottesdienstes verbindet die unterschiedlichen Formen miteinander und ist Zeichen der Einheit. Die situationsgerechte Ausformung nimmt die Ausdrucksformen der eingeladenen Menschen auf und ermöglicht deren aktuelle und vollständige Mitfeier. Die eindrücklichen Zeichen von Kirchengebäude, Glocken, brennenden Kerzen, Orgelklang und Bibellesungen binden im Erleben der Mitfeiernden die verschiedenen Formen zusammen.

Getragen wird das vielgestaltige gottesdienstliche Leben von einer Grundüberzeugung: Was im Gottesdienst in jeder seiner Formen geschieht, ist lebens-notwendig, jedenfalls vertieft, stärkt und erfüllt es auch ein Leben, das diese Bedeutung nicht von vorneherein erkennt. Es ist so wichtig, dass es alle Phantasie und Kreativität verdient, damit Menschen diese Botschaft verstehen und in ihren Formen Gott loben, zu ihm beten und klagen können. Schließlich sollen alle Menschen durch die Predigt und die Sakramente das Vertrauen erlangen, dass sie als Gerechtfertigte froh und verantwortlich leben und später dereinst getröstet sterben.

Die haupt- und ehrenamtlichen Mitarbeiterinnen und Mitarbeiter und letztlich alle verantwortlichen Christenmenschen müssen sich selbst so einbringen, dass sie die Gottesdienste, in welcher Gestalt auch immer mitgestalten, ausprobieren und wagen und sich schließlich mit ihnen identifizieren. Dann werden sie auch mit gutem Gewissen dazu einladen!

Die Gottesdienste aus der Sicht der Mitglieder

Die verschiedenen Gottesdienstformen haben aus der Perspektive der Mitglieder unterschiedliche Stärken und Grenzen. Liturgisch sind Sonntagsgottesdienst und Festtagsgottesdienst aufeinander bezogen. In der Annahme durch die Gemeindeglieder sind sie deutlich unterschieden. Weil Menschen heute auf verschiedenen Zeitebenen leben, empfinden sie ihren Gottesdienstbesuch auf der ihnen gemäßen Ebene als „regelmäßig“[188].

Damit gewinnen die Gottesdienste in den verschiedenen Bindungsformen der Volkskirche eine je eigene Bedeutung. Der wöchentliche *Sonntagsgottesdienst* entspricht eher der Gemeindekirche, ohne jedoch gänzlich darin aufzugehen.

---

188 Grundlegend zur Frage der Lebensrhythmen und Kulturebenen Gerhard Rau (1977).

Er ist einerseits ein Gottesdienst für „Kundige", die seine Melodien und die Abfolge seiner Stücke kennen und verstehen. Sein Mitvollzug ist eine anspruchsvolle Angelegenheit. Sie kann für viele eine hohe Schwelle bedeuten, die sie selten oder nie überschreiten. Andererseits kann genau diese Ausprägung für andere niedrigschwellig wirken, wenn sie mit einem aktuellen Anliegen den Kontakt zu Gott suchen. Zeitpunkt und Ort des Gottesdienstes sind bekannt. Die relative Anonymität gewährt den Schutz der Privatsphäre. Die gottesdienstlichen Erkennungszeichen von Kirchengebäude, Glockenklang, brennenden Kerzen, Orgelmusik und Bibellesungen reichen zunächst als Grundbotschaft. Der ungewohnte Ritus gibt viel Freiraum, die eigenen Fragen weiterzudenken. Eine gewisse Distanz muss deshalb im Gottesdienst erlaubt sein. Homogenisiert sich die Gottesdienstgemeinde unter einem überzogenen Gemeinschaftsgedanken völlig, verliert sie ihre gastfreundliche Offenheit. Andererseits fasziniert der wöchentliche Sonntagsgottesdienst durch die verspürte Kontinuität über den jeweiligen Ort und die aktuelle Zeit hinaus. Ausweislich der Analysen gibt es immer wieder solche seltenen Besuchenden, die den Gottesdienst gerade an diesem Sonntag brauchen.

Die *Fest-Gottesdienste im Jahreskreis* entsprechen auch den Menschen, die Fragen des persönlichen Lebens nicht mehr so sehr im Wochenrhythmus, sondern in größeren Zeitrhythmen verankern. Für Menschen, deren Kirchenbindung familiär oder außerordentlich und anlassorientiert strukturiert ist, sind sie die wichtigsten Gottesdienste. Sie sind zudem oft noch als kulturelle Tradition gegenwärtig. Sie bieten darüber hinaus durch ihre festliche und reiche Gestaltung einen besonderen Anreiz. Die Besucherzahlen sind deutlich höher. Menschen entwickeln Regelmäßigkeiten, die im Wochen- oder Monatsrhythmus nicht mehr wahrnehmbar sind, im Jahreskreis aber sehr wohl.

Um die großen Feste der Christenheit herum haben sich einerseits liturgisch besonders gegliederte Zeiten entwickelt (z.B. Passionszeit mit Fastengruppen, meditativen Zeiten oder kunstvoll gestalteten Andachten). Andererseits gliedern diese Feste auch das gesellschaftliche Jahr. Ursprünglich war die Arbeitsruhe dazu bestimmt, einen Freiraum für den Gottesdienst und die Begehung des Festes zu schaffen. Heute gilt diese Zeit vielmehr als soziale Errungenschaft und ist durch freie Tage und Ferien Terrain der Freizeitgesellschaft. Aber nach wie vor gliedert sie das Jahr. Noch immer bildet der Jahresrhythmus, der das Leben der Menschen in Deutschland und in vielen Teilen der Welt bestimmt, weithin das Leben und Sterben Jesu Christi ab. Die Bezeichnungen der Festtage sind bleibende Hinweise auf diese Bedeutung. Die kirchlichen Angebote können an sie wieder anknüpfen und sie neu ins Bewusstsein heben. Die Kirchenmusik spielt dabei eine tragende Rolle.

Die *Gottesdienste zu besonderen Zeiten und Anlässen* tragen der Tatsache Rechnung, dass sich in der Gesellschaft die einzelnen Lebensstil-Gruppen weiter ausdifferenziert haben. Deshalb versuchen Gottesdienste spezifischer auf die Lebenslagen und die Lebensstile der Zielgruppen einzugehen, die sich im wöchentlichen Gemeindegottesdienst nicht wiederfinden. Auch tragen sie dramatischen Ereignissen im persönlichen und öffentlichen Leben Rechnung. Hier wird ihre orientierende und Halt gebende Kraft von vielen gesucht.

b) Reflexion und Gestaltung in Wilmersdorf

Das Gottesdienst-Konzept hat eine integrative Kraft

Im Konzept der Integrierten Kirchenkreisplanung Wilmersdorf hat das gottesdienstliche Leben eine zentrale, identitätsstiftende und verbindende Bedeutung. Dementsprechend liegt die Verantwortung für das Gesamtfeld beim Kirchenkreis als koordinierende Instanz, unbeschadet der Aufgaben der Gemeindekirchenräte und des Pfarrkonventes als Forum.

Das gottesdienstliche Leben entfaltet sich zunächst in der Säule der verfassten Kirche. In den Dienstordnungen der Pfarrerinnen und Pfarrer sichert ein entsprechendes Zeitbudget dessen Bedeutung. Es orientiert sich am sonntäglichen Gottesdienst. Durch seine angemessene Ausstattung hat es allerdings den Charakter eines Gesamtbudgets für das gottesdienstliche Leben. Gottesdienste aus dem Schwerpunktbereich sind darin nicht enthalten.

> Es ist keine ökonomisch verengte Sichtweise, wenn die Frage nach Aufwand und Ertrag auch an das Feld Gottesdienst gestellt wird. Zunächst hat die sorgfältige Vorbereitung der öffentlichen Wortverkündigung eine grundlegende Bedeutung für die berufliche Existenz eines Pfarrers und einer Pfarrerin. Sich regelmäßig und sorgfältig mit einem Bibeltext im Lichte der (Gemeinde-)Situation auseinander zu setzen wird das gesamte berufliche Handeln durchdringen. So kann das Wort Gottes noch vor jeder aktuellen Entscheidung seine orientierende und steuernde Kraft entfalten.[189] Dennoch aber kann sehr wohl gefragt werden, wie der Ertrag der Vorbereitung für einen Gottesdienst besser genutzt werden kann. Die beste Möglichkeit ist es, einen zweiten Gottesdienst mit der einmal sorgfältig vorbereiteten Predigt zu feiern, der leicht verändert auf die anderen Hörer bezogen wird.[190] Die Botschaft des Sonntags, exegetisch gut erarbeitet, durch Andachten für die Gremien, Gruppen und Kreise in die Woche zu tragen, ist eine andere.

Zur Konzeption der beiden anderen Säulen gehört es, auf dieses reiche Angebot hinzuweisen, dazu einzuladen oder bei den Gemeindegottesdiensten mit zu wirken. Dies gilt vor allem für die Gottesdienste an Festtagen.

Aber die Säulen Bildung und Diakonie entwickeln auch ein eigenes umfassendes gottesdienstliches Leben. Es gibt die sonntägliche oder zumindest

---

[189] Siehe zur grundlegenden Bedeutung dieses Einflusses S. 17 ff.

[190] Dies setzt jedoch eine Staffelung von Gottesdienstzeiten in Gemeindeteilen oder in benachbarten Gemeinden voraus. Die Mühe lohnt sich jedoch im Hinblick auf die – notwendig – große Vorbereitungszeit und die zeitliche Bindung an Sonntagen.

wöchentliche Feier, die vor allem für die Menschen in Heimen und Krankenhäusern bestimmt ist, die an den Gemeindegottesdiensten nicht mehr teilnehmen können. Es gibt die Festtags-Gottesdienste, oft eingebettet in die jeweilige Vorbereitungszeit, die eine symbolische Brücke[191] zur verfassten Kirche schlagen. Es gibt die Gottesdienste, in denen besondere Anlässe gefeiert werden (z.B. der Beginn des Schuljahres). Und es gibt auch Kasualien (vor allem im Bereich des Krankenhauses).

Dies ist keine Aufsplitterung des Gottesdienstes, sondern vielmehr eine geistliche Qualifizierung der organisatorisch eigenständigen Bereiche. Die integrative Kraft des weit verstandenen Gottesdienstes vermag diese Bereiche symbolisch und real zusammenzubinden und trägt entscheidend zu deren evangelischer Identität bei. Durch entsprechende Festlegungen in der jeweiligen Konzeption (für die Kitas, die Heime, die Schule, die diakonischen Dienste, die Krankenhäuser) und auch durch die Gemeinschaft der handelnden Personen im Pfarrkonvent als planende und koordinierende Gruppe wird die innere Einheit des Handelns in den verschiedenen Organisationsformen gefördert.

Gottesdienste im Jahreskreis

Der Sonntagsgottesdienst

Die Pflege des regelmäßigen, wöchentlichen Gemeinde-Gottesdienstes hat einen hohen Stellenwert. In Wilmersdorf ist für den regelmäßigen Sonntags-Gottesdienst eine – prozentuale – Stabilität über die Jahre hin zu beobachten; für die besonderen Gottesdienste ist eine Zunahme der Besucherzahlen festzustellen.

In jeder der Kirchen wird *sonntäglich Gottesdienst* gefeiert. Es gibt kaum Variationen der Gottesdienstzeit benachbarter Gemeinden am Sonntag. Die hauptsächlichste Zeit ist 10.00 Uhr mit zwei Ausnahmen um 10.30 und um 11.30 Uhr.

Gottesdienste für *Kinder* finden regelmäßig in verschiedenen Ausprägungen statt.

> Drei Gemeinden bieten den Kindergottesdienst parallel zum agendarischen Gottesdienst an. Eine Gemeinde bietet einen eigenen Kinder-, Jugend- und Familiengottesdienst jeden Sonntag nach dem agendarischen Gottesdienst zu einer eigenen Zeit[192] an. Drei Gemeinden haben monatliche Angebote für Familien oder Kinder und Jugendliche. In größerem Rhythmus im Jahreskreis werden in fünf Gemeinden Familiengottesdienste gemeinsam für Eltern und Kinder meist am Sonntag um 11.00 Uhr gehalten. Die Familienbildungsstätte

---

191 Vgl. das Konzept „Glauben in der Zeit“ Lindner (2000) 177ff. Die Rummelsberger Anstalten der Inneren Mission nutzen diesen Ansatz zur spirituellen Prägung ihrer vielfältigen erzieherischen und therapeutischen Einrichtungen.

192 Ausführlich berichtet auf S. 183 ff.

feiert einmal im Quartal einen Gottesdienst für kleine Kinder. Geplant ist weiter ein Abendsegen nach den Gruppen am Donnerstag.

Der *Tageslauf* wird durch Andachten begleitet. Morgenandachten sind auf den Markttag oder auf das Schulleben bezogen. Ein Mittagsgebet wird am Dienstag und Freitag in zwei Gemeinden gehalten. Ein besonderes Mittagsgebet ist der NoonSong am Samstag um 12.00 Uhr.[193] Abendgebete finden im Kirchenkreis an jedem Tag in einer der Kirchen statt.

Der kritische Blick auf die Gottesdienstpraxis

Der Kirchenkreis hat seine Aufgabe der Begleitung des gottesdienstlichen Lebens im Jahre 1999 durch eine „Querschnittsvisitation" wahrgenommen. Sie hatte vor allem den sonntäglichen Gemeindegottesdienst im Blick. Ihre Ergebnisse sind jedoch auch auf andere Gottesdienste übertragbar.

Die Visitatoren sind auf eine große Bandbreite der Feier des Gottesdienstes im Kirchenkreis gestoßen. Fast zu jedem Punkt gibt es sehr positive und fördernde Ausprägungen, aber auch wenig geglückte Versuche.

Zu Recht haben sie die scheinbaren Kleinigkeiten im Umfeld des Gottesdienstes in den Blick genommen. Für die Verantwortlichen mögen dies Nebensächlichkeiten sein, für die Kirchgänger und unter ihnen wiederum die eher seltenen Besuchenden entscheidet sich sehr oft der Gesamteindruck und damit die Bereitschaft, wieder zu kommen, gerade an diesen Kleinigkeiten.[194]

Die Visitatoren notieren Stolpersteine, die sich zu Ausschlussgründen entwickeln können:

> Wenn der Gottesdienst und die Andacht nicht in der Kirche stattfinden, ist manchmal der Ort schwer zu finden.
> In einigen Gemeinden gibt es Empfangsdienste. Nicht immer sind sie freundlich und aufmerksam den Ankommenden zugewandt. Manchmal sind sie noch mit sich selbst beschäftigt.
> Gemeinden gehen unterschiedlich mit ihren Räumen um. Nicht immer ist der vorgegebene Raum einladend und ansprechend gestaltet.[195]

---

193 Ausführlich berichtet auf S. 187 ff.

194 Untersuchungen im Bereich der Dienstleistungen zeigen sehr deutlich, wie entscheidend die Atmosphäre und die Kleinigkeiten von Freundlichkeit, Sauberkeit und klarer Orientierung für das Wiederkommen sind. Der Gottesdienst kann hier keine Sonderstellung beanspruchen.

195 In der aktuellen Diskussion wird als bedauerlicher Trend in vielen Gemeinden die „Verwohnzimmerung" der gottesdienstlichen Räume beklagt. Aber auch durch die Visitation ist der Blick hierfür geschärft worden. Der Trend vergangener Jahre, den Kirchenraum wie ein Wohnzimmer zu gestalten, ist gebrochen. Viele Gemeindekirchenräte erkennen die Notwendigkeit der Unterscheidung des öffentlichen vom privaten Raum ebenso wie die Unterscheidung zwischen dem ganz und gar vertrauten und dem ein Geheimnis bewahrenden und zum neuen Nachdenken anregenden Ort. Er gewinnt seine Heiligkeit durch die Gegenwart Gottes in Wort und Sakrament und auch durch die Höhepunkte, die Menschen allein oder gemeinsam in ihm erlebten. So sind z.B. die Teppichböden in den Kirchenschiffen nach und nach durch Parkett oder Fliesen ersetzt worden.

An vielen Orten wurde eine unzureichende Lautsprecheranlage festgestellt. In manchen Gemeinden gibt es Hektik vor Beginn des Gottesdienstes. Der Blumenschmuck ist durchaus unterschiedlich. Insgesamt ist festzustellen, dass die Kleinigkeiten nicht immer mit der nötigen Sorgfalt bedacht und gestaltet sind.

Stärken der besuchten Gottesdienste sind die Musik und der erfreuliche Gemeindegesang.

In der inhaltlichen Gestaltung bietet sich die ganze Bandbreite der liturgischen Praxis in der evangelischen Kirche.

Die Visitatoren fragen, ob immer eine klare „Dramaturgie" des Gottesdienstes erkennbar ist. Andererseits geschieht in manchen Gottesdiensten hier zu viel des Guten, so dass die Fülle der zahlreichen einführenden oder erklärenden Erläuterungen die Kerntexte zu überwuchern droht. Außerdem steht die Gefahr der Ermüdung im Raum. Die Sprache der Gebete war meistens gut mit zu vollziehen.

Als Fazit ist zu ziehen: Auch in Wilmersdorf gibt es die große Bandbreite des evangelischen Gottesdienstes in all seinen Ausprägungen. Die Visitation hat diese Unterschiede benannt und im Rahmen eines Gottesdienstkonzeptes auch bewertet. Die große Frage ist nun, wie weit auf der einen Seite diese Anregungen aufgenommen worden sind und wie auf der anderen Seite der Schritt in eine „kontinuierliche Verbesserung" des Gottesdienstgeschehens anhand einer klaren Zielsetzung begonnen hat. Das zunächst provozierende Wort von dem Qualitätsmanagement für den Gottesdienst hat hier seinen berechtigten Kern.

Gottesdienste im Kirchenjahr

Das *Kirchenjahr* ist natürlich durch die Festgottesdienste bestimmt. Die größten Zahlen finden sich am Heiligen Abend. Nahezu die Hälfte (ca. 47%) der Wilmersdorfer Gemeindeglieder besuchen einen der vielen Gottesdienste an diesem Tag. Im Jahr 2009 waren es 15 600, die höchste relative und die zweithöchste absolute Zahl seit 1995, nur noch übertroffen von 2006 mit 16 400 Besuchern.

Die Offenheit der Menschen an Weihnachten wird von allen Wilmersdorfer Gemeinden als eine besondere Gelegenheit wahrgenommen, die Liebe des menschgewordenen Gottes zu verkünden.

Sie bringen Kraft und Phantasie auf, eine einladende und gastfreundliche Grundstimmung entstehen zu lassen. Die Kirchen werden ausnahmslos liebevoll geschmückt. Sie haben das Angebot an Gottesdiensten am Heiligen Abend kontinuierlich ausgebaut, komponieren und profilieren es. Alle Gemeinden beginnen den Heiligen Abend mit einer Christvesper mit einem großen Krippenspiel. Viele bieten seit einiger Zeit zusätzlich vorher ein weiteres Krippenspiel für kleinere Kinder an. Die musikalisch reich ausgestalteten Vespern am frühen Abend werden mehrfach angeboten, um den festlichen

Charakter nicht durch eine Überfülle zu gefährden. Neu dazugekommen sind experimentelle, schöne und sehr gut besuchte Vespern in der Nacht. Die Nachmittage der Christtage werden mit neuen – musikalischen – Akzenten versehen. Neue Bedeutung hat auch der Altjahresabend gewonnen, der vor allem durch musikalische Gottesdienste geprägt ist. Ein kirchenkreisweiter Flyer oder ein Plakat für die Festtage ist von der AG Öffentlichkeitsarbeit entworfen und von den Gemeinden verteilt worden.

Das Fest mit der zweithöchsten Beteiligung ist in Wilmersdorf das Erntedankfest. Alle Gemeinden erinnern an Gottes Segenshandeln und die Verantwortung für seine Schöpfung.

Eine besondere Beteiligung erfährt auch der Ewigkeitssonntag mit dem Gedenken der Verstorbenen. Alle Gemeinden feiern den Bußtag und den Reformationstag als Schulgottesdienst
Fünf Gemeinden begehen die Passionszeit mit Passionsandachten.

Sie sind poetisch oder mit bildender Kunst ausgestaltet oder folgen der Agende. Besondere Höhepunkte sind ein Tischabendmahl am Gründonnerstag oder eine Fußwaschung und Salbung an diesem Tag. In vielen Kirchen erklingt Musik oder eine Lesung zur Sterbestunde am Karfreitag. Osternächte werden ebenso wie Kreuzwege oft von Jugendgruppen organisiert. Fastengruppen begleiten die Zeit intensiv. Eine Gemeinde bietet den Familien, die traditionell die Osterzeit für Urlaubsreisen nutzen, eine gemeinsame Freizeit auf Sylt an, auf der Karfreitag und Ostersamstag ebenso gemeinsam begangen werden wie Ostersonntag und Ostermontag.

Gottesdienste zu besonderen Anlässen
Der Anspruch an eine umfassende Verkündigung an die Menschen im Gebiet des Kirchenkreises führt zu einer *differenzierten Ausgestaltung* zielgruppenspezifischer und milieu- bzw. stilspezifischer Gottesdienste. Deren Entwicklung ist Teil des Schwerpunktkonzepts im Kirchenkreis.

Im Bereich der Kitas werden in vier Gemeinden regelmäßig monatliche Gottesdienste gehalten. Das Amt für Jugendarbeit bietet einmal im Jahr einen Mega-Gottesdienst für alle Gemeinden des Kirchenkreises an einem besonderen Ort an. Jede Gemeinde feiert Gottesdienste mit Schulen zur Einschulung. Ein meditativer Taizé-Gottesdienst wird in zwei Gemeinden in monatlichem Rhythmus angeboten.

Die Gottesdienste in den Senioreneinrichtungen finden in der Regel durch das Team Diakonie und die Ortsgemeinden in einem monatlichen Rhythmus statt.

c) Beispiele

Ein Generationen übergreifender Gottesdienst Sonntag Vormittag um halb Zwölf

Ein elementarer Gottesdienst
Jeden Sonntag wird der „Gottesdienst um 11.30 Uhr für Kinder, Konfirmanden, Jugendliche und Erwachsene“ in der Hohenzollerngemeinde als selbständiger Gottesdienst nach dem 10-Uhr-Gottesdienst gefeiert.

Er ist vor nunmehr drei Jahrzehnten als Versuch entstanden, der Krise des Kindergottesdienstes zu begegnen, die zumal in städtischen Regionen etwa ab 1980 unübersehbar wurde. Die allgemein im Umfeld praktizierten „Familiengottesdienste“ vermochten die Verantwortlichen nicht zu befriedigen. So entwickelten sie Schritt für Schritt diesen altersstufenübergreifenden Gottesdienst.

> Einem Lied zu Beginn folgt nach einer Begrüßung mit Hinweisen zum Kirchenjahr der Introitus mit Psalm, Kyrie und Gloria. Die Verkündigung zu einer biblischen Überlieferung entspricht dem Vorschlag der Kindergottesdienstkommission. Sie findet für fünfzehn Minuten in altershomogenen Gruppen statt. Altershomogenität bedeutet auch eine altersgemäße Methodik, vor allem ein altersgemäßes Gespräch. Auch schon konfirmierte Jugendliche haben eine eigene Gruppe. Die Erwachsenen, die ihre Kinder zum Gottesdienst begleiten, oft eine große Zahl, finden sich zu einem Gruppengespräch zusammen. Danach wird Geburtstagskindern gratuliert, Neulinge und Gäste werden begrüßt und ein Kanon oder Lied mit Refrain gesungen. Nach dem Vaterunser endet der Gottesdienst mit dem Schlusssegen. Gelegentlich gibt es musikalische Höhepunkte mit Musikern, die den vorherigen Gottesdienst gestalteten. Oft finden Taufen mit den dazugehörenden Elementen von Ordinarium und Proprium statt.

Seine Grundstruktur verbindet ihn mit den anderen Gottesdiensten. Die nötigen Differenzierungen werden durch die altershomogene Gruppenphase gewährleistet. Seine allsonntägliche Regelhaftigkeit erspart aufwendige Überprüfungen des Zeitpunkts und erlaubt es, neue Gewohnheiten einzuüben. Seine Durchführung im Kirchenraum qualifiziert ihn als das Fest des Heiligen, das den Alltag überschreitet. Ein Team aus einer Pfarrerin und einem Pfarrer, einem Diakon und fünf bis acht ehrenamtlichen Jugendlichen und jungen Erwachsenen verantwortet ihn.

Wesentlich ist die elementare Gestaltung des Gottesdienstes. Elementar betrifft auf der einen Seite die Heilige Schrift. Es wird nicht alles gleichzeitig ausgelegt, sondern Stück für Stück, Vers für Vers um die Wahrheit gerungen. Elementare Verkündigung geschieht hauptsächlich durch das Gespräch miteinander. Primäre Kommunikation schafft primäre Welten, schafft primäre Orientierung und lässt mediale Kommunikation hilfreich integrieren. Elementar ist auch die Vorbereitung. Es wird wenig äußerer Aufwand betrieben, im Gegensatz zu manchen Entwürfen für Familiengottesdienste oder Kindergottesdienste, für die lange Bastelanlaufzeiten, Material und vieles anderes mehr benötigt werden.

Die Wirkungen des Gottesdienstes
Die Wirkungen, die sich heute dem analytischen Blick zeigen, waren nicht in jedem Fall von vorneherein beabsichtigt, zeigen aber das Potential dieser Form auch in anderen Gemeinden:

Der Gottesdienst ist gut besucht. Durch ihn wird die Zahl der Teilnehmer am gottesdienstlichen Geschehen mindestens verdoppelt. Nicht selten ist dieser Gottesdienst der best-besuchte des Sonntag Vormittags. Etwa 20% der Kinder und Jugendlichen in der Gemeinde werden von diesem Gottesdienst angesprochen und beteiligen sich an ihm. Wenn man das dazugehörige Netz bis hin zum Krippenspiel betrachtet, sind es noch deutlich mehr. Diese Reichweite ist auch seiner niedrigen Schwelle geschuldet.

> Die Gottesdienstzeit, 11.30 Uhr, entspricht dem Lebensrhythmus vieler Menschen in Wilmersdorf. Ein ausgiebiges Frühstück mit Familie, Zeitung lesen und Gespräch lassen sich so vorher mühelos organisieren. Oft kommen auch Väter mit ihren Kindern in den Gottesdienst, zum einen um zu Hause nicht beim Vorbereiten des Essens zu stören, zum anderen weil ihre gemeinsame Zeit mit den Kindern besonders knapp und kostbar ist. Sein Aufbau ist einsichtig. Die Gesprächsorientierung, die in anderen Gemeinden eine hohe Schwelle bedeuten würde, wirkt im sozialen Umfeld Wilmersdorfs eher umgekehrt.

Zwei bis drei Mal im Jahr wird zielgruppenorientiert eingeladen, beziehungsweise informiert. All den Haushalten, in denen Zielgruppenpersonen wohnen, kommt ein Informationsbrief zu.

Der Gottesdienst ist ein Baustein der liturgischen Bildung. Er findet in der Kirche statt. Das Gebäude und sein Raum stehen den Kindern und Eltern ebenso zur Verfügung wie der 10-Uhr-Gottesdienstgemeinde. Die Kirche steht für das Besondere, das Fest, das Heilige, das dem Alltäglichen gegenübersteht. Die Kirche steht für das Geschenk des Gottesdienstes und des ganzen Lebens, die Feier, die mit dem Gottesdienst im Alltag der Welt ein Gegenüber bildet.

Die Liturgie ist bei allen Vereinfachungen der Grundstruktur des agendarischen Gottesdienstes verpflichtet. Sie bietet gerade für Kinder eine Orientierung und spiegelt den Glauben an den Heilsplan Gottes wider. Sie überliefert Glaubenserfahrungen und verbindet mit glaubenden Christen zu anderen Zeiten und an anderen Orten. Die Besucherinnen und Besucher werden neu oder wieder vertraut mit den wichtigsten Stücken des Gottesdienstes einschließlich des Vater Unser.

Der Gottesdienst vertieft die religiöse Sozialisation. Alle Untersuchungen belegen die Wichtigkeit der Eltern bei der religiösen Sozialisation ihrer Kinder, nicht nur im intentionalen, sondern auch im funktionalen Bereich. So ist allein die Wirkung des gemeinsamen Gottesdienstbesuchs in seiner Bedeutung nicht zu unterschätzen. Daneben erlaubt die altersstufengemäße Differenzierung und die Gesprächssituation religiöses Lernen. Im Gespräch nach dem Gottesdienst werden dessen Inhalte noch einmal zum Gegenstand des innerfamiliären Diskurses und werden dadurch weiter vertieft. So erhalten Eltern und Kinder ein deutliches Bildungsangebot.
Die personale Kommunikation bildet den Mittelpunkt und damit wird ein großer Beitrag zu einer stabilen, religiös grundierten Primärwelt geschaffen, die für Kinder und Jugendliche gerade heutzutage sehr wichtig ist, um sich zwischen den in Computerspielen und virtuellen Welten erlebten Dingen zu orientieren und von dem im wahren Leben Wichtigen und Notwendigen zu unterscheiden.

Der Gottesdienst qualifiziert eine Kirchenbindung jenseits der „Gemeindekirche“. Durch das Angebot werden nicht nur mehr Menschen erreicht, sondern auch Gemeindeglieder anderer Kirchenbindung[196] angesprochen. Diese Menschen werden in ihrer spezifischen Verbundenheit zur Kirche gestärkt und entdecken sie neu.

> Die Gruppe, die sich dem 11.30-Uhr-Gottesdienst verbunden fühlt, ist durch ihre zahlenmäßige Stärke und die interessante Lebensphase der Eltern, die oft in wichtigen Berufen Anteil an der Gestaltung unserer Gesellschaft haben, geprägt. Sie hat das Potential freiwillig mit zu denken, mit zu planen und mit zu gestalten. Es kann erschlossen werden, wenn auch nicht immer in den gewohnten Gleisen. Eine neu begonnene Aktivität kann aber rasch zu Spannungen führen. Menschen, die eher den bisherigen Gruppen und Kreisen der Gemeinde verbunden sind, fühlen sich gelegentlich an den Rand gedrängt. Es entstehen Fremdheitsgefühle, weil die Gruppe der Kindergottesdienstbesucher ihre Kirchenbindung anders lebt: Weniger Kontinuität, eher fallweise Beteiligung an Fahrten und Festen.

Es entsteht Gemeinschaft. Mit einem kommunikativen Netz eigener Art bildet der 11.30-Uhr-Gottesdienst einen neuen Knotenpunkt in der Gemeinde.

> Hier kommen Gottesdienstbesucher mit anderen Aktivitäten in Kontakt, z.B. der Freizeit für Familien über Ostern auf Sylt und den Gemeindefesten, im weiteren Kreis auch mit den Wahlen zum Gemeindekirchenrat, dem Konfirmandenunterricht bis zu den Reiterreisen für Kinder. Zudem bieten die altershomogenen Gruppen Chancen zu weiterführenden Kontakten „unter Glei-

---

196 Ein einfacher Test stützt diese Wahrnehmung. Befragt, ob sie sich für Fußball interessieren, antworten die Hauptgottesdienst-Besucher weit unterdurchschnittlich mit „ja“. Im 11.30-Uhr-Gottesdienst entspricht die Zahl der Fußball-Interessierten ziemlich genau dem Bevölkerungsdurchschnitt.

chen". So treffen sich z.B. die Konfirmanden, um danach den Nachmittag zu verabreden.

Der Gottesdienst ist ein Ort der Gemeindebildung. Es bildet sich im eigentlichen Sinne reformatorische Kirche. Durch das gemeinsame Gespräch über die Frohe Botschaft entsteht Klarheit und Wahrheit der Schrift.[197] Sie kann erkannt, interpretiert und im heutigen Zusammenhang gesehen und angenommen werden. Gleichzeitig hilft der Heilige Geist im gemeinsamen Gespräch über die Bibeltexte dazu, dass Menschen ihre Herzen für Jesus und die Gegenwart Gottes öffnen und seine Nähe als lebensfördernd, tröstend, aufrichtend und hilfreich erleben.

Die Chancen des Modells im Vergleich

Der gut besuchte 11.30-Uhr-Gottesdienst steht in Spannung zum 10-Uhr-Gottesdienst mit seiner reicheren liturgischen Tradition, der künstlerisch und kirchenmusikalisch bedeutenderen Ausgestaltung und der Predigt. Dessen Besuch ist prozentual konstant geblieben, aber angesichts der deutlich zurückgehenden Zahl der Gemeindeglieder in absoluten Zahlen geringer geworden. Die Spannung kann produktiv verstanden werden, wenn die Verantwortlichen die Verbindung und nicht die Konkurrenz betonen. Gelegentlich nutzen Jüngere, vor allen Dingen aber Eltern, die andere Form des 10-Uhr-Gottesdienstes. Personen dienen hier als Brücken.

Zunächst sollen die Probleme genannt werden, die mit diesem Modell des zweiten Gottesdienstes verbunden sind.

> Ein Problem ist die Nutzung der Kirche. Hier kommt es auch immer wieder zu konkurrierenden Veranstaltungen. Manchmal wäre es gewünscht, die Kirche nach dem Gottesdienst noch zu nutzen, zu Empfängen, zu anderen Gelegenheiten. Dies ist oft nicht möglich, weil der 11.30-Uhr-Gottesdienst den Raum besetzt. Das vermehrte Angebot bindet trotz seiner elementaren Form hauptberufliche Kräfte am Sonntag und in der wöchentlichen Vorbereitung. Vertretungen in Nachbargemeinden sind schwerer möglich. Außerdem entwickelt der 11.30-Uhr-Gottesdienst eine Beziehungsdynamik im Familienbereich, die es zu gestalten gibt, die aber auch Zeit kostet. Nun ist diese „Belastung" durch Kontakte in einer kirchlich schwierigen Bezugsgruppe ja durchaus verheißungsvoll, bedarf aber einer Absicherung durch entsprechende Schwerpunktbildungen im Zeitbudget, um wirksam werden zu können. Nebenbei geht es wegen der Menschen gerade nicht.

Die Überzeugungskraft des Modells hat bisher zwei weitere Gemeinden dazu gebracht, ähnliche Gottesdienste mit ähnlichen Wirkungen einzurichten.

Gemeinden, die zögern, orientieren sich an Eltern mit einer Bindung an den agendarischen Gottesdienst. Sie entwickeln, teils mit großer Phantasie,

---

[197] Siehe die Ausführungen über die doppelte Klarheit der Schrift S. 17 ff.

das Modell des parallelen Kindergottesdienstes, in dem die Eltern am Gottesdienst teilnehmen können und die Kinder altersgerecht feiern und so in den Gemeindegottesdienst hineinwachsen.

> Am Hohenzollernplatz hat sich jedoch gezeigt, dass eine gleichzeitige Aufrechterhaltung beider Modelle nicht nötig war, weil sich dann schließlich auch diese Familien am 11.30-Uhr-Gottesdienst orientierten; zumal die Angebote im Bereich der Eltern dort qualitativ auf sehr hohem Niveau stattfinden.

So bleibt die Anregung, in noch mehr Gemeinden dieses Modell zu versuchen. Vorbilder sind vorhanden und Unterstützung ist möglich. Übergemeindliche Schwerpunktbildung in der Durchführung stößt an Grenzen, da die Eltern-Kind-Beziehung ausgesprochen lokale Bezüge aufweist und auch die Jugendarbeit in Wilmersdorf eine stark dezentrale Ausrichtung prägt.

Wenn in noch mehr Gemeinden ein solcher Gottesdienst stattfinden würde, wäre es sicherlich möglich, die Gottesdienstzahl in Wilmersdorf insgesamt deutlich zu erhöhen. Fast noch wichtiger wäre der Beitrag zum Ziel der Kirchenkreisplanung, gleichermaßen Menschen unterschiedlicher Kirchenbindung mit der „Kommunikation des Evangeliums" zu erreichen.

Ein Stück Himmel auf dem Wochenmarkt

Ein Chorleiter ergreift die Initiative und leistet seinen Beitrag zum Profil der Gemeinde

Bei „öffentlichen Kasualien" wie erschütternden Ereignissen oder bewegenden Jahrestagen wird Kirche nachgefragt, ja erwartet. Kann sie auch im Alltag der Kiez-Öffentlichkeit eine Bedeutung gewinnen? Kirche für den Stadtteil wird nach solchen Möglichkeiten suchen.

Das folgende Beispiel ist in mehrfacher Hinsicht bemerkenswert. So wird die niedrige Schwelle des Zeitpunktes und des Ortes in spannungsvolle Beziehung zu der liturgisch und ästhetisch anspruchsvollen anglikanischen Liturgie gesetzt. Fast provokativ werden die Marktbesucher auf ihre irdisch menschlichen Bedürfnisse nach genussvollen Speisen und niveauvoller Geselligkeit angesprochen und dabei zugleich an ihre verborgenen oder offenbaren transzendenten Sehnsüchte erinnert.

Die langjährige Beheimatung des Hugo Distler Chores in den Gemeinderäumen als Probenort hat eine freie Initiative, getragen durch dessen Leiter, hervorgebracht. Er war von der Lebendigkeit des Kirchenraumes fasziniert. Die verkehrsgünstige Lage der Kirche und der umgebende Markt versprachen eine gute Erreichbarkeit. Das Profil der Gemeinde im Bereich Kunst und Kultur regten zu einem kreativen Beitrag an. Durch den NoonSong wird dieses Profil wiederum weiter bereichert. So wird bestätigt: Profilierung ist anziehend für profilierte Mitarbeit.

Deshalb konnte die Gemeinde in der Initiative auch eine Frucht ihrer Schwerpunktbildung sehen, sie aufgreifen und organisatorisch unterstützen. Die erheblichen Kosten entstehen im Wesentlichen durch die Honorare der Sängerinnen und Sänger. Die Startfinanzierung erfolgte durch eine Leihgabe des Initiators sowie durch private Spender. Ziel ist es, in einem Stufenplan innerhalb von etwa drei Jahren eine wirtschaftliche Eigenständigkeit des Projekts zu erreichen. Dazu dient auch der gemeinnützige Förderverein „NoonSong e.V.".

Wünschenswert wäre sicher eine Querverbindung zu anderen Versuchen des liturgischen Abendgebetes im Kirchenkreis. Möglicherweise gibt es über die Brücke der Liturgie fruchtbare Beziehungen zwischen so unterschiedlichen Ausprägungen zu entdecken.

Liturgie auf dem Markt

Als „30 Minuten Himmel" erklingt seit dem 1. November 2008 jeden Samstag in der Kirche Am Hohenzollernplatz in Berlin-Wilmersdorf eine musikalisch kunstvoll ausgestaltete Liturgie. Sie ist durch den anglikanischen „Evensong" angeregt. Weil sie Mittags um 12.00 stattfindet, trägt sie die Bezeichnung NoonSong.

> Gestaltet wird die Liturgie vom professionellen Ensemble sirventes berlin unter Mitwirkung eines Liturgen, einer Liturgin. Die Liturgie umfasst zwei Psalm-Vertonungen und ein Canticum, „Preces and Responses", das Wochenlied und Vater Unser und Segen. Die biblische Lesung ist den Lesungen des folgenden Sonntags entnommen, wird aber nicht durch Worte, sondern durch die sie umgebende Musik ausgelegt. Der musikalische Schwerpunkt liegt auf der Musik deutscher Komponisten der Renaissance, des Frühbarocks und der Romantik. Als Liturgen beteiligen sich evangelische und katholische Pfarrer und Pfarrerinnen aus Wilmersdorf an dem Projekt. Bei der Textauswahl wird das „Evangelische Tagzeitenbuch" zu Grunde gelegt und damit die Brücke zur evangelischen liturgischen Tradition geschlagen.
>
> Der Evensong wird seit der Trennung der anglikanischen Kirche von Rom im 16. Jahrhundert als eine Art Fusion der Stundengebete Vesper und Komplet gesungen. Die Psalmen werden traditionell mehrstimmig, häufig in groß angelegten Kompositionen dargeboten. Auch die Gemeindeantworten werden in auskomponierten Liturgien stellvertretend vom Chor übernommen, weil das Anhören der würde- und kunstvoll vorgetragenen Musik eine höhere Form des Gebetes darstelle. So entstand im Evensong eine kontemplative liturgische Form, die heutzutage in englischen Kathedralen und College-Kirchen täglich praktiziert wird. Sie zieht Ruhesuchende, Beter wie Musikbegeisterte in ihren Bann; gleichzeitig erhält sie das nationale kulturelle Erbe geistlicher Chormusik durch die Jahrhunderte lebendig und prägt durch das ständige Praktizieren Generationen von englischen Musikern und Musikliebhabern.

Rund um die Kirche findet jeden Samstag ein Wochenmarkt mit anspruchsvollem Angebot statt. Er ist charakteristischer Bestandteil des Kiez-Lebens.

Das Experiment, eine innerkirchliche Liturgie „auf den Markt" zu bringen, ist geglückt. Unterstützt wird die Anziehungskraft der kunstvollen Form durch die sich zum Markt hin öffnende Kirchentreppe, vom eindrucksvollen „Raum aus Licht" des expressionistischen Kirchenbaus und den Kunstausstellungen in der Kirche. Dem Markt-Umfeld entspricht es, dass das Stiftsbistro Berlin im Anschluss an den NoonSong kulinarische Köstlichkeiten im rückwärtigen Teil der Kirche anbietet. Jeden Samstag besuchen über 100 Menschen jeglichen Alters den NoonSong.

> Sie gehören zur Gemeinde und kommen aus anderen Bezirken. Sie haben durch Bekannte von dem Gebet gehört oder sind durch die professionelle Werbung angesprochen worden. Sie trauen sich auch, Kinder mitzunehmen (und notfalls eben wieder zu gehen).

Der NoonSong hat viele Wirkungen. Zentral ist seine ästhetische Dimension. Er ist kunstvoll auf hohem musikalischem Niveau. Biblische Texte werden in vielfältiger Form rezitiert. Er nimmt in seinem Gebetsteil die Hörenden mit zu einer bittenden und lobenden Anrufung Gottes. Seine Inhalte kommen den Menschen nicht als Appell, sondern als Angebot nahe. Aus diesem Spektrum können die Besucherinnen und Besucher eigengeleitet entnehmen, was sie gerade brauchen.

Ein solches Angebot passt zur Sozialstruktur der Gemeindeglieder in Wilmersdorf. Sie können mit solchen Formen umgehen, wenn sie diese nicht sogar erwarten. Es erweist sich damit als ein Bindeglied zwischen der gewohnten Liturgie des evangelischen Gottesdienstes und der konzertanten Aufführung des reichen Erbes der evangelischen Kirchenmusik.

> Gemeindemitglieder erleben den NoonSong als kontemplative Ergänzung zum Sonntagsgottesdienst in ‚ihrer' Kirche, Marktbesucher schließen sich neugierig dem Strom der Besucher an und bleiben – fasziniert von den Klängen und Farben – und Besucher aus dem Kirchenkreis, aus ganz Berlin sowie Touristen beginnen ihr Wochenende bewusst mit dem NoonSong. Familien kommen mit Kindern, Besucher bringen ihre Einkäufe mit, Gehbehinderte und alte Menschen nutzen den barrierefreien Zugang und die freundliche Hilfe der ehrenamtlichen Mitarbeiter am Eingang.

Beim zwanglosen Zusammenstehen nach der Liturgie sprechen Menschen die Liturgen an, fragen nach weiteren Veranstaltungen der Gemeinde. Gemeindebriefe werden an Interessierte verteilt. So hat das Gebet auch eine missionarische Wirkung. Im Gästebuch am Eingang der Kirche kann man Sätze lesen wie: „... Ihr Gesang hat mich zurück in die Kirche gebracht", oder: „... Gäbe es das öfter, gäbe es keine Kirchenaustritte mehr".

Liturgisches Abendgebet in der Auengemeinde

Nach der Form der Vesper wird seit Oktober 2008 in der Auenkirche einmal im Monat das Abendgebet gesungen. Etwa 20 bis40 Personen nehmen daran teil. Es dauert etwa 30 Minuten.
Die einfachen liturgischen Melodien, die im Wechsel gesungen werden, prägen sich schnell ein und führen in die Stille. Nach gesungenen Psalmgebeten und altkirchlichen Hymnen werden Bibelworte kurz ausgelegt und können in der Stille weiter wirken. Das liturgische Abendgebet endet mit dem gesungenen Vaterunser und der Bitte um den Segen. Chormitglieder unterstützen den Gesang.

Jazzgottesdienst und Gastfreundschaft

Gottesdienst und Jazz im Jugendstil-Ambiente
Seit 17 Jahren hat Jazz in der Kreuzkirche eine Heimat. Es entspricht dieser Tradition, dass sich das auch im gottesdienstlichen Leben niederschlägt. Am letzten Freitag des Monats finden sich in der Kreuzkirche zwischen 150 bis 300 Gottesdienstbesucher zu Jazzgottesdiensten ein. Die Gottesdienste nehmen in moderner Form die traditionellen Elemente wie Lesungen, Gebete, Predigt auf. Die Gottesdienstteilnehmer sind aktiv durch Gesang und Bewegung einbezogen. Der Jazzgottesdienst wird im musikalischen Wechsel mit der jeweiligen Jazzband durch den Pfarrer der Gemeinde gehalten.

> Einige Versuche mit neueren Stilrichtungen haben gezeigt, dass diese zu spezifisch sind und nur geringe Resonanz in der Gemeinde finden konnten. Folglich musiziert jetzt wieder eine Jazzband aus der klassischen Jazzszene.

Der Jazzgottesdienst versteht sich als ein Beispiel urbaner Spiritualität. In einer auch religiös komplexer gewordenen Welt kann Gottesdienst nicht nur mit einer Musiktradition gefeiert werden. Jazz als eine Stilrichtung, die für viele als „klassische Moderne" wirkt, bot sich als verlässliche Alternative auf der Suche nach neuer Akzeptanz an. Die Kreuzkirche als eine stilrein erhaltene Jugendstilkirche ist für diese Gottesdienste ein kongenialer Ort. Hilfreich waren in der Gründungsphase die eigenen Erfahrungen mit Jazz. Folglich wurden Kontakte mit diversen namhaften Bands aus der Berliner Jazzszene geknüpft, die bereit waren, auch gottesdienstlich mitzuwirken.

So ist ein Gottesdienst entstanden, der sich in einem anderen kulturellen Milieu als der sonntägliche Gottesdienst erfolgreich über viele Jahre etabliert hat und zur Verbreiterung seiner Reichweite erheblich beiträgt.

Gastfreundliche Gemeinde
Nach dem Gottesdienst folgt seit einigen Jahren eine Jazzsession im angrenzenden Gemeindehaus. In lockerer Atmosphäre lässt ein Großteil der Gottesdienstbesucher den Abend ausklingen. Sie erfahren die Gastfreundschaft einer Kirchengemeinde in Gestalt hörbereiter Menschen und schmackhafter Buletten. Kontakte untereinander werden geknüpft. Gemeinschaft zwischen Generationen entsteht. Für die Gastfreundschaft ist eine kleinere Gruppe von Helferinnen und Helfern zuständig. Die Veranstaltungen finanzieren sich allein durch Spenden. Das Angebot wird verlässlich weiter gepflegt werden. Zur Zeit ist in der Planung, die „Jazzszene" durch Konzerte noch intensiver anzusprechen.

Bibel und Literatur – eine Gottesdienstreihe am Mittwochabend

Der christliche Glaube lebt von Geschichten. Er lebt vom Erzählen und Hören. Er lebt davon, dass die Geschichten und Bilder des Glaubens, wie sie sich in der Bibel finden, nicht einfach „Text" bleiben, sondern in unsere Welt hinein wirken, dabei aber diese Welt überschreiten, neue Horizonte eröffnen, den Alltag durchbrechen und unsere Empfindungen weit aufspannen. Die Geschichten des Glaubens überschreiten Grenzen, sie zeigen bisher Unbekanntes und Unerwartetes, sie lassen scheinbar längst Vertrautes in einem neuen Licht erscheinen.

Das alles haben diese Geschichten auch mit guter Literatur gemein. Auch sie kann, egal ob Klassiker oder Kriminalroman, ob hochkulturell oder scheinbar trivial, in andere Welten entführen, den Blick erweitern, die Seele erfreuen oder verstören. Es kann deshalb reizvoll sein, Literatur und Religion, Romane und biblische Texte miteinander in Beziehung zu setzen. Die Brechungen und Spiegelungen, die biblische Geschichten in klassischer wie moderner Literatur erfahren, können zeigen, welche Dynamik dem Erzählen inne wohnt. Eine solche Begegnung könnte zeigen, dass es auch beim Glauben weniger um Lehren, als ums Leben und nicht zuletzt ums Erzählen geht.

Damit ist die theologische Grundidee umschrieben, die dem monatlichen „Literaturgottesdienst" in der Auenkirche zu Grunde liegt, jeweils an einem Mittwoch um 19 Uhr. Dieses Angebot richtet sich dabei gerade an Menschen, die den traditionellen Gottesdienstformen eher fern stehen und zugleich gespannt sind auf die Beziehung von biblischen Texten und ihren Bezügen zu klassischer wie zeitgenössischer Literatur.

Diese Bezüge müssen nicht auf den ersten Blick erkennbar sein und sind nicht auf eine literarische Gattung begrenzt.

Die Auswahl der behandelten Bücher ist deshalb vielfältig angelegt. Das Spektrum reicht von Joseph von Eichendorff und Theodor Fontane bis hin zu Joseph Roth, Siegfried Lenz und Uwe Timm, umfasst aber ebenso Autoren wie J.R.R. Tolkien, Joanne K. Rowling, Otfried Preußler, Michael Ende oder Henning Mankell.

Die Liturgie ist bewusst schlank gehalten. Orgelmusik, ein Lied, ein biblischer Text und dann Lesungen und Interpretationen in drei durch Singen oder Orgelmusik unterbrochenen Blöcken, schließlich Vaterunser und Segen, insgesamt nicht mehr als 45 Minuten. Dennoch ist der Vorbereitungsaufwand für die Pfarrperson mit Blick auf die Auswahl und Präsentation der Texte nicht zu unterschätzen.

Wünschenswert, aber zur Zeit noch nicht realisierbar, wären gelegentlich professionelle Lektoren (Schauspieler, Synchronsprecher) für die literarischen Texte. Zu überlegen wäre auch der Einbezug klassischer wie zeitgenössischer Lyrik.

Nach knapp einem Jahr haben sich die Besucherzahlen je nach Jahreszeit und Bekanntheit des Textes zwischen 15 und 75 eingependelt. Dennoch hat der Gottesdienst noch Projektcharakter. Er könnte zu einem dauerhaften Baustein werden, der die biblischen Erzählungen für die Bearbeitung der lebensgeschichtlichen Sinnfragen erschließt.

d) Zur Weiterarbeit

Drei Punkte zur Weiterarbeit auf der Ebene des Kirchenkreises

Koordination
Der Kirchenkreis zeigt eine Vielzahl von gottesdienstlichen Formen. Dennoch fällt auf, dass diese Vielfalt zwischen den Gemeinden wenig koordiniert ist.

Nötig ist die Entwicklung eines umfassenden „Spielplans Gottesdienst“ mit einem geordneten Zusammenspiel von verschiedenen Gottesdienstmodellen und Zeiten, die sich gegenseitig bewusst ergänzen.

In Ansätzen haben bereits zwei Gemeinden diesen Weg beschritten. Unterschiedliche Gottesdienstzeiten ermöglichen es, dass beide Gottesdienste von den gleichen Mitwirkenden musikalisch ausgestaltet werden können. Pfarrerinnen und Pfarrern wird ein freier Sonntag ermöglicht oder sie können einen gemeinsam gestalteten Gottesdienst in beiden Gemeinden feiern. Zusätzlich wäre eine zeitliche Gliederung von Samstagabend bis Sonntagabend, und eine Profilierung auch der sonntäglichen Gottesdienste nach Inhalten von Kirchenmusik bis zu Predigtschwerpunkten wünschenswert. Die formale Bandbreite könnte noch größer werden, von Gruppengesprächen bis zu hochkirchlichen Abendmahlsfeiern mit liturgischen Gesängen.

Erschließung

Mit dem „Weihnachtsflyer“ ist ein erster, wichtiger Schritt für die intensivste Zeit des Kirchenjahres getan. Dennoch ist das gottesdienstliche Leben auch unterm Jahr von einer beeindruckenden Vielfalt.[198] Es ist schade, wenn für die einzelnen Angebote nur im unmittelbaren Umkreis geworben wird. Sie verdienen eine Erschließung, die weniger die Gottesdienstform in den Mittelpunkt stellt, sondern viel eher vom „Nutzen“ für die potentiellen Besucherinnen und Besucher ausgeht.

Kontinuierliche Verbesserung

Eine „Qualitätssicherung“ des Gottesdienstes ist ins Gespräch gebracht worden. Das Wort mag anstößig sein. Auch wird sich der Kern des gottesdienstlichen Geschehens dem analytischen Zugriff entziehen. Aber im Umkreis des Gottesdienstes gibt es viele unnötige Hemmnisse, die sehr wohl zu benennen und zu beseitigen sind, damit seine Botschaft nicht verstellt wird, sondern zu den Menschen kommt und dem Werk des Heiligen Geistes so wenig Hindernisse wie möglich in den Weg gelegt werden. Erste Kriterien zur Beseitigung dieser Hindernisse sind im Visitationsbericht enthalten.

> Dieser Bericht und ähnliche Versuche des Kreiskirchenrates zeigen, dass es durchaus möglich ist, einen konsensfähigen und aussagekräftigen Katalog von Leitlinien zu entwickeln. Zudem geben die häufig im Kirchenkreis stattfindenden Gottesdienstprüfungen im Rahmen des zweiten Examens Hinweise auf solche Maßstäbe.

Einfach in die Praxis[199] umzusetzen ist eine Form der partnerschaftlichen und kollegialen Visitation oder Supervision. Grundlage ist der gemeinsam erstellte Kriterienkatalog. Das Vorhaben kann als gegenseitiger Gemeindebesuch oder als kollegiale Begleitung organisiert werden. Es dient zur Verstetigung, wenn es entweder im Pfarrkonvent oder in der Synode besprochen wird und die Verabredungen auch bekannt gemacht werden. Ohne weitere Abstimmungsarbeit kann ein gemeindeeigener Arbeitskreis Gottesdienst mit der Aufgabe der Verbesserung der Gottesdienste beginnen.

Auf dem Weg zu realistischen Zielen für die Gottesdienste der Gemeinden

Gemeinden haben ihr je eigenes Gottesdienstprofil. Dies hat die Auswertung der EKD-Statistik für Wilmersdorf ab 1989 gezeigt. Steigende oder fallende Tendenz, Festtagsorientierung oder Stärke im „All-Sonntäglichen“, kleine oder große Feste – all diese Merkmale sind unterschiedlich verteilt, haben

---

[198] Dies zeigen die Beispiele von oben.

[199] Es gibt ermutigende Erfahrungen mit diesem Modell aus einem Münchener Dekanat: http://www.evangeliumskirche.de/seiten/PRODEKANAT_Downloads.htm.

ihren Grund in der lokalen Kirchengeschichte oder den Besonderheiten von Personen und Räumen.

Die folgenden Fragen sind Anregungen, wie das eigene Gottesdienstprofil unter dem jeweils vorher beschriebenen Blickwinkel entwickelt und verbessert werden kann. Der Kirchenkreis wird dabei gerne Hilfestellung leisten und vor allem dafür sorgen, dass die Profile abgeglichen werden und Resonanz in der Öffentlichkeit finden.

Gottesdienste im Jahreskreis

Der *sonntägliche Gottesdienst* hat eine symbolische Dimension über die Zahl der unmittelbar Teilnehmenden hinaus. Er muss nicht am Sonntagvormittag um 10.00 Uhr stattfinden. Gemeinden haben den Samstag- und Sonntagabend als Gottesdienstzeit entdeckt. Dies setzt allerdings eine besondere Prägung dieser Gottesdienste voraus, die die Dynamik der Zeit-Kurve des Wochenendes von Großstädtern aufnimmt und gestaltet.

Die hohe Bedeutung des Gottesdienstes führt auf das Ziel, mehr Besuchende als regelmäßige oder gelegentliche Teilnehmende zu gewinnen.

> Diesen Versuch unternimmt auch das Reformpapier der EKD[200] mit einer Zahlenangabe: „Der durchschnittliche Gottesdienstbesuch am Sonntag sollte – unter Berücksichtigung der kreativen Vielfalt von Angebotsformen – von derzeit 4 Prozent auf 10 Prozent aller Kirchenmitglieder gesteigert werden". Leider lässt sich dieses Ziel mangels einer eindeutigen Bezugsgröße nicht wirklich überprüfen. Eine Orientierung an Berliner Durchschnittswerten bringt angesichts der Heterogenität der kirchlichen Landschaft auch nicht wirklich weiter.

Eine einfache, zugleich anspruchsvolle und realistische Faustregel für überprüfbare Ziele könnte sein, in Wilmersdorf in jeder Gemeinde die absoluten Zahlen zu halten und damit die relativen Zahlen kontinuierlich zu steigern. Eine im Kirchenkreis abgestimmte Profilierung könnte dabei helfen.

Erkennbare Potentiale, die sich mit vertretbarem Aufwand erschließen lassen, liegen in der Einführung von Generationen-übergreifenden Gottesdiensten für Kinder, Jugendliche und Erwachsene als zweites Angebot am Sonntag in weiteren Gemeinden. Auf diesem Weg kann die Zahl der sonntäglichen Gottesdienstbesucher erheblich, möglicherweise um bis zu 50% gesteigert werden.

Fragen zur Klärung:

Wie werden wir in Zukunft den regelmäßigen Gottesdienst in unserer Gemeinde feiern? Wie viele Besuchende erwarten wir im Durchschnitt? Könnte ein zweiter Gottesdienst für Kinder und ihre Eltern, für Konfirmanden und Jugendliche entwickelt werden, der ungefähr 20% der Kinder zwischen drei und zehn Jahren mit mindestens einem Elternteil erreicht?

---

200 EKD (2006) 52.

Die *Festtagsgottesdienste* haben eine hohe Bedeutung als Gliederung des Jahreslaufs. Die Gottesdienste der „geprägten" Zeiten des Kirchenjahres gewinnen an Zusammenhang und Ausstrahlungskraft, wenn sie im Sinne einer zusammenstimmenden Festtagspraxis in eine innere Dynamik gebracht und aufeinander abgestimmt werden. Dadurch entsteht ein komponiertes Ganzes des „Glaubens in der Zeit"[201].

Das Angebot des Heiligen Abends sollte weiter gepflegt und auf dieser Höhe gehalten werden. Eine Weiterentwicklung mit den vorhandenen Mitteln ohne die Gefahr der Überforderung könnte in einer Profilierung und Zusammenschau – nicht Ausweitung – der Angebote in geprägten Zeiten bestehen. Durch eine verbesserte Zusammenschau sollte das Ziel erreichbar sein, dass 80% der Weihnachtskirchgänger in der Zeit zwischen erstem Advent und Epiphanias einen weiteren Gottesdienst besuchen.

Im Zusammenhang des Kirchenkreises könnten Prägungen der einzelnen Gemeinden anhand von kulturellen und Lebens-Stil Mustern erfolgen. So gibt es eine eher volkstümlich-familiengerechte Feier des Weihnachtskreises oder eine Ausgestaltung mit klassischer Kirchenmusik (die nicht immer nur rezeptiv sein muss). Wer alles will, wird weniges gut können.

Fragen zur Klärung:

Wie sieht unser Gesamtplan Gottesdienst für das Kirchenjahr aus? In welchem Stil liegt unsere Stärke und wie können wir ihn pflegen? Wie machen wir ihn bekannt?

Gottesdienste im Lebenslauf

Kasualgottesdienste[202] sind von großer persönlicher Bedeutung. Ihr Eindruck kann aber ein punktuelles Ereignis in der Biografie bleiben. Eine Weiterführung der oftmals positiven Kontakte zu Pfarrerin oder Pfarrer und Kirche in regelmäßige Anteilnahme an den Angeboten „unterm Jahr" ist oft aus den verschiedensten Gründen nicht möglich. Eine persönliche und theologisch-spirituelle Vertiefung ist allerdings wünschenswert. Eine Lösung besteht darin, die zeitliche Erstreckung des Anlasses für ein erweitertes Angebot zu nutzen, das seine kasuelle Orientierung beibehält.

Ein Beispiel für die große Resonanz eines solchen Ansatzes sind die Gottesdienste des Ewigkeitssonntags mit dem gemeinschaftlichen Gedenken an die Verstorbenen des Jahres.

Fragen zur Klärung:

Wie können Kasualgottesdienste mit dem Kirchenjahr breiter verbunden werden? (z.B. der Anlass der Trauerfeiern nicht nur am Ewigkeitssonntag, sondern auch an Karfreitag / Ostern). Wie können sie persönlich erinnert

201 Näheres im Konzept „Glauben in der Zeit" siehe Lindner (2000) 177ff.

202 Ausführlich wird im nächsten Kapitel auf die Gesamtkonzeption der Begleitung des Lebenslaufs eingegangen.

werden? (z.B. Taufgedächtnis, Traujubiläen und besonderer Geburtstag? Können die Konfirmationen viele begeistern?

Gottesdienste zu besonderen Anlässen
Besondere Gottesdienste nutzen die „Eventorientierung“ in der modernen Gesellschaft. Gerade einmalige Gottesdienste bedürfen einer abgestimmten Konzeption, damit sie nicht ein rasch verpuffendes Feuerwerk (bei hohen Anstrengungen!) bleiben,

Es gibt dazu reiche Erfahrungen im Kirchenkreis mit musikalischen Gottesdiensten verschiedener Stilrichtungen, mit Taizé-Andachten, mit Jugendgottesdiensten und Gottesdiensten an besonderen „Locations“, die für bestimmte Szenen eine besondere Bedeutung haben (Wasserwerk, U-Bahn-Tunnel, Havelbucht).

Auch hier sollte es im Blick auf die Ressourcen nicht primär um ein Mehr, sondern um eine Bündelung der Kräfte gehen. Aus der Zusammenarbeit von Gemeinden und Einrichtungen entstehen abgestimmte Jahrespläne, welche Werbung und Einladung erheblich erleichtern.

Um Ziele in diesem Bereich für den Kirchenkreis formulieren und dann auch kontrollieren zu können, ist eine Verbreiterung der statistischen Basis durch eine Zusammenführung der Zahlen aus allen Sakristeibüchern[203] notwendig. Für die Verantwortlichen in den Gemeinden stellt sich die Lage einfacher dar, weil sie nur sorgfältig „ihre“ Zahlen beobachten und festhalten müssen. Auch hier ist ein Halten der absoluten Zahlen bereits als Erfolg zu sehen, eine Steigerung bis zu 20% im Bereich des realistisch Möglichen.
Fragen zur Klärung:
Welche besonderen Gottesdienste werden wir für unsere Gemeinde und für den Kirchenkreis feiern? Welche Ziele für die Zahl der Besuchenden setzen wir uns?

Das Ergebnis wird ein *Gesamtplan Gottesdienst* für den Kirchenkreis sein. Er entsteht aus den Konzepten der Gemeinden und der Einrichtungen und wird vom Kirchenkreis koordiniert. Er wird die Basis für die Kommunikation und Werbung sein, er wird aber auch gezielte Mitarbeitenden-Werbung ermöglichen.

---

203 Erste Vorarbeiten dazu sind begonnen.

3. Kasualien

a) Orientierung im praktisch-theologischen Kontext

In den Amtshandlungen, den „Kasualien", verbinden sich die persönlichen „Stufen des Lebens" mit überkommenen kulturellen und religiösen Traditionen. Ihre individuelle Bedeutung ist hoch. Veränderungen in den Lebensentwürfen, auf die sich die kirchlichen Angebote beziehen, berühren auch die begleitenden Amtshandlungen. Der weitere Begriff von „Gottesdiensten im Lebenslauf" erschließt neue Anlässe für solche Gottesdienste, die manchmal auch „kleine Kasualien" genannt werden.

Die rein zahlenmäßige Überprüfung von Veränderungen in diesem Bereich ist nicht einfach. Dass bei sinkenden Mitgliederzahlen auch die „klassischen" Amtshandlungen weniger werden, ist einsichtig. Ebenso können Veränderungen demografisch begründet sein. So werden weniger Kinder evangelischer Eltern geboren. Zahlen von Jugendlichen im Konfirmandenalter schwanken von Jahr zu Jahr. Zum anderen verschieben sich Gewohnheiten. So werden Kinder immer später getauft, zum Teil erst bei der Konfirmation.

Unmittelbar sichtbar sind die Veränderungen in den absoluten Zahlen. Ihre Bedeutung erschließt sich aber erst, wenn ihre relative Größe bekannt ist. Deren Höhe ist bei Bestattungen, Trauungen und Taufen angesichts der zum Teil ungewissen Bezugsgrößen schwer zu ermitteln. Ob die in Berlin verbreitete Meinung über den massiven Rückgang der kirchlichen Bestattungen auch für Wilmersdorf zutrifft, muss noch geklärt werden.

Kasualien sind Mischformen. Das darf jedoch nicht dazu führen, ihre spirituelle Dimension von vorneherein abzulehnen. Im Bereich des Glaubens zeigen sich die pluralen Bindungsformen besonders deutlich. Es geht hier nicht nur um ein „Mehr" oder „Weniger", sondern auch um ein „So" und „Anders". Die weitgehende Überführung noch so gelungener Kontakte in das Bindungsmodell der Gemeindekirche kann kaum gelingen. Allerdings bilden die Amtshandlungen in diesem Bereich wichtige Anstöße zur Wiederaufnahme von regelmäßigen Kontakten, die eigentlich immer noch bestanden, aber sich unter den alltäglichen Anforderungen gelockert haben. So ist der Anstieg der Gemeindekontakte jenseits der Talsohle zwischen 20 und 30 wohl zum großen Teil durch die Kasualien von Taufe, Trauung, Konfirmation und – nicht zu vergessen – den Bestattungen der eigenen Eltern bewirkt. Eine bedeutungsvolle Begleitung an den Lebensübergängen kann die kasuelle Bindungsform einer „Familienreligion" stützen und damit als Austrittsprophylaxe wirken. Kasuell ausgerichtete Gemeindekonzepte[204] können die hier vorhandenen Ansatzpunkte vertiefen und qualifizieren.

---

[204] Das ist der Vorschlag bei Lindner (2000) 177ff.

b) Reflexion und Gestaltung in Wilmersdorf

Im Konzept der Integrierten Kirchenkreisplanung Wilmersdorf hat der Bereich der Kasualien eine überragende Bedeutung. Das hat Konsequenzen für die Arbeitsschwerpunkte von Pfarrerinnen und Pfarrern, über die in den Dienstordnungen eine Absprache erzielt werden soll. Die Begleitung braucht Zeit. Sie muss eingeplant werden.[205] Die „Pilgerreise" des Lebens hat ihre Knotenpunkte in diesen Kasualien und in den kasuellen (= an der jeweiligen Lebenslage orientierten) Angeboten. Die bürgerliche Engführung der klassischen Kasualien beeinträchtigt deren Reichweite in Wilmersdorf nicht so gravierend wie in anderen Stadtteilen Berlins, muss aber dennoch gesehen werden.

Die Gesamtbilanz ist durchaus beeindruckend. Amtshandlungen erreichen ausweislich der kirchlichen Statistik im Verlauf von ein bis zwei Jahren rein zahlenmäßig ebenso viele Menschen wie die Gemeinde Mitglieder hat, auch wenn in diesen Zahlen natürlich Menschen anderer Gemeinden, anderer Konfessionen und Religionen enthalten sind. Die „Basiskasualie Konfirmation" erreicht in Wilmersdorf mehr junge Menschen, als in diesem Jahrgang an Gemeindegliedern zu zählen sind. Sie hat also eine Anziehungskraft über den Kirchenkreis hinaus. Die Zahl der kirchlichen Trauungen ist gering und schwankt stark von Jahr zu Jahr. Unsicher ist die Lage bei den Bestattungen. Hier gibt es eine zunehmende Konkurrenzsituation zu einzelnen Bestattern, die Redner als Teil ihres Gesamtangebotes im Blick auf eine lückenlose „Wertschöpfungskette" verstehen und vorrangig vermitteln. Eine Schwäche kirchlicher Angebote der Begleitung wie z.B. durch mangelnde Erreichbarkeit zeigt hier sofort Folgen.

Im Rahmen der Konzeptentwicklung ist eine Strategie entworfen worden. Sie beginnt mit einer verlässlichen Kasualpraxis im Bestehenden. Vor allem im Bereich der Bestattungen waren hier Vereinbarungen nötig. Standards verbessern die zusammenstimmende und sachgemäße Durchführung und sichern die Erreichbarkeit. Interne Kooperationen und gemeinsame Erschließungen gehen noch weiter auf die individuellen Bedürfnisse von Gemeindegliedern ein, ohne bei den Inhalten unbefriedigende Kompromisse zu schließen. Der Kirchenkreis macht neue, überzeugende Angebote zur Gestaltung der Feiern: die Gemeinderäume werden für die Treffen im Anschluss an die Amtshandlung zur Verfügung gestellt, im Bereich der Bestattung unterhält der Kirchenkreis eine Gemeinschaftsgrabstätte. Eine intensivierte Öffentlichkeitsarbeit wagt es auch, für die Amtshandlungen zu werben.

Schließlich werden „neue Kasualien" in den Blick genommen. Die Kitas verabschieden die Kinder beim Übertritt in die Schule. Bei Schulbeginn bietet jede Gemeinde einen Gottesdienst an. Trauergottesdienste für ferne An-

---

[205] Dienstvereinbarungen sichern dies.

gehörige sind in Planung. Einige Gemeinden sind mit guter Resonanz auf die Wünsche von Gemeindegliedern nach Gestaltung des Übergangs in den Ruhestand eingegangen. Offen ist die viel diskutierte Frage nach Ritualen bei Trennungen. Im Wilmersdorfer Standesamt finden sehr viele Eintragungen von gleichgeschlechtlichen Partnerschaften in Berlin statt. Hierfür lassen sich, auf Initiative des Kirchenkreises hin, nach neuem kirchlichem Recht Segnungsgottesdienste anbieten. Die Zusammenarbeit mit dem Standesamt ist möglich und bewährt.

Schließlich hat der Kirchenkreis durch eine Teilbeauftragung zur Koordination von Traukirchen und Bestattungen der Bedeutung dieser Felder Rechnung getragen.

c) Beispiele

Trau-Kirchen

Traukirchen profilieren sich

Eine kleine Dorfkirche ein paar Schritt vom sehr beliebten Standesamt im Schmargendorfer Rathaus entfernt und dazu ansprechende Gemeinderäume gleich nebenan – kein Wunder, dass die Alt-Schmargendorfer Kirche schon seit längerem als „Traukirche" charakterisiert wurde. Angesichts der Rückgänge bei den Trauungen und im Rahmen der Schwerpunktbildungen im Kirchenkreis entstand die Idee, diese alte Kirche und die anderen profilierten Kirchen als individuelle Traukirchen zu beschreiben und gleichzeitig das gemeindliche Angebot für eine gelingende Feier im Umkreis des Gottesdienstes zu erwähnen. Motivation zur kirchlichen Feier und einige wenige Informationen würden eine ansprechende Einladung ergeben, „sich zu trauen".

Ein Arbeitskreis entwarf den Trauflyer „Mit Gottes Hilfe – Kirchlich heiraten in Berlin Wilmersdorf" und gewann die Zustimmung der in das Angebot aufgenommenen und – noch entscheidender – die Zustimmung der fünf nicht aufgenommenen Kirchen. Auf der Homepage des Kirchenkreises ist der Flyer zu finden.[206] Auf Brautmessen und auf dem Standesamt liegt er aus.

Für die Trauung werben

Der Trauflyer hat einen klaren Aufbau.
Er beginnt mit einer Motivation:

---

[206] www.evkiwi.de – Bei Google ergibt der Suchbegriff „heiraten in Wilmersdorf" an dritter Stelle die Adresse des Kirchenkreises.

> Liebes Brautpaar, trauen Sie sich herein in eine Wilmersdorfer Kirche! … Als Brautpaar treten Sie vor den Altar und versprechen, künftig Freud und Leid miteinander zu teilen. Weil solch eine Zusage immer ein Wagnis bleibt, stellen Sie sich unter Gottes Segen und sprechen: „Ja, mit Gottes Hilfe." Die Glocken werden für Sie läuten. … Wir, die Gemeinden in Wilmersdorf und ihre Pfarrerinnen und Pfarrer, laden Sie herzlich ein! Ihr Superintendent

Vier Kirchen werden mit ihrem Profil[207] vorgestellt:

> Die Dorfkirche in *Schmargendorf* … ist mit 66 Quadratmetern die kleinste der Berliner Dorfkirchen. … Sie vermittelt bis heute den Eindruck dörflicher Idylle. Für eine Feier im Anschluss an die Trauung bieten wir Ihnen den frisch renovierten Saal unseres Gemeindehauses in der Kirchstraße an.
>
> Die *Auenkirche* wurde 1897 im neogotischen Stil erbaut. Bei vielen Besuchern erweckt die Auenkirche einen Eindruck von Geborgenheit. … In der Kirche erklingt eine der wenigen spätromantischen Orgeln Berlins … mit einer überwältigenden Klangfülle. Die Auffahrt auf den hübschen Vorplatz mit Rondell lädt Brautpaare dazu ein, direkt zum Eingang der Kirche vorzufahren. Für die Feier können Räume der Gemeinde in unterschiedlicher Größe gemietet werden.
>
> Die *Grunewaldkirche* wurde vor 100 Jahren im neugotischen Stil errichtet. Von außen wirkt sie mit ihren Steinquadern warm und wehrhaft, innen luftig und hell. Das Gebäude verfügt über Sanitärräume und eine kleine Küche. In der Nähe gibt es Hotels, Festsäle, Restaurants und Parks, die zum Fotografieren einladen.
>
> Die *Kreuzkirche* hat genügend Plätze für große Festgesellschaften; aber auch kleinere Gruppen fühlen sich in der architektonisch einzigartigen, expressionistischen Kirche wohl. Nach der Trauung bilden der ruhige Innenhof und die Gemeinderäume einen stilvollen Rahmen für Ihren Sektempfang oder auch Ihre große Hochzeitsfeier.
>
> Auf die anderen Wilmersdorfer Kirchen wird hingewiesen.

Fragen rund um die Trauung werden beantwortet.

> Es geht um konfessionsverschiedene Paare, das Traugespräch oder die Segnung einer eingetragenen Partnerschaft.

Trauungen sind Höhepunkte im Lebensweg von Menschen, Familien und Freundeskreisen, an denen eine einfühlsame Kirche wahrgenommen, ein Geschmack für das Reich Gottes und seiner faszinierenden Schönheit vermittelt und die Plausibilität von Kirche erhöht wird. Im Konzept einer einladenden Kirche geben sie, gerade ohne sakramentale Überhöhung, einen zeichenhaften Verweis auf eine einladende Kirche.

---

[207] Das Folgende sind freie Auszüge aus dem Text des Flyers, keine vollständige Wiedergabe des Inhalts.

Trauerbegleitung in Wilmersdorf – pastoraltheologische Aspekte

Der Kirchenkreis unterstützt und koordiniert die Abläufe
Kasualien und damit auch die Trauerfeier sind eine einzigartige Gelegenheit zu Zeugnis und Dienst. Ihr Ziel ist es, Menschen in einer schwierigen Situation beizustehen. Dabei soll das Zeugnis von der „freien Gnade" so ausgerichtet werden, dass Menschen ihren Glaubensweg, so bruchstückhaft er sein mag, sicherer und getroster gehen. Sie sollen neues Vertrauen zur evangelischen Kirche und ihren Gemeinden gewinnen und eine Gemeinschaft erfahren, die im entscheidenden Moment für sie da ist. Trost und Herausforderung müssen in seelsorglicher Verbindung und zur rechten Zeit angeboten und zugemutet werden. Damit sind sie wichtige Arbeitsformen einer missionarischen Kirche, wie sie die EKBO sein will. Es gilt deshalb, in der Lebensphase, in der Menschen für die Begleitung besonders aufgeschlossen und ihrer bedürftig sind, als Kirche präsent zu sein. Dienstordnungen sichern das nötige Zeitbudget.

Das hat aber auch Konsequenzen für die *organisatorischen Abläufe*. Auch hier zeigt sich an einem Detail, wie wichtig ein integriertes Denken für die Entwicklung des Kirchenkreises ist: eine klare Ausrichtung an dem Ziel einer aktiven Kirche für die Menschen wird gestützt durch abgestimmte Regelungen, die in einer geschwisterlichen Kultur praktiziert werden und zu überzeugenden Angeboten führen, die sich gegenseitig ergänzen.

Die Erreichbarkeit bei Kasualien und besonders bei Trauerfällen ist ein wichtiges Gut. Gemeindeglieder müssen sich darauf verlassen können. Es ist deshalb alles zu unternehmen, sie zu gewährleisten.

Die Integrierte Kirchenkreisplanung hat eine klare Perspektive für das Zusammenspiel von Gemeinden und dem Kirchenkreis als Ganzes: die Nähe zum Menschen in den gewachsenen und eigenverantwortlichen Strukturen von Ortsgemeinden soll so weit wie möglich erhalten bleiben. Damit dies aber in Zeiten knapper werdender Mittel und – allein aus demografischen Gründen – zurückgehender Zahlen aufrecht erhalten werden kann, ist eine stärkere Aktivität des Kirchenkreises als Koordinations- und Unterstützungsstelle nötig.

Mit der Organisation von Vertretungsregelungen, Sicherstellung der Erreichbarkeit und der Pflege von Standards erfüllt der Kirchenkreis zum Nutzen der Gemeinden auch in diesem Feld seine Funktion. Er wird auch auf dem Feld der Trauerbegleitung durch ein eigenes Projekt unterstützend aktiv.

Gemeinsame Regeln für die Begleitung eines Trauerprozesses stützen den Vollzug
Es muss verlässliche Absprachen geben, die den zeitlichen und psychischen Aufwand minimieren, den Ausnahmefälle immer wieder erfordern.[208] So wird *Entlastung in Zeiten der Arbeitsverdichtung* möglich.

Pfarrerinnen und Pfarrerin tragen die Verantwortung für die Seel-sorge, die „cura animarum“ der ihnen anvertrauten Gemeindeglieder. Diese persönliche Verantwortung ist ein konstitutives Kennzeichen des geistlichen Amtes. Ihr entspricht die Regelung, dass sich Gemeindeglieder in geistlichen Dingen zunächst an die für sie Zuständigen wenden sollen. Die starre Handhabung dieser Rechte und Pflichten allerdings verdirbt den Charakter dieser Ordnung, engt Gemeindeglieder ein und bürdet Einzelnen gerade unter städtischen Verhältnissen unnötige Lasten auf.
Es geht auch um einen Wandel im Berufsbild. Persönliche Verantwortung muss nicht als einsame Alleinverantwortung wahrgenommen werden, sie kann auch in einem klar geregelten Zusammenspiel im Team wirksam werden. *Unterstützung in einer Dienstgemeinschaft* wird auf diese Weise möglich.

Regelungen sind das Eine, der Geist in dem sie praktiziert werden das Andere. Eine „Kultur des Miteinander“ gehört zu den Merkmalen eines geschwisterlich zusammenstehenden Kirchenkreises. *Kollegialität wirkt anziehend für Gemeindeglieder*. Für sie und die Bestatter muss deutlich werden: die Wilmersdorfer stehen zusammen und sorgen miteinander dafür, dass die Menschen so begleitet werden, wie es ihnen zusteht.

Um diese Einschätzung zu fördern, kommt es auf die Zwischentöne an, mit denen z.B. Anrufe entgegengenommen und Vertretungen praktiziert werden.

- Wie und in welchem Ton wird über die Kolleginnen und Kollegen gesprochen, die verhindert waren?
- Bleibt die Mühe der Vertretungssuche intern oder wird sie mit Seufzen nach außen getragen?
- Wird die Ausgestaltung der Begleitung, wenn sie einmal angenommen wurde, nicht mehr von einer „eigenen“ Feier, d.h. einer Feier aus der eigenen Gemeinde, zu unterscheiden sein?

Auch für Atmosphärisches ist die Regelung im Vorfeld nützlich. Sie ist eine Gelegenheit, auch die kontroversen Anteile einer geschwisterlichen Kultur auszusprechen und zu klären. Wenn Verschiedene zusammen arbeiten, ist der Gleichklang keine Ausgangsbedingung. Er ist vielmehr das Ergebnis eines Weges. Auf ihm haben auch unterschiedliche Standpunkte und Gefühle ihren Platz. Sie dürfen ausgesprochen werden. Ja sie müssen es, damit die gefundene Lösung tragfähig ist.

---

[208] Neuerdings (2007) hat auch die EKBO dazu eine Handreichung veröffentlicht.

Und wenn es im Laufe der Zeit zu Störungen kommen sollte, bietet die Regelung eine Plattform an, auf der diese möglichen Irritationen besprochen und wenn möglich geklärt werden können.

Die Vertretungsregelung bei Bestattungen im Kirchenkreis Wilmersdorf
Bei der Übernahme von Beerdigungen im Vertretungsfall gibt es Regelungsbedarf. Er muss in Ruhe diskutiert, fixiert und dann auch praktiziert werden. Die Bestatter sind in Grundzügen zu informieren.

Die weitestgehende Lösung wäre in Zukunft eine Aufnahme von Bestattungen über ein Zentralbüro. Der Vorteil ist eine verlässliche Zusammenarbeit mit den Bestattern und eine 24 h-Erreichbarkeit in Zusammenarbeit mit dem ständig besetzten Telefon der Diakonie. Zwei Nachbarkirchenkreise haben eine ständige Rufbereitschaft begonnen. Ein Austausch über diese und andere Erfahrungen sollte initiiert werden.

Verbindliche Schritte des Prozesses
Die Verlässlichkeit der Begleitung wird verbessert, wenn sich alle Beteiligten auf verbindliche Schritte[209] einigen.

Im *Vorfeld* einer Bestattung geht es vor allem um persönliche Kontakte. Das Team Diakonie, die ambulanten Dienste und die Aktivitäten in den Gemeinden, in deren Seniorenarbeit und Besuchsdiensten vergewissern sich besonders bei langdauernden Pflegefällen und besonderen Krisensituationen, ob ein Kontakt mit der zuständigen Pfarrerin, dem Pfarrer gewünscht ist,[210] vermitteln den Wunsch[211] und erhalten Rückmeldung, wenn der Kontakt erfolgt ist.[212] Im Kirchenkreis wird eine Klärung herbeigeführt, wo pflegende Angehörige eine Unterstützung finden können. Die entsprechenden Angebote werden vom Team Diakonie und den ambulanten Diensten den Angehörigen (und wenn es bei der Rechnungsstellung ist) übermittelt.

Beim *Erstkontakt* müssen organisatorische Notwendigkeiten und menschliche Zuwendung in ein Gleichgewicht gebracht werden.

Das *Trauergespräch* hat die „Scharnierfunktion“ in der Trauerbegleitung und verdient ausreichend Zeit und eine vertrauensvolle Atmosphäre. Im Zeitbudget sollte auch Platz für ein weiteres – kürzeres – Gespräch sein, falls es die Personenkonstellation im Einzelfall erfordert.

---

[209] Sie bilden ein Beispiel für eine Vereinbarung zur „Qualitätssicherung“ des Dienstes. Die EKBO hat 2005 eine Handreichung „Die evangelische Bestattung. Standards und Rahmenbedingungen für das pastorale Handeln“ herausgegeben. Die folgenden Schritte sind im Detail andiskutiert, aber ihre Verbindlichkeit ist noch nicht festgelegt. Die Vertretungsregelungen haben sich verbessert, sind aber noch nicht zuverlässig im Sinne dieser Vereinbarung gestaltet.

[210] Unter Wahrung des Datenschutzes!

[211] Vor allem für die ambulanten Dienste ist zu klären, ob dafür eine feste Form, etwa ein Formular nützlich sein könnte.

[212] Die getroffenen Vereinbarungen aus der Herbstsynode 2006 sind zu überprüfen und zu aktualisieren.

In der *Feier* konstituiert sich unter Wortverkündigung und Gebet nach CA 7 und CA 5 „Kirche“, wenn auch auf Zeit. Die Logik der sich Versammelnden ist das Beziehungsnetz um den oder die Verstorbene und die unmittelbar von diesem Tod Betroffenen. Dem gemäß umfasst die Trauergemeinde die weitest mögliche Spannweite von Glaubensform, Kirchenbindung, Religions- und Konfessionszugehörigkeit. Auch jenseits der vom Tod existentiell Betroffenen kommt für die Teilnehmenden über Anteilnahme und Identifikation die Endlichkeit der eigene Biografie in den Blick und bedarf der theologischen Deutung.

Daneben werden in der Person des evangelischen Pfarrers, der Pfarrerin die eigenen Erfahrungen mit Kirche aktiviert, bestätigt oder verändert. In jeder Pfarrerin, jedem Pfarrer wird auch die Repräsentanz des Ganzen gesehen. Die Eindrücke tragen zur Weiterentwicklung des Kirchenbildes bei, stützen oder gefährden Vertrauen und Wertschätzung.

Die Feier ist auch eine Gelegenheit zur Information über die Angebote der evangelischen Kirche in Wilmersdorf.[213] Die Kommunikationschance mit geeigneten Materialien sollte genutzt werden. Auch hier wird deutlich, dass die Pilgerwege des Lebens vieler Menschen einfühlsam und kompetent begleitet werden.

Die *Nachkontakte* sind ein wesentlicher Bestandteil der Trauerbegleitung.:

> Formalia (Abrechnung, Bestätigungen, …) müssen zügig und in angemessener Form übersandt werden. Ein Anruf nach 7 und 49 Tagen hält entsprechend den Phasen des Trauerprozesses den Kontakt aufrecht. Das Angebot der Trauergruppe kann gemacht werden. Die Einladung zum Ewigkeitssonntag und, wenn es sie gibt, auch zur Osternacht muss sichergestellt sein. Wenn die Feier nicht durch Ortsgeistliche gehalten wird, ist eine Absprache im Nachgespräch nötig, wer für die Nacharbeit zuständig ist. Wichtig ist auf jeden Fall die Einladung zu Gottesdiensten in der Ortsgemeinde, bei denen der Verstorbenen im Fürbittengebet gedacht wird!

Die Integrierte Kirchenkreisplanung sieht die Aufgabe des Kirchenkreises in der Begleitung der Menschen auf dem Pilgerweg ihres Lebens. Die vorliegende Konzeption trägt dazu bei, dass diese Zielbestimmung kein Wunsch bleibt, sondern mehr und mehr erfahrbare Wirklichkeit in Wilmersdorf wird.

Die Gemeinschaftsgrabstätte des Kirchenkreises

Die Sepulkralkultur in Berlin verändert sich seit einigen Jahren dramatisch. Erdbestattungen finden nur noch selten statt. Trauerfeiern sind längst nicht mehr selbstverständlich. Urnenbegräbnisse ohne Trauerfeiern, so genannte stille Urnen, sind mittlerweile bereits kein Sonderfall mehr, das Begräbnis

---

[213] Siehe zum Trauercafe S. 223 ff.

unter dem grünen Rasen ebenso. Zunehmend werden Verstorbene völlig ohne erkennbare Zeiten und Orte „beerdigt“.

Für die Christenheit bleiben die Begleitung von Angehörigen im Angesicht des Sterbens und die Beerdigung der Toten aber ein Werk der barmherzigen Nächstenliebe und Zeichen der Liebe Gottes.

Oft sind die Beweggründe für eine Marginalisierung des Begräbnisses praktischer Natur. Die Nachkommen und Angehörigen sollen nicht belästigt werden. Die Kosten sollen niedrig gehalten und dem Tod kein zu großer Raum gelassen werden.

Der Kirchenkreis Wilmersdorf hat diese Beweggründe ernst genommen und auf Initiative eines Pfarrers die Idee der Gemeinschaftsgrabstätte aufgegriffen und zu einem bemerkenswerten Angebot entwickelt.

In den eigenen Reihen und darüber hinaus fanden sich Bündnispartner für diese Idee: Angehörige, die einen Ort des Gedenkens suchten, Nachkommen, die sich der Vorfahren an einem Ort erinnern wollen, Verantwortliche des städtischen Friedhofes, die an gepflegten und intakten historischen Gräbern ein großes Interesse haben, Bestatter, die für eine Pflege der Sepulkralkultur kämpfen, Gemeinden, die für ihre Gemeindeglieder ein reizvolles Angebot bekamen.

Der Kirchenkreis erwarb eine einst repräsentative, nun aber verfallene Grabstelle, setzte sie instand und schuf Platz für über zweihundert Urnen. Auf dem Marmor sind der Kirchenkreis und alle Wilmersdorfer Gemeinden mit Namen aufgeführt. Es entstand eine besondere Form der Gemeinschaft. An der Grabstelle wurden Tafeln angebracht, die einmal im Jahr, zum Ewigkeitssonntag, abgenommen und mit den Namen der im letzten Jahr Verstorbenen versehen werden. Eine kleine zusätzliche Tafel enthält Namen unter der Überschrift: „In fremder Erde begraben und hier erinnert“. Ein Gärtner hat den Auftrag, die Stätte zu pflegen. Die einzelnen Grabstellen wurden für einen Preis unterhalb der Kosten für eine Einzelurnenstelle verkauft. Die Garantie der Pflege wird für zwanzig Jahre über den Tag der letzten Beerdigung hinaus übernommen. Die Organisation findet in der Superintendentur statt. Ein Pfarrer steht für seelsorgliche Gespräche bereit.

Die Nachfrage nach einem Urnenplatz war ohne Werbemaßnahmen so hoch, dass nach wenigen Jahren die Plätze alle veräußert waren und eine weitere Grabstätte gekauft werden musste. Die Voraussetzungen sind klar definiert. Eine evangelische Bestattung mit einer evangelischen Pfarrerin oder einem evangelische Pfarrer ist notwendig. Eine Verbindung zum Kirchenkreis und seinen Gemeinden muss gegeben sein. Ausnahmen werden in einem seelsorglichen Spielraum zugelassen. Am Ewigkeitssonntag findet eine bisher immer gut besuchte Andacht statt.

Die vom Friedhof angebotene zusätzliche Nutzung eines als dorischer Tempel gestalteten Kolumbariums mit Fächern für je vier Urnen wurde ernsthaft geprüft. Einige der kreiskirchlichen Entscheidungsträger fanden, ein solches Angebot passe nicht zur evangelischen Kirche. Andere hielten es für besonders reizvoll und verwiesen auf ähnliche Orte in deutschen Kirchen z.B. St. Jacobi in Lübeck. Letztlich gaben Praktikabilitätserwägungen wie der etwas kleine Raum für die Urnen, die hohen Kosten und ähnliches den Ausschlag für eine Vertagung des Projektes. Es soll aber bei Gelegenheit neu geprüft werden.

Paten-Kinder-Tag

Das Patenamt ist eines der wichtigsten Ämter für Laien in der Kirche. Bei der Taufe versprechen die Paten gemeinsam mit den Eltern für die christliche Erziehung zu sorgen. Die Fürsorge für das Patenkind erstreckt sich im Alltag dann jedoch meist auf den außerkirchlichen Bereich. So hat die Gemeinde Am Hohenzollernplatz auf Anregung und durch Mitarbeit von Ehrenamtlichen aus dem Kindergottesdienstteam eine Begegnungsmöglichkeit in der Kirche für getaufte Kinder zwischen vier und zehn Jahren allein mit ihren Paten geschaffen. Zweimal im Jahr wird über Tauf- und Gemeinderegister, den Gemeindebrief und vor allem den sonntäglichen Kinder-, Jugend- und Familiengottesdienst zum sogenannten Paten-Kinder-Tag eingeladen. Er findet im Frühjahr und Herbst eines jeden Jahres an einem Samstagnachmittag für drei Stunden in der Kirche und in benachbarten Gemeinderäumen statt. Der gemeinsame Beginn um den Taufstein herum soll die Patenpaare ganz bewusst wieder in der (Tauf)kirche zusammenführen.

An eine Begrüßungsrunde schließen sich unterschiedliche Aktionen an. So kann man z.B. mit einer Rallye durch die Kirche ganz bewusst an den Orten landen, die der übliche Gottesdienstbesucher nicht kennen lernt. Von der Kanzel zu schauen oder auf der Orgelbank zu sitzen sind besondere Erlebnisse. Der gesamte Tag steht jeweils unter einem Thema, z.B. Groß und Klein, Bileam und sein Esel, Ei, Kirchenjahr, Hände, Baum usw. Dieses Thema führt als roter Faden durch alle Spiele, Bastelarbeiten und Gespräche. Für eine Erfrischung zwischendurch wird gesorgt. Kurze Zeit nach dem Paten-Kinder-Tag erhalten alle Teilnehmer Post mit Erinnerungsfotos und nach einigen Monaten die Einladung zum nächsten Termin.

Die Resonanz auf die Idee war sehr unterschiedlich. Nahezu alle, die davon hörten, sei es in der eigenen Gemeinde oder auf Kirchentagen, waren begeistert. In der Praxis aber war es schwierig Patenpaare zu finden. Bemerkenswert ist, wie viele Kinder bereits nach wenigen Jahren zu ihren Paten keinen Kontakt mehr haben. Oft sollen sich die Paten geweigert haben, einer derartigen Einladung zu folgen. Eine Patentante äußerte ihre Bedenken wohl für viele stellvertretend ganz ehrlich. Sie hätte Angst, ob sie das „leisten könne, was man von ihr dort verlangen würde“. Sie stellte sich dann doch der Herausforderung und erfuhr, dass weder theologisches Wissen noch besondere Fähigkeiten verlangt werden. Es geht darum, gemeinsam mit seinem Patenkind ein Kirchenerlebnis zu feiern, gemeinsam eine Kirche zu erkunden, Spaß zu haben, zu singen, zu spielen und sich der Taufe zu erinnern. Diejenigen, die kommen, sind mit Spaß und Engagement dabei und immer sehr zufrieden. Manche nutzen den ganzen Tag und machten aus ihm ein kleines Fest mit der Patenfamilie.

4. Spiritualität – persönliche Frömmigkeit

a) Orientierung im praktisch-theologischen Kontext

Spiritualität ist die erlebbare Seite des Glaubens. Sie hat einen Gemeinschaftsbezug, ist aber weithin eine persönliche Dimension des Glaubens. Die Sehnsucht nach spirituellen Erfahrungen ist größer geworden. Die Gründe dafür sind vielfältig. Milieus haben großen Einfluss. Es wird ein Gegengewicht gegen die Kälte und Verzweckung des Alltags gesucht. Auch der eher kühle und emotionsarme Stil evangelischer Kirchlichkeit wird als ergänzungsbedürftig empfunden.

Viele suchen eine Erweiterung des Bewusstseins bis hin zur Erschließung übernatürlicher Kräfte zum eigenen Vorteil. Andere erwarten eher eine Reparatur der Schäden der Moderne und sind von der Sehnsucht nach transzendenten Gütern bewegt. Die wiedererwachende Sensibilität für „Spiritualität" geht weithin an den Kirchen vorbei. Evangelische Kirchen haben hier zwar ein reiches Erbe, das allerdings erst in jüngster Vergangenheit wieder entdeckt und deutlicher gepflegt wurde.

b) Reflexion und Gestaltung in Wilmersdorf

Im Kirchenkreis ist in einer Themensynode zum Gottesdienst schon 1999 der Wunsch nach geistlichen Erfahrungen über den Sonntagsgottesdienst hinaus geäußert worden. „Pilgern" fand als erste Konkretion – noch vor dem Bestseller von Hape Kerkeling – eine sehr große Mehrheit.

Dieser Bereich hat einen zentralen Platz in der Kirchenkreiskonzeption erhalten. Die Vision greift das Bild des Pilgerwegs auf. Das Bild des Pilgerns begleitet die Integrierte Kirchenkreisplanung seit dem Beginn des Prozesses 2005 als Grundmotiv für die Lebenswanderung des einzelnen Menschen und ebenso für das gemeinsame Unterwegssein der Wilmersdorfer Gemeinden, Einrichtungen und Dienste. Im „wandernden Gottesvolk" gibt es Wegbegleiter füreinander und für alle Suchenden. Wegbereiter sind nötig, die Strukturen und Arbeitsweisen so verändern und gestalten, dass das Evangelium einladend und zeitgemäß verkündigt wird. Nur wenn sich Kirche auf den Weg macht, werden neue Erfahrungen möglich. Dann wird sie ihren bleibenden Auftrag unter den sich verändernden Bedingungen erfüllen können.

Die Kennzeichen einer klassischen Pilgerreise[214] finden sich auch im Prozess der Integrierten Kirchenkreisplanung. Am Anfang steht die Vision eines Ziels: Einen „Heiligen Ort", ein verheißenes Land zu erreichen. Einmal bis zum Rand des Bekannten gehen, finis terrae erreichen. Dem folgt die bewusste Entscheidung, sich gut vorbereitet gemeinsam auf den Weg zu machen und die Bereitschaft, sich aus der sicheren Routine des Alltagseinerleis[215] auf neue, unbekannte Wege und Erfahrungen einzulassen.
Nach dem Aufbruch und auf dem Weg lernt man einander besser kennen und verstehen.[216] Die Erfahrung, voran zu kommen, Grenzen und Schwierigkeiten zu überwinden und erfolgreich Neues zu wagen, motiviert und verbindet. Gleichzeitig gehören zum Pilgern auch Risiken, Phasen der Ermüdung und Ernüchterung, das Gefühl, nicht weiter zu kommen oder zu können und an Grenzen[217] zu geraten.
Bei einer Pilgerreise heute sind die Risiken begrenzt. Die Infrastruktur ist gut ausgebaut. Wegweiser stehen an jeder oder fast jeder Kreuzung. Trotzdem verlaufen sich einige. Einmal aufgebrochen, muss jeder durchhalten.
Es bleiben die Risiken in der Person. Die Wilmersdorfer haben es auf dem Camino erlebt. Habe ich mir zu viel zugemutet? War es die richtige Entscheidung, 14 Urlaubstage zu opfern, um mit so Vielen unterwegs zu sein? Aber alle, die auf dem Weg Durststrecken hatten, die von den angekündigten Erfahrungen zunächst nichts gespürt und gesehen hatten, sagen hinterher, dass ohne das Risiko ihre Erfahrungen flacher und weniger prägend gewesen wären. Das weiß ja schon die Erlebnisgesellschaft, wenn sie propagiert: no risk, no fun. Und das weiß auch jeder Unternehmer, das mutige Eingehen von Risken ist eine der Vorbedingungen für langdauernden Erfolg. Jesus hat in einem Gleichnis ermuntert, um eines großen Zieles willen Risiken einzugehen (vgl. das Gleichnis von den anvertrauten Pfunden Lk 19,11ff und vom Schatz im Acker Mt 13,44ff).
Außerdem haben nicht alle dasselbe Tempo. Schnellere und Langsamere können sich wechselseitig von den Anderen zu stark angetrieben oder ausgebremst fühlen. Der Mut und die Freude des Aufbruchs brauchen außerdem Geduld, Achtsamkeit für die Stärken und Schwächen des Anderen und die Bereitschaft, sich Mühe zu geben. Wichtig bleibt, über den nächsten kleinen notwendigen Schritt hinaus zu sehen und das gemeinsame Ziel im Blick zu behalten. Für die Meisten war es ein herausragendes Erlebnis. Das lässt sich auf den Weg der Integrierten Kirchenkreisplanung übertragen.

---

214 Die sich im Übrigen auch als Stufen eines intensiven Lernprozesses verstehen lassen.

215 Die „Komfortzone" zu verlassen.

216 In die „Lernphase" eintreten.

217 Die „Risikophase" zu durchschreiten. Spätestens da melden sich die Zweifel, ob es nicht doch besser gewesen wäre, zu Hause zu bleiben. Im Weg der Kinder Israel ins gelobte Land wird in dieser Phase mitten in der Wüste die Erinnerung an die Fleischtöpfe Ägyptens wach. Die doch so leidvolle „Komfortzone" in Ägypten erscheint in verlockendem Licht.

Die Kirchenkreisplanung steckt mitten in der Lernphase. Neue Erfahrungen werden gemacht. Die Verantwortlichen lernen sich von ganz neuen Seiten kennen. Wenn auch das Ziel gemeinsam bestimmt wurde, so sind die Wege doch nicht immer klar und manchmal strittig. Ermüdungen stellen sich ein. Auch die Risikozone kann im Kirchenkreis-Konzept nicht ausgespart werden. Mit dem Projekt „Leben mit Kindern" ist sie gestreift, das Schulprojekt hat immer noch hohe Risiken.

Aber nicht die Probleme sind das Problem, sondern wenn aus ihnen nicht gelernt wird. Die Dokumentation des Prozesses in dieser Veröffentlichung ermöglicht weiter führendes Lernen auf der Basis einer gemeinsamen Standortbestimmung. Risiken und Lernprozesse enthalten die Gefahr, dass sich die Energien gegen einander richten. Das gilt es zu vermeiden. Schließlich ist das „weiter so" der Komfortzone, die nur gewohnt, aber so bequem auch wieder nicht ist, auch keine Alternative.

Im Folgenden wird die Konkretion des „Pilgerns" in einem Weg („Camino") nach Santiago de Compostela geschildert und seine Folgen für einen Pilgerweg in Wilmersdorf gezeigt, der gleichzeitig das Gesamtkonzept symbolisch verdichtet darstellt. Weiter haben sich Angebote zu Meditation unter der Woche und an Wochenenden entwickelt, die auch mit „kleinen" Pilgerwegen verbunden sind.

Das Pilgern ist ein Bild für den Lebenslauf mit seinen Höhen und Tiefen, den die Kirche begleitet. Damit nimmt die evangelische Kirche in Wilmersdorf ihre Verantwortung auch für den persönlichen Bereich des Glaubens wahr. Sie handelt so im Wissen, dass dies kurzfristig möglicherweise nicht der Institution, auf jeden Fall aber den Personen nützen wird. In diesem Feld steckt noch weiteres Potential,[218] das noch nicht erschlossen ist, auch weil es bislang – typisch für das Feld? – keine koordinierende und erschließende Zusammenschau oder eine beauftragte Person gibt, wie dies in anderen Bereichen Wilmersdorfs bereits der Fall ist.

c) Beispiele

Der gemeinsame Pilgerweg nach Santiago

Vor dem Aufbruch stand die theologisch zu verantwortende Klärung, welchen Zugang evangelische Christen zum Pilgern finden könnten.

> Im Christentum gibt es eine lange Tradition des Pilgerns. Seit dem 4./5. Jahrhundert begaben sich Menschen auf oft lange, beschwerliche Reisen an Orte,

218 Etwa eine neue Beratungskompetenz in Fragen der Lebensgestaltung oder bei wichtigen Entscheidungen zu gewinnen. Weitere Details siehe unten zur Weiterarbeit.

die dem Glauben als heilig galten. Klassische Ziele waren Jerusalem, die Stadt Jesu, Rom, die Stadt des Apostels Paulus oder Santiago de Compostela, die Stadt des Apostels Jakobus. Sie wurden von der Hoffnung bewegt, dem Göttlichen oder dem Heil dort näher zu sein als an ihrem Wohnort. Weitere Gründe für einen Pilgerreise waren auch Buße nach begangenem Unrecht, Hoffnung auf Wunder, ein abgelegtes Gelübde nach Gefahr oder Krankheit oder Dank nach einer Heilung oder Rettung. Martin Luther kritisierte Pilgerfahrten als Unternehmungen, mit denen man sich Gott verfügbar machen wolle. Daher brach die Tradition des Pilgerns in protestantisch geprägten Gebieten für lange Zeit ab. Seit einigen Jahren gibt es in der evangelische Kirche aber eine immer größer werdende Bewegung von Menschen, die die alten Pilgerwege wieder neu für sich entdecken. Dabei geht es nicht um Heiligenkult oder versuchte Teilhabe an magischen Kräften. Es ist aber der Versuch, aufzubrechen aus dem Alltag, gehend (pilgern wird auch „beten mit den Füßen" genannt), mit Leib und Seele dem Glauben neu nachzudenken und die Schöpfung bewusst und intensiv wahrzunehmen.

Eine Pilgerreise kann auch verstanden werden als lebendiges Symbol für den menschlichen Lebensweg. Das „Unterwegs-Sein" ist eine Grunddimension des Christ-Seins. Das Leben verdankt sich einem Ursprung, hat seinen Weg und führt zu einem Ziel. Darauf weist die Ausrichtung des Jakobsweges hin: man wandert von Osten (Sonnenaufgang, Geburt, Leben) nach Westen (Sonnenuntergang, Sterben, Tod) bis an den Atlantik (Ewigkeit) und folgt damit symbolisch dem Weg der Seelen, die früher mit den Sternen der Milchstraße identifiziert wurden. Kirche als „wanderndes Gottesvolk" ist gemeinsam unterwegs. Damit ist die individuelle und die gemeinsame Dimension angesprochen.

Nach diesen Klärungen war der Weg frei, das Projekt anzugehen. Im Herbst 2007 haben sich drei Gruppen aus allen Wilmersdorfer Gemeinden mit insgesamt 127 Menschen im Alter von drei bis zweiundachtzig auf den Weg nach Santiago di Compostela gemacht. Um allen die Teilnahme zu ermöglichen, wurden die physischen Anforderungen in drei Gruppen gestuft. Ein eigens entworfenes Andachtsbuch und Tagzeitengebete trugen zur inneren Einheit des Camino bei und ermöglichten die persönliche Vertiefung.

Die drei Gruppen starteten an unterschiedlichen Ausgangspunkten in Spanien. Ihr gemeinsames Ziel war Santiago di Compostela. Eine kleine Jugendgruppe wanderte ihre Gesamtstrecke von 125 km ganz zu Fuß und übernachtete in traditionellen Pilgerherbergen. Eine zweite Gruppe von siebenundsechzig Personen von drei bis zweiundachtzig Jahren pilgerte die gleiche Strecke, ließ das große Gepäck aber transportieren und übernachtete in reservierten Hotels. Eine dritte Gruppe fuhr den ganzen spanischen Weg mit dem Bus und wanderte täglich eine kleine Strecke. Alle sollten den eigenen Kräften gemäß mit auf dem Weg sein können.

Verbindend zwischen den Gruppen und auch den einzelnen Gruppenmitgliedern war ein Andachtsbuch, das für diese Reise entwickelt wurde. Es enthielt

> Tagzeitengebete und eine Andacht jeden Mittag um 12.00 Uhr „auf dem Weg", die alle hielten, ob sie allein oder zu mehreren unterwegs waren. Begleittexte regten zur persönlichen Meditation im Tageslauf an. Lieder von Paul Gerhard und Martin Luther und die evangelische Form der Andacht unterstrichen das protestantische Profil und den ökumenischen Charakter der Reise. Einige nützliche Hinweise zum Pilgern rundeten seinen Gebrauch ab. Schließlich vereinte ein gemeinsamer evangelischer Pilgergottesdienst in der Franziskanerkirche in Santiago alle drei Gruppen.

Eine Pilgerfahrt ist sowohl verbindlich in ihrer Gestalt als auch selbstbestimmt und offen in ihrer Ausprägung. Durch diese hohe Individualisierung im gegebenen geistlichen und organisatorischen Rahmen ist die Erfahrung des Pilgerns nicht auf eine bestimmte Form der Kirchenbindung beschränkt. Die Idee ist anschlussfähig für verschiedene Prägungen. Der Erfahrungsbezug des Pilgerns bietet einen ganzheitlichen Zugang zur Welt des Glaubens. Der „Camino" ist damit ein Baustein zur Erreichung des Ziels des Kirchenkreises.

Als Ergebnis lässt sich festhalten: Diese Pilgerreise hat unter den Beteiligten Gemeinschaft gestiftet oder vertieft. Sie wurden zu einem neuen Nachdenken über den Glauben angeregt. Neue spirituelle Erfahrungen wurden ermöglicht. Etwa ein Drittel waren bis dahin eher distanziert und nahmen nicht am gemeindlichen Leben teil.

Gemeinsames Pilgern stützt die bisherigen Kasualien oder kann bei diesen zur Vertiefung angeboten werden. Es kann das Angebot der Kasualien – die Übergangsbegleitung mit Verkündigung und Segen – für die Menschen erweitern, die durch die Veränderung der Lebensformen mit den klassischen Kasualien nicht mehr erreicht werden. Damit wird eine Kernfunktion und eine Grundkompetenz der evangelischen Kirche in veränderter Zeit entfaltet.

Messzahlen wären möglich. Sie sind bislang nicht präzisiert oder genutzt worden.

Die Idee hat ihr Ziel erreicht – ist „erfolgreich" umgesetzt – wenn

- viele Menschen in Wilmersdorf ihre persönliche Frömmigkeit vertiefen oder neu gestalten (messbar an der Nutzung entsprechender Materialien des Kirchenkreises),
- in Übergangsphasen ihres Lebens mehr Menschen als bisher eine geistliche Begleitung durch Einzel- oder Gruppengespräche oder Pilgerwege in Anspruch nehmen (messbar an der Nutzung dieser Angebote) und
- eine neue und positive Beziehung zur evangelischen Kirche in Wilmersdorf aufbauen (messbar durch Umfragen).

Der Pilgerweg durch Wilmersdorf – camino evkiwi

Die Idee für diesen Rundweg entstand nach einer kreiskirchlichen Vorbereitungsreise nach Santiago de Compostela. Einmal im Jahr soll in einem Pilgerweg das „Fest des Kirchenkreises" gefeiert werden. In ihm kann dessen Weg in symbolischer Verdichtung erfahren werden. Die Konzeption bekommt so einen erfahrbaren Sitz im Leben des Kirchenkreises.

Der camino evkiwi verbindet als Rundweg auf neun Teilstrecken / Etappen die neun evangelischen Kirchen des Kirchenkreises Wilmersdorf miteinander. Mit allen Sinnen soll die Verbundenheit der evangelischen Christen Wilmersdorf als eine Gemeinschaft auf dem Wege wahrgenommen und erlebt werden können.

Anders als bei traditionellen Pilgerwegen gibt es hier nicht das eine große Ziel, auf das alle zulaufen. Ob zu Fuß oder mit dem Fahrrad, man startet den Weg an einem der neun Kirchgebäude und kehrt zuletzt auf einem anderen Weg zu seinem Ausgangspunkt zurück.

Einmal im Jahr jedoch bieten alle evangelischen Gemeinden nach dem Gottesdienst eine offene Kirche, Speisen, Getränke und Begleitprogramme an. Hier erhalten die „Pilger" das Kirchsiegel als Stempel.

Nicht allein die neun evangelischen Kirchen als die Eckpunkte/Meilensteine sind Orte angebotener *Spiritualität*. Viele weitere Stationen am Wegesrand laden zum Nachdenken über Gott und die Welt ein. Letzten Endes ist der Weg an sich ein Angebot, neu über den christlichen Glauben nachzudenken und Begegnungen zwischen Christen und Nichtchristen zu ermöglichen.

Der camino evkiwi ist *funktional*. Er ist ein genau definierter, immer wieder zu begehender Weg, der sich nur an einer einzigen Stelle in etwa dort symbolisch kreuzt, wo die erste evangelische Kirche Wilmersdorfs stand (Straße am Schoelerpark). Der camino evkiwi ist nicht unnötig kompliziert. Er ist kein Irrweg, auch wenn er an manchen Punkten ungewohnte Wendungen enthält. Der camino evkiwi ist – wo möglich – fahrrad- und fußgängerfreundlich gewählt. Verkehrsberuhigte Zonen, Alleen, Fahrradwege werden genutzt.

Der camino evkiwi lädt zum *Gedenken* ein. Er berührt die kleineren Friedhöfe (Bornstedter Straße, Stubenrauchstraße und Misdroyer Straße). Der „Evangelische Schulweg" führt außerdem an der Südseite des großen Friedhof Wilmersdorf entlang. Ebenso bewusst bietet der camino evkiwi die Möglichkeit eines Besuchs bei der Mahn- und Gedenkstädte S-Bahnhof Grunewald – Gleis 17.

Der camino evkiwi ist bewusst *ökumenisch*. Er führt an wenigstens drei katholischen Kirchen (St. Ludwig; Salvator; St. Karl Borromäus) und weiteren religiösen Institutionen vorbei.

Der camino evkiwi ist *touristisch* attraktiv, insofern er große Stadtplätze einbezieht (z.B. Ludwigkirchplatz, Prager Platz, Bundesplatz, Rüdesheimer Platz, Breitenbachplatz), an historisch und architektonisch interessanten Straßen, Gebäuden und Institutionen (große Sportanlagen, …) vorbeiführt, und ganz unterschiedliche Facetten des zentralen Berliner Innenstadtbezirks der West-City zeigt (Villenkolonie Grunewald, verschiedene Kieze, großstädtische Milieus). Am Tag des Offenen Denkmals öffnen alle neun Kirchengemeinden ihre Kirchentüren.

Mit einem Gottesdienst beginnt am Morgen in jeder der neun Gemeinden der „*Tag des camino evkiwi*". Anschließend bleiben die Kirchentüren bis zum Abend offen. Gemeinden machen besondere Angebote für die Pilgerinnen und Pilger des camino evkiwi. Alle erhalten ein Kirchensiegel als Stempel in ihren „Pilgerpass". Erfrischungen werden angeboten. Broschüren informieren über den camino evkiwi und über gemeindliche Aktivitäten. Gemeindegruppen haben die Chance, sich der Öffentlichkeit zu präsentieren. Wer die Kirche besichtigt, kann sich mit seinen Fragen an jemanden wenden, der sich auskennt.
Außerdem werden Kirchenführungen angeboten, kleine Orgelkonzerte und Orgelführungen, Turmbesteigungen, Stundengebete, Lesungen, Jazz, Rock, Pop, Musikgruppen, ein Kirchencafé oder ein Gemeindefest.
Bevor die Kirchstationen schließen, gibt es für alle Heimkehrenden einen Abendsegen in der Heimatkirche.

Zur *Werbung* wurde ein Flyer entwickelt, der den genauen Weg, die Modalitäten und Zusatzinformationen enthielt. Seit 2008 gibt es zusätzlich aktuelle Broschüren mit den Veranstaltungen der einzelnen Gemeinden, außerdem Postkarten und Plakate. Auf der Domain „wilmersdorf-pilgert.de" wurde eine Seite für den camino evkiwi eingerichtet und jährlich erneuert. Einige Monate vor dem „Tag des camino evkiwi" erscheinen erste Informationen und Artikel über den camino evkiwi.

Der Start des camino evkiwi im September 2007, gut einen Monat nach der gemeinsamen Pilgerreise auf dem Jakobsweg hatte eine sehr gute Resonanz. Viele Jakobswegpilger hatten sich auf den Weg gemacht. Außerdem nahmen die Konfirmandengruppen fast aller Gemeinden teil. In den folgenden Jahren versuchte die AG Öffentlichkeitsarbeit, dieses hohe Niveau zu halten und sowohl Teilnehmer früherer Jahre wieder- als auch neue Pilger zu gewinnen. Dazu wurden Mottos für den Weg gefunden – „Musik" im Jahr 2008, „mit allen Sinnen genießen" im Jahr 2009 (angelehnt an das Thema des Tags des Offenen Denkmals). 2008 und 2009, von schlechtem Wetter beeinflusst, nahm die Teilnahme jedoch ab. Der Erfolg des „camino evkiwi" ist stark vom Wetter abhängig, was bei einem Tag Mitte September ein hohes Risiko birgt. Die beteiligten Gemeinden sprachen sich jedoch für eine Weiterführung des camino evkiwi aus.

Pilgern und Meditation in der Auengemeinde

In der Auengemeinde werden 14-tägig im Gemeindesaal 90-minütige Meditationsübungen angeboten, die einer bewährten Meditationspraxis folgen.

> Nach einer kurzen Einführung werden zwei mal 20 Minuten meditiert. Es beginnt mit einer Konzentration auf die Atmung. In einer Achtsamkeitsmeditation richtet sich der Focus auf das innere Selbst. In der zweiten Sitzung schließt sich eine biblische Betrachtung im altkirchlichen Dreistufenschema von lectio – meditatio – contemplatio an. Gelegentlich haben Bildmeditationen und geführte Entspannungs- oder Musikmeditationen hier ihren Platz. Vor dem kurzen gemeinsamen Abschluss findet ein Austausch in kleinen Gruppen statt.

An den Meditationen nehmen zwischen 12 und 20 Personen teil. Ungefähr die Hälfte der Besucher sind keine Sonntags-Kirchgänger. Zur Intensivierung und Ergänzung spiritueller Erfahrungen werden drei bis vier Meditations- und Pilgerwochenenden angeboten und gut nachgefragt.

Taizégottesdienste als Teil eines meditativen Schwerpunkts

Taizégottesdienste haben sich als meditative Gottesdienste profiliert. Die gemeinsame Grundstruktur wird in der Kreuzgemeinde monatlich einmal an einem Sonntag Abend in einer hier gewachsenen Ausprägung gefeiert.

> Alle Vorbereitungen im Gottesdienstraum sind eine halbe Stunde vor Beginn beendet. Zehn Minuten vorher gibt es ruhige Orgelimprovisationen, um den Ankommenden die Einkehr zu erleichtern. Die Kirche ist durch Kerzen erhellt. Die Improvisationen klingen aus, Stille herrscht bis zum 18.00-Uhr-Glockenschlag.
> Nach ganz kurzer Begrüßung folgt das erste Taizé-Lied und eine verbale Hinführung zum Stillwerden vor Gott. Dann tritt eine kurze Stille ein. Die Psalmlesung durch zwei Mitarbeitende dient bewusst der Anknüpfung an die kirchliche Tradition. Dann liest der Pfarrer einen kurzen, bildkräftigen Gedanken aus der Heiligen Schrift, zumeist aus den Lesungen des jeweiligen Sonntags. Es folgt eine fünfminütige Stille zum Bedenken dieser Worte. Umrahmt von weiteren Taizé-Gesängen folgt ein dreiteiliges, freies Gebet durch den Pfarrer.

Während der Gesänge können die Teilnehmer zum Zeichen ihrer Bitte und Fürbitte und ihres Dankes Kerzen entzünden. Das ist für viele ein sehr intensiver, religiös-erfüllter Augenblick des Glaubens und der Nähe zu Gott.
Im dritten Teil des Gebets werden die im Fürbittbuch von den Gottesdienstteilnehmern vor dem Gottesdienstbeginn eingetragenen Namen verlesen, aktuell z.B. „Martin in Afghanistan" und außerdem viele Menschen bewegende große Fragen und Nöte der Welt in Gebetsform vom Pfarrer aufgenommen. Im folgenden Vaterunser wird das gemeinsame Bitten und Bekennen vernehmlich ausgedrückt und erlebt. Taizé-Lieder, Segen und ein Choral aus der großen protestantischen Tradition beschließen den Gottesdienst.
Das gottesdienstliche Geschehen ist damit aber nicht beendet. Es spielt die Orgel, dann Stille, später werden Taizé-Lieder gesungen. So entsteht ein Raum für das ganz persönliche Gebet, die Anbetung und die meditative Versenkung.
Andere gehen schon in die schönen Gesellschaftsräume der Gemeinde, sprechen miteinander, trinken ein Glas Wein und essen von dem, was vorbereitet wurde.

Diese Stunde dient für die 90 bis 250 Menschen, die sie besuchen, nicht der diskursiven Erörterung von Problemen und Konflikten, sondern dem Trost der Seele, der Stärkung des inneren Menschen, der Besinnung auf einen Gedanken der Heiligen Schrift, dem Nachsinnen und der mystischen Erfahrung Gottes. So wird sie zu einer religiösen Ermutigung und Stärkung im oft wilden Getriebe unserer Welt.

Das Besondere dieser Gottesdienste ist zunächst ihre über zwanzigjährige kontinuierliche Praxis, die aus intensiven Kontakten mit der Bruderschaft von Taizé erwachsen ist.
Mit diesen Liturgien erweitert sich das protestantische Gottesdienstspektrum um eine neue Dimension. Eine andere Grundstimmung wird ermöglicht: die Einfachheit, die Konzentration auf Weniges, die Wiederholung, die Ruhe, das gemeinsame Singen, … Der Gottesdienst spricht andere Sinne an. Die Menschen sind mehr gläubige, begeisterte, still erfüllte Anbeter Gottes. Der Gottesdienst überschreitet starre Grenzen. Er beginnt persönlich vor dem gemeinsamen Beginn und setzt sich nach dem Segen fort in Anbetung, Lob, Bitte, …

Einer guten Tradition der Gemeinde folgend, die darin mit dem Pfund ihrer ansprechenden Gemeinderäume als Teil des Kirchengebäudes wuchert, setzt sich der Gottesdienst in den anderen Räumen der Gemeinde fort. Hier kann das Zwischenmenschliche und Mitmenschliche gerade auch im kirchlichen Ambiente seine Kraft entfalten.

Nicht zu unterschätzen ist die Einbettung des Gottesdienstes in die anderen Meditationsangebote in der Gemeinde: in die zwei wöchentlichen Meditationstreffen und Yogastunden, die vier bis fünf Meditationswochenenden im Jahr und einen jährlichen Pilgerweg (z.B. Jakobsweg, Drübeck, Heiligengrabe).

Der Aufwand für diese Gottesdienste hält sich in Grenzen. Neben dem Pfarrer ist die musikalische Gestaltung wichtig: Organist, ehrenamtliche Sopranistin, Tenor, Querflötistin, Cellistin. Ehrenamtliche sind für die Raumgestaltung und die Gastfreundschaft verantwortlich.

d) Anregungen – Potentiale

Was erreicht werden konnte
Aus dem Ursprungsimpuls wird eine weitere Pilgerreise im Herbst 2010 nach Jerusalem und das Heilige Land stattfinden. Der Camino evkiwi hat sich als lokale Pilgerreise und als Kirchenkreis-Fest, in dem der Leitgedanke des Kirchenkreises anschaubar und nachvollziehbar wird, trotz widriger Umstände in den letzten beiden Jahren etabliert. Eine weitere Verlängerung des Pilgergedankens ist in dem Angebot der Auengemeinde und der Kreuzkirche gegeben. Querverbindungen ergeben sich zum Gottesdienstbereich des NoonSong, des Abendgebets und des Taizegottesdienstes.

Was noch erreicht werden könnte
In den bisherigen Erfahrungen stecken im Lichte der Konzeption noch Potentiale für die Begleitung von Einzelnen, die bisher zwar angeregt, aber noch nicht erschlossen wurden. Wegen der Bedeutung dieses Feldes sollen sie hier aufgeführt werden.

Menschen, die das Pilgerbuch des Wegs nach Santiago genutzt haben, könnten mit einem ähnlich gestalteten Begleiter diese Erfahrungen in ihren Alltag übernehmen.[219] Das Angebot von „Exerzitien im Alltag" – oder die Teilnahme an der 7-Wochen-Aktion der EKD kann die Passionszeit neu sehen lernen.

Diese Impulse könnten durch „Pilgerecken" in den Wilmersdorfer Kirchen gestützt werden. Möglicherweise könnte sich auch eine der Wilmersdorfer Kirchen als „Pilgerkirche" profilieren.

Die Erfahrung des Miteinanders auf dem Lebensweg könnte durch das Angebot der „geistlichen Begleitung" weiter geführt werden. Dazu sollten Menschen gewonnen werden, die sich durch diese Ausbildung befähigen lassen.

Bei diesen Menschen könnte auch die Beratung zu eigenen Pilgerwegen in der Nähe oder Ferne angesiedelt werden. Denn der Wunsch nach einem solchen Weg zur persönlichen Klärung (z.B. beim Eintritt in den Ruhestand, bei persönlichen Wendepunkten, nach Trennungen, in einer beruflichen oder persönlichen Wende-Zeit) muss nicht immer mit dem Angebot des Kirchenkreises synchron gehen.

---

[219] Der Phantasie hinsichtlich der Nutzung von SMS oder E-Mail sind keine Grenzen gesetzt.

Damit gewinnt der Kirchenkreis eine neue Kompetenz in der Deutung und Begleitung des Lebensweges von Einzelnen jenseits der „klassischen Kasualien". Angesichts der Bindung der Kasualien an bestimmte, sich ändernde Lebensformen könnte dies ein sehr wichtiger Schritt sein.

5. Seelsorge

a) Orientierung im praktisch-theologischen Kontext

Seelsorge ist die persönliche Begleitung in Glaubens- und Lebensfragen im Kontext des Evangeliums. Sie ist eine Grundfunktion des Pfarrberufs, für den ja nicht selten stellvertretend der Begriff des Seelsorgers oder der Seelsorgerin verwendet wird.

Im Gemeindealltag geschieht Seelsorge zumeist im Bereich der Kasualien, hier vor allem der Bestattung. Weit in die allgemeine Kommunikation der Pfarrerinnen und Pfarrer reicht die „Alltagsseelsorge" (Hauschildt) mit all ihren Stärken (der niedrigen Schwelle: „übrigens, was ich noch sagen wollte, Frau Pfarrer …") und Schwächen (der Unverbindlichkeit und des unklaren Settings).

Es gibt besondere Orte und Situationen, die spezielle Seelsorge erforderlich machen, weil diese Aufgaben durch die Gemeinden nicht in dem erforderlichen Umfang oder mit der nötigen Sachkunde geleistet werden können. Vor allem gilt dies in Krankenhäusern und Pflegeeinrichtungen.

Dort ergibt sich ein weiterer Aspekt. Diese Einrichtungen knüpfen als Organisationen Kontakte zur evangelischen Kirche.[220] Sie tun dies zum Einen, in dem sie Seelsorge an ihren Mitarbeitenden gestatten. Sie tun dies aber auch, in dem sie für ethische Fragen ihres Handelns die Mitwirkung von evangelischen Pfarrerinnen und Pfarrern, etwa in Ethikkommissionen vorsehen.

Aber Seelsorge ist nicht auf Hauptberufliche beschränkt. Sie geschieht im Alltag als gegenseitige Stärkung von Schwestern und Brüdern („mutua consolation sororum et fratrum"). Sie wird durch eine offene Grundhaltung unterstützt, die es erleichtert mitzuteilen, was bewegt.

b) Reflexion und Gestaltung in Wilmersdorf

Im Konzept der Integrierten Kirchenkreisplanung Wilmersdorf ist die Seelsorge der persönliche Teil der Lebensbegleitung und erhält dadurch den ihr gebührenden Platz.

---

220 Dies wird durch die „Organisationsförmigkeit" der Kirche erleichtert. Siehe zur Diskussion S. 24ff.

Die Lage

Die Herausforderungen sind groß. Die sehr hohe Zahl der Gemeindeglieder zwischen 60 und 70 Jahren lässt in der Zukunft eine rasch steigende Zahl von Menschen mit einem hohen Bedarf an seelsorglicher Begleitung bei der Bewältigung ihrer Lebenssituation erwarten.

Die meisten sind in ihrem Aktionsradius eingeschränkt. Noch mehr Menschen als bisher müssen ambulant oder stationär betreut werden. Die diakonischen Einrichtungen im Kirchenkreis sind sich dieser Herausforderung bewusst und werden Pflege in evangelischem Geist anbieten können. Die Kirchengemeinden sind bislang nicht in gleicher Weise auf diese Herausforderung eingestellt. Ihre finanziellen Mittel und die Anzahl der hauptamtlich Tätigen in der Kirche werden weiter sinken. Bereits bisherige Aufgaben[221] können nur noch unter großen Mühen aufrecht erhalten werden. Die Seelsorge und Kontaktpflege zu Hochbetagten benötigt aber mehr Kräfte, da diese Menschen nicht mehr von sich aus aktiv am Leben einer Kirchengemeinde teilnehmen können. Für Umschichtungen fehlt oft einfach die Kapazität.

Diakonisches Wirken gehört für Viele innerhalb und außerhalb der Kirchen zum Kern christlichen Handelns. Kirchen beziehen einen Großteil ihrer öffentlichen Plausibilität aus diesem Bereich. Das christliche Profil diakonischen Handelns braucht das Wirken großer, fachlich kompetenter Träger. Aber weil diese Fachdienste intern in evangelischem Geist tätig werden und darüber hinaus im Idealfall in ein soziales und geistliches Gemeinde-Kontinuum eingebettet sind, das nach anderen Logiken als denen des Sozialmarktes wirken kann, sind sie so attraktiv. Deshalb darf dieser Bereich trotz der sich abzeichnenden Engpässe nicht aus dem Horizont der Gemeinden auswandern.

Alte Menschen werden in einer großen Zahl von Kranken- und Pflegeeinrichtungen betreut.

Es gibt zur Zeit drei Kliniken (Stand 9/2009: insgesamt 805 Betten und 50 Plätze in Reha/ Tagesklinik), alle in konfessioneller Trägerschaft (1 katholisch, 2 evangelisch).

Ferner gibt es 27 Alten- und Pflegeeinrichtungen unterschiedlicher Träger, in denen rund 1.800 Menschen leben (Stand 03/2009). Etwa ein Drittel ist älter als 90 Jahre. Hinzu kommen 12 Seniorenwohneinrichtungen mit ca. 500 Plätzen.

Die Alten- und Pflegeheime sind nicht gleichmäßig im Kirchenkreis verteilt, sondern einige Gemeinden haben mehrere Einrichtungen in ihrem Einzugsgebiet, andere gar keine.

---

[221] So finden in allen Heimen einmal im Monat Gottesdienste oder Andachten statt, darüber hinausgehende Aktivitäten sind eher die Ausnahme.

Die beiden Diakoniestationen betreuen ambulant etwa 450 Pflegebedürftige. Dazu kommen mehrere diakonische Einrichtungen des Kirchenkreises (2 Diakoniestationen mit Palliativnetzwerk, 1 Seniorenwohnhaus, 1 Demenz-WG, 1 Demenz-Tagespflege)

Die Reaktion des Kirchenkreises auf die Herausforderungen

Die Kirchenkreiskonzeption antwortet auf diese Lage.

Für die Pfarrerinnen und Pfarrer in den Gemeinden sichert sie den *Freiraum für die Seelsorge* durch entsprechende Zeitbudgets für die Kasualien und eine zusätzliche Pauschale für „Seelsorge und Mitgliederkommunikation" in Höhe von zwei Dritteln der Zeit für Kasualien.

Die Organisation des Feldes der *Diakonie* in einer eigenen gemeinnützigen GmbH ist eine umfassende Antwort auf die Herausforderungen der Altersstruktur.

In der Einrichtung eines „*Teams Diakonie*" ist Kirche im wachsenden Bereich der Pflegeheime im Zuständigkeitsbereich der Gemeinden präsent. Seine Bildung folgt der Strukturlogik des Konzepts. Es bildet einen „Organisationskern" auf Kirchenkreisebene. Das Team gewinnt Ehrenamtliche, entwickelt eine Brückenfunktion zu den Gemeinden und trägt entscheidend zum evangelischen Profil der gGmbH der Diakonie Wilmersdorf bei. In Wilmersdorf wird durch die Arbeit dieses „Teams Diakonie" durch gemeinsames Handeln der Gemeinden, des Kirchenkreises und der gGmbH Diakonie Wilmersdorf den neuen Herausforderungen im Blick auf die Hochbetagten begegnet.

Der Kirchenkreis unterstützt die Seelsorge in den beiden *Krankenhäusern* auf dem Gemeindegebiet. Er wollte den Rückzug der Landeskirche aus allen übergemeindlichen Feldern und damit auch aus der Krankenhausseelsorge nicht tatenlos hinnehmen und damit den breiten Ansatz seiner Konzeption durchhalten.

> Bis in die 1990er Jahre galt Krankenhausseelsorge als Aufgabe der Landeskirche. Die Finanzkrise der Landeskirche führte 1998 zu massiven Kürzungen (ca. 75%). Der Kirchenkreis ist aktiv geworden. Durch Projektmittel werden zwischen 15 und 66% der Stellen finanziert und der Sachaufwand übernommen. Durch geschickte und hartnäckige Verhandlungen mit den Krankenhausträgern konnten die fehlenden Beträge refinanziert werden. In Wilmersdorf bestehen durch Engagement des Kreiskirchenrats seit 1998 entsprechende Vereinbarungen mit 2 Kliniken; 2008 kam eine dritte (psychiatrische) mit Refinanzierung einer 25%-Stelle hinzu.

Das Konzept der Seelsorge im Krankenhaus

Diese Seelsorge wird von Hauptamtlichen mit speziellen Ausbildungen in Seelsorge, Pastoralpsychologie und z.T. Supervision verantwortet und in Zusammenarbeit mit geschulten Ehrenamtlichen gewährleistet. Sie richtet sich in einem zentralen Gesellschaftsbereich, dem hochkomplexen Gesundheitssystem, an Kranke, Pflegebedürftige und ihre Angehörigen und an die Institutionen der Gesundheitsfürsorge. Seelsorge geschieht deshalb einerseits als individuelle Zuwendung und Begleitung vor allem in Krisen- und Grenzsituationen, andererseits als kirchliche Präsenz in nichtkirchlichen Systemen und Strukturen.

> Hauptmittel der Seelsorge sind Besuche, Gespräche mit Einzelnen und Gruppen, nonverbale Begleitung, Gottesdienste und rituelle Handlungen, Kasualien. Gleichzeitig geschieht Begleitung, Beratung, Unterricht und Fortbildung für Mitarbeiter. Nicht zuletzt gehören spirituelle Angebote, Rufbereitschaft, Mitarbeit in Gremien, transparente Darstellung der eigenen Arbeit und Fortbildung und Begleitung ehrenamtlicher Mitarbeiter im Besuchsdienst dazu. Seelsorge geschieht sowohl im geschützten Raum wie auf dem „Marktplatz": man sieht der Kirche über die Schulter. Seelsorge hat eine Mission im „fremden Land" der Organisation Krankenhaus: in intensiver Wahrnehmung des Fremden die eigene Farbe zeigen und auf diese Weise Gottes Zuwendung leben, erzählen, erfahrbar machen.

Seelsorge bewegt sich hier im Spannungsfeld zwischen professionalisierter Nächstenliebe, Wirtschaftlichkeitsdruck und politisch-gesellschaftlichem Interesse. Darüber hinaus kann sie eine Brückenfunktion zu Gemeinden und diakonischen Einrichtungen wahrnehmen, als Kirche im nichtkirchlichen Kontext spirituelle Gehversuche fördern und schwierige Erfahrungen mit religiösen Institutionen bearbeiten. Klinikseelsorger sind auch zunehmend gesuchte Berater bei ethischen Fragen und Konflikten.

Dazu müssen sie sich im Feld der Organisation Krankenhaus oder Heim sicher bewegen, sich öffentlich darstellen, verlässlich präsent und erreichbar sein.

Die besondere Seelsorge im Krankenhaus wird durch die wichtigen individuellen Besuche von Gemeindepfarrern und anderen Mitarbeitenden bei einzelnen kranken Gemeindegliedern ergänzt.

c) Beispiele

Team Diakonie

Das Team als Brücke
Das Team Diakonie bildet sich aus haupt- und ehrenamtlich Tätigen in den Kirchengemeinden, Diakonie-Stationen, der Krankenhausseelsorge und Alten- und Pflegeeinrichtungen. Es ist für qualifizierte Seelsorge und kirchliche Präsenz verantwortlich. Es arbeitet nach dem Modell einer zu den Menschen hingehenden, gemeinschaftsstiftenden Teamseelsorge.

Die Verantwortung tragen zwei Pfarrerinnen und eine Krankenschwester mit jeweils einer halben Stelle. Der Kirchenkreis, die Diakonie und die Gemeinden finanzieren die Stellen gemeinsam. Sie bilden den „Organisationskern“ des Bereichs. Zu ihren Aufgaben gehören die Weiterentwicklung der Konzeption, Kontaktpflege zu den Leitungsverantwortlichen und Gremien in dem Bereich, ökumenische Zusammenarbeit, Öffentlichkeitsarbeit, Gewinnung, Schulung und Begleitung Ehrenamtlicher, Qualitätsentwicklung und – sicherung und die Entwicklung neuer Projekte.

Im erweiterten Team arbeiten haupt- und ehrenamtlich Menschen aus den Ortsgemeinden, den Diakonie-Stationen, der Krankenhausseelsorge und den Pflegeeinrichtungen zusammen.

Die Sorge für die Einrichtungen wird auf Kirchenkreisebene koordiniert. Die Gemeinden werden in ihrer Verantwortung durch das übergemeindliche Team unterstützt und entlastet. Meinungsbildend und werbend soll die diakonische Verantwortung der Gemeinden vor Ort vertieft werden, die dann zunehmend von ehrenamtlich Tätigen als Gemeinschaft glaubender und handelnder Menschen wahrgenommen wird.

> Ehrenamtliche werden für Besuchsdienste gewonnen, geschult und begleitet, Gottesdienste in Heimen oder Kasualien übernommen und Konfirmanden bei diakonischen Projekten begleitet. Im Konfirmandenunterricht wird eine ortsspezifische, sozialdiakonische Unterrichtseinheit gestaltet.

Die Mitarbeitenden in der gGmbH der Diakonie werden begleitet und im Blick auf ihre seelsorglichen Fähigkeiten weitergebildet. Seelsorge wird angeboten. Verbindungen zwischen Betroffenen, deren Angehörigen, Kirchengemeinden, Diakoniestationen und Pflegeeinrichtungen werden geknüpft.

Das Team Diakonie wird damit zu einer Brücke zwischen den verschiedenen Organisationsformen der Sorge um Hochbetagte und gewährleistet, dass sie ganzheitlich im Blick bleiben. So wird organisatorische Spezialisierung nicht zu einer unguten Trennung, sondern erreicht durch das koordinierte Zusammenspiel in Zeiten knapper Mittel mehr als es die einzelne Institution könnte.

Aufgaben des Seelsorgeteams in stationären Einrichtungen, für ambulant Betreute und hochbetagte Menschen in den Gemeinden

Die Aufgaben des Seelsorgeteams gegenüber den Hochbetagten sind grundsätzlich gleich, ob sie noch in ihrer Wohnung verbleiben und ambulant betreut werden oder ob sie in einem Heim leben. Im einen Fall kommt die Präsenz bei Heimfesten hinzu, im anderen die Unterstützung bei der Wahrnehmung von Angeboten der Wohnortgemeinden.

Es werden persönlich-geistliche Angebote wie Einzelgespräche, Krankensalbung und Sterbebegleitung gemacht. So weit es geht, wird die Teilhabe am gottesdienstliche Leben ermöglicht. Praktische Hilfen und persönliche Kontakte ergänzen die Unterstützung.

Begleitung von Mitarbeitenden in der Diakonie

Trotz schwieriger Arbeitsbedingungen arbeiten viele Pflegekräfte mit Hingabe und Liebe zu den ihnen anvertrauten Menschen. Dieses Engagement wird häufig nicht wahrgenommen. Im Gegenteil haben in der Altenpflege Beschäftigte oft das Gefühl, zum Sündenbock für eine verfehlte Gesundheitspolitik gemacht zu werden. Deshalb ist es ein wichtiger Aspekt der Seelsorge an Mitarbeitenden, deren Arbeit zu würdigen. Darüber hinaus wird Kirche durch die Anwesenheit von Seelsorgerinnen in ambulanten wie stationären Einrichtungen präsent.

Die Herausforderung für kirchlich-diakonische Einrichtungen besonders im Raum Berlin besteht darin, dass oft nicht einmal die Hälfte ihrer Mitarbeitenden einer christlichen Kirche angehören. Selbst Kirchenmitglieder sind oft nicht auskunftsfähig in Bezug auf den christlichen Glauben. Diese Mitarbeitenden durch spezielle Fortbildungsangebote wieder sprachfähig zu machen, ist eine weitere Aufgabe des Seelsorgeteams, das damit eine wichtige Aufgabe im Konzept der Diakonie Wilmersdorf[222] erfüllt. Mitarbeitende werden in persönlichen und seelsorglichen Fragen beraten. Zu Gottesdiensten mit diakonischen Themen und im Kirchenjahr werden sie eingeladen. Pfarrerinnen und Pfarrer aus dem Kirchenkreis wirken bei theologisch-kirchlichen Themen mit.

Die Begleitung von Angehörigen

Pflegebedürftigkeit bedeutet nicht nur für die Betroffenen sondern auch für deren Angehörige eine spürbare Veränderung ihres bisherigen Lebens. Viele haben bis an den Rand ihrer Kräfte für Angehörige gesorgt.

Doch der Umzug in ein Altenheim bedeutet auch für die Angehörigen der Betroffenen einen Einschnitt in ihr bisheriges Leben. Nicht selten fühlen sie sich zerrissen zwischen eigenen Ansprüchen oder gesellschaftlichen Wertvorstellungen und Erleichterung über die Entlastung.

Viele organisatorische und finanzielle Angelegenheiten sind zu ordnen. Ethische Entscheidungen in medizinischen Grenzfällen sind zu treffen. In solchen krisenhaften Situationen kann Seelsorge durch Beratung und Begleitung den Angehörigen Unterstützung bieten. Durch Besuche bei den Heimbewohnern, Teilnahme an Festen und Veranstaltungen, Angehörigengruppen und Gottesdienste wird christliche Gemeinde auch für die Angehörigen erfahrbar und eröffnet diesen unter Umständen die Möglichkeit selbst Hilfe im Glauben zu finden.

---

[222] Vgl. zur Konzeption der Diakonie insgesamt S. 94 ff.

Trauerarbeit

Das Trauercafé – Trauernde weiter begleiten
Wenn die letzten Formalitäten eines Trauerfalls erledigt sind, beginnt für viele der langsame aber stetige Weg zurück in ihr Leben mit der Lücke, die der Tod gerissen hat. Aber für manche ist dieser Weg blockiert oder überaus steinig. Ihre Trauerarbeit ist besonders hart. Während das seelsorgliche Angebot im unmittelbaren Zusammenhang mit dem Todesfall dicht ist und sich hier persönliches Gespräch und öffentliches Ritual ergänzen, gibt es für die Zeit danach wenig Angebote. Im Rahmen der Integrierten Kirchenkreisplanung wurde deutlich, dass dies in Wilmersdorf eine empfindliche Lücke in der Lebensbegleitung, die im Mittelpunkt des Konzeptes steht, darstellt.

So entstand seit August 2008 das neue Angebot der Trauerbegleitung als „Trauercafe" und der darin angebotenen Einzelseelsorge. Der Kreiskirchenrat hat das Projekt mit 15% einer ganzen Stelle ausgestattet. Die Seelsorgerin im Martin-Luther-Krankenhaus ist dafür durch ihre Aus- und Fortbildung, unter anderem in Psychotherapie und Existenzanalyse, besonders qualifiziert. Das Ziel der Trauerarbeit ist die nachgehende Seelsorge für Trauernde (Einzelseelsorge und Trauergruppe) als Angebot für Menschen aller Gemeinden im Kirchenkreis.

> Das Trauercafe ist am Donnerstag von 17.30 bis 18.50 Uhr zweimal pro Monat geöffnet. Es gibt die Möglichkeit im Anschluss die Abendandacht zu besuchen, bzw. aus der Trauerarbeit heraus diese auch vorzubereiten und zu gestalten. Im Trauercafe herrscht eine offene Gesprächskultur. Zu Beginn wird ein thematischer Impuls gegeben, dann folgt ein freies Gespräch, das mit einem Abschiedsritual beschlossen wird. Die Besucherzahl liegt bei fünf bis sieben Personen. Regelmäßig finden 6–8 Einzelseelsorgegespräche pro Woche statt. Hinzu kommen telefonische Stützgespräche in Krisenzeiten.

Menschen, die dieses Angebot nutzen, erleben, dass sie in ihrer Trauer angenommen und ernstgenommen werden. Sie dürfen erfahren, dass sich angesichts des Sterbens und Trauern paradoxerweise intensivstes Leben ereignet. Die Menschen erleben: für den Weg durch die Gezeiten der Trauer habe ich hier Klageräume und Orte des Vertrauens, in denen alle Gefühle sein dürfen, damit sie verwandelt werden können.

Die Arbeit wird mit der örtlichen Gemeinde (z.B. über das Abendgebet), den Trauergruppen der Landeskirche und den Hospizdiensten vernetzt und im Kirchenkreis veröffentlicht. Bei Bestattungen kann auf dieses Angebot hingewiesen werden.

Die Arbeit braucht auf jeden Fall seelsorgliche Fachkompetenz und Stabilität, wie sie nur hauptberuflich zu gewährleisten sind. Die positiven Erfahrungen sprechen dafür, dieses intensive Angebot über die Projektphase hinaus auf jeden Fall zu sichern, wenn nicht auszubauen. Bereits jetzt übersteigt die Nachfrage nach den Seelsorgegesprächen die vorgesehene Stellenkapazität.

Eine nächste Stufe könnte darin bestehen, alle vier Wochen einen Sonntag-Abendgottesdienst in der Grunewaldkirche anzubieten, der einen Raum auch für Menschen bietet, die wegen der besonderen Umstände ihres Falls sonst keinen Ort für ihre Trauer haben (z.B. bei Katastrophen im Ausland). Ein wöchentlicher Rhythmus für das Trauercafe würde den Zugang erleichtern und ein Kreis von Ehrenamtlichen könnte eine stützende Funktion jenseits der Treffen übernehmen.

Sozialdiakonie

Der Kirchenkreis Wilmersdorf hat im Vergleich mit anderen Kirchenkreisen keine nennenswerten sozialen Brennpunkte. Dennoch gibt es auch in Wilmersdorf sozial schwache Mitbürgerinnen und Mitbürger. Die kommunalen Statistiken zeigen bei älteren Alleinstehenden ein Problemfeld. Außerdem bilden die evangelischen Gemeinden mit teilweise sehr guter Einbindung in das öffentliche Verkehrsnetz eine wichtige Anlaufstation für Bedürftige aus ganz Berlin.

Über viele Jahre wurde deshalb zunächst in dem Haus des Kirchenkreises und später im Jugendgästehaus in der Reinerzstraße eine Notübernachtung für acht obdachlose Männer in Kooperation zwischen Kirchenkreis, Auengemeinde, Diakoniestation und Evangelischer Fachhochschule betrieben. Im Zusammenhang mit der Suche nach neuen geeigneten Räumen gab es immer auch eine konzeptionelle Diskussion auf der Kreissynode und in den Gemeindekirchenräten. Die Zuwendung Gottes zu den Bedürftigen muss selbst in Wilmersdorf erkennbar sein. Niemand will ein Ghetto der Wohlhabenden, in dem das „Stöhnen der gequälten Kreatur“ unterdrückt wird.

Der Kirchenkreis entschloss sich, die Notübernachtung zu schließen und die Stadtmission um die Übernahme der Verantwortung hierfür zu bitten. Dafür engagierte er sich stärker und programmatisch an den sozialdiakonischen Aktivitäten der Vaterunsergemeinde.

Das erfolgreichste Projekt dort ist das „Nachtkaffee“. Gemeinsam mit einer Gemeinde in Schöneberg und Steglitz und mit der finanziellen Unterstützung dreier Bezirksämter betreut ein Team von Ehrenamtlichen eine Notunterkunft für Wohnungslose im Winter und die Honorarkräfte, die dort arbeiten. Der Kirchenkreis informiert regelmäßig über dieses Projekt und unterstützt es mit einer kreiskirchlichen Kollekte. Aus Projektmitteln hat er außerdem den Aufbau der von der Vaterunser-Gemeinde betriebenen Kiezküche gefördert. Dort können nach dem Gottesdienst alle Armen, Einsamen, Gesprächsbedürftigen sich um eine Mahlzeit versammeln. Die dortige Pfarrerin hat eine langjährige Erfahrung in der Obdachlosenarbeit und engagiert sich in den Gremien der Anonymen Alkoholiker. So wird die Vaterunsergemeinde zu einem Ort, der auch für Wohnungslose und andere Bedürftige ohne große Hemmschwellen zugänglich ist. Es gibt klare Spielregeln (kein Alkohol, keine Drogen, keine verbale oder tätliche Gewalt). Wer sich daran hält, bekommt Hilfe, Beratung, Unterstützung und Begleitung – auch in äußerst schwierigen Situationen.

d) Fazit und Ausblicke

Die Verankerung der Seelsorge in den Pflegeinstitutionen hat sich bewährt und für letztere in Zertifizierungsprozessen auch „ausgezahlt". Die Mischfinanzierungskonzepte haben sich durch das Engagement des Kirchenkreises und der Gemeinden inzwischen über ein Jahrzehnt stabil halten können – auch in wirtschaftlich knapperen Zeiten der Häuser. Stellenwert und Wahrnehmung der Seelsorge im Kirchenkreis sind entgegen dem Trend der landeskirchlichen Einsparungen gestiegen. Die Mitfinanzierung der Stellen durch Kirchenkreis und Gemeinden und die Präsenz der Seelsorgerinnen und des Seelsorgers im Kollegenkreis haben die Vernetzung gefördert. Durch den Ausbau des „Teams Diakonie" ist die gegenseitige Unterstützung leichter geworden.

In einer weiten Perspektive zielt die Umsetzung der Vision darauf, eine noch breitere Beratungskompetenz jenseits der Krisensituationen von Krankheit und Trauer zu gewinnen. Hier ergeben sich Gemeinsamkeiten mit dem Gedanken der Begleitung des Pilgerwegs des Lebens. Das Angebot der geistlichen Lebensbegleitung, das als Übertragung der „spiritual direction" des anglikanischen Raums in Deutschland zunehmend Beachtung findet, ist hier eine Möglichkeit. Ausbildungsgänge dazu werden vor allem von Kommunitäten, oft in ökumenischer Weite, angeboten.

6. Kultur (Kirchenmusik, bildende Kunst, Gedenkkultur, Sport)

a) Kirchenmusik

Konzeptioneller Kontext

Die Kirchenmusik ist ein wesentlicher Baustein der Identität der evangelischen Kirche. Das gesungene und musizierte Evangelium hat im engeren Sinn gottesdienstliche Wurzeln und nimmt Teil am Verkündigungsauftrag, ist aber inzwischen Teil der deutschen kulturellen Identität geworden.

Musikalische Ausdrucksformen sind ein zentrales Unterscheidungsmerkmal von Milieus bzw. Lebensstilen.[223] Das „Hochkulturmilieu" (höher

---

[223] Vgl. Huber (2006) 203ff.

gebildet, älter, konservativ, gemeindenah) bevorzugt die klassische Kirchenmusik und sucht Deutung und Vertiefung. Das „Harmoniemilieu“ (einfachere Bildung, älter, konservativ, gemeindenah) bevorzugt die Volksmusik, das Eingängige, Gefühlvolle und sucht Heimat, Geborgenheit und Halt. Das „Unterhaltungsmilieu“ (mittlere Bildung, jünger, gemeindefern) sucht das Event, die Abwechslung und Emotion, Pop-Musik, auch Gospel.

Sollen die entsprechenden Zielgruppen je für sich angesprochen werden? Das Problem dabei ist die gegenseitige Abgrenzung („elitär“, “trivial“, „Lärm“) und die Frage der Kräfte. Die Chance aber ist, dass jede Zielgruppe wirklich überzeugende Angebote findet, die vom Konzept, von den Musikern und vom Niveau her eine klare Linie verfolgen und in sich stimmig sind.

Soll Kirche versuchen, musikalische Lernprozesse zwischen den Gruppen zu initiieren und nach dem Modell der „versöhnten Verschiedenheit“ arbeiten, vielleicht sogar den Versuch einer Gemeinsamkeit auf mittlerer Ebene (evangelische „Weltmusik“) zu finden?[224] Der Versuch, es möglichst vielen recht zu machen, irritiert am Ende aber alle. Die Chance besteht darin, sich immer wieder die verschiedenen Milieus und Stilrichtungen bewusst zu machen.

Die Beantwortung dieser Frage ist eine grundlegende Vorbedingung, damit die „Kommunikation des Evangeliums“ mit dem Mittel der Musik gelingen kann. Die schematische Betrachtung der Milieus, welche durch die Wirklichkeit immer aufgesprengt wird, kann dazu dienen, sich die Entscheidungen noch einmal bewusster zu machen, welche man in der Konzeption der musikalischen Angebote trifft.

Aber die Verantwortung geht noch weiter. Sie umfasst den pädagogisch-vermittelnden Umgang mit Musik.[225] Menschen soll es ermöglicht werden „durch die Erfahrung von oder den Umgang mit … Musik etwas über den eigenen Glauben und den Glauben anderer zu lernen“[226].

Reflexion und Gestaltung in Wilmersdorf

Die evangelische Kirche in Wilmersdorf will eine zugewandte und vielgestaltige Kirche sein. Sie weiß sich für die Menschen in ihrem Bereich verantwortlich, ihnen die Botschaft des Evangeliums in Wort und Tat nahe zu bringen. Sie will in ihrer interkonfessionellen und interreligiösen Ausrichtung einen Beitrag für die Fragen nach einem lebensdienlichen Glauben

---

[224] Vgl. dazu Peter Bubmann, Pluralität der Lebensstile und Unvereinbarkeit des Musikgeschmacks? – Praktisch-theologische und kirchentheoretische Erwägungen. In: Praktische Theologie 2-2008, 91–98, bes. 97.

[225] Vgl. Gunter Kennel, Musik als „Kommunikation des Evangeliums“. Eine protestantische Vergewisserung. In: Praktische Theologie 2-2008, 85–91, bes. 89.

[226] Kennel 89.

leisten. Da Musik in diesem Feld eine große Rolle spielt, wird sie dazu ihren Beitrag erbringen.

Daraus ergeben sich für die Kirchenmusik in Wilmersdorf Verbindungslinien und Problemstellungen.

- Die Ansprache der Menschen durch die Kommunikation des Evangeliums mit den Mitteln der Musik, wobei sich die Frage der Milieus in Wilmersdorf nicht in voller Schärfe stellt, da die relative Homogenität der Gemeindeglieder die Bandbreite etwas einengt.
- Die Übernahme der Bildungsverantwortung zur Befähigung, Musik als religiöses Ausdrucksmittel zu verstehen und zu praktizieren. Die erste Stufe zu solcher Bildung ist die aktive Pflege des Musizierens und Singens in der Welt der Gemeinde, in den Kindertagesstätten, in der Schule, im Konfirmandenunterricht und in den Gruppen der Gemeinden.

Die *Besucherzahlen* der Kirchenmusik sind beachtlich. Deren Höhe ist natürlich auch durch die Stellensituation bedingt. Die zwei Gemeinden mit den hauptberuflichen Kräften haben sehr hohe Besucherzahlen, die rein zahlenmäßig pro Jahr die Größenordnung der Gemeindeglieder erreicht. Eine weitere Gemeinde hat pro Jahr Besucherzahlen etwa von der Hälfte der Gemeindeglieder.

Einen Einblick in die Struktur der Besucher gibt die Umfrage von 2004 in der Auengemeinde. Sie hat gezeigt, dass die Kirchenmusik bereits in Gruppen mittlerer Verbundenheit zur Gemeinde eine große Anziehungskraft aufweist. Das führt sicherlich kaum zu einem regelmäßigen Besuch des Sonntagsgottesdienstes, sondern äußert sich möglicherweise in Berührungen mit dem Gemeindeleben in größeren zeitlichen Abständen oder gar „nur“ wieder mit der Kirchenmusik.

Ein Überblick über die *Stellensituation* der Kirchenmusik ergibt folgendes Bild: In den neun Gemeinden von Wilmersdorf gibt es zwei 100%-Stellen für einen A-Kantor.

> Eine davon gehört der Auen-Gemeinde, die andere der beiden Stellen ist auf zwei Gemeinden (Linde 30% und Grunewald 60%) und die Aufgaben des Kreiskantors (10%) verteilt. Die Linden-Gemeinde mit der 30% Stelle bezahlt zusätzlich noch einen Chorleiter auf Honorarbasis. In der Hohenzollern-Gemeinde gibt es eine feste 30% Stelle für einen A-Kantor. In den fünf übrigen Gemeinden gibt es keine feste Kirchenmusiker-Stelle mehr, sondern Honorarkräfte, von Kirchenmusikstudenten bis hin zu A-Kantoren. Aber auch das lässt Spielraum für völlig verschiedene Modelle. So hat die Hochmeister-Gemeinde mit ihren beiden Honorarkräften einen konkreten, differenzierten Arbeitsauftrag ausgearbeitet und ein ganz besonderes, eigenes kirchenmusikalisches Profil entwickelt: Dort gibt es Gospel- und Jazz-Musik, Musik-Theater- bzw. Musical-Aufführungen von Jugendlichen und ungewöhnliche neuere Opern.

Insgesamt bietet Wilmersdorf seit vielen Jahren ein sehr *vielfältiges kirchenmusikalisches Leben*, das sogar die extremen Einschnitte der letzten Zeit überstanden hat:
In fünf der Gemeinden gibt es Chöre mit sehr unterschiedlichen Profilen.

Sie gestalten auch die Gottesdienste mit. Auch in den anderen Gemeinden ohne Chöre wird für die musikalische Gestaltung der Gottesdienste gesorgt, so z.B. in der Hohenzollern-Gemeinde, in der 14-tägig Kammermusik im Gottesdienst zu hören ist.

Es gibt ein reiches Angebot für Kinder und Jugendliche.

So gibt es vier verschiedene Gruppen für die musikalische Früherziehung, außerdem findet musikalische Früherziehung in den Kindertagesstätten der Gemeinden statt. Es gibt an drei Gemeinden Kinderchöre, hinzu kommen diverse Gruppen wie etwa Flötengruppen.

In drei der Gemeinden gibt es einen Seniorenchor.
Auch Instrumente können erlernt und es kann in Ensembles musiziert werden.

Es gibt in vier der Gemeinden die Möglichkeiten, verschiedene Instrumente zu erlernen: Gitarre, Klavier, Orgel, Geige, Oboe, Bratsche, Cello, Flöte, ferner Gesang. Für Blechbläser gibt es diverse Ensembles und Posaunenchöre. Es gibt zwei Orchester, die zum Leben der jeweiligen Gemeinde gehören.

Wilmersdorf bietet fremden Orchestern und Chören Gastrechte in ihren Probenräumen in den Gemeindehäusern.

Ein Modell, das dazwischen liegt, lässt sich am Beispiel des Hugo-Distler-Chores beschreiben: Er gehört zwar nicht direkt zur Hohenzollern-Gemeinde, bei der er seit vielen Jahren seinen Probenort gefunden hat, dennoch ist er mittlerweile mit dem Gemeindeleben verbunden, schon allein durch die Regelung, dass er keine Raummiete bezahlt, sondern Gottesdienste mit gestaltet. Daraus ist der NoonSong[227] erwachsen.

In den Konzert- und Gottesdienst-Angeboten des Kirchenkreises Wilmersdorf sind verschiedene *Musikrichtungen* vertreten:

Es gibt die Aufführungen der großen Oratorien und Kantaten an zwei der Gemeinden. Die Chöre sind in diesen beiden Gemeinden ein wesentlicher, unverzichtbarer Bestandteil von Gemeindeaufbau und musikalisch-religiöser Bildung. Für eher kammermusikalische Projekte gibt es den Motettenchor in der Grunewald-Gemeinde, einen anspruchsvollen Projekt-Chor.

Im NoonSong, dem Mittagsgebet in der Hohenzollern-Gemeinde, bietet ein Ensemble von professionellen Sängerinnen und Sängern, Musik vorwiegend aus der Romantik und dem Barock, und zugleich eine deutsche Adaption des anglikanischen Stundengebetes. Für Jazz-Liebhaber gibt es die Jazz-

227 Siehe ausführlich S. 187 ff.

Gottesdienste in der Kreuzkirche. Gospel und vielfältige neuere Musik findet man wiederum in der Hochmeister-Gemeinde.

Projekte oder Gruppen, die nicht zu einer bestimmten Gemeinde sondern zu dem *gesamten Kirchenkreis* gehören, gab es mit Hilfe des Kirchenkreises bereits vor der Integrierten Kirchenkreisplanung. So hat die Kirchenmusik erfolgreich die Zwänge der Mittelkürzungen der neunziger Jahre bewältigt. Sie tat dies in einem Zusammenspiel der überlokalen Nachfrage nach Musik und der Flexibilität und Organisationsbegabung der Kantoren. Dies stützt den Versuch der Integrierten Kirchenkreisplanung, das Prinzip auch auf andere Felder der Gemeindearbeit auszudehnen.

> Der Jugendchor hat seinen Probenort in der Hochmeister-Gemeinde, ist aber Ende der Neunziger Jahre ausdrücklich als ein Chor des Kirchenkreises gegründet worden. Der Mädchenchor mit seinen verschiedenen Gruppen und deren breitem Spektrum von der frühen Kindheit bis ins junge Erwachsenenalter hatte von Anfang an seinen Probenort an der Lindenkirche, und spielt dort seine Rolle im Gemeindeleben und in den Gottesdiensten, ist aber offen für ganz Wilmersdorf – und rein rechtlich und finanziell gesehen eine Sache der Musikschule. Er ist im Blick auf den Ressourceneinsatz ein vorbildliches Modell, bedarf aber der steten Anbindung ins Gemeindebewusstsein.

> Seit kurzem bietet der Kreiskantor einen Knabenchor an der evangelischen Grundschule an, und reagiert damit auf die Entwicklung, die dahin geht, dass die Kinder und Jugendlichen einen immer größeren Teil des Tages an der Schule verbringen, und man daher mit Angeboten direkt an die Schulen gehen muss.

Neben diesen Angeboten, welche die Gemeindegrenzen sprengen, gibt es zwei Projekte, die direkt im Prozess der Integrierten Kirchenkreisplanung entstanden sind. Das eine ist ein offenes Mitsing- und Mitspielprojekt, das im Mai erstmals stattfinden soll und sich hoffentlich so bewährt, dass es weitere Projekte nach sich zieht. Noch viel weitergehende Hoffnungen und ein in jeder Hinsicht viel größerer Aufwand knüpft sich an ein Projekt musikalischer Erziehung, das sich noch in der Planung befindet und das eine groß angelegte Investition auf lange Sicht bedeuten würde.

> Dabei geht es darum, Angebote in die Gemeinden hinein zu holen, welche das Angebot der Musikschulen ergänzen. Kirchenmusiker und kirchlich angebundene Musik-Pädagogen würden ihren Instrumental-Unterricht in Klein-Gruppen in den Gemeinden anbieten, und zusammen mit ihren Schülern in das Gemeindeleben hineinwirken. Modell für diese Idee ist ein Projekt aus Hannover, wo die Umsetzung und Erprobung in der Praxis bereits erfolgreich gelungen ist. Dieses Projekt allerdings würde sogar die Grenzen des Kirchenkreises sprengen. Im Gespräch miteinander sind die Kreiskantoren von sechs verschiedenen Kirchenkreisen.

Im Rahmen der Integrierten Kirchenkreisplanung hat sich die *Steuerungs-*

gruppe Kirchenmusik gebildet, die aus Kirchenmusikern und Pfarrern besteht.

Ihre Aufgabe ist die Planung und Koordinierung der Kirchenmusik in den Gemeinden des Kirchenkreises und von Gesamt-Wilmersdorfer Projekten. Dazu will sie sich einen Überblick verschaffen, welche kirchenmusikalischen Angebote es gibt, wo noch Bedarf besteht, wo etwas mehrfach angeboten wird und wie man in diesem Falle die Kräfte der weit entwickelten Kirchenmusik in Wilmersdorf bündeln kann.

Koordination und Vernetzung sind um so nötiger, als eine erfolgreiche kirchenmusikalische Arbeit vom Umfang der eingesetzten Mittel, der beteiligten Menschen und der Organisation eine Größenordnung erreicht, die fast mit der Gesamtheit des sonstigen Gemeindelebens vergleichbar ist. Es folgt der Strukturlogik der Integrierten Kirchenkreisplanung, für die jeweiligen Bereiche Organisationsformen mit einer weitest möglichen Eigenständigkeit nicht nur zuzulassen, sondern sogar aktiv zu fördern. Diese Größe wird also nicht argwöhnisch betrachtet, sondern als wesentlicher Teil der Kirche in Wilmersdorf gesehen. Die Steuerungsgruppe ist – neben den lokalen Abstimmungen – die strukturelle Voraussetzung für diese Verzahnung. Sie mit Leben zu füllen ist eine dauerhafte Aufgabe.

Beispiel Kirchenmusik an der Auengemeinde als Schwerpunkt

Die Auengemeinde hat im Rahmen des Kirchenkreiskonzepts einen der Schwerpunkte Kirchenmusik übernommen. Er kann sich auf eine reiche Geschichte und eine aktuell profilierte Ausgestaltung stützen. Er erfüllt die Kennzeichen von Profil, Resonanz, Konzeption, Ausstattung, Konstanz und Vernetzung.

Kirchenmusik an der Auenkirche ist seit den 1920er Jahren von besonderer Bedeutung. Nachdem sich nach der Vollendung des Kirchenbaues 1897 bereits ein Kirchenchor fand, setzte der Ausbau der Orgel von 1898 neue Impulse. Seit 1938 gibt es die A-Kirchenmusikerstelle. Der jetzige Kantor erhielt für seine herausragende Arbeit den Titel Kirchenmusikdirektor.

Musik an der Auenkirche hat durch die groß besetzten Konzerte und die Pflege des künstlerischen und liturgischen Orgelspiels nach außen ein klassisches Profil, welches jedoch viele Facetten aufweist. Es umfasst die besondere Pflege der barocken wie romantischen und frühmodernen Orgelmusik. Die Ausrichtung auf absolute Qualität bei den groß besetzten Aufführungen mit Chor und Orchester sowie eine besonders intensive Werbung haben die Stabilisierung hoher Besucherzahlen bewirkt. Die öffentliche Beachtung fördert die Akzeptanz in der Gemeinde und die ehrenamtliche Mitarbeit.

Es gibt eine differenzierte Chorarbeit, die auf den Kirchenmusiker und nebenberufliche Chor- und Spielgruppenleiter aufgeteilt ist. Im Laufe der letzten

Jahre sind neben den beiden klassischen Säulen der Chorarbeit Kantorei und Bläserkreis), weitere Chöre neu entstanden: Kinderchor, Jugendchor, Elternchor und Kammerchor. Hinzu kommen Spielgruppen für Kleinkinder, die teilweise seit Jahrzehnten mit wechselnden Leitern laufen.

Allein in der Chorarbeit erreicht die Kirchenmusik jede Woche durch Proben von Kantorei, Kinderkantorei, Kammerchor, Bläserkreis und freie Spielgruppen direkt ca. 200 Menschen. Hinzu kommen die Proben von Gastensembles aus dem Netzwerk des Kirchenmusikers, Berufsorchester und Laienmusiziergruppen.

Ein Förderkreis für Kirchenmusik unterstützt die großen Aufführungen. Die Gemeinde bewahrt die A-Kirchenmusikerstelle und bemüht sich nach Kräften um Sachmittel. Darüber hinaus herrscht eine große Spendenbereitschaft. Hinzu kommt das Engagement der Gemeinde für die Wartungskosten für die historische Orgel, die in Konzerten und siebenmal im Monat in den Gottesdiensten auch über den Sonntagsgottesdienst hinaus besondere musikalische Akzente setzt.

Drei groß besetzte Chor- und Orchesterkonzerte in der Passionszeit, vor dem Ewigkeitssonntag und in der Adventszeit bilden das Rückgrat der „Saison" und werden mit 700–1000 Besuchern am stärksten wahrgenommen. Hinzu treten die Orgelkonzerte, einzeln oder zyklisch im „Berliner Orgelherbst", Kammermusik und die jährliche Aufführung von Schuberts „Winterreise", die alleine mittlerweile ca. 200 Besucher erreicht. Im Rahmen der Reihe „BachFestBerlin" erklingen die Hauptwerke Bachs in den Gottesdiensten und Andachten. Die Chöre wirken bei der Mitgestaltung mit. Die Kinder- und Jugendkantorei bereichert Familien- und Taufgottesdienste. Zum Gedenken an die Reichspogromnacht am 9. November gelangten besondere Orgelwerke jüdischer Komponisten zur Aufführung, einmal im Jahr findet am Reformationstag ein Bachkantatengottesdienst statt.

Allerdings sind Experimente im konzertanten Bereich mit größer besetzten Werken des 20. Jahrhunderts oder mit unbekannteren Werken der Vergangenheit nicht möglich. Aus Kostengründen muss das klassische Repertoire mit den beliebtesten Werken der Oratorienliteratur beibehalten werden. Um daneben auch Neues zu wagen, wäre ein größerer finanzieller Spielraum nötig. Es gibt derzeit ein großes kompositorisches Vakuum in der Kirchenmusik. Der derzeitige Kantor der Auenkirche arbeitet daran Werke zu schaffen, die Neues ausprobieren, und dabei aufführbar und von Bestand sind.

Die Verankerung der Kirchenmusik im Gemeindeleben und die Verbundenheit vieler Menschen mit der Kirchenmusik und auch dem Amtsinhaber gegenüber sind stark. Die Auenkirche wird im Kirchenkreis u.a. durch den Bereich der Kirchenmusik verstärkt von kirchendistanzierten Menschen wahrgenommen. Hier kann sie durch anhaltende Qualitätssicherung eine eher lose Kirchenbindung zumindest stabilisieren.

b) Bildende Kunst

Kirche und Kunst

Die aktive Beschäftigung mit den Künsten der Gegenwart ist für einen Kirchenkreis, der „Bedeutung unabhängig von seiner Größe" anstrebt, elementar wichtig. Kulturelle Präsenz erweist sich im Dialog mit der bildenden Kunst der Gegenwart, der Literatur, dem Film und den Gattungen der darstellenden Kunst wie in der kenntnisreichen Pflege des kulturellen Erbes, etwa im Kirchenbau oder in der Musik.

Aber was ist Kunst, was macht sie, was hat sie in der Kirche verloren und was nicht? In welchem Maße hat die Auseinandersetzung mit ihr Anteil an der Kommunikation des Evangeliums? Die Antwort wird verschieden ausfallen. Denn es gibt Kunstwerke, die einfach erfreuen – eine schöne Landschaft, ein gutes Portrait, eine gelungene Farb- oder Formstudie. Kunstwerke können treue Begleiter sein wie Lieder und Gedichte.

Aber dann gibt es eben auch das Unverständliche, das Ärgerliche und Rätselhafte. „Was soll denn das sein? Das soll Kunst sein?" – so wird oft bei Kunstwerken gefragt, die Sehgewohnheiten in Frage stellen, sei es, dass sie schockieren und provozieren, sei es, dass sie in gewissen Verschlüsselungen Ratlosigkeit hervorrufen. Die aktive Auseinandersetzung mit den Zeichen und Ereignissen der Kunst führt zu immer neuen und überraschenden Ergebnissen, die auch Menschen anziehen, die nicht regelmäßig am Gemeindeleben teilnehmen.

Deshalb ermutigt auch die EKD-Kulturdenkschrift die Kirchengemeinden und kirchlichen Einrichtungen zum fortdauernden Dialog mit den Kulturen der Gegenwart – insbesondere mit der Kunst. Diese Ermutigung stellt die EKD unter das programmatische Motto „Räume der Begegnung". Die Kirchengemeinden mögen sich als Orte der Kultur verstehen und ihre Kirchen als Räume der Begegnung. „Will die Kirche sich nicht im Binnenmilieu bewegen, so muss sie die Instrumente der kulturellen Wahrnehmung und des kulturellen Diskurses stärken und pflegen" (EKD-Denkschrift, S. 89).

Die Integrierte Kirchenkreisplanung stärkt die Gemeinden hierfür, indem sie deren Ressourceneinsatz im Rahmen von kleinen oder persönlichen Schwerpunkten berücksichtigt. Darüber hinaus unterstützt sie den eingeführten Standort Kirche Am Hohenzollernplatz, der als außergewöhnlicher Kunstraum das Vertrauen der Kunstszene genießt, durch die Anerkennung als Kirchenkreisschwerpunkt.

Kirchengebäude als kulturelle Präsenz

Die Wilmersdorfer Kirchen sind in ihrer Mehrzahl prononcierte Ausdrucksformen der Baukunst ihrer Zeit. Sie sind in unterschiedlichem Maß Zeichen von Mut und Kenntnis des aktuellen „kulturellen Alphabets“. Die Verantwortlichen waren davon überzeugt, dass es langfristig der kulturellen Präsenz des christlichen Glaubens und damit der Verkündigung des Evangeliums dienlich ist, wenn sie sich einer Zeichensprache bedienen, die sich am Besten der jeweiligen Gegenwart orientiert.

Es fanden sich Menschen, die sich das alles etwas kosten ließen. So ist die Errichtung dieser Kirchen ebenfalls Zeichen eines bürgerschaftlich-gemeindlichen Engagements. Meist waren es engagierte Bürger, die den Anstoß zum Bau einer Kirche gaben und sich mit Ideen, Einfluss und Geld an der Verwirklichung beteiligten. Diese Haltung hat die Zeiten überdauert. Angesichts der weit reichenden Zerstörungen des Weltkriegs haben sich Kirchenbauvereine wieder aktiviert oder neu gegründet und ihren Beitrag zum Wiederaufbau der Kirchen erbracht. In der Sorge um eine angemessene Erhaltung der steingewordenen Verkündigung lebt dieses Engagement bis heute.

Die Gemeinden und der Kirchenkreis sind sich ihres Erbes bewusst und versuchen, es nach Kräften zu erhalten. Als eindrucksvolle Beispiele aus jüngerer Zeit sind die zwei Kirchenfensterprojekte in Wilmersdorf (Kirche Am Hohenzollernplatz und Grunewaldkirche) zu nennen.

> Hier haben Kirchengemeinden das Überkommene in der künstlerischen Zeichensprache der Gegenwart auf hohem Niveau weiter entwickelt und bleibende Akzente gesetzt. In der Grunewaldkirche wurde das Projekt mit Hilfe des Kirchenkreises, der die Schutzverglasung und ein kleines Fenster finanzierte und des Förderkreises, der fast alle künstlerisch gestalteten Glasscheiben stiftete, realisiert.

Durch spezifische Nutzungskonzepte wird deutlich, dass sich Kirchengemeinden der architektonischen Kraft ihrer Kirchenräume zunehmend bewusst sind und sie in ihre Angebote mit einbeziehen. Ein erster Schritt ist im zusammengefassten Angebot der Wilmersdorfer „Traukirchen“ gemacht, in dem die Atmosphäre der Kirche zur Profilierung des jeweiligen Angebots dient.

Ein Überblick über die Kirchen, ihre Geschichte und ihr Profil im Einzelnen:
Alt-Schmargendorf
Diese älteste im Bezirk erhaltene Kirche stammt aus dem 13.–14. Jahrhundert und ist eine frühgotische Saalkirche. Die für die Dörfer rings um Berlin charakteristische Feldsteinkirche mit steilem Satteldach und Westempore wurde mehrfach umgestaltet. Der Fachwerkturm stammt aus dem Jahr 1831, 1957 wurde er verbrettert. Von der mittelalterlichen Ausstattung sind zwei Glocken erhalten. Das Altarkruzifix stammt aus der Zeit um 1700.
Am Hohenzollernplatz
Die Kirche wurde 1930–33 von Fritz Höger, dem Architekten des Chilehauses in Hamburg, als dreischiffige Langhausbasilika erbaut. Als roter Klinker-

bau mit grünem Kupferdach gilt sie als ein Hauptwerk des norddeutschen Backsteinexpressionismus mit kalkulierter Lichtdramaturgie („Licht als Baustoff"). Nach schweren Kriegsschäden wurde sie 1955 mit schlichter, vereinfachter Innenraumgestaltung wieder aufgebaut. Gerhard Schlotter gestaltete sie 1990/91 im Rahmen der Sanierung neu. Auch die Altarfenster von Sigmund Hahn wurden überarbeitet und die Kirche mit neuen Seitenfenstern von Achim Freyer versehen.

Aue

Die Kirche ist der Nachfolgebau der abgerissenen ehemaligen Wilmersdorfer Dorfkirche. 1895–97 wurde sie von Max Spitta im neugotischen Stil mit aufwendigem, kleinteiligem Dekor als dreischiffige Backstein-Hallenkirche gebaut. Die 1889 errichtete und mehrfach erweiterte Orgel von Furtwängler & Hammer, Hannover, ist eine bedeutende Großorgel der Jahrhundertwende. 1992–94 wurde die Kirche vollständig saniert.

Daniel

Das Gemeindezentrum wurde von Bodo Fleischer als Mischbau mit Stahlbetonskelett und Mauerwerk errichtet. Die um einen großzügigen Hof gruppierte zweigeschossige dreiflügelige Anlage mit Saaltrakt, Kindergarten und Wohntrakt wurde 1967 eingeweiht. Ein geplanter Kirchbau wurde nicht verwirklicht.

Grunewald

1902–04 wurde der Hausteinbau in reichen spätgotischen Formen von Philipp Nitze errichtet. Nach Kriegsschäden wurde sie mit vereinfachtem Inneren durch Georg Lichtfuß wieder hergestellt. Eine umfangreiche Instandsetzung erfolgte Ende der 80er Jahre. Heute beherbergt die Kirche einen geschlossenen Zyklus von Glaskunstfenstern des Glasmalers Johannes Schreiter.

Hochmeister

Der Backsteinbau wurde 1908–10 von Otto Schnook als Zentralkirche mit Apsiden im romanischen Stil errichtet. Nach schweren Kriegsschäden wurde sie 1953–58 wiederhergestellt und das Innere vereinfacht.

Kreuz

Das Ensemble wurde 1927–29 mit Kirche und Pfarrhaus von Ernst und Günther Paulus errichtet. Die Kirche gilt als ein Hauptwerk des norddeutschen Expressionismus. Der oktogonale blauviolette Klinkerbau besitzt einen bemerkenswerten querrechteckigen, dreigespitzten Turm und einen pagodenähnlichen, leuchtend blau majolikaverkleideten Portalvorbau von dem Bildhauer Felix Kupsch.

Linde

Die Lindenkirche wurde 1935–36 von Carl Theodor Brodführer als einschiffige Langhauskirche erbaut. Die 1943 fast völlig zerstörte Kirche wurde 1951 wieder aufgebaut. Die neue Bosch-Orgel auf der Empore wurde 1965 ihrer Bestimmung übergeben. 1992 wurde eine historische italienische Orgel in die Kapelle eingebaut, die 1983 umgestaltet worden war.

Vaterunser

Die Vaterunserkirche wurde 1959–1961 von Werner March, dem Architekten des Olympiastadions gestaltet. Die Kirche besteht aus einem achteckigen, verklinkerten Rundbau mit Anklängen an ein nomadisches Rundzelt, das an das wandernde Gottesvolk in der Wüste erinnert. Der Innenraum ist in reformatorischer Schlichtheit gestaltet. Von einem freistehenden Campanile aus rufen die Glocken zu Gottesdienst und Gebet. Das Gemeindehaus stammt aus dem Jahr 1912 und wurde im Geist der damaligen Gemeindebewegung als erstes gemeinsames Gemeindehaus für ganz Wilmersdorf errichtet.

Bildende Kunst – Literatur – Musik

Kirchenkreisschwerpunkt Kirche und Kunst Am Hohenzollernplatz

Wenn es darum gehen soll, in unserer Gesellschaft als Kirche kulturell präsent zu sein, muss und kann das nicht an allen Orten in gleicher Weise und im gleichen Standard stattfinden. Aber es muss exemplarische Orte geben, an denen sich verlässlich ablesen lässt, dass die Kirche ihr Verhältnis zur Kunst und Kultur der Gegenwart aktiv und auf der Höhe der Zeit bestimmt. „Die intensivste Präsenz des christlichen Glaubens ist immer kulturelle Präsenz." (W. Huber). Die Beobachtung stimmt hoffnungsvoll, dass sich in den letzten Jahren in allen Landeskirchen in Deutschland und auch in Berlin gerade auf diesem Gebiet viel getan hat. Zunehmend suchen Kirchengemeinden die Begegnung mit Werken der zeitgenössischen Kunst und Kultur. Die Kirchengemeinde Am Hohenzollernplatz gehörte in diesem Prozess zu den Wegbereitern. Dem trägt die Schwerpunktsetzung im Kirchenkreis Rechnung. Dabei ist der Gemeinde Am Hohenzollernplatz der Schwerpunkt „Kirche und Kunst" zugewachsen.

In einem ständigen Dialog mit den Künsten, primär mit der bildenden Kunst, mit einem klar strukturierten Konzept und mit beträchtlicher Ausstrahlung in die Stadt und Umgebung hinein hat sie sich seit 1987 als verlässliche Dialogpartnerin erwiesen.

Seit 23 Jahren werden in der Regel zwei Ausstellungen pro Jahr eingerichtet (Sommer- und Herbstausstellung). Immer wieder ist es gelungen, Ausstellungsprojekte mit beträchtlicher Ausstrahlung in die Kulturszene der Stadt zu realisieren. Der Kunstbeauftragte der Landeskirche hat an der Kirche Am Hohenzollernplatz seit 1999 seinen Dienstsitz. Mit dem jährlich in der Kirche stattfindenden Kunstgottesdienst „Mein Psalm" wird im Dialog mit der Literatur der Gegenwart ein sonst nirgendwo in der Landeskirche zu findender Akzent gesetzt. Der in diesem Zusammenhang stattfindende Empfang des Bischofs für Künstler und Kulturschaffende ist zu einem festen Bestandteil kultureller Zeichensetzung unserer Landeskirche im Kirchenkreis Wilmersdorf geworden.

Rhapsody in Hochmeister
Alljährlich (in der Regel Ende Juni, 10 Tage vor den Sommerferien) findet in der Hochmeisterkirchengemeinde nunmehr seit 3 Jahren das Kulturfestival „Rhapsody in Hochmeister" statt.
Das Festival besteht aus drei Elementen:
1. An jedem Abend (am Wochenende zusätzlich nachmittags) finden Kulturveranstaltungen unterschiedlicher Art statt.
2. In den verschiedenen Räumen der Kirche werden Licht- und Klanginstallationen präsentiert.
3. Zum Ausklang des jeweiligen Abends gibt es einen Ausschank und die Möglichkeit, bis in die Nacht zu verweilen.

Kirchenmusiker und ein Pfarrer haben sich nach der ersten positiven Erfahrung mit Klanginstallationen beim Camino evkiwi[228] zusammengesetzt und die Idee für ein größeres Festival entwickelt. Die Idee fand Resonanz in der Gemeinde. Der Kirchenkreis leistet für die ersten beiden Jahre eine Anschubfinanzierung.

Das Ziel ist es, durch diese neue Art eines qualitativ hochwertigen Festivals Menschen in Kontakt mit der Kirche und der Gemeinde zu bringen. Das Angebot richtet sich an Kirchenmitglieder unabhängig von ihren bisherigen Kontakten zur Gemeinde, aber bewusst auch an alle Menschen aus dem Kiez und darüber hinaus.

Pfarrer und Kirchenmusiker sowie Gemeindekirchenrats-Mitglieder und einige andere Helfer aus der Gemeinde sind daran beteiligt. Bisher sind Einnahmen und Ausgaben etwa gleich hoch. Das nächste Ziel ist das Festival im Jahre 2010, das ausnahmsweise im September stattfinden wird, da es zusammengelegt wird mit den Feierlichkeiten zum 100-jährigen Kirchweih-Jubiläum der Hochmeisterkirche. Danach soll es wieder wie bisher Ende Juni stattfinden.

c) Gedenkkultur

Der Kirchenkreis hat es sich zum Ziel gesetzt, Kirche für die Menschen in Wilmersdorf zu sein. Auch ein Stadtteil einer Großstadt hat eine Geschichte. Sie zu kennen und ihre Botschaft in das eigene Leben einzubeziehen ist nötig, um die Gegenwart bestehen zu können.

Christliche Kirchen haben eine Geschichte. In ihren Festen wird diese Geschichte als Heilsgeschichte vergegenwärtigt. Sie haben aber auch eine Verantwortung für die Öffentlichkeit und deren Geschichte. Die Einrichtung des Buß- und Bettags entspricht dieser Verantwortung der Kirche für das kollektive Gewissen.

---

[228] Siehe S. 212 ff.

Die Ausplünderung und Ermordung der jüdischen Mitbürger unter der nationalsozialistischen Diktatur darf nicht vergessen werden. Wilmersdorfer Gemeinden leisten einen Beitrag zur Gedenkkultur des Gemeinwesens und der evangelischen Gemeinden in seiner Mitte.

Sie stemmen sich mit großem Einsatz gegen das Vergessen. Regelmäßige Veranstaltungen am 9. November, dem Gedenktag an die Reichspogromnacht, finden statt. Ergänzt werden sie durch Ausstellungen, Dichterlesungen, Rundfahrten und Wanderungen auf den Spuren jüdischen Lebens, durch Namensverlesungen der früherer Einwohner, Gedenktafel und Stolpersteininitiativen sowie Großveranstaltungen zu gegebenen Anlässen. Darüber hinaus beteiligen sich Kirchenkreis und Gemeinden an der sehr aktiven Pflege der Erinnerungskultur durch das Bezirksamt Charlottenburg-Wilmersdorf. Sachkundige Unterstützung finden sie dabei durch die Arbeitsstelle „Forum für Erinnerungskultur" der EKBO.

Die Erinnerungsarbeit der Auengemeinde

Die Auengemeinde stellt sich ihrer Geschichte. Auch in ihr wurde die nationalsozialistische Rassenpolitik unterstützt, seit 1933 Ariernachweise ausgestellt und den Behörden die Kirchenbücher als die wichtigste Datenquelle für die rassistische Bevölkerungspolitik zur Verfügung gestellt. Menschen aus der Mitte der Gemeinde wurden ausgegrenzt, deportiert, getötet. Ihre Taufe am Taufstein der Auenkirche hat sie davor nicht bewahrt.

Das Gedenken an den 9. November 1938 und seine verheerenden Folgen hat in der Auen-Gemeinde eine fast 20-jährige Tradition: *„Kleine Schritte auf schmalem Pfad"* wurden in der Festschrift zur 100-Jahr-Feier dokumentiert und in vielfältiger Weise weiter gegangen. Eine Podiumsdiskussion zu der Antisemitismus-Frage in den Bachschen Passionen wie der Reformationsgottesdienst zu dem brisanten Thema „Luther und die Juden" stellten Marksteine auf dem Weg der Gemeinde dar, die sich einer Kultur des Erinnerns wie der gesamtkirchlichen Aufgabe der Erneuerung des Verhältnisses zwischen Christen und Juden verpflichtet weiß.

Den Marksteinen folgten Stolpersteine: 36 an der Zahl, aus Spenden finanziert und im Jahre 2005 in der Wilhelmsaue zwischen Auenkirche und Bundesallee durch den Künstler Gunter Demnig verlegt. Vor allem die Stolpersteine im Umkreis der Kirche sind exemplarisch verlegt worden für alle Juden, die im Bereich der Gemeinde gelebt haben und ermordet worden sind.

Die Recherche *„Deportierte Christen jüdischer Herkunft"* versteht sich als Folgeprojekt zu den Stolpersteinen, ein weiteres dunkles Kapitel deutscher wie gemeindlicher Geschichte soll aufgeschlagen und ins öffentliche Bewusstsein gebracht werden. Eine Broschüre macht seit 2008 die Ergebnisse aus der Recherche in den gemeindlichen Kirchenbüchern, in Bibliotheken und Archiven einem breiten Leserkreis zugänglich. So wird das Gedenken an diejenigen Menschen jüdischer Herkunft gewahrt, die in der Gemeinde getauft wurden und als Christen Opfer des nationalsozialistischen Terrors geworden sind.

d) Sportarbeit

Die Sportarbeit bietet die Chance, mit Menschen in Kontakt zu treten, die bereit sind, anhand ihrer Erfahrungen mit dem Sport über den Verlauf und den Sinn ihres Lebens nachzudenken.

Sport ist ein Gegengewicht zu einer zunehmend fremdbestimmten Arbeitswelt. Er vermittelt Selbstwertgefühl und Selbstbestätigung. Außerdem identifizieren sich viele Menschen über den Sport mit der Gruppe, zu der sie gehören wollen. Seit Jahren schon gehen die Frauen, die den Sportkursen der Familienbildungsstätte verbunden sind, zum Avon-Lauf, nehmen gemeinsam an Läufen außerhalb Berlins teil und stärken so ihre eigene Identität, aber auch die Verbundenheit mit dem Kirchenkreis, den sie auf ihren Trikots repräsentieren.

Um diese Angebote zu verbessern, zu koordinieren und in der Öffentlichkeit bekannt zu machen, arbeitet der Kirchenkreis Wilmersdorf seit 2010 mit dem Nachbarkirchenkreis Schöneberg zusammen. Ein Pfarrer wurde mit der Sportarbeit beauftragt. Er soll die bestehenden Aktivitäten fortsetzen, ein Team aufbauen, Kontakt zu den vielen im Zusammenhang mit der Evangelischen Kirche in Wilmersdorf Sport Treibenden und Sportbegeisterten knüpfen und ein Gesamtkonzept entwickeln, das eine Begleitung von Menschen ermöglicht, die mit den bisherigen kultischen, religiösen, geselligen oder kulturellen kirchlichen Angeboten nicht zu erreichen wären.

7. Kinder

a) Orientierung im praktisch-theologischen Kontext

Eine Volkskirche ist darauf angewiesen, dass die Kinder ihrer Mitglieder getauft werden und sich diese Taufe im Prozess des Heranwachsens aneignen. Insofern hat der Gemeinplatz „Kinder sind unsere Zukunft" auch für die Kirche seine Berechtigung.

Aber diese Betrachtungsweise ist zu institutionenorientiert. In der Kindheit werden die Grundlagen für einen gelingenden Lebenslauf gelegt, die Befähigung zur Teilhabe und zur Lebensgestaltung in Verantwortung angebahnt. Zwei aktuelle Trends aus der allgemein-gesellschaftlichen Diskussion über die frühkindliche Bildung zeigen die Wichtigkeit dieses Feldes.

Mangelnde Sozialisationsleistungen des Elternhauses sollen durch eine kompensatorische Bildung ausgeglichen werden. Damit können individuelle Benachteiligungen überwunden, die Chancengleichheit verbessert oder dringend benötigte Bildungsreserven erschlossen werden.

Leistungsorientierte Eltern wollen ihren Kindern überdurchschnittliche Startchancen im allgemeinen Wettlauf um die besten Plätze verschaffen oder ihnen gemäße Erziehungsprofile für ihre Kinder nutzen.
Aus welcher Motivation auch immer: eine evangelische Kirche als historische „Bildungskirche" hat hier einen unverzichtbaren Auftrag.

Über diese bildungspolitischen Aspekte hinaus hat eine christliche Kirche einen unmittelbaren Zugang zu dieser Altersgruppe. Jesus wendet sich den Kindern ausdrücklich zu und nennt ihr Grundvertrauen einen Maßstab für die Haltung der Erwachsenen. Christliche Gemeinden taufen kleine Kinder, nehmen sie damit als Glieder in den Leib Christi auf und stellen sie unter den Segen Gottes. Daraus erwächst auch ihnen eine Verpflichtung, sich diesen Kindern zuzuwenden.

b) Reflexion und Gestaltung in Wilmersdorf

Kinder und Eltern werden durch die verfasste Kirche und eigene Einrichtungen begleitet.

Für Wilmersdorf muss sich die Bedeutung dieses Feldes angesichts der geringen – und weiter abnehmenden – Zahl der evangelischen Kinder bewähren. Die numerische Kleinheit kann nicht zur Folge haben, sich um diese Gruppe weniger zu kümmern. Eher das Gegenteil ist der Fall.

Eine Kirche, die sich die Begleitung des Lebensweges zum Ziel gesetzt hat, wird dem Fundament, dem „Wurzeln und Wachsen" die ihm gebührende Aufmerksamkeit zuwenden.

Angesichts der sozialen Schichtung in Wilmersdorf und deren „Kinderorientierung" ist ein differenziertes und profiliertes Angebot von Bedeutung.

Deshalb bietet der Kirchenkreis *Breitenangebote* mit evangelischem Profil in Kita, Schule und in der Familienbildungsstätte. Er bietet auch *gemeindlich-kirchliche Angebote* für Kinder, wobei er gemäß seiner Grundentscheidung auf eine dezentral-kooperative Struktur setzt.

Der Tages- und Wochenablauf für Kinder und Familien ist stark durch die Veränderungen in der frühkindlichen Erziehung, in der Schullandschaft und durch die Veränderungen im Freizeitverhalten geprägt. Eine Kirche, die nach „Bedeutung jenseits ihrer Größe" sucht, muss in einem zunehmend institutionell geprägten Lebensraum durch Einrichtungen in eigener Trägerschaft präsent sein. Anders kann sie schon rein vom Zeitbudget her nicht mit Kindern und ihren Eltern in intensiven Kontakt treten. Die strukturellen Optionen des Konzepts führen dazu, dass die evangelische Kirche in Wilmersdorf institutionell als *Träger* auftritt. Das tut sie in der Zusammenfassung ihres Angebots an frühkindlicher Erziehung in der „Leben mit Kindern" gGmbH.[229] Im allgemein schulischen Bereich ist sie mit Lehrkräften aktiv. Als profilierter Träger entwickelt sie auf dem Campus Daniel[230] eine „Lernlandschaft".

Im „freien" Bereich ist sie mit *Angeboten der verfassten Kirche* präsent. Das Strukturprinzip der Kirchenkreisplanung kommt auch hier voll zum Tragen. Das Angebot ist durch die Gliederung in Grund- und Schwerpunktaufgaben strukturiert und durch einen „Organisationskern" unterstützt.

Die *Gemeinden* finanzieren insgesamt 2,25 theologisch-pädagogische Stellen für die Arbeit mit Kindern in ihren Stellenplänen. Nach Einschätzung der Fachberatungsstelle bemühen sich alle Gemeinden durch hauptberufliche oder ehrenamtliche Mitarbeit um eine „Grundversorgung" und bieten durch jeweilige Begabungen erweiterte Angebote. Nachbarschaftliche Kooperationen sind häufig.

> Sie halten ein Gottesdienstangebot vor (unterschiedliche Modelle, aber in allen Gemeinden in einem festen, nach außen kommunizierten Turnus).
> Einige haben einen Miniclub und / oder eine Mutter-Kind-Gruppe.
> Einige bieten im musikalischen Bereich ein Angebot an (frühmusikalische Erziehung, Flötengruppe, Kinderchor).
> Einige haben Kontakt zur Familienbildungsstätte (Kurse, Gesprächsabende).
> Eine Gemeinde hat regelmäßige Reitreisen im Angebot.
> Zwei Gemeinden führen eine Familienreise in der Karwoche und Ostern nach Sylt durch.

Zwei Gemeinden haben einen anerkannten *Kirchenkreisschwerpunkt* im Feld Kinder / Familien, eine im Norden, die andere im Süden des Kirchenkreises. Eine erfüllt die Kriterien des Kirchenkreisschwerpunkts nahezu völlig, die andere ist im Aufbau und orientiert ihre Entwicklung an diesem Katalog.

- Klare Konzeption, die in die Gemeindekonzeption eingepasst ist und vom Gemeindekirchenrat beschlussmäßig festgeschrieben wurde.
- Damit wird der Bereich zu einer Priorität in der Arbeit der Gemeinde (d.h. andere Angebote fallen bei Engpässen weg!).
- Überdurchschnittlicher Zeiteinsatz unter Einbezug von Hauptberuflichen.
- Spezielle Räume.
- Deutliche Nachfrage (z.B. 120 Familien pro Woche, umfassendes Angebot für Kinder von 0–13 und deren Eltern).
- Ehrenamtliche werden in besonderer Weise von Hauptamtlichen gepflegt, geleitet, fortgebildet.
- Gute Öffentlichkeitsarbeit.

---

229 Siehe S. 98 ff.
230 Siehe S. 120 ff.

Mit der Stelle für „Praxisberatung für die offene Arbeit mit Kindern“ und der durch den Kirchenkreis refinanzierten Beauftragung einer Kreiskinderpfarrerin ist ein „*Organisationskern*“ geschaffen. Er ist insgesamt mit einer Stellenkapazität von knapp einer Stelle ausgestattet. Er leitet die Kinder-Mitarbeitendenkonferenz („Kinder-MAK“) als koordinierendes und planendes Gremium, das alle in dem Bereich Tätigen zusammenfasst.

Das Verhältnis zum Bereich „Jugend“ ist im Laufe der Beratungen geklärt worden. Der ursprüngliche Gedanke eines zusammengefassten Amtes für Kinder und Jugendarbeit wurde als nicht sachgemäß erkannt. Die Zielgruppen sind zu verschieden, als dass sich durch eine Zusammenlegung ein Fortschritt erwarten ließe. Dessen ungeachtet sind die Kontakte eng und die „Schnittstellen“ klar bestimmt. In den Bereichen Fortbildungen, Konzeptarbeit, Vertretung der Kinder- und Jugendarbeit auf der Kirchenkreisebene und gemeinsame Projekte findet ein laufender Austausch in gemeinsamen Dienstbesprechungen und gemeinsamen Tagungen der MAKs statt. Die Einrichtung der Familienbildungsstätte versteht sich als begleitende Unterstützung von Eltern in Fragen der Erziehung.

Das Gesamtziel der kreiskirchlichen Arbeit

Die kreiskirchliche Arbeit mit Kindern und Familien[231] sorgt dafür, dass Kommunikation und Beratung zwischen den in Gemeinden haupt- und ehrenamtlich Mitarbeitenden statt findet. Sie regt zur Kooperation an und hilft bei der Konzeption und Durchführung konkreter Projekte. Ziel der Angebote ist es, Gemeinden und Mitarbeitende einander näher zu bringen, zu entlasten, Qualität zu gewährleisten und die Ausarbeitung unterschiedlicher Profile zu fördern. Damit wird die „Basisversorgung“ qualifiziert, die Schwerpunkte in den zwei Gemeinden des Kirchenkreises unterstützt und ergänzende Angebote in Kooperation angeboten.

Die Arbeitsstelle Praxisberatung

Entsprechend dem „Leistungskatalog“ für „Organisationskerne“[232] bietet die kreiskirchliche Arbeitsstelle an:

Wissenstransfer und Fachdiskussion

Durch die Vermittlung der aktuellen Diskussion in den Kirchenkreis wird die Qualität der Arbeit gesteigert. In der Praxisberatung werden aktuelle Fragestellungen geklärt.

---

231 Die Ziele und Arbeitsweisen der gemeinnützigen GmbH „Leben mit Kindern“ sind oben beschrieben, siehe S. 98 ff.

232 Siehe S. 88 ff.

Vertretung in der Synode und in außerkirchlichen Gremien
Das Kreiskinderpfarramt hält den Kontakt zur Synode. Die kreiskirchliche Mitarbeiterin gewährleistet den Informationsfluss zum Jugendhilfeausschuss und der Arbeitsstelle für Diakonie und Soziales (ADUS).
Event- und Kampagnenfähigkeit
Die Arbeit mit Kindern prüft und entscheidet, ob sie Events und Kampagnen initiiert und in welchem Maß sie sich beteiligen möchte.
Entscheidungskriterien sind dabei die Übereinstimmung mit dem eigenen Konzept und ein verantwortlicher Umgang mit Ressourcen (finanziell und personell).
Angebote für Kinder koordinieren und ergänzen
Die Angebote sind entsprechend den Zielen familienentlastend, ergänzend zur Hortbetreuung an den Schulen und am lebensweltlichen, handlungsorientierten Lernen ausgerichtet. Sie sollen Kindern Spaß machen und Erfahrungen ermöglichen, die weder Schule noch das familiäre Umfeld bieten können.

Hauptberufliche Mitarbeiterinnen und Mitarbeiter für diesen Bereich in den einzelnen Gemeinden werden weniger. Gemeindliche Angebote wurden verstärkt von Pfarrerinnen und Pfarrern als zusätzliche Aufgabe übernommen. Freiwillige und Honorarkräfte wirken mit. Die Arbeitsstelle sammelt die Angebote in den Gemeinden und macht sie auf kurzen Wegen gemeindeübergreifend öffentlich.

Alle Angebote der Arbeitsstelle sind ressourcenorientiert und vernetzt. Die kreiskirchliche Mitarbeiterin arbeitet selbst projektbezogen mit.
Ehrenamtlichen-Bildung und – Begleitung
Die Praxisberatung arbeitet verantwortlich im Modul „ Kirche mit Kindern“ in der Jugendgruppenleiterschulung mit. Die Praxisberatung und die Kreiskinderpfarrerin laden zwei Mal im Jahr alle ehrenamtlich und hauptamtlich im Arbeitsbereich Arbeitenden zu einem Fortbildungsabend, einer praktischen Ideenbörse und einem informellen Austausch ein.

c) Beispiele

Das Sommerferienprogramm für Kinder

Das Sommerferienprogramm für Kinder ab dem Schulalter findet als Angebot der Arbeitsstelle für Kinder in zwei bzw. drei Wochen in den Sommerferien statt. Es richtet sich an Kinder aus ganz Wilmersdorf. 40–50 Kinder (pro Woche 25–30 Kinder) im Alter von knapp 6 bis 11 Jahren nehmen wochenweise daran teil.

> Sie erleben einen Tagesablauf von 9:00 bis 15:00 Uhr, der mit gemeinsamem Start in der Kirche beginnt. Mit Themen wie: „Zimmern wie Joseph, weben

wie Maria“ und „Ruth – da kommt was in Bewegung“ entdecken die Kinder biblische Inhalte, die dann im Verlauf eines Tages spielerisch, kreativ und experimentell-wissenschaftlich in Kleingruppen umgesetzt und vertieft werden. In der altersgemischten Gruppe entwickeln Kinder ihre soziale und kommunikative Kompetenz. Das Mittagessen wird vor Ort und unter Beteiligung der Kinder zubereitet. Zwei Ausflugstage pro Woche lassen die Kinder Gehörtes und Erlebtes im Berliner Stadtleben wieder entdecken. So erfahren Kinder eine Anleitung in Grundvollzüge des Alltagslebens (wie Benutzung öffentlicher Verkehrsmittel). Zum Wochenabschluss gibt es ein gemeinsames Grillen mit den Eltern und dabei die Gelegenheit zum Austausch über die Woche.

Koordination und Organisation des Ferienprogrammes liegt bei der Praxisberatung für die offene Arbeit mit Kindern. Die Werbung erfolgt in Zusammenarbeit mit der Öffentlichkeitsbeauftragten des Kirchenkreises.
Inhaltlich vorbereitet wird das Sommerferienprogramm von einem Team von 8 –10 Menschen.

Es setzt sich aus hauptamtlichen Gemeindemitarbeitenden, Pfarrerinnen und Pfarrern, Freiwilligen aus mittlerweile vier Gemeinden und Honorarkräften zusammen. Im Vorfeld trifft sich die Gruppe an zwei Terminen. Zur Durchführung und für Detailabsprachen bilden sich Wochenteams, jeweils verantwortet von einer gemeindepädagogischen und einer theologischen Fachkraft. Räumlich stellt die Lindenkirche ihre Kirche, die Küche, den Saal, die Terrasse und die Räume des Arbeitsbereiches für Kinder und Familien zur Verfügung. Angestrebt ist eine Durchführung im Wechsel auch in anderen Gemeinden.

Die Teilnehmerbeiträge decken die Kosten der Durchführung und ermöglichen Neuanschaffungen von Material.

Actiontouren

An Kinder zwischen 8 und 13 Jahren richtet sich in allen Ferien das erlebnispädagogische und handlungsorientierte Reise- und Wochenendangebot der actiontouren. Jede Fahrt ist ausgerichtet an einem biblischen Thema. Im gemeinsamen Leben auf Zeit (mehrtägig bzw. –wöchentlich) in Selbstversorgerhäusern, der Anreise in öffentlichen Verkehrmitteln, den Angeboten im kreativen und natursportlichen Bereich (Kanu, Tandem, Biwakieren) erleben die Kinder neue Handlungsspielräume in der Gestaltung von Alltags- und Konfliktsituationen.

Die actiontouren werden durch einen Verein durchgeführt, um Fremdressourcen wie öffentliche Fördergelder nutzen zu können. Drei Kirchengemeinden sind Mitglied. Ein Team aus drei Honorarkräften und 25 Freiwilligen plant in wechselnder Zusammensetzung die einzelnen Reisen.

Die drei Gemeinden stellen Räume für Vor- und Nachbereitungstreffen, Lagerräume und Stellplätze zur Verfügung.

8. Jugend

a) Orientierung im praktisch-theologischen Kontext

Die Phase der Jugend ist eine „Scharnierzeit", in der die Grundlegungen aus der Sozialisation der Kinder- und Konfirmandenzeit persönlich angeeignet und vertieft werden sollen. EKD-weit ist deshalb die Evangelische Jugendarbeit als eigenständiger Bereich kirchlicher Arbeit organisiert, der sich durch eine hohe Selbstorganisation mit repräsentativ bestimmten Gremien auszeichnet. So soll das Leitbild mündiger Christinnen und Christen realisiert werden und gleichzeitig eine „Einübung" in die verantwortliche Mitarbeit im Raum der Kirche erfolgen. Auf diesem Hintergrund sind in der Vergangenheit manche kirchliche oder politische „Karrieren" in der Evangelischen Jugend begonnen worden.

Doch die Evangelische Jugend mit ihrer selbstverantworteten Gremienstruktur leidet wie viele andere Institutionen und Organisationen unter der zunehmenden Scheu der Menschen, sich längerfristig zu binden. Darum braucht es lockerere Formen der Mitarbeit und des kurzfristigeren Engagements, die weiterhin verantwortungsbereite junge Menschen finden. Die Jugendarbeit steht vor der Herausforderung der fortschreitenden Pluralisierung von Lebenslagen und –stilen unter Einschluss der Glaubensdimension.

b) Die Stellung der evangelischen Jugendarbeit im Kirchenkreiskonzept

Die Jugendlichen

Im Bezirk Wilmersdorf ist die Gruppe der Jugendlichen durch eine hohe Bildung geprägt, die sich bei den evangelischen Gemeindegliedern noch einmal verstärkt. Die Evaluation zu Beginn des Konfirmandenunterrichts[233] hat ergeben, dass nahezu drei Viertel der Konfirmanden-Eltern einen Hochschulabschluss haben. Die Schulsituation im Bezirk ist durch Gymnasien dominiert. Weniger als 10% besuchen eine Hauptschule.

---

233 Siehe S. 156 ff.

Die Ziele der Arbeit

Der Kirchenkreis will den „Pilgerweg“ der Menschen in seinem Gebiet durch die Bezeugung des Evangeliums von der rechtfertigenden Gnade begleiten. Er hat die Hoffnung, dass dadurch viele Menschen ihre Berufung entdecken, in einem gelingenden Leben realisieren und sich in Halt gebende Beziehungsnetze Gleichgesinnter einfügen.

Evangelische Jugendarbeit will die Jugendzeit im Sinne der Konzeption des Kirchenkreises begleiten, indem sie sich folgende Ziele setzt:

- Jugendliche mit der Botschaft der Liebe Gottes in Jesus Christus durch jugendgemäße Verkündigung in Berührung zu bringen.
- Die Auseinandersetzung mit christlichen Überzeugungen durch das Aufgreifen persönlicher und gesellschaftlicher Fragen zu befördern.
- Christliche Gemeinschaft für Jugendliche in Gruppen von Dauer und auf Zeit erlebbar zu machen.
- Jugendliche in den Gemeinden durch Mitwirkung und Teilnahme zu beheimaten.
- Die Fähigkeit Jugendlicher zu fördern, ihren eigenen, selbstbestimmten Glaubens- und Lebensweg zu finden.
- Jugendlichen Rahmenbedingungen zur Verfügung zu stellen, in denen sie gelingendes Leben und die Verantwortung hierfür einüben und ausprobieren können.

Diese Ziele werden in allgemeinen *Standards* konkretisiert, die durch die Gremien formuliert wurden und durch das Amt für Jugendarbeit aktiv in die Arbeit eingebracht werden.

Offenheit: Jugendarbeit bietet allen Jugendlichen einen Ort der Beheimatung ohne sie zu vereinnahmen.

Nachhaltigkeit: Die Jugendarbeit in der Gemeinde setzt sich kurz- und langfristige Ziele. Jugendliche werden zur Übernahme von Verantwortung im Rahmen der gemeindlichen Jugendarbeit motiviert.

Mitbestimmung: Die Jugendarbeit in der Gemeinde basiert auf demokratischen Strukturen. Die Jugend versteht sich als Teil der Gemeinde und gestaltet das Gemeindeleben aktiv mit. Alle getauften Kinder und Jugendlichen zwischen 6 und 25 Jahren gehören zum Jugendverband und müssen darüber regelmäßig informiert und zur Mitarbeit eingeladen werden.

Selbstbestimmung: Die Jugendarbeit in der Gemeinde geschieht in der Verantwortung der Gemeindejugendvertretung unter Begleitung durch Gemeindekirchenrat und Hauptamtliche. Über die finanziellen Mittel und die Räume der Jugendarbeit entscheidet die Gemeindejugendvertretung unbeschadet der Rechte des Gemeindekirchenrates. Eine Mitarbeit im Gemeindekirchenrat ist ab dem 18. Lebensjahr möglich

Werteorientierung: Die Jugendarbeit in der Gemeinde ist in der Botschaft der

Liebe Gottes in Jesus Christus verwurzelt. Sie setzt sich regelmäßig mit christlichen Wertefragen auseinander. Die Gemeindejugend nimmt an gesellschaftlichen Auseinandersetzungen um Frieden, Gerechtigkeit, Menschenwürde und die Bewahrung der Schöpfung teil.

Die Strukturen der Jugendarbeit

Für die Strukturen der Jugendarbeit in Wilmersdorf sind zwei wichtige Grundsatzentscheidungen gefallen:
Die Bereiche der Jugend und der Arbeit mit Kindern sollen durch *zwei eigenständige Dienste* begleitet und gestaltet werden. Dabei ist Kooperation und Absprache über Schnittstellen selbstverständlich.[234]

In Wilmersdorf soll es keine zentrale „Jugendkirche" geben. Es entspricht dem Netzwerkgedanken der Konzeption, eine *dezentrale Organisationsform* mit zentralen Unterstützungsfunktionen zu pflegen. Zudem entspricht dies den Gesellungsformen der Jugendlichen in Wilmersdorf, die sich in vielen lokalen und plural-eigenbestimmten Szenen verorten. Sie „docken" – durchaus wechselnd – an Ortsgemeinden an, auch wenn sie nicht aus den jeweiligen Ortsgemeinden stammen. Sie orientieren sich regional und verorten sich lokal. Die Unterschiedlichkeit von Jugendlichen spiegelt sich in den verschiedenen Konzepten der Jugendarbeit in den Gemeinden wider. Dies ermöglicht eine Vielfalt von Glaubens-, Lebens- und Freizeitangeboten, welche die Mitgliedschaft in der Evangelischen Jugend Wilmersdorf so attraktiv macht.

Durch die vorgegebene Struktur der Jugendarbeit mit ihren selbstverantworteten Gremien in den Gemeinden (den Gemeindejugendräten) und auf Kirchenkreisebene (dem Kreisjugendkonvent) ist die Bündelung lokaler Kräfte zu einem Ganzen im Sinne des Konzepts der Integrierten Kirchenkreisplanung möglich. Diese Zusammenarbeit bedarf der Unterstützung der *kreiskirchlichen Ebene*. Der Kirchenkreis hat deshalb das Amt für Jugendarbeit dauerhaft mit zwei halben Stellen ausgestattet, die zusammen mit der Kreisjugendpfarrerin (zu 10% für diese Tätigkeit freigestellt) die Funktionen eines Organisationskerns auf Kirchenkreisebene wahrnehmen können.

Im Kreisjugendkonvent sind sechs Gemeinden regelmäßig mit zwei Jugendlichen vertreten, dazu kommen zwei berufene Mitglieder, die Mitarbeiter im AFJ und die Kreisjugendpfarrerin. Der Konvent tritt fünfmal im Jahr zusammen.

In den *Gemeinden* gibt es zwei Pädagogenstellen à 25%, und zwei Honorarkräfte à 10 Stunden, die allerdings mittelfristig nicht überall gesichert sind. Bei zwei Pfarrern ist die Jugendarbeit in deren Stellenbeschreibung verankert.

[234] Siehe ausführlich zum Bereich Kinder S. 238 ff.

Die Gemeindejugendräte sind in Zusammenarbeit mit den Gemeindekirchenräten für die jeweilige Konzeption verantwortlich und aufgefordert, sie immer wieder zu überarbeiten und der jeweiligen Situation von Jugendlichen, die die Angebote der Gemeinde suchen, anzupassen.

Damit ist auf jeden Fall eine *Basisversorgung* im Bereich der Jugend möglich.

Standards dafür sind:
Es gibt Konfirmandenarbeit, ggf. in Kooperation mit anderen Gemeinden.
Es gibt mindestens ein regelmäßiges Angebot für Jugendliche, das ehrenamtlich begleitet wird.
Es gibt mindestens einen multifunktionalen Raum, der von Jugendlichen mitgenutzt wird.
Es gibt einen Beauftragten (auch ehrenamtlich, aber vom GKR beauftragt) für die Jugendarbeit als Ansprechpartner für das Amt.
Es gibt mindestens einen Vertreter der Jugend im Kreisjugendkonvent.

Vier Gemeinden haben darüber hinaus einen anerkannten *Kirchenkreis-Schwerpunkt* im Bereich der Jugendarbeit.

Standards für einen Kirchenkreis-Schwerpunkt Jugendarbeit sind:
Es gibt mindestens einen Raum, der nur von Jugendlichen genutzt, von diesen gestaltet und verantwortet wird.
Es gibt einen angestellten Jugendmitarbeiter oder einen festgeschriebenen Stellenanteil innerhalb der Pfarrstelle für Jugendarbeit.
Es gibt einen festen Haushaltstitel Jugendarbeit, der der Schwerpunktsetzung angemessen ist.
Es gibt mindestens ein niederschwelliges offenes Angebot für Jugendliche.
Die demokratischen Strukturen der Evangelischen Jugend werden wahrgenommen.
Es wird eng mit den anderen Schwerpunkten im Kirchenkreis, dem Kreisjugendkonvent und dem Amt für Jugendarbeit zusammengearbeitet.
Eine Beteiligung an den kreiskirchlichen Großveranstaltungen der Jugend findet statt.

Das Amt für Jugendarbeit unterstützt als *Organisationskern* die Jugendarbeit des Kirchenkreises:

Begleitung und Beratung der Jugendlichen in den Gemeinden bei der Wahrnehmung ihrer in der Grundordnung beschriebenen Aufgaben im Gemeindejugendrat bzw. der Gemeindejugendversammlung und Geschäftsführung des Kreisjugendkonventes.
Fortbildung der ehrenamtlichen Jugendlichen durch Jugendleiterseminare.
Wahrnehmung der Außenvertretung auf der Landes-, Verbands- und der kommunalen Ebene
Interessenvertretung im Kirchenkreis
Krisenintervention bei Problemen in den Gemeinden vor Ort und Durchführung von Seminaren der außerschulischen Jugendbildung.

Koordination der Kirchenkreis-Schwerpunkte „Jugendarbeit“ in den Gemeinden in Zusammenarbeit mit dem Kreisjugendkonvent.
Besondere Projekte der Jugendarbeit, die in Gemeinden angesiedelt sind, werden unterstützt durch Organisation, Beantragung, Durchführung und Evaluation.
Einige wenige Veranstaltungen in, für und mit den jungen Gemeinden (z.B. nine4Party) werden durchgeführt.
Beratung und Mitarbeit geschieht auf Wunsch.
Als eigenes Projekt des Amtes werden Jugendreisen angeboten.

Die Angebote des Amtes für Jugendarbeit

Das Amt unterstützt die Jugendarbeit im Kirchenkreis durch die *Ausbildung von Jugendleitern* und die Unterstützung der gemeindlichen Konzeptarbeit. Es findet eine jährliche Schulung zum Erwerb der JugendleiterCard mit 25 bis 30 Jugendlichen statt.

Die Lebendigkeit der Jugendarbeit im Kirchenkreis zeigt sich darin, dass durch die koordinierende und inspirierende Arbeit des Amtes über die Jahre hinweg wenige, aber gut besuchte und imageprägende *Leitveranstaltungen* aus den Bereichen Kommunikation, aktuelle Themen, Gottesdienst und Gemeinschaftsbildung gelingen.

Kommunikation
Die nine4Party, die jährlich seit 1994 mit bis zu 1100 Teilnehmern im Garten der Auenkirchengemeinde stattfindet, wird von Jugendlichen der Stadt als ein entspanntes Angebot von Kirche wahrgenommen. Es ist ein typisches Berliner Fest mit viel Live-Musik und diversen kulturellen und kulinarischen Angeboten. Bei dieser open air Party zeigen die ehrenamtlichen Jugendlichen des Kirchenkreises ihren Freunden einen Teil ihrer ehrenamtlichen Arbeit, die in der Schule oft mit Unverständnis betrachtet wird.

Aktuelle Themen
Aktuelle Themen der Jugend werden in Projekten zeitnah umgesetzt. Ein Beispiel bietet die Rauschveranstaltungsreihe.

Angestoßen durch Berichte über zügellosen Alkoholmissbrauch wurde eine Veranstaltungsreihe mit dem Thema Rausch ins Leben gerufen. Die Reihe fand während insgesamt sechs Wochen in der Hochmeisterkirche statt. Sie beinhaltete einen Fotowettbewerb, einen Tanzrausch zu Pfingsten, Improtheater, eine Infoveranstaltung mit der Drogenbeauftragten des Landes einen „Rauschgottesdienst“. Die Ausstellung zum Thema war sechs Wochen geöffnet. Es waren insgesamt bis zu 350 Jugendliche und in geringerem Maße Eltern beteiligt.

Jährlich wird dem zunehmenden Rechtsradikalismus eine Theatercollagenveranstaltung im Rahmen des Reichspogromgedenkens entgegengesetzt.

> Hier erreichen ca. 30 Jugendliche ein hohes Maß an Professionalität in der Gestaltung der sogenannten Theatercollagen zu jeweils wechselnden Themen. Jedes Jahr werden wieder andere Jugendliche motiviert. 500 Personen besuchen durchschnittlich die beiden Aufführungen.

Gottesdienste
Das Angebot zentraler Jugendgottesdienste in Wilmersdorf seit 2001 an besonderen Orten hat ein unterschiedliches Echo gefunden. Zur Zeit wird ein Flyer analog zum Konfirmandenflyer entwickelt, auf dem das spezielle Gottesdienstangebot für Jugendliche in den Gemeinden zusammengestellt wird.

Gemeinschaft
Gemeinschaftsbildend wirkt der 14-tägige Segeltörn in den Niederlanden, der seit 1997 mit etwa 36 Teilnehmern durchgeführt wird. In einer zweiten Reise wird seit drei Jahren versucht, an den Pilgergedanken des Kirchenkreises anzuknüpfen.

Die Arbeit in den Gemeinden

Von den neun Gemeinden des Kirchenkreises bieten acht eigene Aktivitäten im Jugendbereich an. In allen Gemeinden gibt es einen Gemeindejugendrat. Sechs Gemeinden sind regelmäßig in Kontakt mit dem Amt und sind im Kreisjugendkonvent vertreten. Diese Gemeinden nehmen an der Jugendleiterausbildung teil und verfügen daher über gut ausgebildete Ehrenamtliche, die sich oft noch weitergehend in der Gemeinde und Kirche engagieren.

In zwei Gemeinden gibt es eine gute *Basisversorgung* im Kontakt mit dem Amt. Die Standards[235] werden eingehalten. Das Konzept ist jeweils vom Gemeindekirchenrat verabschiedet, der die Arbeit durch geeignete Räume und finanzielle Mittel unterstützt und eine Unterstützung durch Hauptberufliche sichert.

Vier Gemeinden betreiben *Schwerpunktarbeit*: Sie weisen alle eine breite Basis in der „Grundversorgung" auf. Sie haben eine lange stabile Tradition in der Jugendarbeit. Zusätzlich erfüllen sie die Kriterien der Schwerpunktsetzung. (Hauptberufliche Unterstützung, Leitungsteams Jugendlicher, selbstverwaltete Budgets und Räume, vom Gemeindekirchenrat gebilligte Kon-

---

[235] Siehe oben S. 115 f.

zeption). Alle haben sie ein wöchentliches offenes Angebot (Cafe, regelmäßige Parties, ein Kulturangebot). Sie veranstalten Jugendreisen, geben eine Zeitung heraus oder bilden erfolgreiche Mannschaften in Volleyball und Fußball.

Die *Zahlen* der regelmäßig erreichten Jugendlichen sind beachtlich. Sie liegen zwischen einem Viertel und einem Drittel der Jugendlichen zwischen 14 und 18 in der jeweiligen Gemeinde – wobei diese Zahlen nur eine grobe Orientierung geben können, da Jugendliche aus anderen Gemeinden und anderen Konfessionen nicht gesondert erfasst sind.

c) Als Beispiel: Konfirmandenarbeit als gemeinsame Aufgabe

Unterschiedliche Modelle entsprechen differenzierten Bedürfnissen
Auf dem Weg der Integrierten Kirchenkreisplanung sind auch im Konfirmandenunterricht gemeinsame Schritte unternommen worden.

Konfirmandenunterricht geschieht in der Regel vor Ort, in den Gemeinden. Konfirmiert wird in den Gemeindekirchen. Aber die Unterrichtenden haben sich auf gemeinsame Vorgehensweisen geeinigt, haben Standards verabredet, bewerben den Konfirmandenunterricht mit einem gemeinsamen Prospekt, in dem die unterschiedlichen Formen des angebotenen Konfirmandenunterrichtes dargestellt werden

Es ist wichtig, im Kirchenkreis unterschiedliche Modelle anzubieten und gemeinsam darzustellen, damit der Unterricht in den Nachbargemeinden empfohlen werden kann, wenn der Konfirmandenunterricht vor Ort auf diesen Jugendlichen nicht zu passen scheint.

Es gibt gemeinsame Projekte und Formen der Kooperation. Die Zusammenarbeit mit anderen Arbeitsbereichen des Kirchenkreises, z.B. dem Amt für Jugendarbeit Wilmersdorf und der Kreisdiakoniepfarrerin und den diakonischen Einrichtungen ist fester Bestandteil des Unterrichts geworden.

Gemeinsame Standards
Es gibt gemeinsame *Standards* und Verabredungen als Grundlage für eine gemeinsame Konzeption.

- KU findet in unterschiedlichen Modellen statt (im monatlichen Blockunterricht, samstags, 14-tägig, 1x pro Woche).
- KU findet an unterschiedlichen Wochentagen statt.
- Der KU findet mit jugendlichen Teamern statt. Sie werden durch ein Jugendleiterseminar und eigene Module auf ihre Mitarbeit vorbereitet.
- Der KU wird methodisch unterschiedlich aufbereitet.
- Zum KU gehören Fahrten und Wochenenden.
- Es gibt gemeinsame Projekte, zu denen die Konfirmanden aller Gemein-

den eingeladen sind: Camino evkiwi, Jugendgottesdienst, nine-4-party, Jugendball, Projekt zum 9. November.

- Der KU im Kirchenkreis wird gemeinsam dargestellt und beworben.
- Der KU wird gemeinsam evaluiert.[236]

Kooperation erweitert die Möglichkeiten

Derzeit kooperieren fünf Gemeinden, die einen wöchentlichen Unterricht anbieten. Die qualitative Verbesserung des Unterrichtes wurde durch langfristige Planungen des Themenplanes angestrebt. Im Team der Hauptamtlichen gibt es eine ständige Evaluation und daraus resultierende Überarbeitung der Unterrichtseinheiten. Es findet regelmäßig eine Ideenbörse zur didaktischen Umsetzung von Themen bezogen auf die Lebenswirklichkeit von Jugendlichen in Wilmersdorf statt. Eine gegenseitige Vertretung ist gewährleistet. Der KU fällt nie aus. Durch die gemeinsamen Projekte wird der Unterricht attraktiv, zudem entlasten sie die Hauptamtlichen deutlich.

Die Jugendlichen erleben, dass in Wilmersdorf noch viele andere am KU mit Spaß teilnehmen, lernen sich untereinander kennen und nehmen Verbindungen auf, die über die Zeit des Unterrichtes in die Jugendarbeit vor Ort aber auch des Kirchenkreises hineinreicht. Eine Identifikation mit Kirche findet über die Gemeinde hinaus statt und lässt die Entwicklung einer Gesamtverantwortung zu.

> Derzeit gibt es eine Zusammenarbeit zwischen Daniel, Hohenzollern, Linde, Grunewald und Hochmeister (Stand 2010) mit sechs hauptamtlich Beschäftigten (4 PfarrerInnen, 2 PädagogInnen) und 32 Teamern. Die Zusammenarbeit beinhaltet eine Stundenplanung für fünfmal Konfirmandenunterricht pro Woche. Der Unterricht wird von je 2 Hauptamtlichen und Teamern gehalten. Eine Vorbesprechung findet im Team der Hauptamtlichen statt. Einer von ihnen bereitet dieses Treffen mit allen Materialien vor und formuliert ein Teamerblatt. Ein Koordinationstreffen der Hauptamtlichen findet einmal im Monat für zwei Stunden statt. Die Teamer werden vor Ort eine halbe Stunde vor dem KU auf denselben vorbereitet. Zusätzlich gibt es zwei Startwochenenden sowie Konfirmandengottesdienste vor Ort in unterschiedlicher Form. Drei Elternabende zu Beginn und während der Unterrichtszeit versuchen die Familien ebenso einzubeziehen wie der Präsentationsabend der Konfirmanden, nach dem ein letzter Elternabend organisiert wird.
>
> Gemeinsame Projekte während der Konfirmandenzeit sind der Camino evkiwi, ein Besuch des Jugendtheaters zum Pogromgedenken (veranstaltet vom Amt für Jugendarbeit), eine Fahrt nach Wittenberg, eine Party, das Diakonieprojekt in Zusammenarbeit mit der Kreisdiakoniepfarrerin, Synagogen- und Moscheebesuche, die Teilnahme am Krippenspiel vor Ort und eingemeinsames Abschlusswochenende zur Vorbereitung auf die Konfirmation. Hier machen die Konfirmanden und Konfirmandinnen die Erfahrung:

[236] Siehe das Projekt KonQua S. 156 ff.

> Wir sind viele junge Menschen in der Wilmersdorfer Kirche. Die Konfirmationen finden in der jeweiligen Heimatgemeinde statt, die sich auch um eine Einbindung der Jugendlichen in die Jungen Gemeinden vor Ort bemühen.

Die Unterrichtsentwürfe könnten als Curriculum von allen Unterrichtenden im Kirchenkreis abgerufen werden. Es bleibt jedem Verantwortlichen viel Spielraum für besondere Einheiten.[237] Dennoch könnte die Vorbereitungszeit noch weiter verringert werden, wenn die gut vorbereiteten und mit Material ausgestatteten Einheiten des Curriculums im Regelfall übernommen würden. Ein Anschluss weiterer Gemeinden an diese Kooperation in aller Freiheit ist jederzeit möglich, gerade wenn dort nur noch sehr kleine Gruppen zustande kommen.

Offene Fragen

Einige Fragen sind noch offen, weil sie entweder noch nicht ausführlich genug diskutiert wurden oder kein Konsens zu erzielen war:

- Wie gehen wir um mit vielen oder sehr wenigen Anmeldungen?
- Wird jede und jeder genommen, oder gibt es Aufnahmebedingungen wie z.B. ein Religionsunterrichtszeugnis?
- Soll es weitere gemeinsame Projekte aller Konfirmandinnen und Konfirmanden in Wilmersdorf geben?
- Soll der Konfirmandenunterricht als Grundaufgabe des pastoralen Dienstes weiter an allen Standorten stattfinden? Wird es in einer künftigen Gebäudebewirtschaftung weiterhin angemessene Räume im Zweckvermögen der Gemeinden geben?

Es soll in Wilmersdorf kein Konfirmand verloren gehen, daher wünschen wir zwar die Teilnahme am Religionsunterricht, nehmen aber eigentlich alle in den Konfirmandenunterricht auf und haben in einigen Gemeinden auch einen sehr hohen Anteil an Täuflingen.

d) Ausblick

Die Reichweite der Jugendarbeit in Wilmersdorf ist sowohl im gemeindlichen als auch im kreiskirchlichen Bereich für städtische Verhältnisse außergewöhnlich groß. Das hat historische Gründe. Dazu trägt aber auch die Strukturentscheidung bei. Gewachsene Arbeit in den lokalen Gemeinden wird zentral durch einen Organisationskern im Amt für Jugendarbeit unterstützt, gefördert und entwickelt. Die Kirchenkreisplanung hat diese Struktur als Prinzip für die Zusammenarbeit aufgegriffen und verallgemeinert.

Für die Jugendarbeit entsteht die Frage, wie dieses hohe Kontaktpotential in der Altersgruppe genutzt werden kann. Es zeigt sich zunächst in einer re-

---

237 Weitere Details unter www.lindenkirche.de.

lativ langen Zugehörigkeit zur evangelischen Jugend, zumal die Ausbildungssituation in Berlin nicht zwingend einen Ortswechsel nach dem Ende der Schulzeit erfordert. Wer am Ort bleibt, wird auch seine Kontakte am Ort leichter aufrechterhalten können.

Die sich spätestens Mitte Zwanzig weiter ausdifferenzierenden Lebensverhältnisse erlauben keine bruchlose Weiterführung. Auch müssen die Leitungspositionen in der Jugendarbeit und in den Gremien für die Nachwachsenden frei gemacht werden, um deren Engagement nicht zu blockieren. Der Platz der Jungen Erwachsen ist dann in den Leitungsgremien der erwachsenen Gemeinde.

Sicher kommen viele dieser Gemeindeglieder – sofern sie in Berlin bleiben – in der Familiengründungsphase wieder in Kontakt mit Gemeinden. Es ist dennoch die Frage zu stellen, ob nicht weitere Kontakte in dieser Altersgruppe aufrecht erhalten werden können. Mit Sicherheit braucht es dazu neue Formen. Aber es würde sich lohnen, mit einigen kreativen Köpfen aus einer so breiten Jugendarbeit auf die Suche zu gehen. Projektmittel des Kirchenkreises wären hier gut eingesetzt. Der Beitrag für eine weithin in evangelischen Gemeinden ungelöste Frage wäre nicht gering.

9. Mittlere Generation

a) Orientierung im praktisch-theologischen Kontext

Bei der Frage der Mittleren Generation in der kirchlichen Arbeit bricht häufig Verlegenheit aus. Das ist nicht zufällig. Denn hinter der rein zahlenmäßigen Altersangabe „zwischen 25 und 55“ verbergen sich höchst unterschiedliche Lebenslagen. Die Mittlere Generation ist in der Generationenfolge die Generation „dazwischen“, zwischen den Eltern und eigenen Kindern. Diese Zwischenphase lässt sich gliedern. Während in der ersten Hälfte für viele die Eltern-Kind Beziehung dominiert und eine breite Kontaktfläche zu Kirche bietet, ist in der altersmäßig zweiten Hälfte die Kind-Eltern Beziehung, d.h. die Sorge für die alten Eltern aktuell.

Mit der unvermeidlichen Vergröberung lässt sich diese Lebensphase als eine eher stabile Zeit nach einer zumeist offenen Such- und Ausbildungsphase kennzeichnen. Die Beanspruchungen sind hoch. Vielfältige Verantwortungsbereiche müssen vereinbart werden. Durch die etwas stabileren Sozialbezüge gibt es mehr Kontaktflächen zur Ortsgemeinde. Allerdings erlaubt das knappe Zeitbudget in der Regel, wenn überhaupt, nur eine begrenzte Mitarbeit. Generell wird es darum gehen, die Wiederaufnahme von Kontakten nach einer Latenzphase in der späten Jugend und frühen Erwachsenenzeit zu erleichtern. Auch hier spielen die Amtshandlungen von Trauung, Taufe, Konfirmation und Bestattung eine große Rolle.

Wegen der vielfältigen Lebenslagen lässt sich diese Generation kaum mit einer Logik erfassen. Am ehesten greifbar ist noch die Eltern-Kind Beziehung.

b) Reflexion und Gestaltung in Wilmersdorf

Die Eltern-Kind Beziehung ist der organisierte Teil der Lebensbegleitung dieser Phase in Wilmersdorf. Deshalb wird im Folgenden aus dieser Arbeit berichtet. Sie wird von der Familienbildungsstätte (FBS) getragen.

Ziele
Familienbildung ist Bildungsarbeit, die Menschen vor, während und nach der Familienphase anspricht und Themen des Familienlebens aufgreift. Ein Schwerpunkt der Angebote ist die gemeinsame Teilnahme von Kindern und Erwachsenen. Ihnen liegt ein weiter Bildungsbegriff zugrunde, der durch Thematisierung von Glaubensfragen und durch gemeinsames, achtsames Tun explizit und implizit christliche Themen vermittelt. Dies entspricht der Ausrichtung des Kirchenkreises auf die Gesamtheit der Menschen in der Region und den damit verbundenen gestuften Zielen.[238]

Die FBS Wilmersdorf versteht sich als unterstützender und stellvertretender Dienst für die gemeindliche Arbeit mit den Familien vor Ort. Dabei schafft und nutzt sie die Potenziale auf Kirchenkreisebene. Die FBS arbeitet in Gemeinden, mit Gemeinden und für Gemeinden. Sie initiiert Einzelangebote in den Gemeinden, führt eigene Projekte in Zusammenarbeit mit Gemeinden „vor Ort“ durch und bietet Veranstaltungen in eigenen Räumen an.

> In diesem Zusammenhang steht z.B. das im Jahr 2009 durchgeführte Projekt „Gutschein anlässlich der Taufe“. Dieser Gutschein ermöglicht den Täuflingen bzw. deren Eltern die ermäßigte Teilnahme an einer Veranstaltung der FBS.

Intensiv arbeitet sie mit den beiden Gemeinden zusammen, die die Arbeit mit Kindern und Familien zu ihrem Schwerpunkt gemacht haben. In den anderen Gemeinden sind vor allem die Kindertagesstätten wichtige Kooperationspartner. Je klarer sich diese Bereiche im Zuge der Integrierten Kirchenkreisplanung entwickeln, desto präziser lassen sich die Angebote der FBS zuordnen.
Ziele der Familienbildung sind:

- Anregung und praktische Unterstützung für ein gelingendes Familienleben zu geben,

[238] Siehe die Verankerung im Konzept S. 61 ff.

- Austauschmöglichkeiten anzubieten,
- die eigene Erziehungskompetenz zu fördern,
- Orientierung in sozialen, gesellschaftlichen und religiösen Bezügen zu geben und
- Leistungsdruck, Konkurrenzdenken und Versagensängsten entgegenzuwirken, die junge Eltern verunsichern.

Um diese Ziele zu erreichen, ist folgendes wichtig:
- eine gelingende Zusammenarbeit mit den Gemeinden, da die Kurse in deren Räumen stattfinden,
- regelmäßige Fortbildung und Qualifizierung der Kursleiterinnen,
- Intensivierung der Zusammenarbeit mit den Kitas,
- Austausch und Zusammenarbeit der kreiskirchlichen Dienste,
- Entwicklung offener Treffpunkte,
- Optimierung der Öffentlichkeitsarbeit.

Mehr als die Hälfte aller angebotenen Kurse mit rund 1700 Teilnehmern liegen im Eltern-Kind-Bereich, Elternseminare erreichen 175, Tagesmütter-Fortbildungen 141 Teilnehmende. Die hohe Anzahl der Gymnastikkurse (56 Kurse mit 612 Teilnehmenden) hat Tradition. Im Schnitt kommen regelmäßig pro Woche bis zu 300 Menschen in die Gemeindehäuser, um Angebote der FBS dort wahrzunehmen.

Familienbildung als feste Größe im Verbund

Verantwortlich für die Arbeit sind zwei hauptamtliche Mitarbeiterinnen mit zusammen einer Stelle. Diese ist im Soll-Stellenkonzept des Kirchenkreises weiterhin vorgesehen. Von ihnen werden die Kurse organisatorisch und inhaltlich geplant, vorbereitet, koordiniert. Die rund 20 freiberuflichen Lehrkräfte werden fachlich begleitet.

Die FBS Wilmersdorf ist Teil der „Evangelischen Familienbildung Berlin“ und steht damit in einer nicht immer einfachen doppelten Bindung an die landeskirchlichen Rahmenbedingungen und die Wilmersdorfer Notwendigkeiten.

Sie steht in einem Beziehungsnetz:
- Die FBS ist mit den Einrichtungen des Kirchenkreises in der MAK (Mitarbeiterkonferenz) im regelmäßigen Austausch.
- In Zusammenarbeit der „Leben mit Kindern gGmbH“ (Lemiki) finden Elternabende zu gewünschten Themen sowie das Elterntraining „Starke Eltern – Starke Kinder“ statt.
- Auf kommunaler Ebene ist die FBS aktiv beim „Runden Tisch Elternbildung“ des „Lokalen Bündnis für Familien“.

Der Einbezug der FBS in den „Campus Daniel“ als herausragendem generationsübergreifendem Bildungsstandort wird exemplarisch neue Chancen der

Zusammenarbeit mit allen auf dem Campus vertretenen Einrichtungen einschließlich der Evangelischen Grundschule und dem Hort erschließen.

10. Senioren

a) Orientierung im praktisch-theologischen Kontext

Die Lebenserwartung der Deutschen ist in den letzten Jahrzehnten deutlich gestiegen. Immer mehr Menschen erreichen ein hohes Lebensalter. Wann ein Gemeindeglied zur Gruppe der Älteren gehört, ist schwer objektiv zu bestimmen. Zudem ergeben sich bei der Zuordnung Probleme von subjektiver Wahrnehmung und als Kränkung empfundener Einordnung. Unbestritten dürfte das augenblickliche Renteneintrittsalter von 65 Jahren einen Einschnitt markieren. Subjektiv könnte das Ende der Berufstätigkeit eine solche Zäsur bilden. Angesichts der Lage auf dem Arbeitsmarkt wird dieser Übergang von nicht wenigen als erzwungen und zu früh empfunden.

In dieser Lebensphase meldet sich die Frage nach dem Sinn des Lebens und nach der Endlichkeit des Irdischen unüberhörbar. Die Suche nach Antworten bringen viele wieder näher an die Welt des Glaubens und der Kirche. Es gilt zunehmend, Abschiede von Gleichaltrigen oder der vorhergehenden Generation zu verarbeiten. Sie dürfte auch die letzte Generation sein, die – zumal in Wilmersdorf – eine generell hohe Fähigkeit zu Spenden besitzt. Die nachfolgenden Generationen werden durch die Reform der Altersversorgungssysteme wesentlich weniger Mittel zur Verfügung haben. Für eine tragfähige Spenden-Konzeption rückt mit jedem Jahr das Ende der günstige Phase näher.

Auf jeden Fall ist diese Lebensphase in sich höchst plural. Zumindest vier Abschnitte lassen sich grob unterscheiden. Ihre zeitliche Abfolge ist naheliegend, aber keineswegs zwingend. Zudem können sich in Paarbeziehungen die Partner in unterschiedlichen Phasen befinden.

Die erste Gruppe unterliegt keinen oder keinen größeren Einschränkungen oder Beeinträchtigungen oder kann sie kompensieren oder überwinden. Sie verfügt über einen kaum begrenzten Aktionsradius. Menschen, die von Pflichten befreit und materiell gut ausgestattet sind, suchen nach dem „Urlaub des Lebens“ oder verwirklichen lange zurückgestellte Träume. In manchen Bezügen ähneln die Menschen dieser Altersgruppe den Jugendlichen in ihrer Aufbruchs- und Orientierungssuche. Wenn es Probleme gibt, dann in der Sorge um andere: um alte Eltern, den Partner, die Kinder oder Enkel.

Ziel der Begleitung dieser Gruppe könnte sein, die Verluste an beruflicher Wirkung und an Einfluss zu bearbeiten und nicht zu überdecken. Bei der Suche nach neuen Möglichkeiten kann die Kirche dazu verhelfen, die eigenen Gaben, seien sie beruflich erprobt oder bislang unentdeckt, zu entfalten und einzusetzen. Die Frage nach der Reife und dem Ertrag des eigenen Lebens meldet sich an.

Angebote für diese Gruppe lassen sich kaum auf einen Fokus bringen. Prinzipiell nutzt diese Gruppe alle Angebote in ihrem Umkreis, die ihnen entsprechen. Ihr Alter muss dabei nicht thematisiert werden. Dies könnte für Manche sogar ein Ausschlussgrund sein.

Die zweite Gruppe ist durch einen begrenzten Radius gekennzeichnet. Einschränkungen sind bemerkbar. Das Leben ist aber auf jeden Fall ohne fremde Hilfe zu bewältigen.

Ziel für diese Gruppe könnte es sein, diesen Übergang zu bewältigen und die Einschränkungen als Konzentration und nicht nur als Verlust zu verstehen. Das Engagement für andere kann einen guten Ausgleich bilden.

Angebote für diese Gruppe thematisieren schon eher die Lebenslage und das Alter, ohne dass dies zu Abstoßungsreaktionen führen muss. Die „klassische" Seniorenarbeit hat hier ihre bevorzugte Zielgruppe, oftmals auch im Bereich der ehrenamtlichen Mitarbeit. Aktivierende Komponenten sind angebracht.

Die dritte Gruppe ist auf ihren Wohnumkreis beschränkt und auf spezifische fremde Hilfe angewiesen. Angehörige kommen in höchst unterschiedlichen Rollen ins Spiel. Ziel für diese Gruppe könnte es sein, diese Situation zu bewältigen, Abschiede zu bestehen und neue Kräfte des inneren Menschen zu entdecken.

Angebote für diese Gruppe haben zumeist einen kompensatorischen, Halt gebenden und stützenden Charakter. Das Alter wird thematisiert. Die Gruppen haben nicht selten einen Selbsthilfecharakter, ohne dass dies allen bewusst wäre.

Die vierte Gruppe ist auf ihre Wohnung oder ihren Heimplatz beschränkt. Zumeist haben diese Menschen einen steigenden Pflegebedarf. Wenn sie in der eigenen Wohnung verbleiben, kann er durch Angehörige oder durch ambulante Dienste gewährleistet werden. Ziele sind eine menschenwürdige und fachlich qualifizierte Zuwendung und Hilfe bei der Bewältigung dieser Situation. Es gilt, die inneren Stärken in einem schwachen Körper zu entdecken und zu fördern.

Angebote müssen sich an Einzelne richten. Das Team Diakonie[239] übernimmt hier die Aufgabe der Begleitung.

---

239 Siehe S. 220 ff.

b) Seniorenarbeit in Wilmersdorf

Bei den über 60 Jährigen finden sich in Wilmersdorf die stärksten Jahrgänge aller Altersgruppen der Gemeindeglieder. Dem entsprechend gibt es bereits jetzt ein breites Angebot.

Ein breites Angebot für Menschen im engeren Lebensumkreis

Die Seniorenarbeit ist ein „klassisches“ Arbeitsfeld der Ortsgemeinde für Menschen, die nach der obigen Einteilung eher zur zweiten und zum Teil dritten Gruppe gehören. So gibt es in allen neun Wilmersdorfer Gemeinden jeweils einen *Seniorenkreis*. Er wird von einem der Pfarrer, Pfarrerinnen geleitet, bzw. in zwei Gemeinden von dem jeweiligen Diakon oder anderen hauptamtlich oder ehrenamtlich Mitarbeitenden. In einer Gemeinde wird aus einem Vermächtnis eine Pfarrstelle mit Schwerpunkt auf dieser Arbeit besetzt. Dementsprechend ist dort das Angebot weit gespannt und differenziert bis hin zum Senioren-Sommerfest.

Die *Teilnehmerzahlen* weisen eine große Bandbreite auf. Die beiden größeren werden von 40 bis 50 Teilnehmern besucht, zwei Kreise von 20 bis 30, die anderen zwischen 5 und 15. Es fällt auf, dass die kleineren Gruppen sich wöchentlich treffen und zumeist von Höherbetagten besucht werden. Die monatliche Gesamtzahl liegt bei 400 Teilnehmenden, was wegen der Mehrfachbesuche etwa 200 Personen mit einer regelmäßigen Teilnahme bedeuten dürfte.

Neben Kaffee und Kuchen gibt es in den meisten Gemeinden auch jeweils ein *Thema*. Die kleinen Gruppen treffen sich eher zu Handarbeiten, Spielen, Basteln o.ä.

Tagesausflüge etwa vierteljährlich sind ein regelmäßiges Angebot. Fünf Gemeinden bieten ein bis zweimal im Jahr Seniorenreisen mit 20 bis 40 Teilnehmenden an.

In sechs der neun Gemeinden gibt es weitere Angebote für *Gespräche*, die sich verschieden nennen. Sie haben zumeist einen höheren Grad der Aktivierung. In fünf Gemeinden steht dabei regelmäßig die Bibel im Mittelpunkt. Kultur und Literatur wird in zwei Gemeinden zum Kristallisationspunkt.

In allen neun Gemeinden werden Menschen *besucht*, in 7 gibt es einen regelrechten Besuchsdienstkreis, zumeist von etwa 8–10 Menschen. In einigen Gemeinden wird darüber nachgedacht, einen *Besuchsdienstkreis* neu zu gründen, bzw. den bestehenden Kreis so neu zu gestalten, dass die Besuche über Geburtstagsbesuche hinaus gehen. Der Austausch miteinander soll noch mehr zu einer fachlichen Vorbereitung werden, um die Besuchenden besser zu qualifizieren.

Ein Angebot für *Seniorengymnastik* gibt es in den vier südlichen der neun Gemeinden. In einer Gemeinde gibt es einen Wanderclub. Drei *Chöre* spre-

chen als Singkreis oder als Senioren-Kantorei gezielt Senioren an. Zu *Geburtstagsfeiern* wird meist in den Seniorenkreisen eingeladen, in vier der Gemeinden ist es eine Extra-Veranstaltung, deren Gäste auch über den Kreis der Teilnehmer des Seniorenkreises hinausgehen.
In fünf der Gemeinden geht der Pfarrer bzw. der Diakon regelmäßig in die Heime im Gebiet der Gemeinde. Zumeist werden dort Gottesdienste gefeiert. Die Koordination liegt beim Team Diakonie.

Ausblick
Dieser Überblick zeigt, dass das Angebot in den Gemeinden sehr breit gefächert ist. Viele Veranstaltungen sind an fast allen der Gemeinden in ähnlicher Weise zu finden. Bei Reisen arbeiten drei Gemeinden zusammen. Sie müssen die Erfahrung machen, welch langwieriger Prozess es ist, die älteren Menschen verschiedener Gemeinden zusammen zu bringen.

Ein relativ neues Gebiet, die Aktiv-Angebote, die etwa mit Bewegung, Kultur o.ä. zu tun haben, scheinen eine etwas andere Zielgruppe anzusprechen, die eher jüngeren Senioren. Sie sind sehr spezifisch für die jeweiligen Gemeinden. Doppelungen gibt es kaum. Dieser Bereich sollte in Zukunft verstärkte Aufmerksamkeit finden.[240]

Im Ganzen zeigen sich die vielfältigen einander überlagernden Strukturen, in welchen Seniorenarbeit in Wilmersdorf stattfindet. Verbesserte Koordinierung erscheint als ein sinnvoller Schritt. So könnten Strukturen vereinfacht, Gremien zusammengeführt und die Vielfalt der Angebote sinnvoll gebündelt, gewahrt und weiter entwickelt werden. Allerdings sollten die Schwierigkeiten einer verstärkten Zusammenarbeit gerade auf diesem Gebiet nicht unterschätzt werden. Auf jeden Fall scheint die Stellen-Kapazität, die im Augenblick für die Koordination zur Verfügung steht, für diesen Schritt knapp bemessen zu sein.

FORUM 50plus als ein Angebot zur Neuorientierung

Das Projekt FORUM 50plus wendet sich an Menschen ab 50, die die familiären und beruflichen Veränderungen gerade in dieser Lebensphase als Herausforderung für ihre persönlichen Denk- und Verhaltensmuster begreifen. Es wird von drei benachbarten Gemeinden gemeinsam getragen.

Forum 50plus will die Eigeninitiative der Menschen fordern und fördern. Gemeinsam mit denen, die sich angesprochen fühlen, mit ihrem Wissen, ihrer Erfahrung und ihrer Tatkraft sollen im Rahmen der Gemeinden neue Angebote entstehen, die ihren Bedürfnissen und Erwartungen gerecht werden. Die Beteiligung kann vielfältig aussehen: Einbringen von Ideen, Durchführung von Gruppenaktivitäten, Aufspüren von Feldern zur sinnvollen Be-

[240] Vgl. den Ansatz des Forum 50plus, das einen Teilbereich dieser Gruppe im Blick hat.

tätigung, Engagement für die Selbstverwaltung von Forum 50plus. So kann ein vielfältiges Angebot entstehen und sich immer weiter entwickeln.

Zu einer wichtigen Plattform hat sich das Café Zeit entwickelt, das einmal im Monat samstags von 10.00 bis ca.13.00 Uhr stattfindet. Zu ihm gehören auch monatliche Teamtreffen. Im Koordinationskreis (der Interessenvertretung) sind alle Gruppen und Angebote vertreten. Er trifft sich monatlich. Hier ist der Raum für Anregungen, Kritik und Austausch.

Für diese Arbeit steht aus dem Haushalt der drei Träger-Gemeinden eine Stelle von 50% zur Verfügung. Sie wird von einer Diplom-Pädagogin mit entsprechenden Zusatzqualifikationen ausgefüllt.

Es sind etwa 30 Menschen, in der Mehrzahl etwa Anfang 60, welche die Angebote wahrnehmen. Sie kommen zumeist aus dem Bereich der drei Gemeinden.

> Sie ziehen einen persönlichen Gewinn daraus, für sich und Andere und mit Anderen aktiv zu sein. Es sind vor allem Menschen im Übergang zum Ruhestand. Allerdings trifft eine Veranstaltung explizit zu diesem Thema (Ruhestand) offenbar auch nicht den Bedarf. Und die 50-jährigen suchen sich ihre außerberuflichen Aktivitäten wohl doch eher außerhalb der Gemeinde. Vielleicht ist trotz der Vermeidung des Wortes „Senioren“ die Hemmschwelle immer noch groß, irgendwie mit diesem Bereich in Verbindung gebracht zu werden.

In der Entwicklung des Campus Daniel wird das Projekt einen wichtigen Platz einnehmen.

Koordinierungsstelle für die Seniorenarbeit

Der Kirchenkreis fördert die Zusammenarbeit der Gemeinden auch auf dem Gebiet der Senioren und hat deshalb 2001 die Koordinierungsstelle für die Seniorenarbeit im Kirchenkreis Wilmersdorf als eine Stelle mit 12,5% Umfang eingerichtet. Damit schuf er ein Forum für die Gemeinden zum Erfahrungsaustausch und für mögliche gemeinsame Projekte. Den Veränderungen im Bereich der personellen und finanziellen Ressourcen und in der Lage der Zielgruppe kann so gemeinsam begegnet werden.

Der Konvent wurde zu einer regelmäßigen monatlichen Plattform für die hauptamtlich in der Seniorenarbeit Beschäftigten, und zu einem Kreis, der sich die Qualitätsentwicklung[241] zum Ziel gesetzt hat. Das gemeinsam erarbeitete Leitbild bietet dafür den Maßstab und bestimmt Ziele und Methoden der Arbeit.

---

[241] Der Leitfaden „Qualitätsentwicklung in der Offenen Altenarbeit“, hg. vom Diakonischen Werk, dient als Grundlage für die Evaluierung, die einmal im Jahr in Form einer 2–3-tägigen, aushäusigen Fortbildung stattfindet.

Konkrete Leitveranstaltung dieses Prozesses ist der einmal im Jahr stattfindende „Tag des Einblicks“, ein Angebot rund um Körper, Geist und Seele. Es zielt besonders auf die „jüngeren Alten“ und lädt ein zum Kennenlernen, Mitmachen und Genießen.

Vernetzt ist die Koordinierungsstelle mit der kommunalen Seniorenarbeit, mit dem Referat Offenen Altenarbeit im Diakonischen Werk, dem Gesamtkonvent Berlin – Brandenburg-schlesische Oberlausitz, mit der EAfA, u.a.

11. Ökumene, interreligiöser Dialog

a) Orientierung im praktisch-theologischen Kontext

Eine der wesentlichen Bedingungen für die Zukunft der Menschheit wird es sein, dass die Konfessionen und Religionen ihre Kräfte zum Wohl der Erde und aller Geschöpfe bündeln. Eine Vorbedingung für ein Zusammenwirken ist die gegenseitige Kenntnis und der Dialog. Dieser muss exemplarisch vor Ort beginnen. Er ist auch für Wilmersdorf ein wichtiger Baustein des Konzepts. Der Kirchenkreis strebt dabei weniger einen Minimalkonsens an, sondern engagiert sich für ein Zusammenleben in der Fülle der Traditionen, soweit sie einen Frieden in Gerechtigkeit ermöglichen. Die eigenen Traditionen werden eingebracht und die fremden respektiert. Zu Respekt und Würdigung gehört aber auch ein Dialog über die Wahrheit Gottes, der ehrlich und ernsthaft geführt wird und in den aus evangelischer Sicht die Überzeugung der Liebe Gottes ebenso eingebracht wird wie die Freiheit und Verantwortung des Menschen durch Gottes Rechtfertigungshandeln.

In einer ekklesiologischen Grundentscheidung wird der Kirchenkreis als die erste umfassende Gestalt von Kirche verstanden.[242] Bereits die Formulierung macht deutlich, dass dieses Verständnis keine selbstbezogene Isolation darstellt, sondern neben den auch rechtlich geordneten Bezügen zur Landeskirche die Beziehungen zur weltweiten Kirche einschließt. Gerade in Zeiten starker Veränderungen spielt das gegenseitige Lernen in der Ökumene vor Ort und in der weltweiten Christenheit eine wichtige Rolle.

Eine Kirche, die sich unabhängig von ihrer Größe auf das Gesamte eines Lebensraumes bezieht, muss aber auch den Dialog mit Menschen anderer Konfessionen und Religionen suchen. Angesichts der religiösen Vielfalt in Wilmersdorf können diese Beziehungen nur exemplarisch wahrgenommen werden.

[242] Siehe bei den Grundlagen S. 37 ff.

b) Wilmersdorf

Im Kirchenkreis Wilmersdorf koordiniert ein Beauftragter für Ökumene und Dialog die ökumenischen und interreligiösen Kontakte.

Der Kirchenkreis und die Wilmersdorfer Gemeinden pflegen die Zusammenarbeit mit Christen anderer Denominationen bzw. Konfessionen oder ethnischer Hintergründe in der *interkonfessionellen Ökumene*. Das Ökumenische Pfarrer- bzw. Mitarbeiterfrühstück war in der Vergangenheit das regionale Kommunikationsforum für den Austausch von Informationen und zur Vorbereitung gemeinsamer Aktivitäten. Die bisherigen ökumenischen Treffen und Aktivitäten haben unterschiedliche Reichweiten:

Von überregionaler Bedeutung sind der Gebetsgottesdienst für die Einheit der Christen und der Lima-Kreis als theologischer Gesprächskreis. Regionale Bedeutung haben der Weltgebetstag und die „Nacht der Offenen Kirchen". Lokale Bedeutung haben Veranstaltungen und Feste wie gemeinsame Martinsfeste bzw. -umzüge, Jugendkreuzwege oder Sternsingeraktionen. Es gibt gemeinsam gefeierte Gottesdienste am Aschermittwoch, als Waldgottesdienste oder als open-air Gottesdienst.

Der Kirchenkreis pflegt die *weltweite Ökumene* durch exemplarische Kontakte zu anderen Kirchen und Gemeinden im Ausland. Mit der *Iringa-Diözese* der Evangelisch-Lutherischen Kirche in Tansania verbindet den Kirchenkreis eine dreißigjährige Partnerschaft, die sich vor allem in den zwei Sphären von Begegnung und Projektförderung vollzieht. Die Partnerschaft zur A*nglikanischen Kirche in London* ist durch Besuche und pastorale Fachtagungen geprägt. Mit der *United Church of Christ* in Californien / USA findet ein lebhafter Gedankenaustausch über theologische und ethische Fragen statt.

Der Kirchenkreis fördert den *Dialog mit Andersgläubigen bzw. Andersdenkenden* durch die Kommunikation und Auseinandersetzung mit nichtchristlichen religiösen Gruppen und Weltanschauungsgemeinschaften. Das interreligiöse Gespräch auf Bezirksebene entstand anlässlich der Auseinandersetzung um den geplanten Bau einer neuen Moschee auf Initiative des Bezirksamts Charlottenburg-Wilmersdorf und arbeitet an einer „Charta der Religionsgemeinschaften" im Bezirk. Mit dem vom Kirchenkreis Wilmersdorf wesentlich getragenen jährlichen Fußballspiel „Pfarrer vs. Imame" wird der Dialog auf einer anderen Ebene fortgesetzt.

c) Beispiele

Christlich-jüdischer Dialog

Christlich-Jüdische Beziehungen in Deutschland, dem Land der Täter, dem Land der Initiatoren der Shoah, bedürfen eines vertrauensbildenden Vorlaufs – konkret, nachhaltig, eindeutig, glaubwürdig.

Die Vaterunsergemeinde hat sich das Vertrauen von jüdischen Menschen in Deutschland, das Vertrauen von Rabbinen und anderen jüdischen Persönlichkeiten, das Vertrauen jüdischer Institutionen durch ein ‚halachisches' TUN erworben.

Seit 1997 lädt die Vaterunsergemeinde aus dem jüdischen Altersheim ältere Menschen zu einem Kaffeenachmittag ein. Diese Begegnungen machten die Vaterunser-Gemeinde zu einem Ort, zu dem jüdische Menschen gerne und ohne Scheu kommen.

Dann gab es eine Anfrage an die Landesarbeitsgemeinschaft Christen und Juden: die Internationale Raoul-Wallenberg-Stifung, bzw. ihr Gründer hatte eine Bitte: Die Stiftung wollte eine Replik einer Gedenktafel, die in der Hauptkathedrale von Buenos Aires in der Kapelle angebracht ist, in der sich auch das Grab des Kardinals Qarracino – eines argentinischen Protagonisten des Jüdisch-Christlichen Dialogs – befindet, in einer evangelischen Kirche in Berlin anbringen.

Ein Zeichen sollte gesetzt werden: gerettete Seiten von jüdischen Gebeten, Siddurim, Megilloth, Hagadoth, gottesdienstlichen Liedern, geborgen aus den Trümmern jüdischer Gotteshäuser, aus dem Warschauer Ghetto, aus Konzentrationslagern und aus den zerstörten jüdischen Einrichtungen in Buenos Aires sind in einer Shoa-Gedenktafel zusammengefasst. Sie soll angesichts von Antisemitismus, Rassismus und sinnloser Zerstörung mahnen. Und gleichzeitig drückt sie die Gewissheit aus: Gottes Wort, sein Bund und seine Verheißung bleiben, auch jenseits der Zerstörung. Diese Texte haben die Mörder überdauert.

Die Vaterunsergemeinde – in der es eine Wallenbergstraße gibt – schien mit ihren intensiven Beziehungen zur jüdischen Gemeinde hierfür besonders geeignet. Der Gemeindekirchenrat hat mit Mehrheit die Anbringung der Replik unterstützt, die dann einen Tag nach Yom Kippur im September 2004 von Bischof Huber und Baruch Tenembaum, dem Begründer der Internationalen Raoul Wallenberg Stiftung enthüllt wurde. Innenminister Schily und Mitglieder des diplomatischen Corps, der Kantor der jüdischen Gemeinde und der Generalsekretär des Zentralrats der Juden würdigten das Ereignis mit ihren Beiträgen.

Als ein besonderes Zeichen wird von vielen gedeutet, dass durch die Beleuchtung der Gedenktafel ein Lichtreflex auf dem Altarkreuz entsteht und dieses in der Dunkelheit erstrahlt. Das Kreuz bezieht seine Leuchtkraft aus den Wurzeln christlichen Glaubens: aus der Bibel Jesu und den Gebeten seiner Geschwister.

Die Internationale Raoul Wallenberg Stiftung hat seitdem die Evangelische Vaterunsergemeinde als verlässlichen Kooperationspartner eingeschätzt. So gab es Folgeveranstaltungen in Kooperation mit der Stiftung, die durch Spenden auch die entstehenden Kosten trug, so dass die Gemeinde damit nicht belastet wurde.

> Im Januar 2006 konnte die Gemeinde die vom Israelischen Außenministerium herausgegebene Ausstellung ,Visa for life' eröffnen. Bei dieser Veranstaltung wurden von der Internationalen Raoul Wallenberg Stiftung für ihren Beitrag zum interreligiösen Dialog ein jüdischer, ein katholischer und ein protestantischer Vertreter geehrt. Im Mai 2008 bekam die Vaterunsergemeinde durch die Stiftung vermittelt Karikaturen eines jüdischen Exilanten in Peru. Sie kommentierten die europäische Zeitgeschichte von 1933 bis ca.1965. Auch hier gab es eine große Eröffnungsveranstaltung mit mehreren Botschaftern, Gästen aus Israel, Kanada und Großbritannien. Die Ausstellung wurde mehrere Monate lang gerade auch von jüdischen Gruppen gut besucht.

Gemeinsam mit dem Kirchenkreis pflegt die Gemeinde die Erinnerungskultur mit weiteren eindrücklichen Veranstaltungen, u.a. mit der bewegenden Ausstellung „der Gelbe Stern" im Jahr 2003, einer Rundfahrt zu Spuren jüdischen Lebens in Wilmersdorf zum 60. Jahrestag der Pogromnacht und einer Veranstaltung zu Ehren von Birger Forell. Neben diesen Großveranstaltungen laufen die Begegnungen weiter.

Aber nicht nur der Christlich-Jüdische Dialog wird in der Gemeinde gepflegt: es gibt auch Gesprächspartner aus anderen Religionen. Ein Hindu kommt regelmäßig, um sich in der Kirche zu einem stillen Gebet zurückziehen zu können. Dafür verschönt er manche Veranstaltung mit wunderschönem indischem Gesang. Auch bei den Sikhs wird zu besonderen Gelegenheiten eine Gemeindegruppe eingeladen.

Alle diese Kontakte wurden auch genutzt, um Begegnungen von Gemeindegruppen und Schulklassen aus Wilmersdorf den Zugang zu diesen verschiedenen religiösen Gruppen zu ermöglichen (z.B. einer Frauengruppe über die Familienbildungsstätte).

Die meisten Kontakte laufen über persönliche Beziehungen zur Gemeindepfarrerin. Aber in den verschiedensten Funktionen sind freiwillig tätige Gemeindeglieder unterschiedlicher Generationen an den Begegnungen beteiligt.

Einige Menschen, darunter viele Jugendliche, haben Feuer gefangen. Und natürlich hoffen alle, dass sie dieses weiter pflegen werden, dass Begegnungen und Erfahrungen solche Wurzeln schlagen, dass sie auch nach sieben Jahren und darüber hinaus und auch von den nächsten Generationen weiter gepflegt und ausgebaut werden, dass sie ermutigen, auf Menschen und Gruppen zuzugehen, die fremd sind in Kultur und Sprache, dass sie Gottes großen Reichtum in und an seinen Geschöpfen dankbar und mit Freude wahrnehmen.

Tansania

Die Partnerschaftsarbeit des Kirchenkreises mit der Diözese Iringa umfasst die Unterstützung des Huruma Waisenhauses in Iringa durch eine enge Zusammenarbeit mit den vom Berliner Missionswerk entsandten Volontären, wechselseitige ökumenische Begegnungen und die Zusammenarbeit mit der Propstei Halle-Naumburg der EKM und der St. Paul Synod of Minnesota/USA der ELCA bei weiteren Projekten in der Region.

Das ökumenische Bewusstsein in den Gemeinden des Kirchenkreises und den kreiskirchlichen Einrichtungen soll gestärkt werden, um Kirche Jesu Christi auch in weltweiter Partnerschaft und Verantwortung zu denken. Hierzu gehören regelmäßige Vorstellungen der Partnerschaftsarbeit, der Iringa Diözese und einzelner Projekte auf den Weihnachtsmärkten der Gemeinden, bei anderen Festen, bei Gottesdiensten und in Konventen.

> Der Beginn der Partnerschaft 1979 ist durch intensive Begegnungen und kleinere Hilfsprojekte gekennzeichnet, für die die Volontärinnen aus Berlin eine wichtige Brücke bilden. Ab 1996 beginnt der Neubau des Huruma Waisenhauses. Zusammen mit dem Berliner Missionswerk unterstützt der Kirchenkreis dieses Projekt und steigt in die Finanzierung der laufenden Kosten ein. Nach einer eher schwierigen Phase Ende der 90er Jahre wird nun versucht, den Aspekt der Begegnung unabhängig von finanziellen Zusagen stark zu machen. In diesem Sinne findet eine Jugendbegegnung 2006/2007 und eine Partnerschaftsreise 2009 statt.

Die Partnerschaftsarbeit wird im Augenblick vom Koordinator der Ökumenischen Arbeit im Kirchenkreis verantwortet. In der Partnerschaftsarbeit sind derzeit 10 Ehrenamtliche aus sechs der neun Kirchengemeinden aktiv.

Für die Zukunft ist wünschenswert, die Partnerschaft in einem festen Kreis zu verankern, der sich auf ein Netzwerk von einsatz- und spendenbereiten Menschen stützen kann. Die Begegnungen könnten einen festen Rhythmus finden und die Projekt-Zusammenarbeit würde im Rahmen klarer und bindender Vereinbarungen stattfinden.

Partnerschaft zur United Church of Christ (UCC)

Anders Kirche sein

Es herrscht ein reger Gedankenaustausch zwischen zwei protestantischen Kirchen in zwei Kontinenten, der UCC in den USA und dem Kirchenkreis Wilmersdorf in Berlin. Das Geben und Nehmen geschieht ausschließlich im immateriellen Bereich. Die UCC ist eine Kirche mit einem konsequenten Minderheitenstatus. Ihre Mitgliederzahl liegt unter einem Prozent der Bevölkerung. Sie hat sich auf diese Größe eingestellt.

In der ekklesiologischen Diskussion verkörpert sie als Typus einen dialektischen Gegenpol zu dem Wilmersdorfer Modell, das die volkskirchlichen Wurzeln zu nutzen versucht. Eine Mitgestaltung der Gesellschaft ist, bei charakteristischen Unterschieden, in beiden Modellen möglich. Die erfolgreichen Prozesse werden in dem je anderen Umfeld auf ihre Anwendbarkeit hin überprüft und die Konsequenzen der unterschiedlichen Konzepte bei der jeweiligen Zukunftsgestaltung bedacht.

Voneinander in aktuellen Fragen lernen

Die theologische Auseinandersetzung ist auch zu verschiedenen inhaltlichen Themen interessant. Wilmersdorf hat Erfahrungen aus dem Prozess „Open and Affirming", der Kontroverse über die Zulassung oder sogar Begrüßung von gleichgeschlechtlich miteinander lebenden Menschen in den gesetzgebenden Prozess der Evangelischen Kirche Berlin-Brandenburg-schlesische Oberlausitz eingebracht und eine überzeugende Lösung erzielt.

Die Stimme für die Stimmlosen erheben

Bedenkenswert ist der Erfolg, mit dem die UCC mit einer sehr kleinen Mitgliederzahl wirksam Gesellschaft mit gestaltet. Eine ausgefeilte Lobbyarbeit zu Gunsten der eigenen Ziele trägt reiche Frucht. Sie erhebt ihre Stimme für die Schwachen und Armen, für den Frieden in Gerechtigkeit, für den Schutz der Menschenrechte. Sie schlägt sich auch in einem besonderen sozial-diakonischen Engagement nieder.

Wirtschaften lernen

Schließlich hat der Kirchenkreis Wilmersdorf auch im wirtschaftlichen Bereich viel von dem engagierten freien unternehmerischen Handeln durch eigenständige Einrichtungen gelernt. Diakonisches Handeln wird in der UCC vor allem in Einzelprojekten verwirklicht, die effizient und erfolgreich sind. Gegenseitige Besuche fördern die gemeinsam erworbenen Erkenntnisse, Kongresse für Multiplikatoren öffnen die Augen für neue Wege.

Lerngemeinschaft statt Unterstützungsleistungen

Der Kirchenkreis suchte neben der Partnerschaft zur afrikanischen Partnerkirche mit einer eher lutherisch-volkskirchlichen Ausrichtung und dem hohen Anteil auch an materieller Unterstützung ein Gegengewicht. So entstand die Partnerschaft mit der UCC als eine nicht-materielle Lerngemeinschaft mit einer Freiwilligkeitsgemeinde.

Die Idee des ökumenischen Lernens würde künftig stabilisiert werden, wenn eine kleine Gruppe den Gedanken der Partnerschaft wach hielte, und die theologischen Gedanken immer wieder in die Arbeit in Wilmersdorf auf allen Ebenen einspeisen würde.

London

Die Erklärung von Meissen 1988 hat die gegenseitige Anerkennung der anglikanischen und deutschen evangelischen Kirchen festgehalten und zu eucharistischer Gastfreundschaft eingeladen. Um die gegenseitige Wahrnehmung zu verbessern und die geistliche Gemeinschaft zu vertiefen, sollen über die Arbeit von kirchenleitenden Gremien hinaus Kontakt zwischen Gemeinden, Schulen und Ausbildungsstätten gepflegt werden.

Seit 2005 finden jedes Jahr Besuche Londoner und Wilmersdorfer Pfarrer statt. Ein besonderer Tür- und Herzöffner in Londoner Gemeinden ist die Musik. „Capella Stravagante" unter der Leitung von Christian Hagitte gab in London zwei Konzerte. Ein besonderer Schwerpunkt der Arbeit liegt auf der zwei-jährigen gemeinsamen Theologischen Konferenz, an der Pfarrerinnen und Pfarrer beider Kirchen teilnehmen.

Die anglikanische Kirche in London und unsere Kirche in Berlin muss sich immer wieder neu den Herausforderungen einer multikulturellen Gesellschaft, sowie einer fortschreitenden Entfremdung der Menschen zur Kirche, stellen. Wirtschaftliche und soziale Probleme werden größer. Um so wichtiger ist es, eine Lerngemeinschaft zu bilden.

Es ist bewundernswert, dass die anglikanische Kirche, trotz ihrer großen innerkirchlichen Probleme – Frauenordination, homosexuelle Pfarrerinnen und Pfarrer, sinkende kirchliche Einnahmen – den Blick nach außen weitet und alle Gesprächspartner mehr als bemüht sind, die Partnerschaftsarbeit auf gute Füße zu stellen.

Fußballspiel Pfarrer vs. Imame

Prinz Charles als prominenter Zuschauer
Einen Monat vor der in Deutschland stattfindenden Fußballweltmeisterschaft drängten sich Zeitungs-, Radio- und Fernsehjournalisten aus aller Welt (z.B. Al-Jazeera, Times, London) zu einer Pressekonferenz auf einem kleinen Sportplatz in Berlin. Sie wollten einen Kommentar von Prinz Charles hören, dem prominentesten Besucher eines außergewöhnlichen Fußballspiels. Nicht das Ergebnis von 0:0 unentschieden war interessant, sondern es waren die Mannschaften, die hier gegeneinander antraten: christliche Pfarrer vs. muslimische Imame.

Der Kirchenkreis nimmt eine Idee aus Großbritannien auf
Das Spiel hat Tradition. „Pfarrer vs. Imame" ist ein einmal jährlich in Wilmersdorf stattfindendes Fußballspiel zwischen Berliner Pfarrern und Berliner Imamen. Gespielt wird um einen Wanderpokal, der vom Ökumenischen Rat der Kirchen gestiftet wurde. In den Jahren 2006–2008 gewannen die Pfarrer zwei Spiele, die Imame eines.

Ausgehend von einer Tagung an der britischen Botschaft zum Thema „Sport against Racism“ gab es Überlegungen, eine Idee aus Großbritannien auszuprobieren. Pfarrer hatten dort gegen Imame Fußball gespielt. In der Landeskirche war wenig Interesse oder Kraft vorhanden, bis schließlich der Kontakt zum Kirchenkreis Wilmersdorf hergestellt wurde.

Es passte zum Kirchenkreiskonzept. Zudem hat der Kirchenkreis Wilmersdorf eine große Tradition religiöser Vielfalt. Er war in den 20er Jahren das Beispiel für das Zusammenleben verschiedener Religionen und Weltanschauungen, von der Loge bis zur orthodoxen Kirche, und noch heute findet einmal im Jahr ein großer ökumenischer Gottesdienst statt. Seit Anfang der 80er Jahre gab es auch den ökumenischen Arbeitskreis Wilmersdorf, den „Lima-Kreis“ und ein gutes ökumenisches Miteinander.

Es waren schon lange Überlegungen im Gange, den Sport neben der Kultur als zweite große Zugangsmöglichkeit zu den Menschen in Wilmersdorf zu nutzen. Und es gab eine funktionierende Fußballmannschaft von etwa 20 Pfarrern, die sich auch seit dem Berliner ökumenischen Kirchentag an den Turnieren der „Popen Open“ beteiligte. Dies ist angesichts der zeitlichen Belastung durch den Beruf nicht selbstverständlich. Auch wenn die Pfarrer – bedingt durch deren Ausbildungsgang – deutlich älter als die Imame sind, waren sie bereit, sich der Begegnung auf dem Rasen zu stellen.

Zudem wurde die Unterstützung der Landeskirche und des ökumenischen Rates ebenso signalisiert wie die Bereitschaft auf Seiten der verschiedenen muslimischen Gemeinschaften, sich an einem solchen Spiel zu beteiligen.

Viele tragen zum Gelingen bei

Die Initiative hat in den Redebeiträgen viel Lob erhalten und ein weltweites, positives Presseecho ausgelöst. Die Bilder von der Pokalübergabe durch Prinz Charles an den Kapitän der Pfarrermannschaft, den Wilmersdorfer Superintendenten, und den Kapitän der Imame gingen um die Welt, brachten Menschen zum Lächeln und zum Nachdenken und bescherten dem Kirchenkreis und seiner Diakonie, die als Sponsor auf den Trikots zu erkennen war, einen großen Imagegewinn. Zudem hat die Initiative im Jahre 2009 einen „Respekt“-Sonderpreis gewonnen, der von prominenten Vertretern aus Politik, Kultur und Sport gestiftet wurde.

Diese positiven Reaktionen sind durch das Engagement vieler ermöglicht worden. Die Organisation selbst konnte mit Hilfe des Ephoralbüros und einiger Hauptamtlicher und Ehrenamtlicher im Kirchenkreis bewältigt werden. Die Öffentlichkeitsarbeit im Kirchenkreis hat in enger Zusammenarbeit mit der Landeskirche wesentlich zum Gelingen beigetragen.

Außerdem ist es besonders hilfreich, dass die Britische Botschaft als einer der Mitveranstalter auftritt und ihr Know-how zur Verfügung stellt. Aus der britischen Auslandsgemeinde gibt es einen engagierten ehrenamtlichen und hauptamtlichen Einsatz rund um das Spiel.

Eine zusätzliche Ressource stellt das Friedrich-Ebert-Gymnasium, welches seinen Fußballplatz, Räume für Pressekonferenzen und Umkleidekabinen zur Verfügung gestellt hat.

Im Jahr 2009, als Prinz Charles im Rahmen seiner Berlinreise als einzigen öffentlichen Auftritt das Spiel besuchte, hat die Stadt Berlin für Sicherheit gesorgt und das Stadion selbst zur Verfügung gestellt. Für diesen Rahmen wurde das größere Katzbachstadion in Kreuzberg gewählt.

Koordiniert wird das Projekt über eine kleine Arbeitsgruppe, in der nun auch die Vertreter der islamischen Organisationen mit arbeiten. Hier ist die Gewinnung von Spielern leichter, weil Imame schon deutlich jünger ihren Dienst tun können. Mittlerweile ist auch auf dieser Seite ein hoher Organisationsgrad erreicht worden mit Trainer und Vorbereitung und ehrgeizigen Spielern.

d) Ausblick

Die *interkonfessionelle Ökumene* lebt auf der lokalen Ebene von der persönlichen Kommunikation. Ziel könnte es sein, in sieben Jahren einen stabilen Kreis verbindlich mit einander kommunizierender Partner zu bilden.

Bei der *weltweiten Ökumene* wird die Partnerschaft mit Tansania weiterhin die Hauptrolle spielen. Für alle drei internationalen Kontakte (Tansania, England und USA) muss geklärt werden, wie diese Verbindungen in Zukunft im Kirchenkreis und in den Gemeinden angebunden werden können. Manches spricht dafür, die Ebene Kirchenkreis als die eigentliche Ebene zu entwickeln, da dadurch Ungleichgewichtigkeiten in den Beziehungen am besten vermieden werden können. Dies bedarf aber einer Entscheidung über die personellen Ressourcen, die der Kirchenkreis dafür bereitstellt.

Im *Dialog mit Andersgläubigen bzw. Andersdenkenden* müssen angesichts der Weltlage die bisherigen Aktivitäten unbedingt fortgesetzt bzw. verstärkt werden, um weitere Zeichen für Verständigung und friedliches Zusammenleben der Religionsgemeinschaften in Berlin zu setzen. Die *Kooperation mit anderen Kirchenkreisen* ist in diesem Bereich weiter notwendig und könnte auch für den Bereich der interkonfessionellen Ökumene sinnvoll sein.

IV. Bilanz und Ausblick

A. Die Bilanz

Die Bilanz kann sich an den Prinzipien der Integrierten Kirchenkreisplanung orientieren. Damit entsteht noch einmal ein zusammengefasstes Bild.

Die Rahmenplanung

Die Integrierte Kirchenkreisplanung stellt einen Rahmen bereit, an dem sich die einzelnen Akteure orientieren und innerhalb dessen sie handeln können. Dieser Rahmen ist gemäß der theologischen Orientierung des Prozesses[243] aus einer Suche nach der Wahrheit und Klarheit hervorgegangen und gewinnt daraus seine orientierende Kraft. Dieser Rückbezug erlaubt, ja verpflichtet immer wieder zu einer Überprüfung anhand der Aussagen der Bibel. Dass diese Suche in einem geordneten Verfahren zu erfolgen hat, wehrt der Beliebigkeit und der Willkür.

Was die Verantwortlichen in diesen Rahmen einzeichnen, wie weit und wie schnell sie voranschreiten, bleibt in ihrer Verantwortung. Es ist dennoch nicht überflüssig, Rechenschaft über das Erreichte zu geben. So werden Lernprozesse möglich.

Dieses Vorgehen ist den dezentral-eigenständigen Strukturen und dem Prinzip der „Konziliarität" innerhalb der evangelischen Kirche angemessen. Bei aller Weite möglicher Konkretionen lebt eine Rahmenplanung davon, dass sie klar das Wohin des Prozesses beschreibt. Diese Sinnmitte ist klar bestimmt. Ihre Klärung war unproblematisch, weil die vorhandenen, impliziten Leitbilder bereits in die volkskirchliche Richtung wiesen.

Damit gab es in diesem Bereich keine Konflikte und keinen Richtungsstreit. Der Vorrat an Gemeinsamkeiten war so groß, dass keine leidenschaftlichen Debatten geführt werden mussten. Der Nachteil lag allerdings darin, dass auch die Aneignung und Vertiefung des Ansatzes nicht ausdrücklich erfolgte. Es wurde nicht ausgetestet, wie weit die Gemeinsamkeit wirklich reicht, oder wo vielleicht doch Grenzen bestehen. Ein intensiverer theologischer Diskurs, wie er bei kontroversen Standpunkten nötig geworden wäre, wurde deshalb zu diesem Thema nicht geführt.

Ähnlich konfliktmindernd wirkt die Weite der Rahmenplanung. Weil der Rahmen notwendigerweise groß gehalten ist, kann er auch zur Legitimation des Bestehenden verwendet werden. Dann ändert sich außer der Bezeichnung letztlich nichts. Seine theologische Trennschärfe muss immer wieder erprobt werden.

---

[243] Vgl. S. 13 ff.

Die Ebene des Kirchenkreises hat die Schritte der Konkretion innerhalb des Rahmens unterstützt. Im Rahmen des Prozesses wurde umfangreiches *Material* erarbeitet und den handelnden Subjekten im Kirchenkreis zur Verfügung gestellt:[244] Es wurden sinnvolle *Verfahrensschritte* – zum Teil sogar in Form von Checklisten – vorgestellt,[245] die Rahmenbedingungen für gute Entscheidungen enthielten, ohne Ergebnisse vorzuschreiben. Die Integrierte Kirchenkreisplanung übernahm die Verantwortung für sachgemäße Entscheidungswege unter Einbezug der theologischen Dimension. Die Verantwortung für die zu treffenden Entscheidungen bleibt vor Ort.

Die *Gemeinden* haben diese Vorgaben in unterschiedlichem Maße genutzt, die Rahmenplanung auszufüllen. Von fertiggestellten Raumprogrammen bis zur Nicht-Befassung reicht die Bandbreite. Bislang blieb es vonseiten des Kirchenkreises bei Nachfragen und Erinnerungen. Die geplante Querschnittsvisitation zum Gebäudebestand wird hier einen entscheidenden neuen Handlungsimpuls bringen. In ihr bekommen die Anleitungen zum zielführenden Vorgehen eine größere Verbindlichkeit. Vermutlich liegt in einer solchen Querschnittsvisitation oder einer anderen Form der kirchenkreisweiten und öffentlichen Abstimmung von Ergebnissen der Schlüssel dafür, die notwendige Konsequenz in den Verfahren zu erhöhen.

Ähnliche Steuerungswirkung sollen die *Standards* ausüben, die vor allem im Bereich der Kirchenkreis-Schwerpunkte[246] aufgestellt wurden. Sie sind fachlich beraten worden und wurden weithin auch in Gremien verabschiedet. Sie teilen ebenfalls die Verantwortung zwischen Verfahren und Inhalt auf. Auch die EKBO geht den Weg, solche Standards z.B. für Trauerprozesse aufzustellen. Sie sichern innerhalb von Arbeitsfeldern die Prozess- oder Verfahrensqualität als eine Vorbedingung für inhaltliche Qualität. Es gibt allerdings in Wilmersdorf noch keine Instanz, die die Einhaltung dieser Standards umfassend bilanzieren würde. Im Bereich der Projekte gibt es positive und auch negative Reaktionen auf die Einhaltung von Standards und Zielen durch den Kirchenkreis, indem Mittel weiter bewilligt oder bei Nicht-Einhaltung verweigert werden.

Am deutlichsten sichtbar ist die Steuerungswirkung der Integrierten Kirchenkreisplanung und ihrer theologischen Ausrichtung für die *Ebene Kirchenkreis* als handelndes Subjekt:

- Er hat in Sorge um die Kinder die Kindertagesstätten in der gemeinnützigen GmbH „Leben mit Kindern" zusammengefasst.
- Er hat in Verantwortung für die Hilfsbedürftigen Voraussetzungen geschaffen, dass die Wilmersdorfer Diakonie so erfolgreich tätig werden

---

[244] Es handelt sich um Daten zur Bevölkerung und zu den Gemeindegliedern, vor allem auch die Daten zum Gebäudebestand.

[245] So gibt es eine Anleitung zur Erstellung eines „Spielplans Gottesdienst" und zur Ermittlung eines idealen Raumprogramms.

[246] Siehe S. 114 ff.

kann. Im Team Diakonie hat er eine geistliche Brücke zwischen den Bereichen etabliert.
- Schließlich wäre ohne die Konzeptentscheidung nicht der Mut und die Hartnäckigkeit vorhanden gewesen, den langen Weg zum Bau der evangelischen Grundschule Wilmersdorf zu gehen, um Bildung in evangelischem Geist zu sichern.
- Der Kirchenkreis hat systematisch eine funktionsfähige Struktur auf seiner Ebene in „Organisationskernen" aufrechterhalten bzw. entwickelt, um das „Kirche-Sein" des Kirchenkreises mit Leben zu füllen.

Es lässt sich festhalten: Die Klärung der theologisch verantworteten Sinnmitte, die Erstellung einer Rahmenplanung und die Definition von Verfahrensregeln zur Arbeit innerhalb des Rahmens sind nötig und haben sich bewährt. Die Anwendung der Regeln sollte einen höheren Grad von Verbindlichkeit erreichen. Der Kirchenkreis ist in seinen Entscheidungen sicherer geworden.

Die dezentral-kooperative Vorgehensweise
Ein weiteres Merkmal des Vorgehens hängt eng mit der Entscheidung für eine rahmensetzende Planung zusammen: das dezentral-kooperative Vorgehen. Es verzichtet auf vorschnelle Lösungen durch Veränderungen im Zuschnitt der Gemeinden, etwa durch Fusionen. Die anstehenden Entwicklungsschritte und Verbesserungen bei knappen Kassen sollen durch neue Arbeitsweisen in den bestehenden Grenzen erzielt werden. Den Gemeinden wird die dazu nötige Kraft und Phantasie zugetraut. Sie soll nicht durch den unweigerlich entstehenden Aufwand bei Veränderungen in den rechtlichen Strukturen[247] geschmälert werden.

Der dezentrale Ansatz kommt den Gemeinden entgegen. Nicht so einfach ist es mit der Kooperation, die unabdingbar zu diesem Konzept gehört. Auch wenn die Vorgehensweise der Integrierten Kirchenkreisplanung weit weniger einschneidend als eine Gemeindefusion ist, so verändert sie doch das traditionelle Selbstverständnis der örtlichen Gemeinde. Es wird Ernst damit gemacht, dass sie ein Teil der Kirche ist und daraus für ihr Wirken Konsequenzen folgen. Ihre Grundaufgaben orientieren sich an elementaren Vollzügen der Kommunikation des Evangeliums. Weil diese weithin durch die Tradition gestützt werden, ist ihre Bestimmung unstrittig. Anders die Schwerpunktaufgaben. Sie enthalten eine Verpflichtung, einen eigenen Beitrag für das Ganze zu erbringen und eine Begrenzung, dies auf wenige Felder konzentriert zu tun. Die Entscheidung muss von der Sorge um die Menschen im Gesamten des Kirchenkreises ausgehen und mit anderen Gemeinden und

---

247 Kirchliche Strukturreformen haben hohe, oftmals nicht berücksichtigte materielle und vor allem immaterielle „Transferkosten"; vgl. S. 131 ff. „Reorganisationsgewinne vs. Transferkosten".

dem Kirchenkreis abgestimmt werden. Standards sollen eingehalten werden und eine Verpflichtung über mehrere Jahre muss eingegangen werden. Auch bei einem möglichen Wechsel auf der Stelle muss die Aufrechterhaltung des Schwerpunktes und seine Ausgestaltung ein wichtiges Auswahlkriterium bei der Stellenbesetzung sein. Diese Begrenzung der völligen Freiheit einer Gemeinde fällt nicht leicht. So ist noch offen, ob die formulierten und auch akzeptierten Bedingungen im Laufe der Zeit mit Leben erfüllt werden und Belastungstests widerstrebender Interessen in allen Gemeinden überstehen. Nur die Einsicht in die Notwendigkeit, das Evangelium „allem Volk" auszurichten, kann diese Bedenken letztlich überwinden.

Flexible Vereinbarungslösungen, die zu verschiedenen Themen mit verschiedenen Partnern getroffen werden können (z.B. eine Verbundlösung zum Konfirmandenunterricht mit einer anderen Gemeinde als die Zusammenarbeit mit einem anderen Schwerpunkt Kultur), haben ihre Vorteile in Wilmersdorf gezeigt. Ob sie auf Dauer bei allen Partnern gleich große Bindungswirkungen erzielen können, wie sie das grobe, aber dauerhafte Instrument der Gemeindefusion erzeugt, muss sich noch erweisen. Störungen im Personbereich oder bei den Finanzen können hier zentrifugale Kräfte entfalten.

Die Unterschiede zwischen den Arbeitsfeldern dürfen nicht übersehen werden. Während die Zusammenarbeit beim Konfirmandenunterricht sehr weit gediehen ist, ist noch offen, wie weit Zusammenarbeit, Absprache von Schwerpunkten und Arbeitsteilung durch die AG Kirchenmusik gefördert werden kann. Wo es etablierte Fachinstitutionen als Organisationskerne auf Kirchenkreisebene gibt, wie es bei Kindern und Jugendlichen der Fall ist, bestehen gute Chancen auf eine Pflege und Weiterentwicklung der Zusammenarbeit. Wo diese Zusammenschau nur durch Teilbeauftragungen gesichert ist, wie z.B. im Bereich der Senioren und der Ökumene, ist die Lage unsicherer. Freie Zusammenschlüsse wie die AG Kirchenmusik oder die Arbeitsgruppe Konfirmandenunterricht stehen und fallen mit den persönlichen Konstellationen bzw. mit der Kraft, die die Leitung des Kirchenkreises in dieses Feld investieren kann. Noch ungewiss ist die gemeinsame Zukunft der Bereiche, die sich noch nicht formiert haben, wie es z.B. im Bereich Meditation/Spiritualität oder Kunst der Fall ist.

„Durchorganisieren" ist keine Lösung. Die Bereiche sind zu verschieden. Die Lage im Zweifelsfall unkoordiniert zu lassen, widerspricht den erkannten Notwendigkeiten und verzichtet auf eine Bündelung der Kräfte.

Auch sollte nicht übersehen werden, dass die Bereitschaft der Gemeindeglieder, Angebote in anderen Gemeinden oder durch andere als die gewohnten Personen zu nutzen, je nach Zielgruppe sehr unterschiedlich ist. Die Jugend z.B. und die Konzertbesucher brauchen und nutzen den Raum des Kirchenkreises. Mitglieder von Altenclubs sind in hohem Maße ortsgebunden.

Allzu große Skepsis ist aber auch nicht angebracht. Die Kooperation in Sachen Trauung ist ein bemerkenswerter Schritt. Der gemeinsame Konfirmandenunterricht ist schon erwähnt. Der camino evkiwi, der gemeinsame Pilgerweg im Herbst durch alle neun Wilmersdorfer Kirchen,[248] vereint alle Gemeinden zum Thema des Kirchenkreiskonzepts.

Zusammenarbeit ist ein Lernprozess, der theologisch fundiert und gemeindepädagogisch unterstützt werden muss. Symbolisch und real wird er dadurch gefördert, dass Pfarrerinnen, Pfarrer und andere Mitarbeitende in der Feier der Gottesdienste und in der Auslegung der Bibel zusammenwirken. Immerhin ist der jetzt als gegeben vorausgesetzte Zustand der Einzelgemeinden Ergebnis eines Prozesses der Aufgliederung, der gerade mal gut 60 Jahre zurückliegt.

Es lässt sich festhalten: Die dezentral-kooperative Vorgehensweise erhöht die Leistungsfähigkeit trotz knapper Mittel. Sie kann sich unterschiedlichen Situationen rasch anpassen. Die tendenzielle Instabilität muss durch theologisch begründete gemeindepädagogische Maßnahmen, symbolische Akte und Pflege der Motivation in einer höheren Kommunikationsdichte kompensiert werden.

Der komplexe systemische Ansatz

Kirchenentwicklung systemisch anzugehen, hat zur Konsequenz, viele Bälle im Spiel zu haben. In unserem Fall sind sieben Faktoren bestimmt worden. Dies könnte eine latente Überforderung bedeuten, die ein solches Vorgehen für die Praxis nur eingeschränkt tauglich macht.

Alle Faktoren sind wichtig, können und müssen aber in definierten Planungszeiträumen nicht gleichermaßen bearbeitet werden. Für die zurückliegende Zeit in Wilmersdorf wurden die Faktoren gruppiert. Es entstand ein zentrales Dreieck aus Ressourcen, Strukturen und Mitarbeitenden. Es wird von Zielen gesteuert und führt zu gelingenden Angeboten. Nur in Auswahl konnten die Bereiche von „Unternehmenskultur“ und der Prozesse bearbeitet werden.

Der Prozess der Kirchenkreisplanung löst seinen Anspruch, „integriert“ vorzugehen, an einer zentralen Stelle ein, indem für die Gemeinden drei Bereiche aufeinander bezogen werden: Die Gemeindekonzeption als Teil der Gesamtausrichtung führt auf eine Strukturierung in Grund- und Schwerpunktaufgaben. Diese Gemeindekonzeption steuert das Gebäudemanagement und wird durch die Dienstvereinbarungen gesichert. Dazu sind Verfahren und Prozesse etabliert, die diese Vernetzung konkret machen. Das „große Ziel“ bekommt auf diese Weise den angemessenen Raum der Ressourcen, damit es sich entfalten kann. Theologische Ziele werden konkret.

---

248 Siehe S. 212.

Es bleiben komplexe Zusammenhänge. Auch wenn sie durch Checklisten und Excel-Tabellen gestützt werden, sie sind nicht einfach zu durchschauen und nicht ganz einfach zu praktizieren. Denn das einzelne Teil (z.B. die Renovierung des Gruppenraums oder die Übernahme der Redaktion eines gemeinsamen Gemeindebriefs) muss seinen Platz in einer vertikalen (passt es in die Gemeinde?) und horizontalen (was macht das mit den Nachbarn und dem Kirchenkreis?) Abstimmung finden. Nur dann wird es das Seine zu einem Ganzen „Kirche in Wilmersdorf" beitragen. Das Ganze wiederum ist nicht nur in Zeiten der Knappheit auf jedes Teil angewiesen. Das macht die Sache nicht einfacher, ist aber ein Zeichen von Solidarität und Verbundenheit mit dem Gesamten. Das paulinische Bild vom Leib Christi findet so seine Umsetzung.

Es lässt sich festhalten: Mit dem systemischen Ansatz wird eine Geschlossenheit des Vorgehens erreicht, die die Auftragserfüllung sicherer macht. Der Preis ist eine hohe Komplexität des Vorgehens. Ihr Aufwand kann durch eine gute Organisation und durch Routinisierung der Verfahren gemindert werden.

Die Kraft zum Wandel jenseits der Krisenwahrnehmung

Krisen setzen Kräfte frei. Nun bestimmt in Wilmersdorf die Krisenwahrnehmung nicht den Alltag der Gemeinden. Die Personalkosten sind geordnet, für die Bewältigung der Immobilienproblematik ist ein aussichtsreiches Verfahren in Gang gesetzt. Die Teilnahme am Gemeindeleben ist in Berlin entgegen einer weit verbreiteten Meinung so schlecht nicht.[249] Letztlich ist der Außendruck durch die vielbeschworene Krise für Wilmersdorf auch dank der getroffenen Maßnahmen nicht groß genug, um eine starke Motivation frei zu setzen. Sobald sich durch den Erfolg von strategischen Prozessen die Gesamtsituation verbessert, gewinnt wieder die Buntheit des Einzelfalles und verliert die Plausibilität des gemeinsamen Handelns

Die stärkste innere Kraft für eine evangelische Kirche erwächst aus dem Auftrag und der Verheißung des Auferstandenen. Der Dienst der Pfarrerinnen und Pfarrer in Seelsorge und Verkündigung im Gemeindealltag hat darin seine Quelle und findet darin seine Ausrichtung. Die täglichen Sorgen und Mühen, auch die dankbare Wahrnehmung des Segens sind aber so beanspruchend, dass die Teile des Auftrags, die sich auf das Gesamte und auf die Zukunft richten, in den Hintergrund treten. Manchmal werden sie fälschlicherweise sogar als eine Abwendung vom eigentlichen Dienst im Hier und Jetzt verstanden.

Es ist eine Aufgabe der Leitung in der Kirche, der episkope, diese größere Dimension des Auftrags gegen die Kräfte des Alltags offen zu halten. Dieser

[249] Siehe den statistischen Überblick S. 49ff.

Aufgabe hat sich der Superintendent mit dem Engagement für den Planungsprozess gestellt. So war er der Motor, der von der Notwendigkeit einer mittelfristigen Planung überzeugt war und das Projekt unter der Mitarbeit eines externen Beraters initiierte.

Der Rückbindung an den Auftrag wird der Prozess dadurch gerecht, dass er für jeden Einzelschritt die entsprechende Ausrichtung vornimmt. Dies hat zur theologischen Klarheit und Akzeptanz geführt. Kirche hat aber noch weitere Kraftquellen.

Es kann deshalb selbstkritisch gefragt werden, ob der Prozess über die gedankliche Verknüpfung hinaus weitere geistliche Kraftquellen[250] erschließen konnte. Er hat das versucht. Im camino evkiwi[251] wurde ein erster Ansatz zu einem „Fest des Kirchenkreises“ in ganzheitlicher Ausprägung gefunden. Die „Kultur des Miteinanders“ und hier besonders die theologische Diskursorientierung[252] unterstützt diese Dimension.

So blieb der personale Einfluss des Superintendenten besonders wichtig. Dazu trug auch die an sich logische Entscheidung bei, den Prozess in die Verantwortung der bestehenden Gremien zu legen. Damit mussten keine weiteren Ressourcen bereitgestellt und Einfluss nicht weiter geteilt werden, was sicher zur Akzeptanz des Vorschlags beitrug, diesen Prozess zu beginnen.

Zunächst hat sich diese Entscheidung bestätigt. Alle Gremien sind dem eingeschlagenen Weg zustimmend gefolgt. Durch ihre Beanspruchung mit den laufenden Aufgaben und durch seine Dauer verlor er aber immer wieder seine Priorität. Das Dringliche nahm oftmals die Zeit für das Wichtige.

Prozesse des Wandels haben nur dann eine Chance auf Erfolg, wenn die Leitungsperson sie voranbringt, zumindest vorbehaltlos stützt. Aber die Mittelpunktstellung kann auch zu einer Überlastung führen. Die zentrale Position von Superintendent und Berater war die konzeptionelle Stärke und die prozessuale Schwäche des bisherigen Weges.

Ein so auf Zustimmung, Mitwirkung und auf die Aneignung des gemeinsamen Weges angelegter Prozess benötigt eine dichte, ganzheitliche und wechselseitige Kommunikation. Das gilt für jeden Prozess des Wandels. Es gilt um so mehr in evangelischen Kirchen, die für Veränderungen auch durch ihren hohen Individualisierungsgrad größere Zeiträume beanspruchen. Über eine so lange Zeit die Motivation hoch zu halten, gelingt nur durch Austausch und gegenseitige Stützung. Die Verantwortung für die dazu nötigen Prozesse liegt sicher bei der Leitung eines Kirchenkreises, aber eben auch bei jeder einzelnen Mitarbeiterin und jedem einzelnen Mitarbeiter. Das gilt

---

250 Auf sie weist z.B. die Konzeption der Konziliarität hin; vgl. Lindner (1994).

251 Details siehe S. 212 ff.

252 Siehe S. 145 ff.

ebenso für die Fragen von Termintreue und Nachhaltigkeit im Vollzug getroffener Entscheidungen – immer wieder anzutreffende Schwachpunkte im Kirchensystem.

Die Leitung konnte innerhalb ihres Zeitbudgets keinen größeren Beitrag zur einer intensiveren und umfassenderen Kommunikation erbringen. Versuche, den Prozess in einer eigenen Gruppe zu verankern, sind nicht geglückt. So ist selbstkritisch festzuhalten: Auch in diesem Projekt haben wir immer noch unterschätzt, welche Ressourcen intern und extern ein Veränderungsprozess dieses Ausmaßes erfordert. Sollte die Regel aus Unternehmen stimmen, wonach zwischen drei und fünf Prozent der Bilanzsumme für die Implantierung von Veränderungen aufzuwenden sind, würde dies auf eine halbe bis eine ganze Stelle zur Unterstützung der Integrierten Kirchenkreisplanung[253] in Wilmersdorf führen. Das verbessert die Chancen, ist aber auch aus theologischen Gründen noch keine Garantie für ein Gelingen des Prozesses.

> Der Versuch der Nordelbischen Kirche, Organisations- und Personalentwicklungskapazität in der Stellenausstattung von Kirchenkreisen vorzusehen, erweist sich im Blick auf solche Reformprozesse als ein richtiger Ansatz.[254] Zwar erscheinen die dortigen Kirchenkreise im Blick auf die innere Dynamik als zu groß, aber dies könnte in Räumen wie Berlin durch Kirchenkreis-Verbünde aufgefangen werden.

Im Blick auf die laufende Diskussion in der EKBO sollte dies bei der Stellenbemessung für das Leitungsamt im Kirchenkreis bedacht werden. Wer Reformen will, braucht nicht nur Ideen, er muss dafür auch ausreichende Kräfte bereitstellen, diese Ideen umzusetzen.

Es bleibt als Fazit: Bei grundsätzlicher theologischer Akzeptanz des Ansatzes ist ein entscheidender Faktor für das Voranschreiten des Prozesses seine ausreichende Ausstattung mit personellen Ressourcen, um die nötige ganzheitliche Kommunikationsdichte durchzuhalten, die wiederum Kräfte freisetzen kann.

Der Ansatz ist übertragbar: der Blick in den Nachbarkirchenkreis

Ein weiterer Beleg für die Tragfähigkeit des vorgestellten Ansatzes ist die Entwicklung im Nachbarkirchenkreis Schöneberg. Die nachbarschaftlichen Beziehungen waren schon immer eng. Deshalb wurde in einer frühen Phase der Kontakt zur Leitung dieses Kirchenkreises (Superintendent, Kreiskirchenrat, Kreissynode) hergestellt. Das Ergebnis war, dass Schöneberg eine Kirchenkreisentwicklung begann, die den Grundideen des Wilmersdorfer Ansatzes folgte und die dortigen Erfahrungen nutzen konnte.

---

[253] Es wurde versucht, Pfarrerinnen und Pfarrer im Entsendungsdienst mit Assistenzfunktionen zu betrauen. Dies konnte aber die vermutete Lücke nicht schließen.

[254] Siehe Jessen-Thiesen in Nethöfel/Grunwald (2007) 308ff.

So ist ebenfalls die Grundidee der Gliederung in Grundaufgaben, Schwerpunkte und kreiskirchliche Aufgaben übernommen und mit einer Erhebung über den Sanierungsbedarf verbunden worden.

Der dortige Prozess wurde vom Superintendenten angestoßen und gefördert, wird aber inhaltlich von einer Dreiergruppe aus dem Kirchenkreis getragen. Die Kreissynode vom Herbst 2009 hat den Weg einstimmig gebilligt. Der Kontakt zum Berater wird in lockeren Abständen weiter aufrecht erhalten werden, um von den detaillierten Erfahrungen in Wilmersdorf zu profitieren.

Dies könnte als ein Modell angesehen werden, wie dieses Buch wirken kann, nämlich die hier vorgestellten Instrumente und Erfahrungen für die eigene Entwicklung in entsprechender Anpassung und Veränderung zu nutzen.

B. Der Ausblick

Der Kirchenkreis ist reich an Glanzstücken. Eine Auswahl davon findet sich in diesem Buch. Aber auch was nicht den Weg hierher gefunden hat, ist deswegen nicht weniger bedeutend. Das zeigt: Der Kirchenkreis lebt nicht von der Kirchenkreisplanung, sondern von dem phantasievollen Engagement der haupt- und ehrenamtlich Tätigen.

Und er würde auch ohne die Planung weiter lebendig sein. Es würde große und ausstrahlende Gemeinden geben und kleine, bescheidene. Die Finanzverfassung der EKBO und die hoch subventionierten Pfarrstellen sichern die Existenz der Gemeinden für einige Zeit. Auch wird es noch dauern, bis die Bauaufsicht das erste Gebäude wegen Einsturzgefahr schließt.

Eine solche Einstellung sichert das Weiterleben für einige Zeit, aber der Kirchenkreis bleibt unter seinen Möglichkeiten und unter seiner Verpflichtung zu treuer Haushalterschaft mit den anvertrauten Mitteln. Noch mehr zu arbeiten ist keine Lösung. Durch eine andere Arbeitsweise werden Kräfte gebündelt und Energien besser eingesetzt.

Dazu verhilft eine auftragsgemäße Planung. Sie ist der Weg, den ein Kirchenkreis beschreiten kann, damit die Menschen, die ihm aufgetragen sind, mit dem Zeugnis des Evangeliums erreicht werden können.

Somit lässt sich die Frage beantworten, die auf den ersten Seiten dieses Buches gestellt wurde. Strategische Planung auf Kirchenkreisebene ist nicht nur möglich, sie ist nötig. Wir sind der Überzeugung, einen Weg gefunden zu haben, der einer evangelischen Kirche gemäß ist. Wir sehen auch deutlicher, welche Schritte hilfreich sind, ihn noch tiefer zu verankern.

Literatur

Abromeit, Hans-Jürgen u.a. (Hg.): Spirituelles Gemeindemanagement. Chancen – Strategien – Beispiele, Göttingen 2001

Albertz, Rainer: Religionsgeschichte Israels in alttestamentlicher Zeit, 2 Bde. ATD Ergänzungsreihe 8/1 u. 8/2, Göttingen 1992

Beckmann, Jens: Wohin steuert die Kirche? Die evangelischen Landeskirchen zwischen Ekklesiologie und Ökonomie, Stuttgart 2007

Beese, Dieter: Glauben leben. Skizzen zur Sozialgestalt der Evangelischen Kirche, Berlin 2009

Benner, Dietrich / Krause, Sabine / Nikolova, Roumiana / Pilger, Tanja / Schieder, Rolf / Schluß, Henning / Weiß, Thomas / Willems, Joachim: Ein Modell domänenspezifischer religiöser Kompetenz – Erste Ergebnisse des Projekts RU-Bi-Qua. In: Dietrich Benner (Hg.): Bildungsstandards. Paderborn 2007, 141–156

Bittner, Wolfgang J.: Kirche – das sind wir! Von der Betreuungs- zur Beteiligungskirche, Neukirchen-Vluyn 2003

Bölts, Stefan / Nethöfel, Wolfgang (Hg.): Kirchenreform zwischen Zwangsfusion und profilierter Nachbarschaft, Hamburg/Schenefeld 2008

Evangelische Kirche in Deutschland: Gott in der Stadt. Perspektiven evangelischer Kirche in der Stadt, Hannover 2007

Evangelische Kirche in Deutschland: Kirche der Freiheit. Perspektiven für die evangelische Kirche im 21. Jahrhundert, Hannover 2006

Evangelische Kirche Berlin-Brandenburg-schlesische Oberlausitz: Grundordnung und Neubildungsvertrag, Berlin 2003 (abgekürzt GO)

Evangelische Kirche in Berlin-Brandenburg: Leitlinien kirchlichen Handelns in missionarischer Situation, Berlin 2001

Evangelische Kirche in Berlin-Brandenburg-schlesische Oberlausitz: Pfarrerin und Pfarrer als Beruf. Leitbild mit Musterdienstvereinbarung, Berlin ^{2}2004

Evangelische Kirche in Berlin-Brandenburg-schlesische Oberlausitz: Leitlinien für den Dienst, die Begleitung und die Fortbildung von Ehrenamtlichen in der EKBO, Berlin 2007

Evangelische Kirche in Berlin-Brandenburg-schlesische Oberlausitz: Salz der Erde. Das Perspektivprogramm der EKBO, Berlin 2007

Großhans, Hans-Peter: Die Kirche – irdischer Raum der Wahrheit des Evangeliums, Leipzig 2003

Haigis, Peter: Pluralismusfähige Ekklesiologie – Zum Selbstverständnis der evangelischen Kirche in einer pluralistischen Gesellschaft, Leipzig 2008

Halfar, Bernd / Borger, Andrea: Kirchenmanagement, Baden-Baden 2007

Hauschildt, Eberhard: Organisation der Freiheit. Evangelisch Kirche sein verändert sich. MS 2007 – Vortrag vor der Synode der EKD 2007, zu finden unter www.ekd.de/synode2007/56113.html

Henkel, Anna: Die Funktion der Gemeinde. Zum Verhältnis von Religion, Kirche und Gemeinde aus systemtheoretischer Perspektive. In: Karle, Isolde (Hg.): Kirchenreform. Interdisziplinäre Perspektiven, Leipzig 2009, 293–307

Hermelink, Jan / Wegner, Gerhard (Hg.): Paradoxien kirchlicher Organisation. Niklas Luhmanns frühe Kirchensoziologie und die aktuelle Reform der evangelischen Kirche, Würzburg 2008

Hinrichs, Karen: Der Kirchenkompass. Ein Prozess der Verständigung über Leitbilder und Ziele in der Evangelischen Landeskirche in Baden. In: Nethöfel, Wolfgang / Grunwald, Klaus-Dieter (Hg.): Kirchenreform strategisch! Glashütten 2007, 327–344

Hofmann, Martin / Pschierer, Ulrich: Reich Gottes im Werden. Modell einer auftragsorientierten Gemeindeentwicklung, Leipzig 2009

Huber, Wolfgang / Friedrich, Johannes / Steinacker, Peter (Hg.): Kirche in der Vielfalt der Lebensbezüge. Die vierte EKD-Erhebung über Kirchenmitgliedschaft, Gütersloh 2006

Jäger, Alfred: Konzepte der Kirchenleitung für die Zukunft. Wirtschaftsethische Analysen und theologische Perspektiven, Gütersloh 1993

Karle, Isolde (Hg.): Kirchenreform. Interdisziplinäre Perspektiven, Leipzig 2009

Karle, Isolde: Religion – Interaktion – Organisation. In: Hermelink, Jan / Wegner, Gerhard (Hg.): Paradoxien kirchlicher Organisation. Niklas Luhmanns frühe Kirchensoziologie und die aktuelle Reform der evangelischen Kirche, Würzburg 2008, 237–257

Kretzschmar, Gerald: Distanzierte Kirchlichkeit. Eine Analyse ihrer Wahrnehmung, Neukirchen-Vluyn 2001

Kroeger, Matthias: Die Notwendigkeit der unakzeptablen Kirche. Eine Ermutigung zu distanzierter Christlichkeit, München 1997

Lindner, Herbert: Kirche am Ort. Ein Entwicklungsprogramm für Ortsgemeinden, Stuttgart/Berlin/Köln 2000

Lindner, Herbert: Kirche am Ort. Eine Gemeindetheorie, Stuttgart/Berlin/Köln 1994

Lindner, Herbert: Kontinuität und Systematik. Auf dem Weg zur Personalentwicklung in evangelischen Kirchen. In: Praktische Theologie 4-2002: Management als kirchliche Praxis? – Zur Zukunft unternehmerischen Denkens in der Kirche, hg. v. Jan Hermelink und Herbert Lindner, 253–264

Lindner, Herbert: Spiritualität und Modernität. In: Pastoraltheologie (86) 1997, 244–264

Metzger, Karl-Heinz: Kirchen, Moschee und Synagoge in Wilmersdorf, Berlin 1986

Mildenberger, Friedrich: Biblische Dogmatik. Eine Biblische Theologie in Dogmatischer Perspektive. Band 1: Prolegomena – Verstehen und Geltung der Bibel, Stuttgart 1991

Nethöfel, Wolfgang / Grunwald, Klaus-Dieter (Hg.): Kirchenreform strategisch!, Glashütten 2007

Pohl-Patalog, Uta: Ortsgemeinde und übergemeindliche Arbeit im Konflikt. Eine Analyse der Argumentationen und ein alternatives Modell, Göttingen 2003

Pollack, Detlef: Formen der individuellen Bindung an die Kirche und Grenzen kirchenreformerischen Handelns. In: Karle, Isolde (Hg.): Kirchenreform. Interdisziplinäre Perspektiven, Leipzig 2009, 121–142

Rau, Gerhard: Rehabilitation des Festtagskirchgängers. In: Seitz, Manfred / Mohaupt, Lutz (Hg.): Gottesdienst und öffentliche Meinung. Kommentare und Untersuchungen zur Gottesdienstumfrage der VELKD, Stuttgart 1977, 83–99.

Reuter, Hans-Richard u.a. (Hg.): Freiheit verantworten. Festschrift für Wolfgang Huber zum 60. Geburtstag, Gütersloh 2002

Roloff, Jürgen: Kirchenleitung nach dem Neuen Testament. Theorie und Realität. Vortrag im Rahmen des 29. Internationalen Seminars des Lutherischen Instituts für Ökumenische Forschung, Straßburg 1995

Roosen, Rudolf: Die Kirchengemeinde – Sozialsystem im Wandel, Berlin / New York 1997

Seiter, Jörg / Lindner, Herbert: Nach vorne schauen. Die Visitationsordnung der Evangelischen Landeskirche in Baden. In: Wolfgang Nethöfel / Klaus-Dieter Grunwald (Hg.): Kirchenreform jetzt! Projekte – Analysen – Perspektiven, Schenefeld 2005, 349–373

Senatsverwaltung für Gesundheit, Soziales und Verbraucherschutz: Sozialstrukturatlas Berlin 2003. Spezialbericht 2004 – 1, Berlin 2004

Senatsverwaltung für Stadtentwicklung Berlin: Bevölkerungsentwicklung in der Metropolregion Berlin 2002–2020, Berlin 2002

Stöber, Anna: Kirche – gut beraten? Heidelberg 2005 (siehe auch unter Henkel)

Tyrell, Hartmann: Religion und Organisation: sechs kirchensoziologische Anmerkungen. In: Hermelink, Jan / Wegner, Gerhard (Hg.): Paradoxien kirchlicher Organisation. Niklas Luhmanns frühe Kirchensoziologie und die aktuelle Reform der evangelischen Kirche, Würzburg 2008, 179–204

Tyrell, Hartmann: Religiöse Organisation: Zwei Anmerkungen. In: Lehmann, Maren (Hg.): Parochie. Chancen und Risiken der Ortsgemeinde, Leipzig 2002, 103–113

Mitarbeitende aus dem Kirchenkreis

Die Farbe und Lebendigkeit der Beiträge aus dem Leben des Kirchenkreises ist den vielen Mitarbeiterinnen und Mitarbeitern zu verdanken, die aus ihren Arbeitsfeldern nach einer Gliederungsvorgabe berichtet oder Material zur Verfügung gestellt haben.

Altmannsperger, Dr. Dieter, Leiter der Arbeitsstelle für Religionsunterricht
Balt, Philipp, Mitarbeiter im Amt für Jugendarbeit
Benner, Prof. em. Dr. Dietrich, Institut für Erziehungswissenschaft an der Humboldt Universität Berlin
Benus-Dreyer, Cornelia, Pfarrerin an der Ev. Hochmeisterkirchengemeinde
Braun,Christa, Pfarrerin im Team Diakonie
Brick, Günter, Kantor an den Kirchengemeinden Grunewald und Linde, Kreiskantor
Dannenmann, Holger, Pfarrer an der Linden-Kirchengemeinde, Beauftragter für Mission und Ökumene im Kirchenkreis
Fischer, Christian, Pfarrer an der Kirchengemeinde Alt-Schmargendorf
Friedewald, Waltraud, Pfarrerin für Krankenhausseelsorge
Grün-Rath, Harald, Pfarrer an der Kirchengemeinde Am Hohenzollernplatz, neu gewählter Superintendent
Hagitte, Christian, Kantor an der Ev. Hochmeisterkirchengemeinde
Harzmann-Henneberg, *Klaus*, Pfarrer für Krankenhausseelsorge
Krätschell, Joachim, Pfarrer an der Hochmeistergemeinde
Krügerke, Dr. Walter-Christian, Pfarrer an der Kreuz-Kirchengemeinde
Kusch, Claudia, Pfarrerin im Entsendungsdienst in der Kirchengemeinde Am Hohenzollernplatz und im Kirchenkreis
Lippold, Regina, Pfarrerin im Team Diakonie, Kreisdiakoniepfarrerin
Maaß, Sabine, Kreisjugendwartin
Manntz, Irmgard, Leiterin der Familienbildungsstätte
Matzdorf, Ingrid, Ephoralsekretärin
Michalek, Jochen, Pfarrer an der Kirchengemeinde Grunewald
Narssia, Dr. Tamara, ehrenamtliche Mitarbeiterin an der Kirchengemeinde Am Hohenzollernplatz
Neick, Oliver, ehemaliger Jugendmitarbeiter, Leiter der AG Partnerschaft Tansania
Neubert, Christhard-Georg, Kunstbeauftragter der EKBO und Direktor der Stiftung St. Matthäus
Neuhaus, Katrin, Kreiskirchliche Mitarbeiterin in der Öffentlichkeitsarbeit
Nguyen-Huu, Anna, Pfarrerin i. E. an der Kirchengemeinde Am Hohenzollernplatz und im Kirchenkreis
Nordsiek, Elke, Mitarbeiterin für die offene Arbeit mit Kindern
Nottmeier, Dr. Christian, Pfarrer an der Auen-Kirchengemeinde

Philipps-Prenzel, Marianne, Mitarbeiterin in der Familienbildungsstätte
Plehn-Martins, Katharina, Pfarrerin an der Auen-Kirchengemeinde
Reichardt, Andreas, Pfarrer an der Auen-Kirchengemeinde
Reinhardt, Katharina, Pfarrerin im Religionsunterricht an einer Schule für körper- und geistigbehinderte Kinder
Schnell, Dr. Heidrun, Oberkonsistorialrätin
Schluß, Dr. Henning, Oberkonsistorialrat
Schuck, Professor Stefan, Leiter des Hugo-Distler-Chores
Schwietering-Evers, Bettina, Pfarrerin an der Linden-Kirchengemeinde, Kreiskinderpfarrerin
Sczesny, Klaus, Gemeindeältester in der Gemeinde Am Hohenzollernplatz
Straßmeir, Alexander, Oberkonsistorialrat
Strodthoff, Jörg, Kantor an der Auengemeinde
Tempel, Sigrid, Mitarbeiterin in der Koordinierungsstelle für die Seniorenarbeit und in der Arbeitsstelle für Diakonie und Sozialarbeit (ADuS)
Wagner, Wolfgang, Pfarrer an der Kreuz-Kirchengemeinde
Werner, Annemarie, Pfarrerin an der Vaterunser-Kirchengemeinde
Wörmann, Regine, Geschäftsführerin der Dienste der Diakonie Berlin-Wilmersdorf gGmbH
Wüstenhagen, Claudia, Pfarrerin an der Kirchengemeinde Am Hohenzollernplatz, Kreisjugendpfarrerin
Zakrzewski-Fischer, Norbert, Pfarrer an der Ev. Daniel-Kirchengemeinde
Zohren-Busse, Ursula, Pfarrerin an der Ev. Hochmeisterkirchengemeinde

Abbildungsverzeichnis